내일을 위한 노동법

1판 1쇄 발행 2021년 4월 1일

지은이 소용

교정 윤혜원
편집 조다영

펴낸곳 하움출판사
펴낸이 문현광

주소 전라북도 군산시 수송로 315 하움출판사
이메일 haum1000@naver.com   홈페이지 haum.kr

ISBN 979-11-6440-764-4 (03320)

좋은 책을 만들겠습니다.
하움출판사는 독자 여러분의 의견에 항상 귀 기울이고 있습니다.

「내 일과 내일(來日)을 위한」

내일을 위한
노동법

─────────── 소용 | 저자

노동법 & 노동청 이야기

　　노동관계법은 근로자의 권익 보호를 위해
존재하는 법이다. 반면에 상대방인 사업주 또는
사용자는 의무의 주체로서 노동관계법의 규제를
받게 된다. 고용 및 노동과 관련된 법률은 40가지
에 이른다. 대부분 근로자의 권익 보호를 위한 법
이다. 근로자의 권익이 확대된다는 것은 사업주의
부담이 증가함을 의미한다.

노동관계법의 적용 수준은 갈수록 높아지고, 그
범위 또한 확대되고 있다. 더불어 의무와 벌칙도
강화되고 있다. 노동관계법은 상식선에서 판단할
정도로 그리 만만하지 않다. 그래서 사용자들은
법을 잘 몰라서도 못 지키는 경우가 많다. 소규모
사업장이라면 더욱 그렇다.

근래에 우리 사회는 고율의 최저임금 인상과 함께
많은 갈등을 겪었다. 최저임금과 관련하여 지난
2018년도만큼 사회적인 관심과 논란이 일었던
해는 없었던 것 같다. 최저임금 외에도 노동관계
법에는 많은 변화가 있었다. 주 52시간 근로와 연
차휴가, 공휴일 민간 적용 확대, 가족 돌봄 휴가제
도입 등의 법 기준이 바뀌었다.

평소 저자는 근로 계약 및 해고와 관련한 문제에 관심이 많았다. 기업은 경영상 이유에 의한 구조조정이나 부도 위기를 맞는다. 소상공인 절반 이상이 5년 이내에 사업을 접는다고 한다. 그러한 환경에 처한 근로자와 사용자 여러분께 도움을 드리고 싶다. 법에 대한 설명은 재미도 없고 지루하다. 그렇지만 근로자와 사용자 여러분께서는 제2부 제2장의 근로 계약 및 해고 관련 부분은 꼭 한 번 읽고 이해해주시길 당부드린다.

이 책을 쓰게 된 동기는 현재 시행되고 있는 노동관계법에 대한 독자 여러분의 이해를 돕고자 함이다. 최소한 모르고 당하는 경우는 없어야 할 것이다. 근로 계약서 작성의 경우 많은 사업주가 그냥 지나치다 곤란을 겪게 된다. 그동안 근로자와 사용자가 부딪히는 현장에서 겪어온 경험과 소견도 전하고자 한다.

이 책을 쓰게 된 동기가 하나 더 있다. 고용노동부 직원들은 대부분 노(勞)와 사(使)의 중간에서 각종 민원 처리를 하고 있다. 감정노동에 가까우며 스스로 3D 직업이라고도 한다. 그런 어렵고 힘든 상황에 대해 살펴보고 개선과 이해를 구하고 싶은 마음을 담았다. 최근 들어 인력 충원과 더불어 업무 부담이 다소 감소했다는 반가운 소식도 들린다. 아무쪼록 이 책을 통해 노동관계법과 노동관서를 이해하는 데 조금이나마 도움이 되었으면 하는 바람이다. 그래서 이 책의 3부는 고용노동부에서 지내 오는 동안 겪었던 어려움과 애환을 주로 기술하였다. 직원 가족분들과 공유하고 싶은 부분이다.

끝으로 지난 32년간 고용노동부에서의 삶을 무난히 완주할 수 있도록 도와주신 고용노동부 선배님들과 동료, 후배 여러분께 지면을 빌어 감사드린다. 아울러 힘든 직장 일을 해오면서도 집안일을 잘 돌봐온 아내와 건강하게 잘 자라준 민강·예원이에게 이 책을 통해 고마운 마음을 전한다.

I.
노동법 개요

II.
현행 노동법 따라잡기

III.
노동부에서의 32년

I.

노동법 개요

제1장

노동법 발자취

들어가며

　　　제1부에서는 노동법과 그 주변 환경에 대해 살펴본다. 먼저 노동법이 생겨난 배경과 과정을 알아본다. 또한, 우리나라 노동법은 어떤 과정을 거쳐 오늘에 이른지와 노동법의 제정 근거와 어떤 형태로 존재하는지 등에 대해서도 알아 두면 도움이 될 것이다.

우리나라의 노동법을 만드는 입법 기관의 현황과 참고할 사항들도 살펴본다. 모든 법이 만들어지고 존재하는 데는 목적이 있다. 그로 인해 보호와 혜택이 주어지지만, 누군가는 책임과 부담을 져야 한다.

대내외적으로 경제 상황이나 전망이 밝지 않다. 과도한 규제와 의무로 인해 경제 상황이 위축되어서는 곤란하다. 빈대 잡으려다 초가삼간 태우는 잘못을 범할 수 있기 때문이다. 제1부의 후반부에는 노동법을 집행하는 기관에 대해서 간략하게 설명해 드린다.

노동법의 등장 배경

　　　노동법이 제일 먼저 등장한 나라는 영국이다. 노동법은 18세기 중엽 영국에서 시작된 산업혁명과 밀접한 관련이 있다. 산업혁명은 기술 혁신과 소비재의 대량 생산을 가져왔다. 동시에 기존의 가내수공업에서 공장제공업으로 전환되면서 많은 사회 문제를 초래하게 된다.

18세기 영국은 다른 국가들보다 먼저 산업이 발달할 수 있는 조건이 갖추어져 있었다. 다른 유럽 국가들보다 봉건 제도가 먼저 해체되었다. 석탄 등 지하자원이 풍부했고, 면방직 기계의 개발과 증기기관의 발명 등 여러 가지 인프라가 갖추어진 것이다. 상품 원료의 공급처이자 소비처인 인도, 중국 등의 식민지도 개척했다. 공급이 수요를 창출한다고 할 정도로 공장에서 만들기만 하면 팔려 나갔다. 그러한 제품 생산에는 노동력이 필요했다. 과거 농업이나 목축업 등 일차 산업으로 생계를 유지하던 국민이 대거 도시로 나와 방직공장 등에 취업했다. 상당수의 노동자는 빈민 구제소나 보육원의 아동들로 채워지기도 했다.

산업혁명 초기에는 노동법이 존재하지 않았다. 근대시민법의 3대 원칙 중 하나인 계약 자유의 원칙이 통용되던 시대였다. 아동이나 여성들도 제한 없이 산업 현장에 투입되었다. 그리고 근로 시간도 제한이 없어 장시간 노동에 시달렸다. 정해진 근로 조건이나 기준이 없었기에 근로자들은 저임금에 작업 환경도 열악했다. 취약한 환경에서 근로자들은 재해를 당하기도 한다. 당시는 과실 책임의 원칙이 작동했다. 사용자의 과실이 없다면 책임을 지지 않는다는 것이다. 그러므로 근로자가 위험한 기계에 다치거나 사망에 이르더라도 제대로 보상을 받을 수도 없었다.

공장에 취업한 근로자는 궁핍한 생활을 해야 했다. 기존의 노동력을 대체하는 기계로 인해 직장을 잃는 노동자들도 생겨난다. 가내수공업으로 먹고살던 노동자는 신식 기계의 도입으로 일터를 잃게 된다. 일자리가 사라지자 기계를 파괴하기도 하였다. 이른바 '러다이트운동'이다. 증기기관을 장착한 증기자동차가 등장하자 마차사업(馬車事業)에 종사자들의 저항에 부딪힌다. 그래서 영국 의회는 '붉은깃발법'을 만들어 마주와 마부들을 보호하고자 했다.

그렇게 노동자와 자본의 관계가 악화하면서 갈등은 점점 커졌다. 이처럼 산업혁명은 많은 사회 문제를 초래하였다. 그러한 사회 문제를 해소할 장치가 필요했다. 그래서 나타난 것이 노동법이라 할 수 있다. 영국에서 근로 조건 개선을 위해 「공장법」 등에서 처음 관심을 보인 사항은 근로 시간 단축에 관한 부분이었다. 노동법은 산업혁명으로 나타난 사회 문제의 부작용을 해소하기 위한 결과물이라고 해도 좋을 것이다.

우리나라에는 노동법이 없다?

우리나라에 **노동법**이란 법은 없다. 지난 1948년 8월 15일 대한민국 정부 수립 이후부터 현재까지 노동법은 존재하지 않았다. 말하자면 노동법이라는 제명(題名)으로 입법된 노동법은 지금까지 존재하지 않았다. 노동법이란 제명을 가진 법률은 없지만, 노동법이라 불리는 노동관계법은 많다. 고용노동부 직원들도 다 기억하기 힘들 정도이다.

우리나라에서 가장 기본이 되는 대표 노동관계법은 「**근로기준법**(勤勞基準法)」이다. 동아시아권인 **일본**과 **대만**은 「**노동기준법**(勞動基準法)」이라고 한다. 노동기준법은 우리 근로기준법과 내용 면에서 많이 유사하다. 나중에 비교해 보겠지만 우리 근로기준법은 일본의 노동기준법을 그대로 들여온 것임을 알 수 있다. 공산국가인 **중국**도 「**노동법**」이란 이름의 법이 존재한다. 서구의 노동법으로 **미국**에서는 「**공정근로기준법**(The Fair Labor Standard Act)」, **독일**과 **프랑스**는 「**근로시간법**」이 있다. **영국**은 불문법 국가라 법률로 존재하지 아니하고 「**근로시간규정**(Working Time Regulations)」이라는 형태로 존재한다. 법률명에서 알 수 있듯이 서구권에서는 근로 시간에 대해 많은 관심과 비중을 두고 있다는 것이 특징이다.

우리 노동관계법의 발자취

우리나라의 노동관계법은 언제 어떤 모습으로 나타났을까? 일제강점기에서 해방된 1945년 8월 15일 이후는 미군정 하에 있었다. 그 당시에도 노동과 관련한 법이 있었다. 각 도에 노동국을 두었으며, 「근로자단결권에대한법령」, 「미성년자노동보호법」, 「최고노동시간법」 등의 법령이 있었다.

그러다 1948년 7월 17일 우리나라의 헌법이 제정되었다. 제정 헌법에 근거하여 1953년 5월 10일 법률 제286호로 근로기준법이 제정되었다. 해방 후 만들어진 우리나라 최초의 노동법이다. 이후 경제발전과 함께 근로자들의 권익이 더욱더 보장되고 확대되는 형태로 개정되어왔다. 그렇게 1997년까지 모두 6차례의 개정이 이루어졌다. 열악한 경제 환경으로 미루어져 왔던 최저임금법도 제정(법률 제3927호, 1986.12.31.)되었다. 안전에 관한 인식이 커지면서 근로기준법 제6장에 존재하던 안전과 보건에 관한 모든 내용은 산업안전보건법(법률 제4220호, 1990.1.13.)으로 전부 개정되기도 하였다.

우리 근로기준법은 지금까지 두 번의 제정 절차를 거쳤다. 하나의 법이 두 번씩 제정되는 것은 드문 일이다. 그 발단은 이렇다. 기존의 근로기준법은 IMF 관리체제 직전인 1996년 12월 31일 제6차 개정이 있었다. 그렇지만 6차 개정법은 시행도 되지 못한 채 폐지되는 운명을 맞게 된다. 제6차 개정 내용에는 **경영상 이유에 의한 해고**와 **탄력적 근로 시간제 등 유연 근무제 및 연장 근로 완화** 등의 내용이 담겼었다. 그러나 법 개정 과정과 내용에서 반발을 가져왔다. 당시 개정법은 여당 의원들만 출석한 가운데 의결되었다. 야당 의원들에게 개의 시간을 알려주지 않은 상태였다. 결국, 헌법소원이 제기되고 야당 및 노동계의 강력한 반발에 부딪혀 시행도 못 해보고 1997년 3월 13일 폐지되었다.

그러한 과정을 거치면서 근로기준법은 여야 합의를 통해 두 번째로 제정(법률 제5309호, 1997.3.13.)되어 공포되기에 이른다. 노동관계법은 수시로 자주 바뀐다. 지난 1997년 이후부터 2019년까지만 해도 총 21차례의 개정이 이루어졌다.

얼마 전 먼저 퇴직했던 선배를 만났는데 황당한 실수를 했다고 한다. 퇴직 후 쉬고 싶어 1년 정도 쉬고 있었다. 약 1년이 지난 후 지인의 권유로 노무사 업무를 개시하게 되었다. 그리하여 한 업체로부터 상담 요청이 있어 평소 알던 대로 자문을 해 주었다. 그런데 알고 보니 엉터리 자문을 한 것이다. 불과 일 년 사이에 연차휴가 규정이 확 바뀐 것을 모르고 법 개정 전의 내용으로 자문을 하게 된 것이다. 그렇게 되면 자문을 구한 업체는 노무사를 불신하게 된다. 그렇듯 앞으로도 노동관계법은 수시로 개정될 것으로 보인다.

근로기준법은 제1장 총칙에서 제12장 벌칙에 이르기까지 총 12개의 장과 부칙으로 되어 있고, 116개의 법조문으로 구성되어 있다. 앞에서 설명한 대로 우리나라에 노동법이란 법이 따로 존재하지 않으므로 이 책에서는 40개에 이르는 노동관계법 중에서도 대표 노동법이라 할 수 있는 근로기준법을 중심으로 설명해 드리고자 한다.

우리나라의 근로기준법과 일본의 노동기준법을 대조해 보면 신기할 정도로 체제와 내용 면에서 닮았다. 근로기준법을 제정할 때 아예 일본 노동기준법을 그대로 가져왔다는 생각이 든다. 비교적 최근에 도입된 임금채권보장법 등도 일본의 제도를 많이 참고하였다. 최초 도입 당시 일본과 우리나라는 산업화 정도에 있어 많은 차이가 있었다. 그런데도 현실은 고려하지 않고 가감 없이 도입했던 것으로 보인다. 제2부에서 설명하겠지만 주휴 수당 등에서 그러한 정황이 많이 나타난다.

▶ 동아시아 3개국의 노동관계법 비교

한국 근로기준법	일본 노동기준법	대만 노동기준법
제2조(정의) 1. "근로자"란 직업의 종류와 **관계없이** 임금을 목적으로 사업이나 사업장에 근로를 제공하는 자를 말한다.	**제9조(근로자의 정의)** 이 법에서 근로자라 함은 직업의 종류를 **불문하고** 사업 또는 사업장에 사용된 자로서 임금을 지급받는 자를 말한다.	**제2조** 1. 근로자: 사업주에 고용되어 임금을 목적으로 근로에 종사하는 자.
제7조(강제 근로의 금지) 사용자는 폭행, 협박, 감금, 그 밖에 정신상 또는 신체상의 자유를 부당하게 구속하는 수단으로써 근로자의 자유의사에 **어긋나는** 근로를 강요하지 못한다.	**제5조(강제 근로의 금지)** 사용자는 폭행·협박·감금 기타 정신 또는 신체의 자유를 부당하게 구속하는 수단에 의해 근로자의 자유의사에 **반하여** 근로를 강제하여서는 아니 된다.	**제5조** 사업주는 강제 폭행, 협박, 구금 혹은 기타 불법적인 방법으로 근로자를 강제로 근로에 종사하게 할 수 없다.
제9조(중간착취의 배제) 누구든지 법률에 **따르지** 아니하고는 영리로 다른 사람의 취업에 개입하거나 중간인으로서 이익을 취득하지 못한다.	**제6조(중간착취의 배제)** 누구든지 법률에 근거하여 허용되는 경우 외에는 업(業)으로서 타인의 취업에 개입하여 이익을 얻어서는 아니 된다.	**제6조** 누구를 막론하고 타인의 근로계약에 개입하여 부당 이익을 취할 수 없다.

위 표에 있는 우리나라 근로기준법 조문들은 2007년 4월 11일 법률 제8372호로 전부 개정·시행되면서 표현 형식을 우리말로 순화한 것이다. 특히 제2조(정의) 1. 근로자의 정의는 2007년 4월 10일까지 아래와 같이 근로기준법 제14조에 하나의 조문으로 규정되어 있었다. 다음 글 상자에 있는 **제14조**(근로자의 정의)와 **일본 노동기준법 제9조**를 비교해 보면 별 차이가 없음을 알 수 있다.

> **제14조(근로자의 정의)**
> 이 법에서 "근로자"라 함은 직업의 종류를 불문하고 사업 또는 사업장에 임금을 목적으로 근로를 제공하는 자를 말한다.

제6조(강제근로의 금지)

사용자는 폭행, 협박, 감금 기타 정신상 또는 신체상의 자유를 부당하게 구속하는 수단으로써 근로자의 자유의사에 반하는 근로를 강요하지 못한다.

제8조(중간착취의 배제)

누구든지 법률에 의하지 아니하고는 영리로 타인의 취업에 개입하거나 중간인으로서 이익을 취득하지 못한다.

노동관계법은 어떤 것들이 있나?

우리나라의 노동관계법은 헌법에 기초하고 있으며 가장 대표적인 노동관계법은 **근로기준법**이다. 근로기준법에 포함되어 있던 일부 조항은 시대가 변함에 따라 점점 복잡해졌다. 하나의 조항으로 있던 것이 아예 별도의 법으로 분리되어 나가기도 하였다. 전에 없던 새로운 노동관계법도 계속 생겨나고 있다. 그렇게 분화되거나 신설되어 현재의 노동 법률은 40여 가지에 달한다.

산업재해보상보험법, 산업안전보건법, 근로자퇴직급여보장법 등은 본래 근로기준법 내에 포함되어 있었다. 이제는 근로기준법에서 분리되어 독립된 법의 형식을 갖추고 있다. 그렇게 분리된 산업안전보건법 등은 근로기준법보다 훨씬 더 복잡하다. 노동법의 존재 형식이라고 하는 노동법의 법원(法源)은 국회에서 입법되는 노동 관계 법률이 대표적이다. 그 외에 사용자와 노동조합이 단체교섭의 결과물로 체결되는 **단체협약**이 있다. 또한, 사용자가 정하는 **취업규칙**과 개별적인 계약을 통해 작성되는 **근로 계약**도 노동법의 법원에 속한다.

우리나라의 노동관계법은 헌법에 근거한다고 앞에서 밝힌 바 있다. **헌법 제32조 "모든 국민은 근로의 권리를 가진다."** 라는 조문은 개별 근로관계법의 근거가 된다. 같은 조항에 최저임금제 시행과 관련한 근거도 명시되어 있다.

헌법 제33조는 노동삼권과 관련되는 것으로 "근로자는 근로 조건의 향상을 위하여 자주적인 단결권·단체교섭권 및 단체행동권을 가진다." 라고 하여 **「노동조합 및 노동관계조정법」** 과 같은 집단적 노동관계법의 근거가 되고 있다.

헌법 제32조

① 모든 국민은 근로의 권리를 가진다. 국가는 사회적·경제적 방법으로 근로자의 고용의 증진과 적정임금의 보장에 노력하여야 하며, 법률이 정하는 바에 의하여 최저임금제를 시행하여야 한다.

② 모든 국민은 근로의 의무를 진다. 국가는 근로의 의무의 내용과 조건을 민주주의 원칙에 따라 법률로 정한다.

③ 근로 조건의 기준은 인간의 존엄성을 보장하도록 법률로 정한다.

④ 여자의 근로는 특별한 보호를 받으며, 고용·임금 및 근로 조건에 있어서 부당한 차별을 받지 아니한다.

⑤ 연소자의 근로는 특별한 보호를 받는다.

⑥ 국가유공자·상이 군경 및 전몰 군경의 유가족은 법률이 정하는 바에 의하여 우선으로 근로의 기회를 부여받는다.

헌법 제33조

① 근로자는 근로 조건의 향상을 위하여 자주적인 단결권·단체교섭권 및 단체행동권을 가진다.

② 공무원인 근로자는 법률이 정하는 자에 한하여 단결권·단체교섭권 및 단체행동권을 가진다.

③ 법률이 정하는 주요방위산업체에 종사하는 근로자의 단체행동권은 법률이 정하는 바에 의하여 이를 제한하거나 인정하지 아니할 수 있다.

▶ **노동법 체계표**

개별적 근로 관계법   **집단적 노사관계법**

| 근로의 권리 (헌법 제32조) | 헌법 근거 | 노동 3권 (헌법 제33조) |

국가에 의한 보호
· 근로 관계의 성립, 유지 소멸에 직접 개입

기본 원리

국가로부터의 자유
· 집단적 노사자치

국가: 근로자·사용자
근로자: 사용자

대상자 집단

근로자 집단: 사용자, 사용자집단

· 근로기준법
  ▪ 산업안전보건법
· 최저임금법
· 임금채권보장법
· 남녀고용평등 및 일가정양립법률
  ▪ 근로자퇴직급여보장법
  ▪ 기간제 및 단시간근로보호법
  ▪ 파견근로자보호 등에 관한 법률

해당(관련)**법률**

· 노동조합 및 노동관계조정법
· 노동위원회법
· 근로자참여 및 협력증진에 관한 법률
  ▪ 공무원의 노동조합설립 및 운영 등에 관한 법률
  ▪ 교원의 노동조합설립 및 운영 등에 관한 법률

현행 고용·노동 관련 법은 총 40여 가지가 있다. 분야별로 살펴보면 다음과 같이 나누어 볼 수 있다.

근로 기준 관련(8건)

근로기준법, 최저임금법, 공인노무사법, 임금채권보장법, 근로자퇴직급여보장법, 파견근로자보호 등에 관한 법률, 기간제 및 단시간근로자보호 등에 관한 법률, 근로복지기본법

노동조합 관련(3건)

노동조합 및 노동관계조정법, 공무원의 노동조합설립 및 운영 등에 관한 법률, 교원의 노동조합설립 및 운영 등에 관한 법률

노사 협력 관련(5건)

근로자참여 및 협력증진에 관한 법률, 노동위원회법, 경제사회발전노사정위원회법, 근로자의날제정에 관한 법률, 노사관계발전지원에 관한 법률

산업안전보건 관련(3건)

산업안전보건법, 진폐의 예방과 진폐근로자의 보호 등에 관한 법률, 한국산업안전보건공단법

취업 지원 관련(8건)

고용정책기본법, 직업안정법, 채용절차의 공정화에 관한 법률, 사회적기업육성법, 건설근로자의 고용개선 등에 관한 법률, 청년고용촉진특별법, 외국인근로자의 고용 등에 관한 법률, 자유무역협정체결에 따른 무역조정지원에 관한 법률

직업 훈련 관련(6건)

근로자직업능력개발법, 직업교육훈련촉진법, 국가기술자격법, 숙련기술장려법, 자격기본법, 한국산업인력공단법

고용·산재보험 관련(3건)

고용보험법, 고용보험 및 산업재해보상보험의 보험료징수 등에 관한 법률, 산업재해보상보험법

고용 평등 관련(4건)

남녀고용평등과 일·가정양립지원에 관한 법률, 장애인고용촉진 및 직업재활법, 고용상연령차별금지 및 고령자고용촉진에 관한 법률, 경력단절여성 등의 경제활동촉진법

일반 행정(1건)

고용노동부와 그 소속 기관 직제

위의 고용·노동 관련 법률 가운데 근로감독관이 수행하는 법률은 16건에 달한다. 그 직무 범위와 사법경찰관리의 직무를 담당하는 공무원에 대해서는 다음과 같이 법률로 정하고 있다.

▶ **사법경찰관리의 직무를 수행할 자와 그 직무 범위에 관한 법률**

제6조의2(근로감독관 등)

① 「근로기준법」에 따른 근로감독관은 그의 관할 구역에서 발생하는 다음 각호의 법률에 규정된 범죄에 관하여 사법경찰관의 직무를 수행한다.

1. 「근로기준법」 2. 「최저임금법」 3. 「남녀고용평등법」 4. 「임금채권보장법」 5. 「산업안전보건법」 6. 「진폐의 예방과 진폐근로자의 보호 등에 관한 법률」 7. 「노동조합 및 노동관계조정법」 8. 「교원의 노동조합설립 및 운영 등에 관한 법률」 9. 「근로자참여 및 협력증진에 관한 법률」 10. 「근로복지기본법」 11. 「건설근로자의 고용개선 등에 관한 법률」 12. 「파견근로자보호 등에 관한 법률」 13. 「근로자퇴직급여보장법」 14. 「공무원의 노동조합설립 및 운영 등에 관한 법률」 15. 「기간제 및 단시간근로자보호 등에 관한 법률」 16. 「고용상연

령차별금지 및 고령자고용촉진에 관한 법률」

② 지방고용노동청, 지방고용노동청 지청 및 그 출장소에 근무하며 근로감독, 노사협력, 산업 안전, 근로 여성 보호 등의 업무에 종사하는 8급·9급의 국가공무원 중 그 소속 관서의 장의 추천에 의하여 그 근무지를 관할하는 지방검찰청검사장이 지명한 자는 제1항의 범죄에 관하여 사법경찰리의 직무를 수행한다.

우리 노동법(근로기준법)의 장별 구성 내용

노동관계법 중 가장 오래되고 기본이 되는 법은 근로기준법이다. 근로기준법은 제1장 총칙을 비롯하여 제2장 근로 계약, 제3장 임금, 제4장 근로 시간과 휴식, 제5장 여성과 소년, 제6장 안전과 보건, 그리고 최근에 생겨난 「제6장의 2 직장 내 괴롭힘의 금지」라는 장이 추가되었다. 2019년 1월 15일 신설되어 2019년 7월 16일부터 시행되었다. 직장 내 성희롱 판단과 마찬가지로 어디까지 직장 내 괴롭힘으로 봐야 할지 판단하는 입장에서는 부담이 느껴질 것으로 보인다. 제7장 기능 습득, 제8장 재해보상, 제9장 취업규칙, 제10장 기숙사, 제11장 근로감독관, 제12장 벌칙 순으로 구성되어 있다.

다음 장에서는 노동법의 핵심이라 할 수 있는 근로기준법의 법조문 순서에 따라 독자 여러분과 함께 내용을 짚어볼 것이다.

참고로 근로기준법은 5인 이상 사업장에 전면 적용되고, 5명 미만 사업장은 기본적이면서 핵심적인 법 조항이 적용되므로 이를 잘 구분하여 살펴보아야 한다.

근로기준법은 원칙적으로 5인 이상인 사업장을 대상으로 적용된다. 그러나 일부 기본적이고 중요한 사항은 5인 미만 사업장에도 적용된다. 이 책에서는 5인 이상과 5인 미만 적용 대상 법조문을 구분하여 표시하였다. 상시 근로자 수가 5인 미만인 사업장도 적용 대상인 법 조항은 붉은색으로 표시하였다.

그리고 이 책에서는 근로자와 노동자, 사업주와 사용자, 고용노동부와 노동부, 근로감독관과 감독관 등의 용어를 상황에 따라 바꿔 사용하게 됨을 미리 밝혀 드린다. 아울러 자주 사용될 근로기준법의 명칭은 근기법 또는 법으로 줄여 표시하였다.

제2장

노동법과
주변 환경

노동관계법 입법 기관

알다시피 우리나라 모든 법의 입법 기관은 국회이다. 노동관계법은 국회 내 **환경노동위원회**(이하 **환노위**라고 함) 소속 국회의원들이 대부분 발의하며 심의 절차도 거친다. 따라서 환노위는 고용노동부와 환경부 소관 업무와 관련한 법안을 다루며, 매년 국정감사도 실시한다.

국회 내에서 각 상임위원회가 구성될 때 국회의원들로부터 선호 또는 기피되는 위원회가 있다고 한다. 기획재정위원회 등 예산과 관련이 많거나 사회적 관심이 집중되는 사안을 다루는 위원회가 의원들에게 인기가 있다. 그런 위원회는 지역구 민원 해결 및 예산 확보에 유리하다. 또한, 대중 매체에 노출이 잘되므로 당연히 인기가 있는 것 같다. 환노위는 선호도가 낮은 상임위원회에 속한다. 환노위는 비례대표 국회의원들의 비중이 높다. 환노위 의원들은 나름대로 열심히 의정 활동을 하고 있지만, 칭찬보다는 비난받기가 쉽다. 노동법과 관련한 단체들은 국회에서 자신들에게 조금이라도 불리하다고 생각되는 법률안이 나오면 항의나 비난을 받게 된다. 노사 간에 이해관계가 대립되므로 불리해지는 어느 한쪽에서 불만을 갖기 마련이다.

환경부와 고용노동부는 부처 간 업무 관련성이 그리 많지 않다. 두 부처가 환노위 소속으로 같이 묶이기에는 효율성이 떨어진다는 주장도 있다. 환경부는 국토교통위원회 소속 기관과 같은 위원회로 하고, 고용노동부는 중소벤처기업부가 속한 상임위원회(산업통상자원중소벤처기업위원회)로 구성되는 것이 더 적절하다고 본다. 그렇게 되면 노동계와 경영계를 두루 이해하고 균형점을 찾는 데 도움이 될 것이기 때문이다.

한편 국회에서 만들어지는 법률은 아니지만, 노동 관련 법으로 인정받는 협약이나 규칙 등이 있다. 노동조합이 조직되어 있는 사업장은 단체교섭의 결과물인 단체협약이 있으며 사용자가 정하는 취업규칙이 있다. 또한, 사업주와 개별 근로자 간에 체결되는 근로 계약 외 때로는 관행도 구속력을 가질 수가 있다.

국회 환경노동위원회 구성 현황

       지난 제20대 국회 환노위 소속 국회의원은 여당과 야당을 합쳐 총 16명으로 구성되어 있었다. 여당인 더불어민주당이 지역구 5명과 비례대표가 2명을 포함하여 7명으로 제일 많다. 그다음은 야당인 자유한국당(국민의 힘 전신)으로 지역구 2명, 비례대표 4명 하여 6명이다. 바른미래당은 지역구와 비례대표가 각 1명씩 2명이고, 정의당은 비례대표 1명이 소속되어 있다. 여성의원은 6명이다.

(단위: 명)

구분 합계	더불어민주당		자유한국당		바른미래당		정의당
	지역구	비례대표	지역구	비례대표	지역구	비례대표	비례대표
16명	5	2	2	4	1	1	1

각 의원의 주요 이전 경력을 보면 정당·정치인 출신이 10명으로 가장 많다. 다음으로 노동계 출신이 4명이며, 그 밖에 전문직(의사/변호사) 1명과 언론인 출신 1명이 있다.

위의 경력에서 보듯이 정당이나 노동조합 출신이 다수를 차지한다. 소상공인이나 기업인 출신은 찾기가 어렵다. 노동문제를 다루는 환노위의 특성상 노동계 출신의 비중이 높은 것은 이해가 된다. 그러나 노동문제와 관련한 이해의 폭을 넓히려면 근로자 출신 CEO나 자수성가한 기업인 또는 전문경영인 출신 의원들도 필요하다. 평생 사업을 한 번도 해보지 않은 사람이 그들의 사정이나 상황을 이해하고 대변할 수는 없기 때문이다. 노동관계법을 직접 집행해본 행정 경험이 풍부한 의원도 다양성 측면에서 필요하다. 다양한 경험과 배경을 지닌 국회의원들이 머리를 맞대고서 진지하게 검토와 논의를 해야 할 것이다. 각종 법률 시행에 앞서 발생할 문제점들도 사전에 잘 파악되어야만 한다. 그래야 졸속이거나 편향된 입법으로 인한 갈등과 이해 충돌도 적어질 것이다. 법이 시행된 후 나중에 고치기란 쉽지 않다. 노동법은 하방 경직성이 있다. 즉, 한 번 정해지면 주변 상황이 바뀌더라도 기존 법규의 기준을 수정하기 어렵다. 이미 확보한 기득권을 양보하려 들지 않으며 저항에 부딪힌다. 여하튼 위원회 구성상 어느 일방으로 치우쳐 있다면 법의 균형적인 면에서 바람직하지 않다.

국회의원들은 얼마나 많은 입법 활동을 하는지에 따라 평가를 받곤 한다. 지난 수년간 최저임금법과 관련해서도 여러 법안을 경쟁적으로 내놓기도 하였다. 지방자치단체도 마찬가지다. 지방자치단체 의원들도 조례를 많이 발의하여야 좋은 평가를 받는다. 그렇지 못하면 비난과 비판을 받기도 한다. 그러므로 조례를 많이 만들고 싶어 한다. 다른 시·도에서 뭔가 새로운 조례를 만들어서 시행하면 그대로 본떠서 발의하기도 한다.

최근 언론 보도로는 지난 2019년 6월 8일 현재 20대 국회에서 발의된 법안은 2만 215건에 달한다. 역대 최고치라고 한다. 이는 지난 19대 국회에서 발의된 1만 7천 8백여 건을 이미 초과한 건수이다. 이렇게 법안 발의를 많이 하는 이유는 내년 총선에서 정당 공천과 관련 지울 수 있다. 각 당의 현역 의원의 의정 활동을 평가할 때 입법 실적도 중요한 평가지표로 삼을 수 있기 때문이다.

노동법의 속성

노동관계법만큼 가지 수가 많고, 자주 바뀌는 법도 많지 않을 것이다. PC나 스마트폰의 사양이 바뀌는 것처럼 노동법도 수시로 바뀌고 있다. 그처럼 노동법이 수시로 개정됨으로 인해 노동법 해설책도 발간하자마자 구판이 되어 버린다. 오래전에 발간된 모 교수의 노동법 해설 책자는 개정판만 벌써 30판을 훨씬 넘겼다. 그렇지 않으면 바뀌기 이전 법을 그대로 설명하는 오류가 발생하므로 판을 달리할 수밖에 없다.

근로기준법은 1953년 최초로 제정된 후 10차례 이상 개정이 되었다. 그 후 1997년 3월 13일 근로기준법은 다시 제정된다. 1997년에 제정된 이후에도 수십 차례 개정되어 오늘에 이르고 있다. 앞으로도 계속하여 개정될 상황이다. 근속 기간 1년 미만인 근로자에 대해서도 퇴직금이 지급되도록 하는 퇴직급여 보장법 개정안도 지난 국회에서 발의된 바 있다.

우리는 일상생활 중 알게 모르게 많은 법의 보호를 받지만, 한편으로는 법의 규제도 받게 된다. 생명체는 탄생과 죽음을 거듭하지만, 법률은 한 번 만들어지면 폐지되는 경우는 극히 드물다. 그래서 법은 계속 늘어나게 마련이다. 지난해 연말 모 화력발전소에서 젊은 청년이 작업장에서 사망하는 사고가 발생했었다. 그런 산재 사망사고와 같이 사회 문제화되면 법은 또다시 강화된다. 위험의 외주화를 막겠다며 또다시 법은 강한 모습으로 나타난다. 그만큼 우리 사회는 촘촘한 법망 속에 놓여 살 수밖에 없다.

노동법은 근로자와 사용자의 권리 및 의무를 발생시킨다. 대부분 근로자에게는 권리가 되지만 사업주에게는 의무로 다가온다. 오늘날 사업주(사장)라 해서 반드시 근로자보다 나은 위치에 있다고 할 수 없다. 동네 통닭집 사장이나 편의점 사업주가 대기업이나 공기업 또는 중견 기업의 근로자보다 결코 낫다고 할 수 없을 것이다.

어떤 문제나 명분이 있다 하여 법을 계속 강화해서는 곤란하다. 엄한 벌칙을 부과함으로써 문제가 해소된다면 환영할 일이다. 그러나 법이 모든 문제를 해결해 줄 수는 없다. 문제를 해결하려 하지만 더 많은 부작용이 따를 수 있다. 한 회사의 경영 여건이 어려워지면 결국 그 회사에 속한 근로자들도 어려운 상황을 맞게 할 수 있다. 학업성적이 저조한 학생에게 엄한 벌을 준다고 해서 항상 기대한 성과를 거두기는 어렵다. 계속 몰아붙이면 삐뚤어지거나 가출도 할 수 있다.

지난 2018년도에 적용되었던 최저임금도 마찬가지다. 최저임금의 대폭 인상은 임금 근로자들의 소득향상을 통해 경제를 활성화하려는 뜻으로 비친다. 하지만 많은 부작용을 겪었다. 지금도 현재 진행형이다. 일자리안정자금이 투입되었지만, 인건비에 부담을 느낀 사업장은 고용을 축소하거나 가족 경영체제로 바꾼 경우도 많았다. 지금은 아르바이트 자리마저 더 구하기가 힘들어졌다고 한다. 주당 15시간 미만의 초단시간 근로 등 쪼개기 일자리도 많아졌다. 결과적으로 근로자에게도 적지 않은 영향을 미치고 있다. 강력하고 수준 높은 법을 통해 모든 문제를 해결한다는 것은 불가능하다. 반드시 부작용도 따르기 때문에 입법을 신중하게 해야 한다.

요즘 외국기업이나 자본의 국내 투자 소식은 듣기가 어렵다. 반면 우리 기업은 사업을 축소 또는 포기하거나 비용과 규제가 덜한 해외로 나가려 한다. 작년 국내 한 대기업은 국내의 스마트폰 사업을 접고 베트남으로 생산 기지를 이전한다고 밝혔다. 판매 부진 등 여러 요인이 있겠지만 각종 규제와 비용도 한몫한 것으로 보인다. 최근 베트남에서 온 한 사업가는 베트남 호찌민시에 한국인 회사와 한국인이 크게 늘고 있다고 전한다.

돌아보면 과거 여러 정권을 거치면서 여러 차례 사면과 복권이 있었다. 그런데도 현재 각종 법을 위반하여 처벌을 받은 전과자 수가 천만 명이 넘는다고 한다. 형사상 미성년자를 제외하면 전체 국민의 4분의 1 정도는 전과를 보유한 것이다. 조선 시대에도 전과자는 많았다고 한다. 청백리로 알려진 황희 정승이나 맹사성도 귀양을 갔던 이력이 있다고 한다. 우리 국민의 준법정신이 낮다고 해야 할까?

노동법은 사업주나 사용자를 전과자로 만들기 쉬운 법이다. 노동청에서 사업주를 조사해보면 상당수가 전과 기록을 보유한 것으로 확인된다. 노동법은 지켜야 할 가지 수가 많을 뿐만 아니라 복잡하다. 때로는 노동법을 안다고 해도 자금 사정이나 경영 여건이 따르지 않으면 지킬 수가 없다.

요즘 젊은이들은 SNS 등을 통해 노동법을 많이 접하고 정보를 활발하게 교환한다. 반면 사업주들은 노동법보다는 영업이나 매출과 같은 제반 경영 활동에 더 많은 신경을 쓰게 된다. 소규모 사업장은 근로자들이 사용자들보다 노동법 지식이 더 앞서 있는 경우도 많다. 근래에는 근로 계약서를 작성하지 않았다 하여 진정·고소 사건이 많이 접수되고 있다. 해당 사건을 조사해 보면 아직도 사용자는 근로 계약서 작성 의무에 대해 잘 모르고 있다.

한나라 유방과 법삼장(法三章)

「**법삼장(法三章)**」이란 말이 있다. 세 가지의 법을 뜻하는데 단순하고 간단하여 누구든지 지키기 쉬운 법을 일컫는다. 이 말은 역사상 중국을 최초로 통일한 **진나라**의 **진시황**에 이어 두 번째로 통일을 이룬 **한(漢)나라**의 **유방**과 관련이 있다.

진나라는 진시황의 죽음과 함께 나라가 혼란에 빠진다. 그러자 가혹한 법과 부역에 시달려온 백성들은 전국 각지에서 난을 일으킨다. 진승과 오광 등 수많은 세력과 무리가 등장하고 망한다. 결국에는 항우와 유방이 남아 4년간의 대결을 벌이게 된다. 알다시피 최후의 승자는 바로 한나라의 고조 유방이다. 유방이 젊은 시절이었다. 진시황은 문무백관을 거느리고 각지로 거창한 행차를 하곤 했다. 그런 행차를 지켜본 유방은 자신도 진시황처럼 되어 보리라 마음먹었다. 말하자면 진시황은 유방의 역할(롤) 모델이었던 셈이다. 재미있는 것은 당시 항우도 유방과 같이 진시황의 행차를 구경한 후 진시황과 같은 황제가 되리라 다짐했었다고 한다. 역시 크게 될 사람은 꿈도 크게 가지고 볼 일이다. 그러한 일화들은 **사마천**의 『**사기**』를 통해 오늘날까지 전해지고 있다.

통일 진나라는 백성들을 가혹한 법으로 다스렸다. 백성들은 만리장성과 아방궁 건설 등 대규모 공사에 동원됨으로써 극심한 노역에 시달렸다. 진나라는 통일 후 불과 20년도 유지하지 못하였다. 그렇게 짧은 기간 내에 멸망한 이유는 복잡하고 가혹한 법이 문제였다고 한다. 유방 또한 그러한 과정을 지켜봐 왔다. 한나라를 세운 후 유방은 다음과 같이 선포하게 된다.

> "
> 진나라의 복잡한 법들은 백성들을 폭압에 시달리게 했습니다. 나는 진나라의 모든 법을 폐지하겠습니다. 대신 세 가지 법만을 시행하겠습니다. 즉 살인자는 사형에 처하고, 다른 사람을 다치게 한 자는 처벌하며, 도둑질한 자는 그에 따른 벌을 내리겠습니다.
> "

이때부터 백성들을 위해 간략하게 만든 법을 일컬어 「법삼장」이라 부르게 되었다. 물론 한나라 시대에는 농경사회라 법이 그리 많지 않아도 될 법하다. 현시대는 그 당시와 비교가 불가할 정도로 복잡하고 다양해졌다. 따라서 법이 복잡해지는 것은 어쩔 수 없는 일이다.

여하튼 살인이나 강도와 같은 흉악범은 엄하게 처벌하는 것은 마땅하다. 그러나 반사회적 흉악범이 아님에도 엄격한 기준을 적용할 때가 문제이다. 법이 너무 엄하거나 복잡하여 지키기 어려우면 그에 따라 부작용이 나타난다. 그와 함께 불만도 터져 나오게 마련이다. 그런 사회와 나라는 안녕할 수 없고 국민의 삶도 힘들어진다. 중국 진나라의 사례를 타산지석으로 삼아야 할 것이다.

야율초재(耶律楚材) 이야기

지난 1990년대 중반 워싱턴포스트지는 곧 다가올 밀레니엄 시대를 앞두고서 한 가지 의미 있는 기획을 하였다. 다름 아닌 20세기 이전 천 년간의 인류 역사에서 가장 중요한 인물은 누구인지를 선정하고자 검토에 들어간 것이다. 그 결과 몽골제국의 칭기즈칸을 가장 대표적인 인물로 선정하여 1995년 12월 31일 발표하였다.

칭기즈칸이 지배한 영토는 알렉산더, 나폴레옹, 히틀러가 점령한 영토보다도 넓었다. 그의 손자까지 대를 이어 150년이 넘도록 넓은 세상을 지배했다. 칭기즈칸의 전기를 읽어 보면 그는 저항하는 적에 대해서는 한꺼번에 수백만 명도 죽여 버리는 무서운 인물이다. 독일의 혼성 6인조 그룹이 부른 '칭기즈칸'이라는 노래의 원곡 가사에도 "전 세계를 공포와 경악에 떨게 하였다."

라는 가사가 등장한다. 우리나라에서 번안된 곡은 그런 내용이 빠져 있다. 아시아는 물론 유럽까지 공포에 떨게 한 무시무시한 인물이다.

정벌 초기에 칭기즈칸이 중국과 서역으로 말의 머리를 돌린 것은 참으로 다행스러운 일이다. 그러지 않고서 고려부터 침공했다면 어찌 되었을까? 그랬다면 오늘날 우리의 모습으로 존재했을까? 하는 생각을 해 본다. 역사적인 가정이지만 섬뜩하다. 그런 칭기즈칸을 설득하여 대량 살육을 자제하도록 한 인물이 바로 **야율초재**이다. 당시 그는 가혹한 벌로써, 그리고 지배계층의 말 한마디가 법이 되어 많은 사람이 죽임을 당하는 상황을 보아왔다. 그래서 무분별한 살육을 멈추도록 충언을 했던 것으로 전해진다.

그는 거란족 출신이면서 금나라에서 벼슬을 한 인물이다. 그리고 칭기즈칸이 금나라를 정벌하면서 금나라의 관리인 야율초재를 참모로 데려와 쓴 것으로 되어 있다.

몽골제국의 2대 왕 오고타이가 개혁 방안에 관해 물었다. 그러자 재상인 야율초재가 다음과 같이 답한 것으로 전해온다.

> "
> 오고타이 아버지께서 대제국을 남겨주셨고 나는 그것을 개혁하려고 한다. 그대는 좋은 방법이 있는가?
>
> 야율초재 한 가지 이로운 일을 시작하는 것은, 한 가지의 해로운 일을 제거하는 것보다 못합니다. 새로운 제도로 백성을 번거롭게 하는 것보다는 기존의 불합리한 것을 제거하십시오.
> [與一利不若除一害, 生一事不若滅一事]
> "

야율초재의 말은 기존의 불합리한 것을 없애는 것이 새로운 제도의 도입보다 낫다는 뜻으로 이해된다. 최근 우리 사회는 빈번하게 바뀌는 부동산 정책으로 인하여 집값 폭등과 전세 대란, 그리고 세금 문제 등으로 혼란을 겪고 있다. 우리 사회는 덧셈에 익숙하다. 그러나 셈법에는 뺄셈도 있다. 이제 우리는 계속 뭔가 새로운 것을 보태는 것보다 통합하고 줄일 필요가 있다.

우리 법도 마찬가지다. 자꾸 늘어나고 세분화하는 것이 바람직한지 의문이다. 성범죄와 관련한 법은 「국가인권위원회법(국가인권위원회)」, 「양성평등기본법(여성가족부)」, 「남녀고용평등과 일가정양립에 관한 법률(고용노동부)」로 각각 분리·분산되어 있다. 각 부처를 달리하여 정하는 이유나 목적이 있을 것이다. 성적인 문제와 관련하여 기준과 절차 그리고 소관 기관을 각각 달리한다는 것은 복잡하고 비효율적이다.

출산 및 육아와 관련해서도 근로기준법에 '출산휴가 및 육아 시간' 등의 규정을 두고 있다. 이와는 별도로 남녀고용평등법에서도 '육아휴직 및 육아기 근로 시간 단축' 등의 규정을 따로 있다. 서로 연관된 내용임에도 규율하는 법이 각각 다르다.

대내외적인 경제 상황은 날로 악화되고 있다. 거기에다 코로나19 사태는 언제 종식될지 장담할 수 없다. 현재의 추세가 이어지면 우리 경제는 더욱 어려운 상황에 이를 것이다.

야율초재의 말에서 뭔가 힌트를 찾을 수 있다. 그 말에 중요한 의미가 담겨 있다. 우리가 살아가는 데 있어 위로만 향하려는 경향이 있다. 그러나 이제는 역발상이 필요해 보인다. 더 많이, 더 높이만 추구하려는 의식은 한계에 도달한 것으로 보인다. 노동관계법도 마찬가지다. 발상의 전환은 반드시 필요하다. 그 방법은 있지만 사회적인 합의나 수용은 쉽지 않다. 어느 시인이 말하지 않았던가!

> "
> 내려갈 때 보았네. 올라갈 때 보지 못한 그 꽃.
> "

붉은깃발법(The Locomotives On Highways Act = Red Flag Act)

한편 법이 복잡하거나 지키기 어려운 것도 문제지만 시대 상황에 맞게 적절하게 대응을 못 하면 이것 또한 심각한 결과를 가져온다. 문제는 기득권층의 반대에 부딪히기 때문이다. 지금 우리 주변에서도 그러한 상황을 쉽게 목격할 수 있다. 표를 의식해서인지 정치인들도 나서길 꺼린다. 뭐든, 일을 하나 벌이면 어김없이 등장하는 구호가 있다. **결사반대**이다. 어디 가까운 재개발 현장만 가봐도 그렇다. 시대의 변화를 거부하다 결국은 다른 나라에 뒤처진 사례를 살펴보자.

2018년 8월 서울시청 시민청에서 '인터넷 전문은행 규제 혁신' 관련 행사가 열렸다. 이 행사에 참석한 대통령은 "19세기 말 영국에 「붉은깃발법」이 있었다. 자동차의 속도를 마차 속도에 맞추려 자동차 앞에서 사람이 붉은 깃발을 흔들었다."라며, "증기자동차가 전성기를 맞고 있었는데 영국은 마차 업자들을 보호하려 이 법을 만들었고, 결국 영국이 먼저 시작한 자동차 산업은 독일과 미국에 뒤처지고 말았다."라고 말했었다. 규제가 신산업의 발전을 방해한다며 규제 개혁을 언급한 것이다. 국가 최고 통치권자가 시대적 변화에 대한 상황을 인식했다는 것은 다행스러운 일이다. 하지만 그러한 인식이 현실적인 실행으로 이어지고 있는지는 의문이다.

붉은깃발법은 1865년 영국에서 제정되어 1896년까지 시행되었다고 한다. 거의 30년 넘게 시행되었다. 이 법은 세계 최초의 「도로교통법」이라고도 불린다. 증기기관의 발달과 함께 새로운 교통수단인 증기자동차가 영국에서 출현하게 되었다. 새로운 운송 수단인 증기자동차의 등장으로 마차(馬車) 업자와 마부들은 사업과 일자리의 위기를 맞게 된다. 당시 증기자동차는 시속 30km 정도를 달릴 수 있었다고 한다. 그러나 기존 마차 사업 종사자들의 이익 보호를 위해 증기자동차의 최고 속도를 억지로 제한하였다. 시내에서는 시속 3.2km, 그 밖의 지역에서는 6.4km로 제한했다. 정치인들이 마차 업주와 마부들의 일자리 보호를 위해 규제를 만든 것이다. 그로 인해 영국은 자국의 자동차 산업이 발전할 절호의 기회를 놓치고 말았다. 대신 독일과 미국이 세계 자동차 산업을 선도하게 된 것이다.

현재 우리 사회는 새로운 사업 방식의 등장으로 기존의 직업과 일자리가 위협받고 있다. 쏘카, 타다 등 IT와 연계한 새로운 운송 사업이 등장했다. 그러자 기존의 택시업 종사자들이 반발하고 나섰다. 기득권을 보호해야 할지 아니면 새로운 사업을 허용해야 할지 우리 사회는 혼란스럽다. 그러나 그 답은 이미 19세기에 나와 있다. 붉은깃발법이 후에 어떤 상황을 초래했는지를 안다면 말이다. 굳이 진화론을 들먹이지 않더라도 새로운 산업이 등장하면 구 산업은 도태될 수밖에 없다. 부산과 거제도를 운항하는 기존의 해상 운송 사업을 보호하기 위해 부산과 거제도를 연결하는 거가대교를 만들지 말라는 것과 다름없다.

법률의 명칭은 점점 길어지고

　　우리나라는 각종 법률을 발의하면서 그 뜻을 담기 위하여 법의 제명을 길게 하는 경향이 있다. 예를 들면 「고용보험·산업재해보상보험의 보험관계성립신고 등의 촉진을 위한 특별조치법」은 가운데 있는 점을 포함하여 무려 **34자**에 이른다. 요즘은 가까운 지인의 전화번호도 기억하기 힘든 세상이다. 총 34자에 이르는 법명을 기억하거나 부르기는 불편하다. 약칭으로 **고용산재보험신고법**이라 줄여 부른다. 그래도 길게 느껴진다. 최근 논쟁거리가 되는 **미세먼지저감 및 관리에 관한 특별법**은 미세먼지법으로, **물관리기술발전 및 물산업진흥에 관한 법률**은 물산업진흥법으로 각각 줄여서 부르고 있다.

위와 같이 법률명이 길면 기억하기 어렵고, 사용에도 불편을 느낀다. 또한, 국가 기관 명칭도 긴 경우에는 다음과 같이 줄여서 부른다. 예를 들면 **과학기술정보통신부를 과기정통부로**, **식품의약품안전처를 식약처로, 기획재정부를 기재부**로 각각 줄여 부른다. **고용노동부**의 이전 명칭은 **노동부**였다. 기관명이 변경된 지 꽤 오래되었지만, 일부는 아직도 **노동부**라 부른다. 근래에는 **고용부**라 부르기도 한다. 다섯 글자이므로 **고용노동부** 그대로 불러도 그리 불편하지는 않다.

가끔 같은 법률에 대해서도 기관마다 약칭이 다르고 의미도 알기 어려운 경우가 많다. 또한, 축약한 명칭 사용으로 혼란이 있기도 하다. 따라서 법제를 총괄하는 법제처에서는 그러한 혼란을 피하고자 **법률제명약칭위원회**를 만들었다. 여기서 제명이 긴 법률의 약칭을 논의하여 확정하고 있다. 고용노동부 소관 법률 중 제명이 긴 25개 법률에 대해서는 다음과 같이 약칭으로 통일하였다.

▶ **노동 관계 법령 약칭**

번호	법령명	법령 약칭
1	건설근로자의 고용개선 등에 관한 법률	**건설근로자법**
2	경력단절여성 등의 경제활동촉진법	**경력단절여성법**
3	고용상연령차별금지 및 고령자고용촉진에 관한 법률	**고령자고용법**
4	고용보험 및 산업재해보상보험의 보험료징수 등에 관한 법률	**고용산재보험료징수법**
5	고용보험·산업재해보상보험의 보험관계성립신고 등의 촉진을 위한 특별조치법	**고용산재보험신고법**
6	공무원의 노동조합설립 및 운영 등에 관한 법률	**공무원노조법**
7	교원의 노동조합설립 및 운영 등에 관한 법률	**교원노조법**
8	근로자의날제정에 관한 법률	**근로자의날법**
9	근로자참여 및 협력증진에 관한 법률	**근로자참여법**
10	기간제 및 단시간 근로자보호 등에 관한 법률	**기간제법**
11	남녀고용평등과 일·가정양립지원에 관한 법률	**남녀고용평등법**
12	노동조합 및 노동관계조정법	**노동조합법**
13	노사관계발전지원에 관한 법률	**노사관계발전법**
14	사회적기업육성법	**사회적기업법**
15	산업재해보상보험법	**산재보험법**
16	외국인근로자의 고용 등에 관한 법률	**외국인고용법**
17	자유무역협정체결에 따른 무역조정지원에 관한 법률	**자유무역협정(FTA)조정법**
18	장애인고용촉진 및 직업재활법	**장애인고용법**
19	직업교육훈련촉진법	**직업교육훈련법**
20	근로자직업능력개발법	**직업능력개발법**
21	진폐의 예방과 진폐근로자의 보호 등에 관한 법률	**진폐예방법**
22	채용절차의 공정화에 관한 법률	**채용절차법**
23	청년고용촉진특별법	**청년고용법**
24	근로자퇴직급여보장법	**퇴직급여법**
25	파견근로자보호 등에 관한 법률	**파견법**

노동관련법을 다루는 기관은 다름 아닌 **고용노동부**(이하 **노동부**라 함)이다. 노동부는 우리나라의 고용과 노동에 관한 정책을 총괄하여 집행하는 중앙 행정 기관이다. 행정의 대상은 주로 근로자와 노동조합 그리고 사업주와 사용자이다. 그러나 고용센터에서는 근로자뿐만 아니라 실직자나 일반 국민을 대상으로도 직업 훈련 및 취업 지원 서비스하고 있다.

노동관계법과 관련된 업무나 사건은 대부분 노동부에서 담당하고 있다. 가끔 사업장 내에서의 폭행 사건이 발생하면 경찰서를 찾는 민원인이 있다. 그러나 근로자와 사용자 간에 근로 관계로 발생하는 문제는 결국 노동부로 넘겨져 근로감독관이 처리하게 된다.

장관의 생각도 그러한데

꽤 오래전인 2000년대 초반의 일로 기억된다. 당시 노동 단체가 불법적인 집단행동에 들어간 적이 있었다. 그와 관련하여 당시 노동부 장관은 언론과 인터뷰를 하였다. 장관은 불법 파업과 관련하여 **"노동부는 정부 내에서 노동자를 대변해야 한다."**라고 소신을 밝혔다. 불법 파업이라 하더라도 그들이 내건 요구 사항을 수용할 수 있다는 취지였다. 입장에 따라 달리 생각할 수도 있겠지만 위험한 발상이다. 자칫 잘못 인식되면 나라의 법과 질서가 심각하게 훼손될 수 있다. 모든 이익 단체나 개인이 이해관계에 따라 불법적인 행동에 나설 수 있다. 그러면 각 부처는 그들의 입장을 각각 대변해야 한다. 각 부처의 장관은 해당 부처만을 대표하는 것이 아니다. 국가의 주요 정책을 심의하는 구성원으로서 국무위원이기도 하다.

그런 논리라면 각 부처는 소관 행정 대상 위주로 챙기면 된다. 즉, **보건복지부**는 국민 전체의 건강보다 병·의원의 의사·간호사·약사 등의 관련 단체를 대변하고, **환경부**는 환경단체를 위한 행정을 하면 된다는 거나 다를 바 없다.

또한, **농림축산식품**부는 농민과 임업인, 축산 농가를 위한 정책만 추진하면 될 것이다. 쌀농사를 짓는 농민을 위해 매년 쌀 수매가를 대폭 인상한다. 축산 농가를 위해 돼지나 우유 가격을 대폭 올리면 된다. 그러면 농림축산식품부는 제 역할을 다한 것일까?

이러한 대책은 식재료를 소비하는 일반 소비자에게 모든 책임을 전가하는 것이다. 잘못된 정책 때문에 결과적으로 국내산 식재료보다는 값싼 수입산 식재료를 선호하게 될 것이고 이런 상황이 지속 되면 국내 농가는 생산 자체를 포기해야 할지도 모른다.

농림축산식품부가 농가의 생산 활동을 적극적으로 돕고 소득 증대를 위해 애쓰는 것은 당연하다. 하지만 그렇지 않은 국민도 안전하고 영양이 풍부한 먹거리를 값싸고 안정적으로 구매하고 먹을 수 있도록 해야 한다. 그것이 농림축산식품부의 제대로 된 역할일 것이다.

농림축산식품부는 농가뿐 아니라 나라 전체를 위해 존재해야 한다. 마찬가지로 노동부도 근로자의 권리와 복지를 향상하면서 노동 경제를 통해 나라 전체가 균형 있게 발전할 수 있도록 정책을 개발하고 지원함이 마땅하다. 각 행정부가 국가 전체의 유지·발전보다는 그와 관련된 개인이나 단체의 이익만을 우선 고려하는 대리인이 되어서는 곤란하다.

노동부가 기업도 지원한다고?

저자는 수년 전 타 기관과의 인사교류 기회가 있어 경남도청으로 파견 근무를 간 적이 있었다. 그때 경남도청 산하 기관인 경남여성능력개발센터에서 **직장인 남성 요리 교실** 강좌를 개설하여 남성 수강생을 모집하는 강좌가 있었다. 처음엔 왜 여성능력개발센터에서 여성을 대상으로 한 능력 개발 지원을 하지 않고 남성 직장인을 대상으로 강좌를 개설한 것인지 잠시 의문이 들었다. 그렇지만 관계자의 설명을 듣고 나니 바로 이해가 되었다. 요즘은 맞벌이 부부가 많다. 남성들도 요리를 배워 가사에 함께 참여하도록 지원하는 것이다. 그만큼 여성에게는 여유가 주어진다. 그러면 여성들이 늘어난 시간에 자기 계발을 더 많이 할 수 있다. 결과적으로 남성을 지원하면 여성의 능력개발에도 도움이 된다는 것이다. 위 프로그램에 참여하는 남성 근로자들이 의외로 많았고, 특히 50대 남성의 비중이 제일 높았던 것으로 기억된다.

노동부 지방 관서 중의 하나인 각 지역 고용센터에서는 기업지원부서가 설치되어 있다. 기업이 근로자를 추가 고용하면 장려금을 지급하고, 근로 시간 단축 시에는 인건비를 지원하는 등 각종 지원을 하고 있다. 또한, 근래에 최저임금 인상으로 인해 사업주들이 겪는 어려움을 덜어 주기 위해 일자리안정자금도 지원하고 있다. 노동부가 근로자를 위한 정책을 추진하지만, 한편으로는 사업주도 지원한다. 결과적으로 고용에도 긍정적인 영향을 미치도록 하는 것이다.

근로기준법 제1조(목적)에서 "근로자의 기본적 생활을 보장··· **균형 있는 국민 경제의 발전을**

꾀하는 것을 목적으로 한다."라고 선언하고 있듯이 근로자와 사용자 한쪽이 아닌 국민 경제가 두루 균형이 있게 발전을 할 수 있도록 정책을 마련하고 시행하는 것은 지극히 당연하다 할 것이다.

고용노동부 기관 및 부서 명칭

각종 법률의 제명(제목)도 그러하지만, 고용노동부 지방 관서의 명칭도 상당히 길다. 고용노동부의 전국 지방관에게서는 본청과 지청으로 나뉘고 본(지)청 내에서는 감독 업무를 수행하는 **근로개선지도과·산재예방지도과**와 고용 업무를 담당하는 **고용복지+센터** 등이 있다. **고용노동부 ○○지방고용노동청 ○○고용노동지청**이라는 기관 명칭은 길고 부르기 불편하다. 그래서 이 책에서는 좀 더 익숙하고 부르기 편한 **노동청**이라는 약칭을 주로 사용하고자 한다. 또한, 노동 관계 법률의 명칭도 위의 표에 따른 약칭으로 표시할 것이다.

노동부 지방 관서에서 근로감독관이 근무하는 부서명도 과거에는 **근로감독과**라 하였다. 그런데 근로감독과는 권위적이고 관리·감독의 의미가 있다고 본 것 같다. 그리하여 컨설팅 이미지가 있는 부서명으로 바꾸면 좋겠다는 외부 의견이 있었다. 현재는 **근로개선지도과**로 바꾸어 사용하고 있다. 이에 대해 약칭으로 **지도과** 또는 **개선과** 혹은 **근개과**로 부르는 등 다양하다.

현행 노동법 따라잡기

들어가며

　　　제2부에서는 현행 노동관계법(이하 노동법이라 함)에 대한 설명이 주된 내용이다. 노동법은 종류가 많다. 여기서는 그 기본이 되는 근로기준법에 나열된 조문 위주로 살펴보고자 한다. 각종 법원 판례나 행정 해석은 많이 인용하지 않았다. 그런 내용을 다룬 책들은 이미 많이 나와 있기 때문이다.

이 책에서는 실무 현장에서 직접 경험하고 느낀 점들을 더함으로써 노동법 이해에 도움을 드리고자 한다. 그리고 각종 노동법과 함께하면서 느낀 점이나 불합리하여 개선이 필요하다고 생각되는 점도 함께 나타내 보았다.

우리의 노동법은 법조문만 가지고 판단하기는 어렵다. 근로감독관도 판례나 행정 해석을 찾아보고 본부에 질의해서 판단을 구하기도 한다. 그만큼 복잡하고 다양하다. 노동법을 지켜야 할 주된 의무자는 사업주 또는 사용자이다. 사업 경영을 위해서는 근로자들의 임금 외에도 세무, 환경, 소방, 보건, 소비자와 거래처 관리 등 신경 써야 할 것들도 무수히 많다. 노동법에 상당한 주의와 관심을 기울이지 않으면 간과하여 법을 위반하게 된다. 결국, 법을 몰라서도 못 지키는 경우가 많이 발생하고 있다. 우선 그런 분들을 위해 법 이해를 돕고 법을 지킬 수 있도록 안내하고자 한다. 그러나 노동법을 안다고 하더라도 지키기 힘든 상황에 부닥친 한계 기업도 많이 있어 더 큰 문제다.

저자가 마지막으로 근무한 지방 관서는 부산 동부에 자리 잡고 있었다. 지역 내에는 음식·숙박업 등 서비스업이 주종이다. 그나마 울산에서 가까운 기장 지역에 제조업종이 일부 있다. 중견 기업으로는 완성차 협력 업체 정도인데 손으로 꼽을 수 있다.

2018년 7월 1일부터 시행되는 주 52시간제 도입과 최저임금 등과 관련하여 사업주 간담회 및 설명회를 여러 차례 가졌는데, 그 자리에 참석한 사업주나 인사 노무 책임자 그리고 실무 담당자들의 고충을 많이 들었다.

최근 들어 최저임금 인상과 주 52시간제 도입, 그리고 연차휴가 등도 확대 시행되었다. 또한, 공공 기관에 적용되던 공휴일 제도도 일반 사업장으로 확대 시행되고 있다. 그러나 이러한 제도들로 근로자의 복지는 향상되는 반면, 사업주에게는 적지 않은 부담으로 작용하고 있다.

또한, 직장 내 성희롱 예방 교육, 퇴직연금 교육 등 기존의 의무 교육 외 장애인 인식 교육, 산업 안전 보건 교육, 직장 내 괴롭힘 금지 등 일선 산업 현장에서 실시해야 할 각종 교육과 제도들이 계속 생겨나고 있다. 아무리 노력해도 중소기업에서는 감당하기가 쉽지 않다고 한다.

근로자 200여 명 규모인 회사의 한 본부장급 간부는 자기 팀에 4명의 관리 부서 직원을 두고 있다고 한다. 아무리 챙기려고 노력해도 몇 명의 직원이 수많은 업무를 처리하는 데 한계를 느낀다고 한다. 그리고 뭔가 놓치고 있는 게 아닌지 항상 불안하다는 것이다.

또한, 최저임금이 인상되면서 초임 근로자나 10년 이상의 경력 근로자 간에 월 급여액도 크게 다르지 않다고 한다. 사업장에 오랫동안 근무한 선임 직원과 새내기 직원과의 임금 차이를 두기도 어려운 상황이라는 것이다. 문제는 새내기 직원과 별 차이가 없기에 선임 직원들 또한 일할 의욕이 떨어지는 부작용도 나타난다고 하소연한다. 문제를 해결하기 위해서는 원청 회사에서 최저임금 인상분만큼이라도 납품 단가에 반영해줘야 한다는 것이다. 그리고 이보다 더 열악한 처지인 2차 협력 회사는 종업원의 반 이상을 외국인 근로자로 채워야 겨우 버틸 수 있다고 한다. 제조업체가 인력 고용에 많은 부담을 느끼는 것이다. 그렇기에 사람 대신 로봇 등의 기계를 도입하여 공장 자동화 시스템을 구축하려 한다. 공장 자동화는 초기 비용이 많이 들긴 하지만, 로봇이나 기계는 휴식이나 휴가가 필요 없고, 임금 인상을 필요로 하지 않으며 업무 수행에 있어 신뢰성이 높다. 사람이 우선이라지만 고용 상황은 점점 악화될 수밖에 없다. 더불어 산업안전보건법도 강화되고 있다. 사용자는 안전사고에 대해 철저한 대비를 하지 않으면 과태료 및 벌금을 물게 된다. 특히 사업장에서 사망사고 등의 중대 재해가 발생하게 되면 1년 이상의 징역형을 살게 될 처지에 이르렀다.

현장에 근무하는 임직원들과의 간담회와 설명회 등을 통해 느껴지는 분위기는 예전보다 훨씬 더 심각하다. 그들의 우려와 위기의식이 결코 엄살이나 핑계로 보이진 않는다. 그저 어렵더라도 잘 견뎌 달라고 당부를 할 수밖에…. 강해서 살아남는 게 아니라 적응을 잘해야 살아남는다는 말로 대신해보지만 남의 일 같지가 않다.

이 책의 일부 항목 끝부분에 **"이건 좀…."** 이라는 글을 올려 두었다. 그동안 근로자의 권리와 사용자의 의무가 부딪치는 현장을 매일 보아왔다. 작금에 이르러 근로자는 물론 사업하는 사람들까지 많이 힘들어하는 분위기다. 부디 사업하려는 의지가 꺾이지 않았으면 한다. 법과 제도 면에서 사용자의 부담을 덜어 주는 것도 결국은 근로자를 위한 것으로 생각한다. 근로자가 없어도 사업은 가능하지만, 사업이나 사용자 없이 근로자는 존재할 수 없다. 물론 사용자도 근로자를 배려하려는 인식을 마땅히 가져야 할 것이다.

노동청 민원은 계속 증가하고 있다. 따라서 직원들도 힘들어진다. 노동청의 일이 많아지면 우리 경제가 어렵다는 의미다. 즉, 우리 경제가 어려우면 고용노동부의 일이 증가한다. 경제 사정이 악화하여 경기가 침체하면 증가하는 민원이 있다. 임금 체불, 실업, 경영상 이유로 인한 해고 등을 대표적인 예로 들 수 있다. 근로자에게 닥치는 민원의 대부분은 노동청에서 처리해야 한다. 아무쪼록 우리나라의 경제가 활성화되어 임금 체불도 없고, 경영상 이유의 해고도 없으며, 본인의 의사에 반한 실업자도 발생하지 않았으면 한다. 그렇게 되면 노동청의 근로감독관은 할 일이 대폭 줄어들 것이다. 일이 줄어들어 노동청에 파리만 날리더라도 경기가 좋아지길 간곡히 바란다.

근로기준법 총칙은 총 14개의 조문으로 구성되어 있다. 제1조(목적), 제2조(정의), 제3조(근로 조건의 기준), 제4조(근로 조건의 결정), 제5조(근로 조건의 준수)까지는 벌칙이 없는 선언적 규정이다. 제6조(균등한 처우)부터는 벌칙이 적용된다. 제7조(강제 근로의 금지), 제8조(폭행의 금지), 제9조(중간착취 배제)는 금지 규정이다. 제10조(공민권 행사의 보장)는 민주시민으로서 권리·의무에 관한 것이다. 제11조 내지 제12조(적용 범위)는 근로기준법 적용 범위를 정하고 있고, 제13조(보고, 출석의 의무)까지는 5인 미만 사업장에도 적용이 된다. 총칙의 마지막인 제14조(법령 요지 등의 게시)는 5인 이상 사업장에 적용된다.

제1장

총 칙

제1조(목적)

이 법은 헌법에 따라 근로조건의 기준을 정함으로써 근로자의 기본적 생활을 보장, 향상시키며 균형 있는 국민경제의 발전을 꾀하는 것을 목적으로 한다.

제2조(정의)

① 이 법에서 사용하는 용어의 뜻은 다음과 같다.

1. 「근로자」란 직업의 종류와 관계없이 임금을 목적으로 사업이나 사업장에 근로를 제공하는 자를 말한다.

2. 「사용자」란 사업주 또는 사업 경영 담당자, 그 밖에 근로자에 관한 사항에 대하여 사업주를 위하여 행위하는 자를 말한다.

3. 「근로」란 정신노동과 육체노동을 말한다.

4. 「근로계약」이란 근로자가 사용자에게 근로를 제공하고 사용자는 이에 대하여 임금을 지급하는 것을 목적으로 체결된 계약을 말한다.

5. 「임금」이란 사용자가 근로의 대가로 근로자에게 임금, 봉급, 그 밖에 어떠한 명칭으로든지 지급하는 일체의 금품을 말한다.

6. 「평균임금」이란 이를 산정하여야 할 사유가 발생한 날 이전 3개월 동안에 그 근로자에게 지급된 임금의 총액을 그 기간의 총일수로 나눈 금액을 말한다. 근로자가 취업한 후 3개월 미만인 경우도 이에 준한다.

7. 「1주」란 휴일을 포함한 7일을 말한다.

8. 「소정(所定)근로시간」이란 제50조, 제69조 본문 또는 「산업안전보건법」 제46조에 따른 근로시간의 범위에서 근로자와 사용자 사이에 정한 근로시간을 말한다.

9. 「단시간근로자」란 1주 동안의 소정근로시간이 그 사업장에서 같은 종류의 업무에 종사하는 통상 근로자의 1주 동안의 소정근로시간에 비하여 짧은 근로자를 말한다.

② 제1항 제6호에 따라 산출된 금액이 그 근로자의 통상임금보다 적으면 그 통상임금을 평균임금으로 한다.

※ 「**붉은색**」으로 표시 조문은 근로자 1인 이상인 전 사업장에 적용되는 조항임

근로기준법의 존재 목적 및 주요 용어의 정의

우리나라 노동관계법은 **개별적 근로 관계**를 다루는 법과 **집단적 노사 관계**를 다루는 법으로 구분된다. 개별적 근로 관계를 다루는 대표 법은 「근로기준법」이다. 반면, 「**노동조합 및 노동관계조정법**」은 집단적 노사 관계를 규율하는 대표법이다.

근로기준법은 근로자의 기본적 생활을 보장하고 향상하는 데 주된 목적이 있음을 밝히고 있다. 따라서 근로기준법은 사용자가 지켜야 할 근로 조건의 기준을 정하고 있다. 아울러 국민 경제의 발전을 꾀하고자 한다.

근로기준법 제2조(정의)는 노동법에 사용되는 주요 용의의 뜻을 나타낸 것이다. 용어의 정의 자체가 설명이라 덧붙일 것이 없다. 다만, **근로자**와 **사용자**(제1장), **근로 계약**(제2장), **임금**(제3장) 부분은 간단해 보이지만 실무적으로는 매우 복잡하다.

따라서 근로자와 사용자에 관한 설명은 제1장 총칙의 끝부분에서, 그 외 근로 계약 등에 관한 내용은 제2장 및 제3장에서 별도의 설명을 하고자 한다.

제2조 제2항에서 평균임금이 통상임금보다 적을 시에 통상임금이 평균임금을 대신한다고 되어 있다. 평균임금과 통상임금은 퇴직금이나 초과 근로, 연차 수당 등의 계산에 쓰인다. 결근 등으로 평균임금이 저하될 경우 최소한 통상임금 이상으로 계산함으로써 근로자를 보호한다는 의미를 담고 있다.

제3조(근로조건의 기준)
이 법에서 정하는 근로조건은 최저기준이므로 근로 관계 당사자는 이 기준을 이유로 근로조건을 낮출 수 없다.

제4조(근로조건의 결정)
근로조건은 근로자와 사용자가 동등한 지위에서 자유의사에 따라 결정하여야 한다.

제5조(근로조건의 준수)
근로자와 사용자는 각자가 단체협약, 취업규칙과 근로계약을 지키고 성실하게 이행할 의무가 있다.

근로 조건의 기준과 준수 의무

법에서 정해진 기준은 참고하거나 단순히 권고하는 수준이 아니다. 지켜야 할 최저기준을 정한 것이다. **근로 조건**이란 **사용자와 근로자 사이의 근로 관계에서 임금·근로 시간·후생·해고 기타 근로자의 대우에 관하여 정한 조건**을 말한다. 따라서 채용과 관련된 사항은 근로 조건에 해당하지 않으므로 동 조의 적용 대상이 되지 않는다.

기존의 근로 조건을 낮추는 이유가 법정 근로 조건을 이유로 한 것이라면 법 위반이 된다. 이미 적용받는 **근로 조건**이 법 기준을 웃돈다고 해서 일방적으로 낮추어 적용할 수 없다는 것이다. 예를 들어 1일의 소정 근로 시간을 하루 7시간으로 정하였다가 법정 근로 시간이 8시간이라는 이유로 취업규칙 등의 변경 절차 없이 8시간으로 변경하는 것은 법을 위반하는 것이다.

그러나 근로 조건을 낮춘 이유가 사회·경제적인 사정의 변화로 인해 객관적인 타당성이 있고, 근로자의 동의를 받는다면 법 위반이라고 볼 수 없다. 경영 사정상 부득이 근로 조건을 바꾸어야 할 경우가 있다. 그럴 때는 단체협약이나 취업규칙의 변경 또는 근로자의 동의를 구해 적법한 변경을 하면 된다.

근로기준법이 정한 근로 조건은 최저기준이다. 계약 자유의 원칙 또한 제한을 받게 된다. 근로자와 사용자 간에 근로 조건을 정하여 근로 계약을 하게 된다. 이때 당사자 간에 합의가 있더라도 근로기준법에서 정한 기준보다 낮으면 **그 부분에 한하여 무효**가 된다.

일선 감독 관서에서 신고 사건을 조사해보면 다음과 같은 사례를 많이 만나게 된다. 근로 계약을 하면서 일당을 높게 책정하는 대신 퇴직금은 지급하지 않는 것으로 정한다. 또는 최저임금 미만의 임금을 지급하기로 당사자 간에 합의했다고도 한다. 그러나 퇴직금 미지급 약정이나 최저임금 미달 부분은 법 위반이 되면서 무효가 된다. 대개는 재직 중에 이의를 제기하지 않다가, 퇴직하면서 부당한 조건으로 근로 계약을 했다며 신고를 한다. 당사자를 상대로 조사에 임하게 되면 사용자는 사용인도 동의한 근로 계약이라며 항변한다. 그들이 간과한 것은 합의는 했으나 효력이 없다는 것이다. 근로기준법은 최저기준이면서 강행 규정이기 때문이다. 그러므로 사용자의 주장은 받아들여지지 않는다. 대법원 판례는 "근로기준법에서 정한 기준에 미치지 못하는 근로 조건을 근로자가 승인하였다고 하여 유효로 볼 수 없다."라고 판시한 바 있다. (대판 90다카24496, '90.12.21.)

한편, 근로 계약 내용 중 일부가 무효가 된다고 해서 근로 계약 전체가 무효가 되는 것은 아니다.

근로 계약에 명시된 여러 가지 근로 조건 중 위반된 부분만 무효가 된다. 그러므로 근로 계약 자체는 계속 존속하게 되는 것이다. 또한, 개별 근로 계약 내용이 취업규칙에 정한 기준에 미달할 때가 있다. 이럴 때는 취업규칙을 따르게 된다.

근로자와 사용자는 형식적으로나 실질적으로 동등한 지위에서 자유의사에 따라 근로 조건을 결정하여야 한다. 그렇게 결정된 근로 계약 당사자는 단체협약, 취업규칙, 근로 계약을 성실하게 지키고 이행할 의무가 있다. 지금까지 살펴본 법 제3조 내지 5조는 근로 계약 준수 및 성실 이행 의무를 선언적·훈시적으로 표현한 규정으로 벌칙은 정해져 있지 않다.

> **제6조(균등한 처우)**
> 사용자는 근로자에 대하여 남녀의 성(性)을 이유로 차별적 대우를 하지 못하고, 국적·신앙 또는 사회적 신분을 이유로 근로조건에 대한 차별적 처우를 하지 못한다.

남국신사 차별 대우

노동법은 근로자에 대해 처우를 함에 있어 **남성**과 **여성·국적·신앙** 그리고 **사회적 신분**을 이유로 차별하지 못하게 한다.

공인노무사 자격시험을 준비하는 수험생들은 본 조항을 사자성어(四字成語)로 만들어 암기하곤 한다. 즉, 각 항목의 앞글자만 모아서 **남국신사**로 조합하면 오랫동안 기억할 수 있다.

차별적 처우란 합리적인 이유 없이 근로자들 간에 불리 또는 유리한 대우를 하는 것을 말한다. 본 조에서는 사용자는 근로자에 대하여 **남녀의 성**을 이유로 차별적 대우를 하지 못하도록 규정하고 있다. 특히, 이 법의 특별법에 해당하는 남녀고용평등법에서는 채용 및 모집 시에도 남녀를 차별하지 못하도록 하고 있다.

국적이란 중국인, 일본인 등과 같이 국적법상 지위를 말한다. 현재 우리나라에는 외국인 근로자들이 많이 취업하고 있다. 그들에 대해서는 「**외국인근로자의 고용 등에 관한 법률 제22조**(차별금지)」에서 별도로 규정하고 있다. 국적 차별이 금지되므로 외국인 근로자도 최저임금을 똑같이 적용받는다. 아마 최저임금 인상의 최대 수혜자는 외국인 근로자라 할 수 있을 것이다.

신앙이란 적극적으로 특정 종교를 믿는 근로자를 차별하는 경우뿐만 아니라 소극적으로 특정의 종교를 갖지 않은 근로자를 차별하는 것도 금한다.

사회적 신분은 사람이 태어나면서 갖는 태생적 신분 또는 사회에서 취득한 지위를 가리키는 것으로 선천적 신분뿐 아니라 후천적 신분을 포함한다. 하급심 판결이긴 하지만 공공 기관의 무기 계약직도 사회적 신분에 해당한다는 판례가 있었다.

근로자에 대해 차별 대우를 하지 말라는 것은 균등하게 처우하라는 말과 같다. 균등 처우는 채용 후의 근로 조건에 대한 차별을 의미하는 것이다. 채용 단계까지는 근로 조건에 해당하지 않으므로 차별을 의미하진 않는다. 예를 들면 생산직 사원을 뽑는데 대졸자를 배제한다고 하더라도 균등 처우를 위반한 것으로 보지 않는다. 그렇지만 채용 단계라 하더라도 남녀의 차별은 남녀고용평등법이라는 특별법을 근거로 제한받게 된다.

또한, 합리적 차별은 균등 처우에 위반되지 않는다. 예를 들면, 직위별로 정년에 차등을 둔다거나 성과에 따른 성과상여금 차등 지급, 부양가족이 있는 세대주에게만 지급하는 가족 수당, 성실 근로자를 선정하여 시간 외 근로를 시키는 경우 등의 사례를 들 수 있다. 이는 합리적인 이유가 있다고 보므로 균등 처우 위반으로 보지 않는다.

근로기준법 총칙의 제1조에서 제5조까지는 처벌 규정이 없지만 제6조(균등한 처우)부터는 처벌 규정이 있으니 유의해야 한다.

제7조(강제 근로의 금지)
사용자는 폭행, 협박, 감금, 그 밖에 정신상 또는 신체상의 자유를 부당하게 구속하는 수단으로써 근로자의 자유의사에 어긋나는 근로를 강요하지 못한다.

제8조(폭행의 금지)
사용자는 사고의 발생이나 그 밖의 어떠한 이유로도 근로자에게 폭행을 하지 못한다.

제9조(중간착취의 배제)
누구든지 법률에 따르지 아니하고는 영리로 다른 사람의 취업에 개입하거나 중간인으로서 이익을 취득하지 못한다.

제1장(총칙)에서 금지하는 것들

　　근로기준법 제1장(총칙)과 제2장(근로 계약), 제5장(여성과 소년)에는 금지 조항들이 있다. 제1장 총칙에서는 제7조(강제 근로의 금지)와 제8조(폭행의 금지)가 여기에 해당한다. 그리고 제9조(중간착취의 배제)도 중간착취를 못 하게 하는 것으로 사실상 금지한다는 뜻을 담고 있다.

근로자 본인의 의사에 반하는 **강제 근로**는 금지된다. 강제 근로는 폭행, 협박, 감금, 그 밖에 정신상 또는 신체상의 자유를 부당하게 구속함으로써 일을 강제로 시키는 것을 말한다. 과거엔 제품의 납기를 맞추기 위해 공장 출입문을 잠가 버리는 사례도 있었다.

요즘은 강제 근로라 하여 노동청으로 신고되는 사례는 극히 드물다. 그렇지만 근래에도 염전 등에서 지적 장애인을 강제 노동시켰다 하여 사회 문제가 된 적이 있다. 그처럼 강제 근로는 취약 계층에서 주로 많이 발생하는 것으로 파악된다.

우리나라는 강제 근로와 관련하여 좀 특이한 상황에 놓여 있다. 국제노동기구(ILO)는 우리나라를 강제 근로에 해당하는 국가로 보는 것이다. 우리나라는 ILO의 핵심 협약 조항 가운데 아직 4개 조항에 대해 비준하지 못하고 있다. 그 가운데 1개 조항이 바로 협약상 금지된 **강제 노동**이다. 일반 국민의 상식으로는 이해가 어려울 것이다.

그런데 ILO가 지적하는 강제 근로는 다름 아닌 **공익 근무 제도**(현재의 사회 복무 제도)이다. 우리는 공익 근무를 군 복무를 대신하는 것으로 대부분 당연하게 받아들인다. 현역 복무에 대신하여 병역의무를 이행하는 제도로써 형평성 면에서도 합당하다고 본다.

그렇지만 ILO는 현 사회 복무 제도가 군사 목적으로 활용되지 않으므로 병역의무로 볼 수 없다는 견해를 계속 내비치고 있다. 우리로서는 국방의 의무를 이행하는 하나의 방안임에도 해석을 달리한다. 분단국가라는 상황을 제대로 수용하지 못한 결과라고 생각된다. 계속해서 우리나라의 의견을 전달해 왔지만 10년 넘게 그러한 견해차는 좁혀지지 않고 있다. 지금은 양심적 병역 거부도 가능한 시대다. 보충역에도 선택권을 준다면 달라질 수도 있을까? 그렇더라도 군사 목적이 아니라면 강제 근로에 해당한다는 ILO의 태도는 쉽게 바뀌지 않을 것으로 보인다.

사업장 내 폭행도 금지된다. 근로자가 부주의로 불량품을 생산하거나 고가의 장비를 망가뜨리는 등의 사유로 폭행이 발생할 수 있다. 근로기준법에서 다루어지는 폭행은 사업장 내에서 업무와 관련하여 발생하는 폭행을 말한다. 사업장 내에서 발생한 폭행 사건이 업무와 무관하다면 일반 형사 사건으로 분류되어 경찰에서 다루게 된다.

필자는 현직에서 총 3건 정도의 사업장 내 폭행 사건을 처리한 경험이 있다. 택시 회사 임원이 사사건건 따지는 기사를 폭행하거나, 레스토랑 사장이 주방장의 정강이를 발로 차는 등의 사건이었다. 근로자와 사용자 간의 감정상 다툼이 있거나 작업 중 실수를 할 때 주로 많이 발생한다.

사업장 내 폭행은 사업주가 아닌 사용자(관리자)와 종업원에 의해서도 많이 발생한다. 그런 경우 그 행위자와 함께 폭행에 직접 가담하지도 않은 사업주까지 처벌을 받게 된다. 이렇듯 노동법에는 그 행위자의 처벌과 함께 그 사업주도 처벌하는 **양벌규정**이 다수 존재하고 있다. 양벌규정에 대해서는 제12장(벌칙)에서 좀 더 상세히 살펴볼 것이다.

강제 근로와 폭행 및 중간착취 등 5개 조항을 위반하였을 경우 벌칙으로 5년 이하의 징역이나 5천만 원 이하의 벌금에 해당하는 벌칙이 정해져 있다. 이는 근로기준법에서 정한 가장 높은 벌칙으로, 임금을 체불였을 때 보다도 더 높은 벌칙이 적용된다.

법은 다른 사람의 취업에 개입하거나 이익을 취득하는 것도 금지하고 있다. 중간착취란 취업을 원하는 구직자에게 일자리를 소개하는 조건으로 소개료, 수수료, 중개료 등의 명목으로 금품 등의 이익을 취하거나 취업 후에 중개인, 작업반장, 감독자 등의 지위를 이용하여 근로자의 임금 일부를 취하는 행위를 말한다.

노동관계법은 주로 사업주 또는 사용자를 규율하는 법이다. 하지만 중간착취는 사용자가 아닌 일반인도 제재를 받는다. 근로자가 누군가의 소개로 취업하게 되면 그에 대한 대가를 요구받을 수 있다. 따라서 그러한 대가성 금품의 착취를 방지하고자 한다.

그렇지만 직업소개사업(직업안정법), 근로자공급사업(직업안정법), 근로자파견사업(파견법), 합법적 용역사업 등은 법률에 근거한 합법적 사업으로 중간착취로 보지 않는다.

제10조(공민권 행사의 보장)
사용자는 근로자가 근로시간 중에 선거권, 그 밖의 공민권(公民權) 행사 또는 공(公)의 직무를 집행하기 위하여 필요한 시간을 청구하면 거부하지 못한다. 다만, 그 권리 행사나 공(公)의 직무를 수행하는 데에 지장이 없으면 청구한 시간을 변경할 수 있다.

선거권과 공민권 행사의 보장

　　공민권이란 국가 공무에 참여할 수 있는 자격을 갖춘 국민이 헌법이나 기타의 법률에 따라 정해진 공무에 참여할 수 있는 국민의 기본권이다. 근로 시간 중에 선거권, 그 밖에 공민권의 행사 또는 공의 직무를 집행하는 데 필요한 시간을 부여하도록 하고 있다.

국민투표권, 피선거권의 행사, 공직선거법상의 선거 또는 당선에 관한 소송은 공민권에 해당한다. 그러나 다른 입후보자를 위한 선거운동, 사법상의 채권·채무에 대한 소송, 정당 활동 등은 공민권 행사로 보지 않는다.

한편, 공의 직무란 법령에 근거를 두고 직무 자체가 공적인 성격을 갖는 업무를 말한다. 예를 들어 국회의원·노동위원회의 위원으로서의 직무, 증인·감정인으로서의 법원에 출석하는 행위, 참관인으로서 투개표 상황에 참관하는 행위, 향토예비군(민방위) 소집에 응하는 것, 입대를 위한 신체검사, 산업기능요원의 군사훈련 등은 공의 직무에 해당한다. 그러나 노동조합 활동, 신고 사건 조사를 위해 지방노동관서에 출석하는 것과 부당해고 또는 부당 노동 행위 구제신청 조사를 위해 관할 노동위원회에 출석하는 행위 등은 공의 직무로 보지 않는다.

공민권 행사 시 임금 지급에 관한 문제가 발생한다. 근로기준법 상으로는 공민권 행사를 위해 부여한 시간에 대해 단체협약·취업규칙·근로 계약 등에 유급으로 정하였으면 그에 따르면 될 것이나 임금 지급 약정이 없다면 무급으로 처리해도 무방할 것이다.

그러나 대통령선거법 제4조, 국민투표법 제4조 및 공직선거법 제6조 제3항은 선거인명부를 열람하거나 투표에 필요한 시간은 휴무 또는 휴업으로 보지 아니한다고 규정하여 유급으로 해석된다.

그 외 향토예비군(민방위대원 포함) 훈련 등에 동원될 때도 유급으로 처리하게 되어 있다. 동원 예비군 훈련 참가에 따른 훈련보상비 일부는 현재 국가에서 지급되고 있다. 2018년까지는 1만 6천 원이 지급되다가 2019년부터는 전년도의 2배에 해당하는 3만 2천 원이 지급되는 중이며 이는 단계적으로 인상할 방침이라고 한다.

이건 좀….

근로기준법 제10조(공민권 행사의 보장)와는 별도로 **공직선거법 제6조의 2**(다른 자에게 고용된 사람의 투표 시간 보장)에서도 투표하는 데 필요한 시간을 보장하여 주도록 규정하고 있다. 하나의 사안에 대해 두 가지 법규가 있다는 것은 바람직하지 않다. 통합과 조정으로 우리 국민의 법 생활을 단순하고 쉽게 하도록 해야 할 것이다.

예비군 훈련이나 민방위대 소집과 같은 의무 이행에 대한 비용 부담은 당연히 국가가 져야 한다. 유사시를 대비하여 국가와 국민을 위해 의무적으로 참가하는 훈련임에도 아예 수당이 없거나 아주 적게 책정되어 있다.

사업주는 근로자들의 공적인 훈련 참가로 인해 업무 공백과 생산 차질을 감수하여야 한다. 또한, 사업주는 소속 근로자의 공적 의무 이행에 따른 업무 공백을 감수해야 한다. 거기에다 임금 부담까지 진다는 것은 이중적인 부담이다.

오늘날 많은 무상 복지 정책이 시행되고 있다. 아동 수당과 노령 수당 등 많은 수당이 무상으로 지급된다. 그 외 각종 무상 복지 혜택이 제공되는 현실이다. 국가를 위한 행위에 국가의 부담은 배제되고 사업주에게 전가하는 것은 바람직하지 못하다고 할 것이다.

제11조(적용 범위)

① 이 법은 상시 5명 이상의 근로자를 사용하는 모든 사업 또는 사업장에 적용한다. 다만, 동거하는 친족만을 사용하는 사업 또는 사업장과 가사(家事) 사용인에 대하여는 적용하지 아니한다.

② 상시 4명 이하의 근로자를 사용하는 사업 또는 사업장에 대하여는 대통령령으로 정하는 바에 따라 이 법의 일부 규정을 적용할 수 있다.

③ 이 법을 적용하는 경우에 상시 사용하는 근로자 수를 산정하는 방법은 대통령령으로 정한다.

제12조(적용 범위)

이 법과 이 법에 따른 대통령령은 국가, 특별시·광역시·도, 시·군·구, 읍·면·동, 그 밖에 이에 준하는 것에 대하여도 적용된다.

근로기준법의 적용 대상과 범위

근로기준법 제11조는 국가나 지방자치단체 등 공공 기관이 아닌 일반 사업 또는 사업장에서의 적용 범위에 관해 규정하고 있다.

원칙적으로 근로기준법의 적용 범위는 상시 5명 이상의 사업 또는 사업장에 적용된다. 이는 근로기준법이 적용되는 일반 원칙이며, 4인 이하 사업장에는 일부가 적용되도록 예외를 둔 것이다. 5인 이상과 5인 미만으로 법 적용을 구분하는 것은 5인 미만의 사업장은 부담 능력의 정도를 인정한 것이다. 즉, 영세한 규모의 사업주는 근로기준법을 지키기가 어려울 것이라는 전제가 깔려있다. 그렇지만 상시 4명 이하 사업장의 근로자도 기본적이고 주요한 근로 조건에 있어서는 보호를 받고 있다.

법에서 상시 4인 이하의 근로자를 사용하는 사업장의 적용 법 규정은 시행령에 위임하고 있다. 5인 미만 사업장의 근로기준법 적용 범위는 다음 표를 참고하면 된다.

한편, 법 제11조 단서 규정에 의거 동거의 친족만을 사용하거나 가사도우미 같은 가사 사용인에 대해서는 근로기준법 적용이 배제된다. 이는 국가가 국민의 사생활에 대해 지나치게 간섭하는 것은 합당하지 않다고 판단한 것이다.

▶ **5인 미만 사업장의 근로기준법 적용 범위**

적용	미적용
근로 계약 중 주요 규정 - 근로 조건의 명시(§17) - 업무상 요양 기간 및 출산 전·후 기간과 그 후 30일 동안 해고금지(§23②) - 해고의 예고(§26) - 금품 청산(§36) - 사용증명서(§39) - 근로자 명부(§41) - 계약 서류의 보존(§42) 등+	**총칙 중 주요 규정** - 법령 요지 등의 게시(§14) **근로 계약 중 주요 규정** - 해고 등의 제한(§23①) - 경영상 이유에 의한 해고의 제한(§24) - 해고 사유 등의 서면 통지(§27) - 부당해고 등의 구제신청(§28) 등

적용	미적용
임금 중 주요 규정	**임금**
- 임금 지급(§43)	- 휴업 수당(§46)
- 임금 대장(§48) 등	**근로 시간과 휴식**
근로 시간과 휴식	- 근로 시간(§50)
- 휴게(§54) 및 휴일(§55)	- 탄력적 근로 시간제(§51)
- 적용의 제외(§63)	- 선택적 근로 시간제(§52)
여성과 소년 중 주요 규정	- 연장 근로의 제한(§53)
- 최저연령과 취직인허증(§64)	- 연장 · 야간 및 휴일 근로(§56)
- 연소자 증명서(§66)	- 보상휴가제(§57)
- 근로 계약(§67)	- 근로 시간 계산의 특례(§58)
- 연소자 근로 시간(§69)	- 근로 시간 및 휴게 시간의 특례(§59)
- 임산부 및 연소자 야간 근로와 휴일 근로의	- 연차유급휴가(§60)
제한(§70② · ③)	- 연차유급휴가의 사용촉진(§61)
- 시간 외 근로(§71)	- 유급휴가의 대체(§62)
- (출산전후휴가, 유산 · 사산휴가, 임신기 근로	**여성과 소년**
시간 단축 제도 등) 임산부의 보호(§74) 등	- 생리휴가(§73)
재해보상	- 태아 검진 시간의 허용 등(§74의 2)
- 요양보상(§78)부터 시효(§92)까지 전면 적용	- 육아 시간(§75) 등

국가나 지방자치단체에 근무하는 공무원도 임금을 목적으로 근로를 제공하므로 근로자가 맞다. 헌법 제33조 제2항에서 **"공무원인 근로자는 법률이 정하는 자에 한하여 단결권·단체교섭권· 단체행동권을 가진다."**라고 명시하고 있다. 그러나 공무원은 특별법인 국가 및 지방공무원법 등의 적용을 받게 되므로 근로기준법 적용 범위에 포함되지 않는다. 그렇더라도 특별법에 관련 규정이 없다면 근로기준법이 적용된다.

하지만 공무원이 근로기준법에 정한 기준을 적용받은 사례는 그리 많지 않다. 공무원이 근로 기준법의 적용을 받은 사례로는 퇴직한 공무원의 공무상 요양비 지급 건과 국가의 부당한 면직 처분으로 인해 근로를 제공하지 못한 경우 휴업 수당 지급과 관련한 사안을 들 수 있다. 이에 대 법원은 국가공무원법에 정한 기준이 없으므로 근로기준법에 정한 기준을 따르도록 판시한 바 있다. (대판 94다445, 1996.4.23. / 대판 98두9714, 1998.8.21.)

한편, 위의 법 제12조에서 국가, 특별시·광역시·도, 시·군·구, 읍·면·동, 그 밖에 이에 준하는 기관에도 적용된다고 명시되어 있다. 일반 상식과는 달리 관공서에 근무하는 직원의 상당수는 공무원 신분이 아니다. 현재 관공서에는 비공무원인 무기 계약직이나 공무직 등으로 불리는 직원이 많이 있다. 그들이 법 제12조에 의거 근로기준법의 적용을 받는 주된 대상자들이다.

과거부터 국가나 지방자치단체에 소수의 일용직이라 불리는 직원이 존재했다. 그렇지만 1990년대 중반까지만 해도 국가나 지방자치단체의 구성원 대부분은 공무원이었다. 1990년대 후반 IMF 관리체제를 거치면서 그 구조가 많이 바뀌게 된다. 당시 작은 정부를 구현한다는 대통령의 공약이 있었다. 그로 인해 인적 구성이 다양하고 복잡하게 되었다. 업무량의 폭증에도 공무원 정원은 제한되었다. 부득이 모자라는 인력은 비공무원으로 충원할 수밖에 없었다. 겉으로는 공무원 숫자가 늘어나지 않은 작은 정부로 보일 수 있었다. 비공무원은 공무원 통계에서 제외되기 때문이다. 그러므로 공무원은 숫자가 줄어든 것 같은 착시효과를 가져왔다. 그 대표적인 기관이 고용노동부이다. 고용노동부의 지방 관서인 고용센터는 전체 직원 중 절반에 가까운 숫자가 근로기준법을 적용받는 비공무원이다. 그로 인해 조직의 비효율성과 갈등이 남아 있다. 안타까운 일이다.

매년 5월 1일 **근로자의 날**이 되면 사무실 분위기가 달라진다. 비공무원인 직원은 근로자라고 하여 출근하지 않는다. 그렇지만 같은 공간에 근무하는 공무원은 출근하게 된다. 다양성을 추구하는 시대이긴 하지만 하나의 조직 내에서 여러 가지 신분의 직원이 근무하는 것은 전혀 바람직하지 않다. 업무 조정이나 유연성이 제한되고, 효율성 또한 많이 떨어진다. 조직 관리 면에서도 매우 복잡하고 어려운 측면이 많다. 어떻게 풀어가야 할지 쉽지 않은 문제이다.

> **제13조(보고, 출석의 의무)**
> 사용자 또는 근로자는 이 법의 시행에 관하여 고용노동부장관·「노동위원회법」에 따른 노동위원회(이하 "노동위원회"라 한다) 또는 근로감독관의 요구가 있으면 지체 없이 필요한 사항에 대하여 보고하거나 출석하여야 한다.

보고와 출석 의무

근로기준법상 보고와 출석의 의무는 법의 실효성 확보와 근로감독관의 직무 수행에 있어 대단히 중요하다. 근로감독관은 평소 임금 체불 등의 신고 사건을 처리하거나 사업장 감독 등을 하게 된다. 그럴 때 사용자나 근로자에 대한 출석이나 보고를 요구하게 된다. 사실관계를 확인하고 조치하기 위해서다.

만약 보고나 출석 의무가 없다면 사건 조사가 어려울 뿐 아니라 법의 실효성도 없게 된다. 그러한 이행을 촉구하기 위해 벌칙 규정을 두고 있다. 정당한 사유 없이 보고나 출석 의무를 이행하지 않으면 **500만 원 이하의 과태료 처분**을 하게 된다. 법에서는 500만 원 이하로 규정하고 있지만, 실제 부과되는 과태료는 다음과 같다.

위반행위	근로기준법 근거 법조문	과태료 금액(만원)		
		1차	2차	3차 이상
보고 또는 출석을 하지 않은 경우	법 제116조 제1항 제1호	50	100	200
거짓된 보고를 한 경우		300	300	300

대체로 사업의 규모가 있거나 제조업종의 사용자는 비교적 보고와 출석에 협조적이다. 그러나 소규모 서비스업종이거나 건설업 면허가 없는 개인 건설업자(일명 오야지 또는 시공 참여자)는 상대적으로 보고나 출석에 소극적이다.

임금 체불 등의 신고 사건은 주로 노동청을 방문하여 상담을 거친 후 진정서를 작성하여 제출하거나 인터넷 홈페이지를 통해서도 접수된다. 나이가 많은 경우 노동청을 직접 방문하여 상담을 거친 후 진정서를 직접 제출하는 경우가 대부분이다. 그러나 젊은 층은 주로 노동부 홈페이지나 국민신문고를 통해 전자적인 방식으로 접수하는 경우가 많다. 사건 접수 절차가 끝나면 관리자는 선람을 거쳐 각 근로감독관에게 사건을 배당한다. 근로감독관은 사건을 검토한 후 조사 일정을 정한다. 당사자를 상대로 우편·전화·문자 등을 통해 출석 요구를 하게 되는데, 출석 요구를 하면 대개 신고인(근로자)은 자신의 민원이므로 대부분 출석에 적극적으로 응한다. 그러나 간혹 어떤 이유인지 신고인 신분임에도 출석을 하지 않는 경우가 있다. 그렇게 되면 2차까지 출석 요구를 하게 되는데, 이후에도 출석하지 않으면 신고 의사가 없는 것으로 간주하고 규정과 절차에 따라 종결 처리한다.

반면, 신고를 당한 사용자는 사정이 조금 다르다. 사업주 자신이 직접 출석을 하거나 바쁜 경우는 위임장을 작성하여 대리인을 보내기도 한다. 또는 출석 일자에 다른 일로 출석이 어려우면 다른 날짜로 변경을 요청하기도 한다. 그렇게라도 해서 출석하면 다행이지만, 문제는 아예 출석하지 않는 경우이다.

이런 유형의 사업주들은 대부분 사건을 접수하여 출석요구서를 발송했음에도 반응이 없는 경우가 다반사다. 처음 유선상으로 전화를 걸면 무슨 번호인지 모르므로 일단 받지만, 근로감독관으로부터 걸려온 전화라는 것을 알게 된 이후부터는 연락을 피하고 무시하기 일쑤다. 결국, 과태료를 부과받고서 출석에 응하기도 한다.

대체로 처음 출석 요구에는 잘 응하는 편이지만 여러 차례 처분 경험이 있는 사업주는 소극적으로 대응하는 경향이 있다.

출석에 소극적인 이유는 여러 가지로 파악된다. 첫째, 처벌 수준이 약하다고 보는 것이다. 사건이 검찰로 송치되면 대부분은 정식 재판 절차를 거치지 않고 약식 기소가 되기 때문이다. 악질 범죄가 아닌 경제 사범으로 분류되어 대부분 벌금형이거나 기소유예 처분을 받기도 한다. 그러니 자연스럽게 법을 가볍게 여기고 출석에 소극적으로 임하게 된다. 둘째, 경찰서에도 사기나 횡령 등 일반 형사 사건으로 동시에 신고를 당하기도 한다. 그렇게 되면 일단 도피 또는 잠적을 하는 경우가 많다. 채무자에게 시달리는 것을 피하고자 피신하기도 한다. 휴대전화도 다른 사람의 명의로 개통한 대포폰을 사용한다. 그럴 땐 출석 통지 자체가 어렵다. 감독관은 일단 주소지나 거주지로 판단되는 곳에 나가 소재 파악을 하게 된다. 연락도 되지 않고 소재 확인이 되지 않으면 경찰에 **지명 통보**를 하여 경찰의 협조를 받게 된다.

때로는 경찰로부터 지명 통보 사실을 고지받고도 자진 출석을 하지 않는 경우가 있다. 그러면 기존의 지명 통보는 **지명 수배**로 바뀌고 동시에 **체포 영장**도 발부받는다. 지명 수배로 체포 영장이 발부되어 발견되면 체포되어 수갑을 찬 채 수사를 받게 된다. 그런 사실을 모르고 해외로 나가거나 강원도 군부대에 있는 아들의 면회를 가다가 경찰의 불심 검문으로 발견되어 오는 때도 있었다. 드물긴 하지만 교정시설에 조회하면 다른 사건으로 구치소 등에 수감 상태인 경우도 있다. 정상적인 상황이 아니므로 출석할 수 없다. 그러면 근로감독관은 구치소나 교도소를 직접 찾아가 피신고인을 상대로 수사를 한다.

그래도 피신고인의 연락이 되지 않고 소재가 불명하면 일단 **기소 중지** 조치를 한다. 임금 체불 등 금품 채권과 관련한 법 위반 사건의 소멸시효는 대부분 3년이다. 그러나 처벌까지 면하는 공소시효는 5년이다. 그 기간이 지나면 시효로 인해 처벌할 수 없게 된다.

일단 사건이 접수되어 근로감독관의 요구가 있으면 출석해야 뒤끝이 깨끗하다. 정당한 사유 없이 출석하지 않거나 기피하면 과태료 처분도 받게 된다. 또한, 주거가 일정하지 않거나 출석에 계속 불응하면 사안에 따라 체포 영장이 발부되는 등 강제로 수사를 당할 수 있다. 그러한 피의자의 태도는 수사결과 보고서에 기록되어 검찰로 보내진다. 담당 검사는 사건 기록을 살펴보고 피의자의 태도에 문제가 있다고 판단되면 더 강도 높은 처벌을 구형하기도 한다. 그리고 노동 사건이라고 해서 꼭 벌금 처분으로 끝난다는 보장은 없다.

저자가 울산지청에서 근무할 때 종업원을 괴롭히는 식당 업주가 있었다. 당시 체불 임금은 1천 2백만 원 정도였다. 금액적으로는 그리 많지 않았다. 하지만 어려운 처지에 있는 근로자들의 임금을 상습적으로 체불하였을 뿐 아니라 출석 요구에도 여러 번 응하지 않았다. 가볍게 볼 수 없어 담당 근로감독관을 보강하여 수사토록 하였다. 결국, 구속 영장을 신청하였고 구속되었다. 그 사업주는 비교적 적은 체불 금품임에도 6개월의 징역형과 벌금 처분까지 받았다. 법을 가볍게 생각하다 큰코다친 격이다.

제14조(법령 요지 등의 게시)

① 사용자는 이 법과 이 법에 따른 대통령령의 요지(要旨)와 취업규칙을 근로자가 자유롭게 열람할 수 있는 장소에 항상 게시하거나 갖추어 두어 근로자에게 널리 알려야 한다.

② 사용자는 제1항에 따른 대통령령 중 기숙사에 관한 규정과 제99조제1항에 따른 기숙사규칙을 기숙사에 게시하거나 갖추어 두어 기숙(寄宿)하는 근로자에게 널리 알려야 한다.

노동 관계 법규·규칙 등의 게시 및 비치

사용자나 근로자 모두 사업장에 적용되는 법규를 잘 알아야 제대로 지켜질 수 있을 것이다. 그렇기 위해서는 법령의 요지나 최저임금안내문, 상시 근로자 10인 이상 사업장이면 취업규칙을 갖추어 게시하거나 비치해두어야 한다. 기숙사를 보유한 사업장은 기숙사 규칙도 마찬가지다.

과거 섬유나 봉제 공업이 왕성한 시절엔 시골에서 올라온 근로자들을 위한 기숙사가 많았다. 주택 공급이 부족하고 저임금을 받던 시절에는 근로자의 주거 안정을 위해 꼭 필요한 시설이었다. 지금은 주로 외국인 근로자들에게 기숙사가 많이 제공되고 있다.

기숙사는 단체로 생활을 하는 공간이다. 근로자의 건강과 사생활 보호 및 질서 유지를 위해 규칙이 필요하다. 기숙사와 관련한 상세 규정은 제10장 법 제99조 이하에서 상세히 규정하고 있다. 본 규정은 **5인 이상 근로자를 고용하는 사업장에 적용**된다.

근로기준법상의 근로자

근로기준법 제2조에 명시된 **근로자의 정의**는 **임금을 목적으로 사업이나 사업장에 근로를 제공하는 자**라 하여 간단명료해 보인다. 그러나 현실에서는 고용 형태가 실로 다양하다. 그로 인해 실제 실무 현장에서는 상당히 복잡하고 애매하여 판단에 어려움을 많이 겪게 된다. 근로자 여부를 두고 사용자와 근로자임을 주장하는 당사자 간에 다툼이 의외로 많이 발생한다. 근로기준법상 근로자에 해당하지 않으면 노동법의 보호를 받기가 어려워진다. 노동청을 통해 임금은 물론 퇴직금이나 각종 수당을 받을 근거가 없는 것이다. 결국, 절차가 까다로운 민사 절차를 통해 해결해야 하는 경우가 발생하기도 한다.

근로기준법상의 근로자인지 아닌지는 **대법원 판례**(대법 2006.12.7. 2004다29736)로 정립되어 있다. 근로감독관도 위 판례 위주로 판단하고 있다. 위의 판례에서 근로자는 민법상의 고용 계약이든 도급 계약이든 계약의 형식을 불문하고 그 실질에 있어 근로자가 사업 또는 사업장에 **임금을 목적으로 종속적인 관계에서 근로를 제공**하였는지에 따라 판단한다.

여기서 **사용종속 관계**는 ① 업무 내용을 사용자가 정하고, ② 취업규칙 또는 복무(인사)규정 등의 적용을 받으며, ③ 업무 수행 과정에서 사용자가 상당한 지휘·감독을 하는지, ④ 사용자가 근무 시간과 근무 장소를 지정하고 근로자가 이에 구속을 받는지, ⑤ 노무 제공자가 스스로 비품·원자재나 작업 도구 등을 소유하거나 제삼자를 고용하여 업무를 대행하게 하는 등 독립하여 자신의 계산으로 사업을 영위할 수 있는지, ⑥ 노무 제공을 통한 이윤의 창출과 손실의 초래

등 위험을 스스로 안고 있는지, ⑦ 보수의 성격이 근로 자체의 대상적 성격인지, 기본급이나 고정급이 정하여졌는지 및 근로소득세의 원천징수 여부 등 보수에 관한 사항, ⑧ 근로 제공 관계의 계속성과 사용자에 대한 전속 성의 유무와 그 정도, ⑨ 사회 보장 제도에 관한 법령에서 근로자로서 지위를 인정받는지 등의 경제적 · 사회적 여러 조건을 종합하여 판단하여야 할 것이라고 판시하였다.

실제 근로자 여부를 다투게 되는 신고 사건을 조사해보면 사용종속 관계가 일부는 인정이 되고 일부는 부인되는 경우가 많이 있다. 근로감독관으로서는 상당히 신중한 결정을 내려야 한다. 그런 부담을 안고서 어느 한쪽으로 판단을 할 수밖에 없다. 사용자의 주장을 받아들이면 근로자로부터 불만을 사게 된다. "왜 노동부가 노동자의 편을 들어주지 않느냐?"라고 항변한다. 반대로 근로자에게 유리한 결론이 나면 사용자는 그 반대의 불만을 나타내게 된다. 근로자와 사용자 사이에 놓인 근로감독관은 그러한 결론을 내리는 과정에서 상당한 고민과 스트레스를 받게 된다.

근로자성이 부족하다고 판단했을 때 근로감독관은 근로자라고 주장하는 민원인에게 민사 절차에 따라 법원을 통해 권리구제를 받도록 안내하기도 한다. 민사 소송을 진행하게 되면 아무래도 절차적으로나 시간적으로 부담을 갖게 된다. 이런 경우 근로감독관은 당사자가 조금씩 양보하도록 하여 원만한 합의를 하도록 권고하는 때도 있다. 종종 합의를 권하면 두 가지의 반응을 보일 때가 있다. 하나는 '왜 근로감독관이 합의를 종용하느냐'는 항의를 받는다. 그러한 항의가 부담스러워 합의 권고를 하지 않으면 '왜 근로감독관이 합의를 붙여 주지 않느냐'는 항의를 하기도 한다.

당사자 간 합의가 이루어지지 않으면 때로는 민사 소송 절차를 거치기도 한다. 승소하여 채권이 존재함을 인정받더라도 상대방의 부담 능력이 없는 때도 있다. 결국, 그간의 사건 해결 과정은 헛수고가 될 수도 있다.

어설픈 합의가 명판결보다 낫다는 말이 있다. 당사자가 서로의 사정을 잘 알고 있어 합의에 이르는 경우도 많다. 물론 사용자는 능력이 됨에도 근로자의 궁핍한 상황을 이용하지는 말아야 할 것이다.

근로자성 여부에 관한 구체적인 판결 사례

　　기본급여 없이 강의 시간 수에 따라 성과급제로 급여를 받으며 개인 사업 소득자로 신고 되어 사업 소득세를 납부하는 입시학원의 강사가 근로기준법상의 근로자인지 아닌지가 문제 된 사안이다.

학원 강사가 근로자로 인정된 사례

해당 학원 강사의 근로자성이 인정되는 요소

- 학원의 강의계획표에 의하여 학원에서 제공한 교재로 강의를 하며 강의 진도도 시험 때까지 마치도록 하는 등 구체적인 지휘·감독을 받은 점

- 강의 이외의 업무로서 학원 측에서 담임을 맡기고 담임으로서 임무를 부여하고, 담임의 임무를 해태할 경우 담임을 주지 않는 등 제재를 가하는 점

- 시업시각과 종업시각이 명시적으로 정해져 있지 않으나 본 수업(09:00~13:45)과 야간수업(18:50~22:05)에 맞추어 담임으로서 학생들의 출결 사항 등을 확인하도록 되어 있어 사실상 출·퇴근에 제약을 받는 점

- 학생들에게 설문조사를 하여 반응이 좋지 않은 강사는 권고사직을 시킨다고 하는 점

- 학원 측의 허락을 받고 다른 학원에서 강의한 적이 있는 점

- 학원 측의 의도대로 응하지 않을 경우 수업을 배정하지 않고 제재를 하는 점

- 보수는 수강생 수와 관계없이 수강형태(주간반, 야간반, 수능반)에 따라 시간급을 정하고 실제 강의 시간 수에 따라 대가(시간급×강의 시간 수)를 지급하는 점

해당 학원 강사의 근로자성이 부인되는 요소

- 기본급여가 없이 강의 시간 수에 따라 성과급제로 급여를 받으며 개인 사업소득자로 세무서에 신고되어 사업 소득세를 납부하고 있는 점

종합적 판단

- 해당 사안을 종합적으로 판단해보면 기본급여가 없고 사업 소득세를 납부하는 점 등은 근로자성이 일부 부인될 수 있으나 근로자성이 인정되는 요소가 상대적으로 많고,

- 해당 강사의 경우 실질적으로 학원의 지휘·감독을 받아 업무를 수행하면서 그 대가로 실적급제 형태의 임금을 받는 것으로 판단되어 근로기준법 제2조에 따른 근로자로 인정이 된 사례

학원 강사가 근로자로 인정되지 않은 사례

근로 형태

- 월 급여는 일정액의 정액 급여(교무 수당)와 강의 시간에 따른 성과급여를 받고,

- 1일 평균 강의 시간은 일정하지 않으나 3~5시간 정도이며 학원 강의 시간 이외의 여유 시간에 다른 학원에서 강의할 수 있고,

- 업무 수행은 원장으로부터 구체적 지시를 받지 않으며 본인이 강의 일정에 따라 강의하며,

- 출·퇴근은 강의가 있는 경우에 하며 특별히 출퇴근 보고는 하지 아니하고,

- 건강보험, 국민연금, 고용보험 등은 가입되지 않았고, 근로소득세를 납부하지 않으며 개인 사업자로서 세무서에 개인 사업 소득신고를 하고 있음.

위와 같은 기준에 의하여 판단한 결과

- 업무수행과정에서 사용자의 지휘·감독을 받지 않고 본인의 강의 일정에 따라 강의를 진행하고 있으며,

- 시업과 종업 시간이 정해진 것도 아니어서 출퇴근 보고를 하고 있지 않고,

- 강의 시간 이외의 시간에 여유가 있는 경우 다른 학원에서도 강의하는 경우가 있으며, 4대 보험 가입이 되지 않은 점과 개인 사업자로서 개인 사업 소득신고를 하고 있는 등의 사정을 종합적으로 판단할 때 근로자성이 부정되는 요소의 비중이 큰 것으로 근로기준법에 정한 근로자로 불인정 된 사례

근로자와 노동자 관계

　　　우리나라 최상위 법인 헌법 제32조와 제33조는 근로자의 권리와 의무에 관한 사항을 명시하고 있다. 노동 관계 기본법이자 대표법인 근로기준법은 제2조 제1항 제1호에서 **근로자**에 대한 정의를 하고 있다.

다른 노동관계법에서도 근로기준법의 근로자 정의를 그대로 준용하고 있다. '**노동자**'에 대해 별도로 정의하거나 표현한 법은 찾아볼 수 없다. 그렇지만 현실에서는 노동자란 용어를 자주 접하게 된다. 근래에 일부 지방자치단체에서는 조례 속에 포함된 **근로**라는 용어를 모두 **노동**으로 변경하였다고 한다. 우리 사회는 종종 근로자와 노동자라는 용어 사용을 두고서 갈등을 겪기도 한다. 그래서 근로자와 노동자의 개념상 어떤 차이가 있는지 살펴보고자 한다.

국어사전에는 노동자란 **노동력을 제공하고 임금으로 생활을 유지하는 사람**으로 정의한다. 또한, 근로자는 **근로에 의한 소득으로 생활을 하는 사람** 정도로 정의하고 있다. 사전적으로도 두 용어의 뜻은 뚜렷한 차이를 보이진 않는다.

노동계에서는 스스로 노동자라 부르고 또한, 그렇게 불리길 원한다. 법정 휴일로 정해진 매년 **5월 1일**은 법적인 용어로는 **근로자의 날**이다. 하지만 노동 단체는 **노동절**이라 부른다. 나아가 한 노동 단체는 일전에 「노동보도준칙」을 만들어 배포하였다. 준칙에는 각종 언론 보도 시 **근로** 대신 **노동**으로 쓰도록 언론사에 요구하였다. 그렇게 하지 않으면 해당 언론사에 대해서는 취재를 거부할 방침임을 밝혔다.

노동자라는 용어를 선호하는 측에서는 **근로**라는 용어가 **수동적**이면서 부지런히 일하는 것(Work)으로 생각하는 것 같다. 반면 **노동**은 일을 통해 재화나 서비스 제공을 **능동적**으로 하는 것(Labor)으로 보고 노동에 더 의미를 두는 것 같다.

얼마 전에 노동계 출신 국회의원이 고용노동부 장관으로 왔었다. 취임 후 고용노동부 내에 있는 모든 **근로**라는 문구는 모두 **노동**으로 바꾸도록 지시하였다. 그리하여 노동부에서 작성되는 모든 문서에는 근로가 노동으로 대체되었었다. 다음 장관은 노동자와 근로자를 잠시 혼용하였다. 그러자 일부 언론 및 노동계에서 불만을 나타내기도 하였다.

우리나라 헌법 및 근로기준법과 마찬가지로 **일본**과 **대만**의 **노동기준법**에서도 **근로자**라 하며, 미국 공정근로기준법상 용어도 **고용인**(Employer)의 상대 개념인 **피고용인**(Employee)이라 한다.

근로기준법상 근로자란 **고용 종속 관계** 여하에 따라 근로자로 판단하고 노동관계법 적용 대상으로 본다. 따라서 노동자의 개념으로 보면 프리랜서와 같은 직업인도 근로기준법 적용을 받아야 한다. 인기 방송인 전현무와 같은 이는 어느 특정 방송사와 근로 계약을 맺고 있지 않다. 프리랜서 방송인이다. 어느 한 방송사와 고용종속 관계가 없기에 그는 근로기준법상의 근로자로 보지 않는다.

노동이라는 개념은 **근로**라는 개념보다 포괄적인 의미를 지닌다. 인간은 일상생활에서 필요한 물자를 구하기 위해 정신적·육체적 노력을 기울이게 된다. 이때 인간의 모든 정신적·육체적인 활동을 노동이라 할 수 있다. **주부**가 가정에서 일하면 **가사 노동**이 되고, **농부**가 자신의 논밭에서 일하는 것도 **노동**이다. 또한, **개인택시 차주**도 **법인**(회사) **택시기사**와 똑같이 운전하고 승객으로부터 정해진 요금을 받는다. 고용종속 관계만 다를 뿐 똑같은 형태의 노동을 한다. 그렇지만 가정주부나 농부 그리고 개인택시 차주 겸 기사를 근로자라고 하지는 않는다.

현행 근로기준법에서는 대법원 판례에 따라 형성된 고용종속 관계 하에서 임금을 목적으로 근로를 제공하면 근로자로 보게 된다. 그러므로 임금 또는 고용종속 관계와는 무관하게 이루어지는 정신적·육체적 활동을 하는 사람까지 아울러 부를 때 노동자라 함이 현행 법제하에서 타당할 것이다.

근로기준법상 사업주와 사용자

근로기준법에서 사용자란 사업주만을 의미하지 않는다. 근로자 신분이면서 사업주를 위하여 행위 하는 자까지 사용자 범위에 포함한다.

개인 사업자는 사장이 곧 사업주이다. 법인은 법인 그 자체가 사업주이다. 그렇지만 법인 자체는 어떤 행위를 직접 할 수 없다. 결국, 자연인으로서 대표이사인 사업 경영 담당자가 대외적으로 법인의 사업을 대표하거나 대리하게 된다.

또한, 사업주는 아니지만, 근로자에 관한 사항에 대하여 사업주를 위하여 행위를 하는 위치에 있는 사람이 있다. 근로자를 채용하거나 인사 관리·급여·노무 관리·재해 방지·근로 조건의 결정 등의 사항에 대하여 사업주 등으로부터 권한과 책임을 부여받은 자(부장, 과장 등)가 여기에 속한다. 그들도 근로자이지만 부여받은 범위 내에서 사용자로 보므로 이중적인 지위를 갖게 된다.

회사가 경영 사정으로 법정 관리에 들어갈 때가 있다. 이때는 법정 관리인이 사용자의 지위를 갖게 된다. 공동주택의 경우 입주자대표 회의가 전문 주택 관리 업체에 관리를 위탁하게 된다. 그럴 때는 주택 관리 업체가 사용자가 된다. 그렇지 아니하고 입주자들이 직접 관리를 하게 되면 입주자대표가 근로자에 대한 사용자로서 법적 책임을 지게 된다.

명의상 대표와 실제 경영자

민법에서 혼인 관계에 있어서 사실혼보다 형식을 갖춘 법률혼이 우선 적용된다. 그러나 노동법에서는 형식적인 부분보다 사실관계가 훨씬 더 중요하다. 노동법 위반 여부를 판단하는 과정에서 책임질 사람이 누구인지를 밝혀야 한다.

사업장에는 소위 바지사장이라고 하는 명의상의 대표 외에 실제 사업 경영을 하는 사업주가 많이 있다. 임금 체불 등의 신고 사건을 처리해보면 명의만 대표인 경우가 많다는 것을 알 수 있다. 법인등기부 또는 사업자등록증상의 대표자 명의와 실제 사업주가 다른 경우이다. 이때 실제 사업주가 스스로 사용자임을 인정하면 별문제가 되지 않는다. 그러나 사용자임을 부인할 때에는 여러 경로를 통한 확인이 필요하다.

예를 들면 세무서에 사업자 등록을 할 때 실제 사업주가 아닌 친·인척이나 지인의 명의를 빌려 신고하는 경우가 많다. 어떤 개인은 채권·채무 관계 등으로 인해 결격 사유가 있거나 신용상의 문제가 있을 수 있다. 그럴 때 타인 명의로 사업자 등록을 하게 된다. 사업상 거래를 위해서는 사업자 등록이 필요하기 때문이다. 결국, 회사와는 아무 관련도 없는 사람이 공부상에 대표로 등록된다.

근로감독관은 근로기준법상 의무 부담자인 사업주를 반드시 확인해야 한다. 그렇지 않으면 전혀 엉뚱한 사람이 처벌받게 되는 것이다. 당사자와 참고인 등을 조사하여 실제로 사업 경영을 한 사용자를 밝혀 법적인 책임을 묻는다. 때로는 실제 경영자가 끝까지 책임을 부인하기도 한다. 그러면 명의상 대표와 실경영자 모두 입건하여 수사 후 검찰로 사건을 송치하기도 한다.

법인 사업장의 경우 이사나 감사는 원칙적으로 근로자의 범위에 포함되지 않는다. 그러나 회사의 전무, 상무 등 명의상 임원이라 하더라도 실제는 근로자인 경우도 있다. 다툼이 발생하여 근로자성 여부를 살펴보면 회사 경영과 무관하거나 실질적인 업무집행권이 없는 경우가 많다. 명의만 임원이면서 회사 경영 책임이 없다면 근로자로 판단하게 된다.

그 밖에 학원 강사, 학습지 교사, 현장 실습생, 영업사원, 간병인, 대리운전자, 퀵서비스 배달 기사, 보험설계사, 채권추심원, 화물차나 레미콘 지입차주, 요구르트 위탁 판매원, 골프장 캐디 등도 고용종속 관계가 인정되지 않으면 근로자로서 지위를 인정받지 못한다. 수년 전 요구르트 위탁 판매원이 회사를 상대로 퇴직금을 지급 소송을 제기했지만, 대법원은 근로자성이 인정되지 않는다 하여 퇴직금 지급 대상이 아니라고 판단했다. 그래서인지 요즘 동네 어귀마다 요구르트 판매 수레가 많이 보인다.

제2장

근로 계약

들어가며

제2장은 근로기준법 제15조부터 제42조까지에 해당한다. 근로 계약에 관한 사항, 근로 계약 시 제한되거나 금지하는 것, 근로 계약 기간 중 해고 및 구제에 관한 사항이 전반을 이루고 있다. 이어서 근로 계약 관계 종료 시 금품 청산 기간, 임금채권 우선변제 등에 관한 사항들이다.

또한, 근로 계약 해지 시에 사용증명서 발급에 관한 사항과 취업 방해의 금지, 근로자 명부 작성, 마지막으로 계약 서류의 보존에 관해 규정하고 있다.

우리의 계약 문화에 대하여

우리는 일상생활을 하면서 알게 모르게 각종 계약 관계 속에서 살아간다. 하지만 그것을 문서화하는 데는 소홀히 취급해 왔다. 지난 1980년대만 하더라도 많은 세입자가 월세나 전세계약서도 없이 세를 들어 사는 경우가 많았다. 세입자가 건물 주인에게 전세권 설정을 요구하면 임대차 계약을 거절당하기도 하였다. 그렇기에 건물주의 우월한 지위를 빗대면서 "조물주 위에 건물주가 있다."라는 말도 나온 것 같다. 그동안 우리 사회는 계약서를 작성하는 것이 익숙하지 않았으며 번거롭고 불편한 것으로 받아들였다.

그런데 세입자는 임대차 계약서 없이 살다가 어느 날 날벼락이 떨어진다. 집주인의 채무 불이행으로 건물이 경매에 넘어가는 것이다. 경매로 인해 세입자가 평생 모은 전 재산을 돌려받지 못하는 경우도 발생해서 심각한 사회 문제가 되곤 하였다. 그런데도 건물주로부터 임대차 계약서 교부 및 전세권 설정을 거부당하는 일이 빈번하게 발생해 왔다. 부득이 건물주의 협조가 없더라도 세입자의 재산권이 보호받는 제도 마련이 필요했다. 그렇게 나온 것이 바로 주민 센터나 법원 등기소를 통해 **확정일자**를 받아 두는 제도이다. 오늘날 공적 기관을 통해 받은 확정일자 하나가 세입자의 소중한 재산을 지켜주는 역할을 한다. 그만큼 우리는 일상생활에서 계약서 작성을 꺼리거나 계약서 작성·교부 문화에 익숙하지 않은 측면이 있다.

하지만 이제는 계약서 작성 문제에 있어서 인식의 전환이 필요하다. 뚜렷한 기억보다 희미한 기록이 낫다는 말도 있다. 인간의 기억에는 한계가 있지만, 기록은 잘 지워지지 않기 때문이다.

서구에서 계약 관계는 매우 철저하다고 한다. 미국 연수를 다녀온 어느 판사의 경험을 통해 보자. 그는 수년 전, 어느 지역 신문을 통해 미국에서의 주택 임대차 계약 문화와 관련하여 경험한 내용을 기고하였다. 그 판사 가족은 미국에 도착 후 가족과 함께 지낼 임대 주택을 구하게 되었다. 그 과정에서 중개인(브로커)이 제시한 임대차 계약서를 보고서 충격을 받았다는 것이다. 집주인의 대리인과 임대차 계약을 하는데 그 계약서 내용이 너무나 상세하고 복잡했다. 계약서 분량만 이십여 페이지가 넘었다고 한다. 우리나라의 주택 임대차 계약은 많아야 한두 장에 불과하다. 미국은 임대인과 임차인의 권리와 의무에 관한 내용이 너무도 상세하고 세밀하다는 것이다.

또한, 한 교수가 가족을 동반하여 유럽의 한 대학의 교환 교수로 갔다가 겪은 일화도 있다. 어느 날 학교에서 돌아온 초등학생 자녀가 말해주는 내용이 기가 막혔다고 한다. 학교에서 옆 친구에게 지우개를 빌려달라고 하자 지우개 임대 계약서를 쓰자고 했다는 것이다. 이렇듯 지역이나 문화권에 따라 계약 문화는 확연히 다르고 차이가 있다.

우리의 계약 문화는 왜 소극적일까?

예전부터 우리는 각종 계약을 체결하고도 이를 문서화하는 데는 소홀히 했다. 한 마을에서 가까운 친족으로 살아온 씨족 농경 정착 문화의 특징이기도 하다. 같은 동네에서 살아가는 씨족 사회는 매일 자고 나면 다음 날 보게 될 사람들이다. 그런 환경에서 굳이 계약 내용을 구체화하고 문서화한다는 것은 경우에 없는 일이었던 것 같다. 예를 들어 장성한 자녀를 결혼시키기 위해 주변 친척에게 돈이나 곡식을 빌릴 수 있을 것이다. 그러고서 나중에 언제, 어떻게 갚는다고 계약서를 쓰는 일은 무례하고 쓸데없는 일로 받아들인 것 같다.

반면에 이동하면서 생활하는 유목 민족은 계약 관계를 더욱 확실히 한다고 한다. 각자 초원을 찾아 흩어져서 가축을 몰고 떠나면 오랫동안 만나 볼 수 없다. 유목 생활은 짐승이나 타 부족 등으로부터 각종 위험에도 노출되어 있다. 언제 어떤 일이 일어날지도 모른다. 그런 연고로 각종 채권·채무 관계를 확실하게 해 둘 필요가 있었을 것이다. 문서는 인간의 기억보다 확실하다. 그런 문화적 배경으로 인해 그들의 계약 문화는 정착 문화보다 더 확실하게 자리를 잡을 수 있었던 것 같다.

애매한 근로 계약 "그냥 알아서 줄게"

약 15년 전쯤 저자가 근로감독관 직무를 수행할 때의 일이다. 임금 체불로 진정서가 접수되어 조사했던 사건으로 기억에 오래도록 남는 사건이다. 해당 사건은 근로 계약 내용을 제대로 명시하지 않아 문제가 되었다. 진정인과 피진정인은 같은 대학에서 건축 관련 전공을 한 친구 사이였다. 이전에 같은 건설 업체에서 근무하다 퇴직한 이력도 있었다. A는 퇴직 후 건설업을 하고 있었고, B는 일이 없어 당분간 쉬는 중 있었다. 어느 날 A는 경북 포항시에 있는 건설 현장을 관리할 소장이 필요했기에 B에게 연락하였다. 포항 현장의 소장을 맡아 달라고 부탁한 것이다. 임금 등 근로 조건은 별도로 명시하지 않았다. **"그냥 알아서 줄게."**가 전부였다.

그렇게 B는 포항에서 2개월을 보낸 후 공사가 완료되자 집으로 돌아왔다. 그리고 월급 통장을 확인해 보았을 때, B의 통장에는 2백만 원이 입금되어 있었다. 당시 공사 현장 소장이 월급으로 대략 250만 원 정도 받던 때였다. 2백만 원은 한 달 월급에도 못 미치는 금액이다. 이에 B는 A에게 한 달분 월급인지 물었다. A는 두 달 치 임금 모두 입금한 것이라고 밝혔다. 정상적인 금액이라면 5백만 원 정도를 받아야 했다. 그것도 집 근처가 아닌 먼 객지 현장이었다. 그런데 겨우 한 달 치도 못 되는 임금을 평소 알고 지냈던 사람으로부터 받게 된 것이다. B는 기가 차고 속은 기분이 들었다. 조사 과정에서 A는 B에게 **'내가 알아서 준다고 하지 않았느냐. 그러니 알아서 준거다.'**라는 답변으로 일관했다. 황당하고 어이가 없는 일이다. 그렇지만 그때 당시의 최저 임금 위반도 아니었기에 임금 체불로도 처벌하기 어려운 상황이었다. 또한, 근로 계약 내용을 구두로 명시하는 것도 가능했고, 서면으로 작성하여 교부할 의무도 없던 때였다. B는 상대방을 믿었고, 상식적인 대우를 해줄 것으로 생각했던 것 같다. 근로 계약 내용을 미리 분명하게 명시하지 아니한 일례로 기억되고 있다.

위의 사례와 같이 근로 계약을 확실하게 하지 않아 문제가 된다는 점을 깊이 인식하게 되었다. 그리하여 다음 페이지에 있는 것처럼 칼럼 형식으로 언론에 기고한 적이 있다.

근로계약을 분명히 하자

소 용
부산지방노동청 혁신평가계장

우리의 삶은 각종 계약관계에 의거 살아가고 있다. 토지와 같은 부동산을 사고 팔 때 매매계약을 한다거나, 타인의 주택을 빌리고자 할 때도 임대차 계약을 한다. 버스를 탈 때 요금을 내는 것이나, 병원에서의 진료 행위도 모두 계약관계에서 비롯된다 할 것이다.

예로부터 우리 사회는 각종 계약을 하고도 이를 문서화 하는 데는 소홀한 측면이 많았다. 이는 어느 한 지역에 정착하며 살아온 농경사회의 문화적 특성이기도 하다. 매일같이 한 동네에서 얼굴을 대할 뿐 아니라 자고 나면 볼 사람들인데 굳이 계약 내용을 문서화 한다는 것은 번거롭고 불필요한 일로 받아들였을 법하다.

반면에 한번 가축을 몰고 이동하면 언제 다시 원위치로 돌아올지 모르는 유목민들의 사회에선 각종 계약관계가 확실하다고 한다. 일전에 유럽 국가에서 가족과 함께 생활을 하고 돌아온 한 교수가 계약 문화와 관련하여 전하는 일화는 그들의 계약 문화가 어느 정도인지 잘 말해준다. 그 교수의 자녀가 유럽의 학교에 전학한 후 어느날 학교에서 같은 반 급우에게 지우개를 빌리고자 하였는데 본토 출신의 급우는 지우개 한 개를 빌려줌에 있어서도 한국 유학생에게 임차 계약서 작성을 요구하더라는 것이다.

우리의 계약 문화도 많이 변했다. 십수년 전만 하더라도 우리는 전세계약서 없이 구두로 약정하고 전세를 들어 사는 일이 다반사였다. 서민들이 어렵게 마련한 돈으로 임차한 주택이 임대인의 채무 불이행에 따른 경매 처분으로 임차 보증금을 떼이는 사례가 속출함으로써 사회 문제가 되었었다. 그런 사유로 해서 이제는 전세계약을 구두로만 한다거나 동사무소 등에 확정일자 등록없이 주택을 임차하는 경우는 매우 드문 현실이 되었다.

그렇지만 아직도 우리 주변에서 중요한 계약관계를 소홀히 하는 경우가 비일비재하다. 그 대표적인 사례가 삶의 터전인 일터에서 사용자와 근로자 간에 이루어지는 근로계약이라 할 수 있다.

근로계약 내용을 분명히 하지 않는 경우도 있고, 구두상의 계약만으로 끝나는 경우도 있다. 이러한 경우 나중에 다툼의 소지를 남길 수밖에 없다.

근로계약을 분명히 하지 않음으로서 발생된 사례를 살펴보자.

'갑'과 '을'은 과거 "ㅇㅇ(주)"에 입사 동기로 만나 수년간 동료 직원으로 일한 적이 있어 평소 잘 아는 사이였다. 두 사람은 위 회사에서 퇴직을 한 후 '갑'은 작은 건설업체를 설립하여 사업주가 되었고, '을'은 타 사업장서 건설현장 소장직을 주로 수행하다 일이 없어 쉬고 있던 중 어느날 '을'은 '갑'에게 채용을 부탁하였고, 이에 '갑' 사업주는 '을' 근로자를 '갑' 회사의 현장소장직으로 채용하였다.

그런데 근로조건에 있어 특히, 임금에 대하여 '을' 근로자는 '갑' 사업주에게 "알아서 달라"라고만 했고, 이에 '갑' 사업주는 "알았다"고 답하는 정도로 근로계약이 이루어졌다. 그리하여 '을' 근로자는 2개월간 객지 공사현장에서 현장소장직을 수행한 후 돌아와 자신의 구좌로 임금 입금 여부를 조회한 결과 이백만원이 입금된 사실을 확인하였다. 이에 '을' 근로자는 자신이 받아야 할 임금의 일부(1개월분)만 입금된 것으로 생각하였고, '갑' 사업주에게 전화를 걸어 위 입금액이 1개월분 임금이냐고 따져 물었다. 이에 '갑' 사업주는 입금한 이백만원이 2개월분 임금 전액이라 답했다.

평소 건설 현장 소장직을 수행하면서 월급으로 2백5십만원 정도의 임금을 받아온 '을' 근로자는 어이가 없었다. 결국 '을' 근로자는 노동관서에 '갑' 사업주를 임금체불 사실로 진정을 제기하였지만 근로계약 상 임금액에 대한 계약 내용이 불분명하여 결국 권리구제를 받지 못한 사례가 있다. 이는 기본적으로 '갑' 사업주가 '을' 근로자에 대하여 신의를 저버린 것이라고 볼 수 있지만, '을' 근로자 또한 '갑' 사용자와 근로계약 관계를 분명하게 하지 아니한 소홀함을 지적할 수 있다.

일반적으로 근로계약 체결 당시에는 '갑' 사업주에 비해 '을' 근로자가 상대적으로 불리한 위치에 있어 근로계약서 작성을 적극적으로 요구하기가 어려울 수 있다. 이런 점들을 감안할 때 우리 사회는 사업주 및 근로자들을 대상으로 하는 기본적인 노동법 관련 교육 시스템의 도입이 요구된다 할 것이다. 예를 들면, 신규 사업자등록자나 예비 취업자들을 대상으로 기본적인 노동법규 교육은 물론 세법, 기타 고용보험 등 사회보험에 관한 교육을 필수적으로 이수하게 하는 제도적 장치가 필요하다 할 것이다. 🄻

약 20년 전쯤의 일로 기억된다. 부산의 소규모 공장에서 퇴직한 나이가 많은 한 진정인이 월급과 각종 수당 및 퇴직금을 적게 받았다고 진정을 하였다. 내용인즉 입사하기 전에 사장에게 전화로 임금은 얼마를 받을 수 있는지 물었다고 한다. 사장은 대략 70만 원 정도 될 거라고 답하였다. 그러고서 3년간 근무하면서 70만 원에 약간 못 미치는 월급을 받았다는 것이다. 물론 그 과정에서 아무런 이의 제기를 하지 않았다. 그런데 퇴직을 하고 나서 입사 전에 사장이 답변했던 내용을 문제 삼은 것이다. 입사 전 사장이 밝혔던 임금보다 적게 받아 왔다는 주장이다. 입사 전에 전화로 문의했을 때 70만 원 정도 될 거라고 했고, 근무 기간 중 그에 미달하는 69만 원 정도 받아 왔다는 것이다. 그러므로 그동안 받은 월급에서 70만 원에서 미달하는 임금과 그에 따른 각종 수당 차액이 발생한다고 주장했다. 그리고 그 차액만큼 통상임금과 평균임금도 적게 산정되었다는 것이다. 따라서 퇴직금도 차액도 달라는 내용이었다. 이 사건은 진정에 재(再)진정까지 이어졌고 계속 이의 제기를 하는 등 수년에 걸쳐 근로감독관 3명이 바뀌도록 애를 먹었던 사건으로 기억된다.

아직도 근로 조건을 제대로 명시하지 않고 대충 근로 계약을 하는 경우가 많다. 채용 면접 시 근로자가 "하루 몇 시간을 일합니까?" 물으면 사용자는 "그야 일이 많을 때도 있고 적을 때가 있다."라고 하고 "임금은 얼마를 받게 됩니까?"하고 물어보면 "대략 200만 원 정도 된다."라고 하는 식이다. 그렇게 하고서 나중에 각자 자신에게 유리한 해석을 한다. 나름대로 판단하고 다툼이 발생하면 결국엔 노동청으로 신고가 들어온다. 이를 두고 판단해야 하는 근로감독관으로선 난감하다. 근로자는 당연히 자신의 편이 되어 주지 않는다고 따진다. 사용자는 근로자 편만 든다고 문제 삼는다. 그러나 이제는 근로 계약서 미작성·미교부 자체가 문제가 되므로 당사자가 꼭 챙겨야 할 사항이다.

근로 계약서를 작성하지 않으면

근로 계약서 작성 주체는 사용자이다. 노동청에 신고되는 사건들은 대부분 ① 임금 또는 퇴직금 체불, ② 근로 계약서 미작성, ③ 해고예고 미이행, ④ 최저임금 미지급, ⑤ 주휴 수당 미지급, ⑥ 연차 수당 미지급 등이다. 앞에서 열거한 여러 항목 중 한 건에 대해 신고하거나 여러 건을 묶어서 신고하게 된다. 요즘은 근로 계약서를 작성하지 아니한 사실만 가지고도 신고하는 경우가 많다. 평소 사용자가 근로자를 이해하고 배려하였다면 근로 계약서만으로 쉽게 문제 삼지 않는다. 그러나 사용자에게 불만이 있었다거나 서로 감정이 상했을 때는 이야기가 달라진다. 결국, 문제 삼을 만한 것이 없으면 근로 계약서 미작성 건으로 신고하게 된다.

금품 체불 등의 신고와 아울러 근로 계약서 미작성 건이 추가되면 근로자는 유리한 입장이 된다. 근로자는 사용자와 합의를 더욱 쉽게 가져갈 수 있기 때문이다.

근로 계약서를 작성하지 않은 사실만으로는 근로자에게 금전적인 이익이 발생하지 않는다. 그러나 사용자는 타격을 받을 수 있다. 사건 처리가 되어 검찰로 넘어가면 벌금 처분을 받을 수 있기 때문이다. 사용자가 모르고 있으면 근로자는 근로 계약서에 대해 일절 언급을 하지 않을 수 있다. 조용히 있다가 근로 계약이 종료되는 시점이 되면 문제 삼을 수 있다. 요즘 그런 사례들이 유튜브 등에도 자주 올라오고 있다. 사용자 측면에서 보면 근로 계약서는 일종의 아킬레스건이다. 근로 계약서 미작성 사유를 물어보면 사업주는 바쁘고 귀찮아서 작성하지 않았다고들 한다. 근래에 중급 마트 사업을 하는 후배로부터 근로 계약서와 관련하여 억울하다는 전화를 받은 적도 있다. 한 근로자가 개인적인 사유로 퇴직을 하게 되었는데 얼마 후 실업급여를 위해 퇴직 사유를 권고사직으로 해달라고 요구했다는 것이다. 자진 퇴사를 했으니 그렇게 해줄 수 없다고 하자, 그 근로자는 곧장 노동청으로 가서 근로 계약서 미작성 건으로 진정을 제기했다. 이렇듯 '근로 계약서를 제대로 작성하지 않는 행위가 부당하게 실업급여를 받는 도구로 이용될 수도 있겠구나!'라는 생각을 했다.

근로 계약서가 없으면 곤란한 사람이 또 있다. 바로 근로감독관이다. 입증할 서류가 없으므로 자신에게 유리한 주장을 하는 사건 조사에 어려움을 겪는다. 근로감독관은 이를 중간에서 판단해야 하므로 마치 목격자 없는 교통사고처럼 사건 처리에 어려움을 겪는다.

근로기준법에는 **반의사 불벌죄**에 해당하는 법 조항이 있다. 사업주가 법을 어겼더라도 피해 근로자의 의사에 반하여 처벌하지 않는다는 뜻이다. 임금이나 퇴직금 또는 각종 수당 등을 지급 기일 내에 지급하지 않으면 법을 위반하게 된다. 그러나 지급기일 이전에 합의를 통해 연장하면 문제가 되지 않는다. 그리고 지급기일이 지난 이후에 사건 처리가 되더라도 당사자 간에 합의하고 진정을 취하하면 형사적 책임을 묻지 않는다.

근로기준법에 정한 모든 법 조항이 반의사불벌에 해당하지는 않는다. 근로 계약서를 작성하지 않으면 합의가 되더라도 반의사불벌에 해당하지 않는다. 노동청에서 사건이 종결되지 아니하고 검찰로 넘겨지게 된다. 근로 계약서라는 종이 한 장으로 인해 사용자는 근로기준법 위반이라는 전과 기록이 남기도 한다.

사실 장사가 안되고 사업이 어려워져 줄 돈이 없는 경우도 허다하다. 사용자가 줄 돈이 없어 임금 체불로 신고당하는 것은 어쩔 수 없는 일이다. 그러나 근로 계약서 한 장을 소홀히 하여 조사를 받게 되고, 때로는 벌금까지 물게 된다.

지금까지 근로 계약과 관련하여 여러 설명을 덧붙인 것은 근로 계약을 서면으로 작성하지 않음으로써 많은 사람이 벌금을 물거나 난처해지는 현실이 안타깝기 때문이다.

고용노동부에서는 사용자와 근로자의 편의를 위해 근로 계약서 표준 서식을 마련하여 제공하고 있다. 이 책의 끝부분에 올려 두었으니 참고하면 된다.

이건 좀….

부동산 구매를 원할 때 직접 견본 주택 등 현장을 확인할 수 있으므로 즉시 계약서를 쓰는 데 별 무리가 없다. 하지만 "열 길 물속은 알아도 한 길 사람 속은 모른다."라는 속담처럼 사람의 속성은 겪어보지 않으면 알 수가 없다. 그러므로 근로자의 업무 능력을 잘 모르기 때문에 선뜻 임금 등의 근로 조건을 정하기가 어렵다. 미리 일을 해보지 않고 근로 계약을 확정하기가 꺼려지는 것이다. 법은 사용자가 근로자를 채용하고 근로 제공을 받기에 앞서 근로 계약서를 작성하도록 의무화하고 있다. 근로 계약서를 무조건 사전에 작성하도록 하는 것은 검토할 필요가 있다. 유예 기간을 따로 설정한다든지, 수습 기간 만료 전까지 작성하도록 법적인 배려가 필요한 시점이다.

근로 계약서를 작성하지 않거나 작성하더라도 교부하지 않았을 때 억울한 근로자가 나올 수 있다. 그렇다고 형사처분 대상이 되는 것도 우리의 계약 문화와 정서상 무리라고 본다. 작금의 우리 사회는 모든 문제를 해결하면서 입법으로 다 해결하려고 한다. 입법 만능주의에 빠져들고 있는 건 아닌지 우려된다.

필자는 차량 운전 중 과속 단속에 적발되어 과태료 통보를 받았던 적이 있다. 그 통보서를 받고서 썩 기분이 좋지 않았다. 그리고 은행에 납부를 하러 가자니 좀 창피하기도 하였다. 그렇게 은행에 가면 창구 수납 직원은 "(세금을 내게 되어) 나라에 좋은 일 하셨네요."라고 한 마디 던진다. 괜히 쑥스럽고 묘한 기분이 들었다. 그러한 과태료 처분도 받는 사람에게는 경제적·심리적으로 상당한 부담으로 다가온다.

요컨대 근로 계약서 미작성으로 형사적인 책임을 묻는 것은 과하다고 생각된다. 중견 기업들은 인사나 노무 담당자가 있어 상세한 계약 자료를 챙길 수 있지만, 현재 신고를 당하는 대부분 사업주는 대부분 노무 관리에 취약한 영세 소규모 사업장이다. 근로 계약서로 인해 근로기준법을 위반하는 범법자가 끊임없이 생기고 있다. 각 정권에서 여러 차례 사면하였음에도 우리 국민 중 법 위반으로 전과를 보유한 숫자가 천만 명이 넘는다고 하지 않는가? 이렇게 전과자가 양산되는 것은 바람직하지 않다. 범죄자가 많은 나라라고 비웃음거리가 되고 국격도 떨어질 것이다. 조선 시대에도 전과자가 많았다고 한다. 청백리로 알려진 황희 정승과 맹사성도 귀양살이한 전과가 있다.

통상적인 근로자에 대하여는 근로 조건을 명시하지 않았을 경우 형사적인 벌금 처분 대상이 된다. 그렇지만 기간제 및 단시간 근로자의 경우는 과태료 처분을 받는다. 같은 범법 행위지만 대상에 따라 다른 처분이 달라지는 것이다. 처분 결과를 살펴보면 벌금은 소액에 불과하지만, 과태료는 벌금보다 많은 액수가 부과된다. 처분 금액만으로는 벌금이 유리하지만, 전과 기록이 남는다는 측면에서 결코 어느 것이 낫다고 할 수가 없다.

불분명한 계약은 분쟁을 초래하므로 마땅히 고쳐져야 한다. 그러면 어떻게 고쳐져야 할까? 자율적인 개선은 기대하기 어려울 것이다. 일정한 부담이 주어지는 것은 필요하다. 그렇지만 현재와 같이 형사 처벌에 의존하기보다는 행정·질서법인 과태료 처분으로도 충분하리라 본다. 과속이나 신호 위반 시 과태료가 부과되는 것처럼.

근로 계약서 및 임금 대장 관련 일화

꽤 오래전의 일이다. 은퇴하여 지금은 고인이 되신 모 선배 근로감독관이 현직에 근무할 당시에 있었던 실화이다. 어느 날 식당에 들러 식사를 하게 되었는데 식사 도중 무슨 문제가 있었던지 식당 사장을 불러 불만을 나타냈다. 그러면서 식당 사장에게 내일 당장 **근로 계약서**

와 **임금 대장**을 가지고 노동청으로 자신을 찾아오라고 했다.

이 순진한 식당 사장님은 이상한(?) 손님이 돌아가고 난 후 생각해 보았을 것이다. 분명 뭔가 가지고 오라고 듣긴 했는데 모두 생소한 것들이었다. 자신이 가지고 있는 계약서는 가게를 빌릴 때 건물 주인과 계약한 건물의 **임대차 계약서**가 전부였을 것이고, **임금 대장**이란 것도 생전 처음 들었을 것이다.

사장님은 결국 무슨 **계약서**를 가져오라고 했으니 **건물 임대차 계약서**일 것으로 생각했고, **임금 대장**이라는 것은 **인감도장**인 것으로 짐작한 모양이었다. 다음 날 그 식당 사장은 정말로 가게 **전세 계약서**와 자신의 **인감도장**을 가지고서 감독관을 찾아왔던 웃지 못할 상황이 벌어졌다.

지금 생각하면 그 사장님에게는 무리하고 황당한 요구임이 분명하다. 손님의 갑질이자 권한 남용으로도 볼 수 있다. 하지만 한편으로는 당시 우리 사회가 **근로 계약서**나 **임금 대장**에 대한 개념이나 인식이 거의 없었음을 보여주는 단면이기도 하다.

제15조(이 법을 위반한 근로계약)

① 이 법에서 정하는 기준에 미치지 못하는 근로조건을 정한 근로계약은 그 부분에 한하여 무효로 한다.

② 제1항에 따라 무효로 된 부분은 이 법에서 정한 기준에 따른다.

제16조(계약기간)

근로계약은 기간을 정하지 아니한 것과 일정한 사업의 완료에 필요한 기간을 정한 것 외에는 그 기간은 1년을 초과하지 못한다.

[법률 제8372호(2007. 4. 11.) 부칙 제3조의 규정에 의하여 이 조는 2007년 6월 30일까지 유효함]

법 기준에 미달하는 근로 계약의 효력

법에 정한 기준에 못 미치는 근로 조건은 그 부분에 한하여 무효가 된다. 무효가 된 부분은 근로기준법으로 정한 기준에 따라야 한다. 근로자가 기준 미달 부분을 인정하였다고 해도 유효하다고 볼 수 없다고 판결(대판 90다카24496, 1990.12.21.)한 바 있다. 근로 계약 내용이 취업규칙에 못 미치면 취업규칙을 따라야 한다.

또한, 과거에는 근로 계약 기간에 제한이 있었다. 근로 계약 기간이 1년을 초과하지 못하도록 한 것이다. 그 기간을 1년으로 정한 이유는 1년 단위로 근로 계약을 재검토하라는 취지였다. 법 제16조와 같이 2007년 6월 30일까지만 효력이 미침에 따라 현재는 사문화되었다.

제17조(근로조건의 명시)

① 사용자는 근로계약을 체결할 때에 근로자에게 다음 각 호의 사항을 명시하여야 한다. 근로계약 체결 후 다음 각 호의 사항을 변경하는 경우에도 또한 같다.

　1. 임금
　2. 소정근로시간
　3. 제55조에 따른 휴일
　4. 제60조에 따른 연차 유급휴가
　5. 그 밖에 대통령령으로 정하는 근로조건

② 사용자는 제1항제1호와 관련한 임금의 구성항목·계산방법·지급방법 및 제2호부터 제4호까지의 사항이 명시된 서면을 근로자에게 교부하여야 한다. 다만, 본문에 따른 사항이 단체협약 또는 취업규칙의 변경 등 대통령령으로 정하는 사유로 인하여 변경되는 경우에는 근로자의 요구가 있으면 그 근로자에게 교부하여야 한다. <신설 2010. 5. 25.>

근로 계약과 근로 조건의 명시

　　사용자는 근로 계약을 체결하고자 할 때 ① 임금, ② 소정 근로 시간, ③ 휴일, ④ 연차 유급휴가, ⑤ 그 밖에 대통령령으로 정하는 근로 조건(취업의 장소와 종사하여야 할 업무에 관한 사항, 취업규칙에 기재하고 고용노동부 장관에게 신고해야 할 사항, 사업장의 부속 기숙사에 근로자를 기숙하게 하는 경우 기숙사에서 정한 사항)을 명시하도록 의무를 부여하고 있다. 특히, ① 임금의 구성 항목, 계산 방법, 지급 방법 및 위의 ②에서 ④까지의 사항은 서면으로 명시하여 근로자에게 주도록 규정하고 있다.

근로 계약서 작성과 교부 의무는 2010년 5월 25일 관련 법 조항(법 제17조 제2항)이 신설되고,

2012년 1월 1일부터 **시행**되면서 비롯되었다. 앞서 설명했듯이 우리나라는 계약 내용을 문서로 작성하는 데 익숙하지 않다. 그런 전통 때문인지 노동청으로 근로 계약서 미작성과 미교부를 사유로 접수되는 사건이 상당하다. 특히, 근무 중 사용자에 대해 불만이 있거나 원하지 않게 퇴직을 하게 되면 평소 생각지도 않았던 근로 계약서 미작성 건이 수면 위로 떠오르게 된다.

과거에는 임금이나 퇴직금 체불이 거의 절대다수를 차지했다. 지금은 임금 및 퇴직금 등 금품 체불에 덧붙여 근로 계약서 미작성, 해고예고 수당 미지급, 주휴 수당 미지급, 최저임금 미지급 등 여러 항목이 추가되어 들어온다. 그렇게 3종 세트 또는 5종 세트가 패키지로 접수되는 사례가 허다하다. 그처럼 다른 법 위반 건과 함께 약방의 감초처럼 근로 계약서 관련 사건도 함께 따라오게 된다. 근로 계약서 작성과 관련된 처벌의 도입은 사용자에게 큰 부담이 되고 있다. 사업주가 잘 모르거나 별것 아니라고 생각할 수 있다. 대수롭지 않게 생각한 서류 한 장으로 인해 벌금 처분을 받을 수 있다. 벌금 처분도 전과 기록으로 남게 된다는 점에도 유의해야 한다. 나중에 정치 활동이나 공적 업무를 담당할 기회가 주어졌을 때 이러한 전과 기록은 큰 부담으로 작용할 수 있다.

제18조(단시간근로자의 근로조건)
① 단시간근로자의 근로조건은 그 사업장의 같은 종류의 업무에 종사하는 통상 근로자의 근로시간을 기준으로 산정한 비율에 따라 결정되어야 한다.
② 제1항에 따라 근로조건을 결정할 때에 기준이 되는 사항이나 그 밖에 필요한 사항은 대통령령으로 정한다.
③ 4주 동안(4주 미만으로 근로하는 경우에는 그 기간)을 평균하여 1주 동안의 소정근로시간이 15시간 미만인 근로자에 대하여는 제55조와 제60조를 적용하지 아니한다. <개정 2008. 3. 21.>

단시간 근로자의 근로 조건은 더 신중하게

단시간 근로자란 1주 동안의 소정 근로 시간이 그 사업장에서 **같은 종류**의 업무에 종사하는 통상 근로자의 1주 동안의 소정 근로 시간과 비교하여 짧은 근로자를 말한다. 근로 조건은 그 사업장의 **같은 종류의 업무에 종사하는 통상 근로자의 근로 시간을 기준**으로 산정한 비율에 따라 결정한다.

4주 동안(4주 미만으로 근로하는 경우에는 그 기간)을 평균하여 1주 동안의 소정 근로 시간이 15시간 미만인 초단시간 근로자에 대해서는 법 제55조(주휴일), 제60조(연차유급휴가) 및 퇴직급여보장법 제4조(퇴직급여)는 적용되지 않는다.

당사자가 15시간 이상으로 소정 근로 시간을 정한 경우에 근로 계약 기간 중 공휴일이나 휴가 사용 등으로 실제 근로 시간이 1주에 15시간 미만이 될 수 있다. 그렇더라도 소정 근로 시간이 현저히 짧은 초단시간 근로자로 보지 않는다.

단시간 근로자의 경우 근로일과 근로일별 근로 시간을 명시해야 하므로 근로일별 근로 시간을 정함 없이 1일 3~7시간 범위로 정할 수 없다. 또한, 업무량의 증감에 따라 근로 시간을 변경이 필요할 경우 당사자 간 합의를 통해 변경은 가능하나 사용자가 일방적으로 이를 임의로 조정하는 것은 불가하다. (근로기준정책과-1724, 2015.4.28.)

다음 표에서 알 수 있듯이 단시간 근로자의 근로 조건 명시는 통상 근로자보다 더 엄격하거나 다르게 규정하고 있다.

▶ **근로 조건 명시 대상 비교**

구 분	근로기준법 제17조	기간제 및 단시간근로자보호법 제17조
명시 대상	① 임금 ② 소정 근로 시간 ③ 주휴일 ④ 연차유급휴가 ⑤ 취업 장소와 종사 업무 ⑥ 취업규칙의 필요적 기재 사항	① 임금(구성 항목, 계산 방법, 지불 방법) ② 근로 시간, 휴게 시간 ③ 휴일, 휴가 ④ 취업 장소와 종사 업무 ⑤ 근로 계약 기간 ⑥ 근로일 및 근로일별 근로 시간(단시간 근로자에 한함)
서면 명시 대상	위의 ①②③④	위의 ①~⑥ 모두 명시
적용사업장	1인 이상(② 소정 근로 시간, ④ 연차유급휴가는 5인 이상에만 적용)	1인 이상 (위 ⑥항은 5인 이상만 적용)
위반 시 벌칙	500만 원 이하 벌금	500만 원 이하 과태료

제19조(근로조건의 위반)

① 제17조에 따라 명시된 근로조건이 사실과 다를 경우에 근로자는 근로조건 위반을 이유로 손해의 배상을 청구할 수 있으며 즉시 근로계약을 해제할 수 있다.

② 제1항에 따라 근로자가 손해배상을 청구할 경우에는 노동위원회에 신청할 수 있으며, 근로계약이 해제되었을 경우에는 사용자는 취업을 목적으로 거주를 변경하는 근로자에게 귀향 여비를 지급하여야 한다.

근로 조건 위반 시 유의 사항

법 제17조에 따라 명시된 근로 조건이 사실과 다를 경우 근로자는 근로 조건 위반을 이유로 손해의 배상을 청구할 수 있다. 그리고 즉시 근로 계약을 해제할 수 있다. 사용자가 근로 계약에 명시된 근로 조건을 이행하지 않아 손해가 발생했다면 두 가지 방법으로 청구할 수 있다. 하나는 법원에 손해 배상 청구의 소를 제기하는 것이다. 다른 하나는 노동위원회를 통해 손해 배상의 청구를 하여 구제받을 수 있다. 근로 조건 위반으로 인한 권리구제는 노동청이 아닌 노동위원회를 통해서 이루어진다.

노동위원회를 통한 손해 배상 청구의 신청 범위는 한정되어 있다. 즉, 근로 조건 위반에 대한 모든 손해 배상 청구에 대해 허용되는 것은 아니다. 사용자가 근로 조건을 위반하여 근로자에게 손해를 입힌 사실을 전제로 하며, 근로 계약 체결 시에 명시된 근로 조건이 취업 후 사실과 다른 경우에만 가능하다고 판시(대판 87누496, 1989.2.29.)한 바 있다. 노동위원회를 통한 손해 배상 청구 대상이 아니라면 법원을 통해 민사 절차에 따라 손해 배상을 청구할 수 있다. 그렇지만 실무에서 근로 조건 위반으로 인하여 법원이나 노동위원회를 통해 사건화되는 경우는 극히 드물다.

제20조(위약 예정의 금지)

사용자는 근로계약 불이행에 대한 위약금 또는 손해배상액을 예정하는 계약을 체결하지 못한다.

제21조(전차금 상계의 금지)

사용자는 전차금(前借金)이나 그 밖에 근로할 것을 조건으로 하는 전대(前貸)채권과 임금을 상계하지 못한다.

제22조(강제 저금의 금지)

① 사용자는 근로계약에 덧붙여 강제 저축 또는 저축금의 관리를 규정하는 계약을 체결하지 못한다.

② 사용자가 근로자의 위탁으로 저축을 관리하는 경우에는 다음 각 호의 사항을 지켜야 한다.

    1. 저축의 종류·기간 및 금융기관을 근로자가 결정하고, 근로자 본인의 이름으로 저축할 것
    2. 근로자가 저축증서 등 관련 자료의 열람 또는 반환을 요구할 때에는 즉시 이에 따를 것

근로 계약(제2장)에서 금지하는 것

근로 계약 불이행을 전제로 한 손해 배상액을 미리 정할 수 없다. 근로자가 취업 후 사고 등으로 근로 계약 내용을 전부 또는 일부를 이행하지 못할 수도 있다. 그럴 때 사용자는 위약금이나 손해에 대한 배상액을 미리 설정(예정)하는 계약은 금지되어 있다. 근로자의 잘못으로 인한 손해가 발생하더라도 아무런 책임이 없다는 것은 아니다. 근로자의 고의나 과실이 있으면 민사 절차에 의한 손해 배상 청구가 가능하다. 손해 배상과 관련하여 다음과 같은 판례가 있으니 참고하기 바란다.

근로자가 근무 중에 고의나 과실 또는 의무 불이행으로 사용자에게 손해가 발생할 것에 대비하여 보증을 서게 하는 경우가 있다. 이때 신원보증인과 신원보증계약을 체결하거나 신원보증인을 연대채무자로 하여 신원보증계약을 체결하는 것은 위약 예정으로 보지 않는다. (대판 80다 1040, 1980.9.24.)

영업상 비밀 보호를 위해 근로자가 퇴직 후 일정 기간 경쟁업체로 이직하거나 특정 분야에서 개인 사업을 못 하게 제한하는 계약을 할 수도 있다. 이 또한 합리성이 있고, 근로자의 직업 선택의 자유나 경쟁을 지나치게 제한하지 않는다면 유효하다. (대판 2009다82244, 2010.3.11.)

해외파견 연수 후 일정 기간 근무하기로 약정한 경우이다. 회사에서 직원에 대해 교육·훈련비용을 부담하여 위탁 교육을 받게 하고, 이를 이수한 직원이 교육·훈련을 수료한 날부터 약정 기

간 동안 근무를 하지 않으면 회사가 부담한 교육 관련 비용을 상환하도록 하는 약정은 손해 배상액을 예정하는 계약이라고 보지 않는다. (대판 90다52222, 52239, 1996.12.20.)

전차금(前借金)**을 임금에서 상계할 수 없다.** 전차금이란 취업한 후에 임금에서 갚는다는 근로 계약을 체결하고서 사용자가 근로자 또는 친권자에게 빌려주는 돈을 말한다. 전차금에 따른 폐해는 제2차 세계대전을 전후하여 주로 후진국에서 많이 발생했다. 전차금은 근로자에게 고율의 이자를 물게 한다. 그리고 갚을 때까지 그만두지 못하게 하면서 강제 노동을 하도록 했다. 그로 인해 제대로 된 임금을 받지 못하게 된다. 그러한 부작용들을 방지하고자 2차 대전 후 많은 국가에서 전차금 금지 제도를 두게 되었다.

사용자가 근로자에게 돈을 빌려주는 것을 금지하는 것은 아니다. 여기서 금하는 것은 전차금과 향후 근로자가 근로를 제공하고 받을 임금과 상계 처리를 하는 것이다. 사용자의 일방적인 상계 처리는 금지하되 근로자가 동의할 때는 법 위반으로 보지 않는다.

오늘날 일반 사업장에서 전차금으로 인한 문제는 거의 찾아보기 어렵다. 그러나 유흥업소 등에서는 전차금으로 인해 많은 여성이 피해를 보아왔다. 궁핍하고 딱한 처지의 여성들에게 돈을 빌려준 후 고율의 이자를 물리며, 이를 갚을 때까지 사업장에서 벗어나지 못하게 한다. 전차금을 빌미로 착취하고 강제 노동을 하게 만드는 것이다.

근로자의 강제 저금도 금지된다. 사용자는 근로 계약의 체결 또는 유지의 조건으로 근로자가 받는 임금의 일부를 근로자의 의사에 반하여 저축하도록 강요할 수 없다. 또한, 사용자는 근로자의 위탁 없이 저축금의 관리를 규정하는 계약을 근로 계약에 덧붙여 체결하지 못한다. 현시대에는 근로자의 저축을 강제하는 경우는 극히 드물다. 저자가 근무하는 노동청으로 강제 저금으로 인한 신고 사례는 없었던 것 같다. 간혹 근로자가 자신의 월급 관리를 잘 못 하거나 방탕하게 소비하기도 한다. 그럴 때는 본인의 동의하에 저축하도록 도와줄 필요가 있을 것이다.

제23조(해고 등의 제한)

① 사용자는 근로자에게 정당한 이유 없이 해고, 휴직, 정직, 전직, 감봉, 그 밖의 징벌(懲罰)(이하 "부당해고 등"이라 한다)을 하지 못한다.

② 사용자는 근로자가 업무상 부상 또는 질병의 요양을 위하여 휴업한 기간과 그 후 30일 동안 또는 산전(産前)·산후(産後)의 여성이 이 법에 따라 휴업한 기간과 그 후 30일 동안은 해고하지 못한다. 다만, 사용자가 제84조에 따라 일시보상을 하였을 경우 또는 사업을 계속할 수 없게 된 경우에는 그러하지 아니하다.

해고의 제한과 절대 해고금지 사유

해고란 근로자가 퇴직할 의사가 없음에도 불구하고 사용자의 일방적인 의사 결정으로 근로 계약 관계를 종료시키는 것을 말한다. 징계해고, 정리해고, 직권면직 등 어떤 명칭이나 절차와는 상관없이 사용자의 결정으로 모든 근로 계약 관계가 종료되는 것을 의미한다. 해고로 인해 근로자와 그 가족의 생계가 크게 위협을 받게 된다는 점에서 법은 해고 사유와 절차에 있어 엄격히 제한하고 있다. 그 절차와 내용 면에서 해고는 함께 살던 부부가 이혼하는 것보다 더 어려울 수도 있다.

위 제23조의 제①항에서는 정당한 이유 없이 해고 등을 금할 뿐 아니라 제②항에서는 타당한 이유가 있더라도 업무상 부상 또는 질병 요양과 산전·산후 여성에 대해서는 일정 기간 내에 절대 해고하지 못하도록 규정하고 있다. 그 외에도 법 제24조(경영상 이유에 의한 해고의 제한), 제25조(우선 재고용), 제26조(해고의 예고), 제27조(해고 사유 등의 서면 통지)와 같이 해고에는 제한이 따른다. 그러나 해고 후에 갈등이 발생하면 법 제28조(부당해고 등의 구제신청)부터 제33조(이행강제금)까지 노동위원회를 통한 구제 절차를 두고 있다.

해고에는 ① **통상해고,** ② **징계해고,** 그리고 흔히 **정리해고**라고 불리는 ③ **경영상 이유에 의한 해고**로 구분해 볼 수 있다. 해고 외에도 징벌로서 휴직, 정직, 감봉 등의 징계가 있지만 여기서는 실직에 이르는 해고에 대해 살펴보고자 한다.

통상해고는 근로자에 있어 징계 사유가 아닌 일신상의 사유로 해고하는 것을 말한다. 근로자의 기업 질서 위반으로 인한 징계해고와 구분된다. 즉, 근로자 본인의 일신상 사유로 근로 제공에 문제가 생겼을 때 사용자가 해고하는 것을 말한다.

통상해고라 해서 임의로 할 수 있는 것은 아니다. 사회 통념상 근로 관계를 지속할 수 없을 정도로 근로자에게 책임이 있는 명백한 사유가 있어야 한다. 그 대표적인 사례로는 운전직이라 할 수 있다. 차량 등의 운전은 면허가 있어야 가능한데 음주운전 등으로 면허가 취소되면 더 이상 업무를 수행할 수 없게 된다. 법적으로 근로를 제공할 수 없는 상태에 처한 것이다. 그럴 때 사용자는 해당 근로자를 해고할 수 있다. 이런 경우의 해고를 통상해고라고 한다. 일반 근로자뿐 아니라 공공 기관에 근무하는 운전직 공무원도 음주운전으로 면허가 취소되면서 퇴직하는 사례를 여러 번 보아왔다. 그 외에도 변호사, 공인회계사, 의사 등도 자격과 면허가 있어야 하므로 해당 자격을 상실하면 통상해고가 될 수 있다.

근로자 개인의 사정이나 업무 외적인 부상이나 질병으로 인하여 정상적인 근로를 제공할 수 없을 수도 있다. 이 또한 통상해고 대상이 된다. 그러나 근로자의 형편과 사정을 고려하고 배려할 수 있는지도 살펴보는 것이 바람직하다. 해당 근로자 본인은 물론 사업장 내 다른 근로자에게도 부정적인 영향을 줄 수 있기 때문이다. 회사는 근로자가 쓸모없으면 내보낸다는 인식보다는 근로자를 배려하고 있다는 모습을 보여 준다면 회사 내 다른 근로자에게도 긍정적인 영향을 미칠 수 있기 때문이다.

업무상 재해나 질병으로 요양하고 휴업할 수 있다. 요양이 종료된 후 정상적인 근로 제공이 불가능하다면 이 또한 통상해고 사유가 된다. 업무상 사유로 요양 후 노동력이 부족해질 때가 문제다. 원래 담당하던 업무를 수행하지 못할 수 있다. 이때는 회사 내에서 비교적 부담이 적은 부서나 직무로의 배치전환이 가능한지 먼저 고려해 보아야 한다. 그렇지 아니하고 해고부터 한다면 부당해고로 다툼이 발생할 수 있다. 물론 노동력이 줄어든 만큼 급여 수준을 조정하는 것도 검토할 수 있다. 요양이 종결되고 나면 노동력 상실 정도에 따라 근로복지공단으로부터 장해급여를 받게 된다. 그런 점도 배치전환이나 통상해고 결정 시 참고하면 된다.

업무 능력이나 태도 그리고 실적이 매우 부진한 근로자에 대해 어떻게 처우해야 할지 매우 고민스러울 때가 있을 것이다. 회사의 질서와 분위기를 흐리는 직원이 있으면 그 폐해는 심각하다. 비록 그 직원만의 문제에 그치지 않는다. 특히, 문제 근로자가 관리자라면 그 부하 직원들의 고통과 스트레스는 엄청나다.

20대 80의 법칙이라고도 하는 **파레토 법칙**이 있다. 상위 20%가 전체 결과물의 80%의 비중을 차지한다는 의미이다. 백화점을 이용하는 고객 중 상위 20%의 고객이 전체 매출의 80%를 올려 준다는 식이다. 그래서 백화점은 VIP 손님에 대한 서비스를 더욱 강화하게 된다. 이 법칙과 유사하게 직원들을 관리한 유명한 회사가 있다.

미국에 본사를 둔 GE(제너럴 엘렉트릭) 라는 회사를 대부분 알고 있을 것이다. 이 회사는 미국의 발명가인 토머스 에디슨이 상업한 '에디슨 제너럴 엘렉트릭'과 '톰슨-휴스턴'이라는 회사가 1892년 합병되어 만들어진 회사이다. GE는 1896년 구성된 다우지수에 이름을 올린 12개 회사 중 하나로 역사와 전통이 있는 회사이다. 그 12개 회사 중에 오늘날까지 건재하는 회사는 GE밖에 없다. 직원 수는 30만 명이 넘는다고 한다. 그런 GE에 엔지니어로 입사하여 최고경영자의 자리에 오른 **잭 웰치**라는 회장이 있었다. 그는 1981년도에 GE의 역대 최연소 최고경영자로 발탁된 후 2001년 회장직에서 물러날 때까지 1,700건이 넘는 M&A를 성사시켰다고 한다. 한편으론 사업성이 없으면 과거에 핵심사업이던 분야라도 가감하게 매각했다. GE의 과거 핵심사업이었던 가전사업을 중국 최대 가전업체인 하이얼 그룹에 매각하여 충격을 주기도 했다. 잭 웰치는 회사 내 직원들의 성과에 따른 차별화를 강조한 경영자이다. 회사에서 상위 20%에 속하는 근로자는 두드러진 성과를 내는 핵심 인재라 하여 보너스를 두둑하게 지급하였다. 그뿐 아니라 스톡옵션에 칭찬과 격려까지 해주었다. 그다음에 있는 중위 70%의 근로자도 중요하며 회사 경영상 필요하다고 보았다. 그러나 하위 10%는 그야말로 문제 사원으로 보았다. 그 하위 10%에 속하는 사원은 회사를 떠나게 해서 적성이 맞는 곳을 찾아가도록 해야 한다는 것이다. 그렇게 차별화하는 것이 정의롭고 공평하다고 보았다. 실적이 부진한 사람을 보호하게 되면 뒤탈이 생기고, 그 근로자에게도 해가 된다고 판단했다. 그래서 결국 하위 성과자 10%는 해고 대상이 된다. 회사를 위한 일이지만 회사와 궁합이 맞는 않는 근로자를 위한 일이라고도 했다.

미국은 그나마 고용과 해고가 유연한 편이라 가능하다. 우리나라의 해고는 그리 간단하지 않다. 그렇다고 하여 문제직원들을 계속 안고 가야 할까? 일터의 분위기를 해치고 담당 직무를 게을리하는 직원이라고 해서 곧바로 해고할 경우 시비와 다툼이 발생할 수 있다. 그런 근로자는 먼저 교육이나 코칭(Coaching)을 통해 행동의 변화가 가능할지 우선 검토해 봐야 한다. 그러나 사람의 천성이나 습성은 생각보다 잘 바뀌지 않는다. 그렇게 동기 부여를 하였음에도 개선되지 않는다면 부득이 통상해고 절차에 따라 해고할 수 있다.

통상해고 또한 법 제26조(해고의 예고)에 따른 해고예고를 하여야 한다. 해고통지를 30일 전에 하거나 30일분 이상의 통상임금을 지급하도록 규정하고 있다. 법 제27조(해고 사유 등의 서면 통지)에서 상시 근로자가 5인 이상인 사업장은 해고 사유와 해고 시기를 서면으로 통지하도록 규정하고 있다.

통상해고는 근로자의 일신상 사유에 의한 해고지만, **징계해고**는 사용자가 취업규칙 등을 위반한 근로자에 대해 고용 관계를 일방적으로 종료시키는 조치이다. 사내 질서 유지를 목적으로 하는 징계의 종류는 해고, 정직, 감봉, 견책, 경고, 주의 등 여러 가지가 있다. 그중에서 해고는 질서 위반자에 대해 가해지는 최고 수준의 징계에 해당한다. 징계해고는 근로 계약을 더는 유지할 수 없을 정도로 근로자에게 책임 있는 사유가 있어야 한다. 즉, **정당한 이유**가 있어야 가능하다. 그렇지만 근로기준법에는 해고와 관련한 정당한 이유는 명시되어 있지 않다.

대법원 판결에서 "정당한 이유란 근로 계약을 유지할 수 없을 정도로 근로자에게 책임 있는 사유가 있다든가 부득이한 경영상의 필요가 있는 경우를 말하는 것으로 근로 계약이나 취업규칙, 단체협약 등에 규정이 있는 경우 그것이 근로기준법에 위배되어 무효가 아니고 사회 통념상 합리성이 인정되는 한 사회 통념상 근로 계약을 유지할 수 없을 정도로 근로자에게 책임 있는 사유가 있거나 부득이한 경영상의 필요가 있는 것을 말한다.”라고 판시하였다. (대법 1992.4.24. 선고 91다17931)

또한, 최근 판례에서도 해고는 사회 통념상 고용 관계를 계속할 수 없을 정도로 근로자에게 책임 있는 사유가 존재하는 경우에 행하여져야 그 정당성이 인정되는 것이고, 이는 당해 사용자의 사업 목적과 성격, 사업장의 여건, 당해 근로자의 지위 및 담당 직무의 내용, 비위행위의 동기와 경위, 이로 인하여 기업의 위계질서가 문란하게 될 위험성 등 기업 질서에 미칠 영향, 과거의 근무 태도 등 여러 가지 사정을 종합적으로 검토하여 판단하여야 한다. 라고 판시하였다. (대법 2017.5.17. 선고 2014다13457)

징계 사유는 10인 이상 사업장이라면 대부분 취업규칙에 명시하고 있다. 노동조합이 설립된 사업장에서는 단체협약으로 징계 사유를 정하기도 한다. 단체협약과 취업규칙에서 서로 다르게 정하고 있을 때는 단체협약이 우선 적용된다.

대표적인 징계 사례로는 무단결근이나 지각 및 조퇴의 반복 등 근로 제공 의무 위반, 업무와 관련한 절도나 하더라도 계약만료나 정년 등 당연 퇴직 사유에 해당하는 경우에는 계약 기간 종료 또는 정년 일에 고용 관계는 자동 해지된다. 해고의 정당한 사유가 있는 경우에는 절대적 해고금지 기간에 해고예고를 하여 동 기간이 완료된 이후에 해고하는 것은 가능하다. 횡령, 학력이나 경력 및 이력서 허위 기재, 업무상 지시 불응, 동료나 상사에 대한 폭행, 적법한 전근 명령에 대한 거부, 사생활 문제 등이 있다.

정당한 징계 사유가 있더라도 징계 절차를 무시하였을 경우 중대한 흠결이 있게 된다. 징계위원회 구성, 징계 사유 사전 통지 및 소명할 기회 등을 취업규칙 등에 정해진 대로 부여하여야 한다. 그리고 징계 사유가 해고에 이를 정도가 되어야 한다. 그러한 요건들이 제대로 갖추어지면 나중에 다툼이 생기더라도 노동위원회나 법원 소송 시에 정당성을 인정받을 수 있다.

통상해고와 마찬가지로 징계해고 또한 해고 시기에 제한을 두고 있다. 업무상 부상 또는 질병의 요양을 위하여 휴업한 기간과 그 후 30일 동안은 해고할 수 없다. 또한, 산전·산후의 여성이 근로기준법에 정한 휴업 기간과 그 후 30일 동안은 제한이 따른다. 이는 업무상 부상·질병으로 인하여 취업이 어려운 근로자와 여성의 출산에 따른 보호 필요성이 있기 때문이다. 아울러 별개의 법률인 「남녀고용평등과 일·가정양립지원에 관한 법률」 제19조 제3항에서도 육아휴직 기간에는 해고하지 못하도록 규정하고 있다.

절대적 해고금지 기간이라고 하더라도 계약만료나 정년 등 당연 퇴직 사유에 해당하는 경우에는 계약 기간 종료 또는 정년 일에 고용 관계는 자동 해지된다. 해고의 정당한 사유가 있는 경우에는 절대적 해고금지 기간에 해고예고를 하여 동 기간이 완료된 이후에 해고하는 것은 가능하다.

한편 절대적 해고금지 기간 중 사업을 계속할 수 없는 경우와 요양 개시 후 2년이 지난 후 질병·부상이 완치되지 않은 때에는 요양 중이라 하더라도 평균임금 1,340일분의 일시보상을 하거나 산재보험법으로 이에 준하는 보상을 받게 되면 정당한 사유가 있을 때 해고할 수 있다.

과거에는 법 제23조(해고 등의 제한) 제1항과 관련하여 정당한 이유 없이 해고하면 벌칙이 있었다. 그러나 2007년 1월 26일 근로기준법(법률 제8293호)이 개정되면서 부당해고 등에 대한 벌칙은 삭제되었다. 대신 노동위원회를 통한 이행강제금 제도와 함께 확정된 구제명령에 대하여 이행하지 않을 시에는 처벌 규정이 적용된다.

따라서 부당해고 등의 구제는 노동청이 아닌 노동위원회를 통해 이루어진다. 부당해고 판정이 났음에도 사용자가 복직 등의 조치를 이행하지 않으면 노동위원회는 이행강제금을 부과하게 된다. 또한, 확정된 구제명령을 이행하지 않으면 1년 이하의 징역이나 1천만 원 이하의 벌칙이 따르게 된다.

하나의 사안에 대해 이행강제금 처분과 처벌까지 받는 것은 이중 처벌의 성격이 있어 보인다. 그러나 이행강제금은 이미 행해진 부당해고 건에 대한 벌칙 처분으로 보지 않는다. 노동위원회의 판정 결과에 대한 실효성을 확보하고 이행을 담보하기 위한 간접적인 이행 수단으로 해석된다. 부과 주체는 노동위원회이며 사용자가 구제명령을 받은 후 이행하지 않을 경우 부과하게 된다. 1년에 2회씩 2년 동안 부과 가능하며 총 상한액은 2천만 원이다. 이행강제금은 구제명령이 확정되기 전 단계에도 부과될 수 있다. 또한, 구제명령이 확정되었음에도 이행이 되지 않으면 노동위원회의 고발로 공소가 제기되고 근로기준법 제111조의 벌칙이 적용된다. 이와는 별도로 제2항의 업무상 질병·부상과 관련한 절대적 해고금지 기간과 출산휴가 전후 절대적 해고금지 기간에 해고할 경우는 벌칙이 따로 정해져 있다.

노동청에 해고와 관련한 사건들을 접수하여 조사해보면 의외로 해고 권한이 없는 사용자가 해고통보를 하는 경우가 많이 있다. 주로 점장 또는 팀장급 직위에 있는 관리자가 자신이 맘에 들지 않는다고 해고했다는 것이다. 물론 사업주로부터 해고할 수 있는 권한을 위임받았거나 묵시적으로 동의를 구했을 수도 있다. 그런 경우는 별론으로 하고 실제 조사과정에서는 사업주가 그런 해고 사실을 몰랐다고 하는 경우를 종종 보게 된다. "당신하고 나는 안 맞는 거 같다", "그런 식으로 일하려면 그만두는 게 좋겠다."라는 식의 말이 전달되기도 한다, 사업주가 아닌 사용자에 해당하는 근로자라 할 수 있다. 그런 상황에서 해고통보를 하였을 경우 사업주의 뜻인지 반드시 확인해 보아야 한다.

저자가 근로감독관직을 수행할 당시에도 그런 경험을 여러 번 하였다. 그리하여 언론사에 **해고통보와 해고 수당에 관한 이해**를 돕고자 **"해고는 아무나 시키나?"**라는 제목으로 다음과 같이 홍보하기도 했다.

기고

해고는 아무나 시키나?

해고통보와 해고수당에 관한 이해

소 용
부산지방노동청 관리과 계장

부산 소재 신발 부품 공장에서 작업반장으로 일하는 A씨는 작업 도중 사장실에 불려가 호되게 질책을 당하였다. 문제는 수일전에 납품한 신발 부품이 하자가 있다 하여 거래처로부터 반품당하게 되었다는 사실 때문이다. 불량 사실을 확인한 결과, B근로자가 신발 밑창 부위에 접착제를 잘못 붙여 불량이 발생한 것이다. 화가 잔뜩 난 작업반장은 자기보다도 나이가 훨씬 많은 누나뻘 되는 B씨에게 "당신 아니라도 일할 사람이 많으니 당장 일을 그만 두고 나가라"고 하였다. 그것도 곱게 그만 두라는 것도 아니고 모욕적인 표현까지 써가며 그만두라고 하자 B씨는 자존심이 엄청 상한 채로 회사에서 나오게 되었다.

이어 B씨는 분한 기분을 삭이지 못한 채 곧바로 노동관서로 찾아가 억울하게 해고되었다며 작업반장을 상대로 신고를 하였다. 결국 위 당사자는 조사 과정에서 사과와 화해를 했지만 이 경우에 있어서 B씨는 해고로 보기 어려운 부분이 있다.

즉, 해고는 그 권한이 있는 자가 해고를 시켰는지가 문제가 된다. 물론 사장의 뜻에 의해 작업반장이 해고통지 등의 권한을 위임받았다면 모르되, 작업반장의 자의적인 판단에 따라 해고통보를 했다면 진정한 해고로 보기 어렵다 할 것이다. 이런 경우 반드시 사업주나 경영담당자 등 해고의 권한이 있는 사용자에게 해고사실을 확인해 보아야 한다. 사용자의 지위에 있다고 보기 어려운 근로자가 타 근로자를 해고시키는 행위는 해고로 인정되기가 어렵다. B씨와 같은 경우에 있어서 실제 사업주는 해당 근로자의 해고 관련 사실을 전혀 모르는 경우가 종종 있다.

해고(예고)수당은 당연히 3개월분 임금을 지급하여야 하는가?

흔히 해고수당과 관련하여 노동관서에 방문하거나 전화상으로 문의하는 사례 중 근로자가 즉시 해고되거나 해고예고통보를 받았을 경우에 최소한 3개월분 임금을 해고수당으로 지급받는 것으로 알고 있는 경우가 많다.

물론 과거 은행 등 금융기관이나 중견 기업체에서 근로자가 해고될 경우 3개월이 아닌 24개월분 이상의 임금을 위로금 등의 명목으로 지급하는 경우도 있었지만 영세 사업장의 경우 그런 예는 드물다 할 것이다.

근로기준법 상 사용자가 근로자를 해고하고자 할 경우 정당한 이유가 있더라도 적어도 30일전에 해고예고를 하거나 적어도 30일분 이상의 통상임금을 해고수당으로 지급하도록 의무를 부여하고 있다. 즉, 사용자는 30일전에 해당 근로자에 대하여 해고예고를 하거나 30일분 이상의 통상임금을 지급하는 의무 중 한가지를 이행하도록 하고 있다. 이는 근로자가 갑자기 직장을 잃게 됨으로서 생활이 곤란해지는 것을 방지하기 위한 취지로 알려져 있다.

따라서 사용자는 30일분 이상의 통상임금을 지급하면 해고예고에 관한 의무는 면제되므로 특별한 경우를 제외하고는 최소한의 금전적 보상을 하게 된다. 그리하여 결국 근로자는 3개월분 임금에 훨씬 미달되는 해고수당을 지급받음으로써 당초 잘못 알고 있던 상식에 비해 손실감을 더 느끼게 된다.

한편, 사용자 입장에서는 근로자에 대하여 30일전에 해고예고 하기를 꺼리는 경우가 많다. 그 이유는 해고예고를 하게 되면 해당 근로자는 잔여기간 동안 업무에 태만하거나 회사에 불만을 갖게 되어 회사에 해를 끼칠 수 있다는 우려 때문이다.

어떤 경우에도 해고예고는 반드시 하여야 할까?

근로자가 납품업체로부터 금품 또는 향응을 제공받고 불량품을 납품받아 생산에 차질을 가져오는 등 근로자가 고의로 사업에 막대한 지장을 초래하거나 재산상의 손해를 끼친 경우에는 예외적으로 해고예고를 하지 않을 수 있다.

또한, 일용근로자로서 3개월을 계속 근로하지 아니하였거나, 월급근로자로서 6개월이 되지 못한 자, 3개월 이내의 수습 근로자 등에 있어서도 해고예고의 예외에 속한다 할 것이나 종종 이러한 점을 간과하고 권리구제를 받고자 시간을 낭비하는 경우가 종종 있다.

이상의 경우들은 일선 노동관서의 실무 현장에서 흔히 접하는 사례들이다. 어떤 경우에도 해고는 불행한 일이지만 해고가 불가피할 경우 위의 사례들에 유의하여 착오에 의한 피해 사례가 없어야 하겠다. ▮

제24조(경영상 이유에 의한 해고의 제한)

① 사용자가 경영상 이유에 의하여 근로자를 해고하려면 긴박한 경영상의 필요가 있어야한다. 이 경우 경영 악화를 방지하기 위한 사업의 양도·인수·합병은 긴박한 경영상의 필요가 있는 것으로 본다.

② 제1항의 경우에 사용자는 해고를 피하기 위한 노력을 다하여야 하며, 합리적이고 공정한 해고의 기준을 정하고 이에 따라 그 대상자를 선정하여야 한다. 이 경우 남녀의 성을 이유로 차별하여서는 아니 된다.

③ 사용자는 제2항에 따른 해고를 피하기 위한 방법과 해고의 기준 등에 관하여 그 사업 또는 사업장에 근로자의 과반수로 조직된 노동조합이 있는 경우에는 그 노동조합(근로자의 과반수로 조직된 노동조합이 없는 경우에는 근로자의 과반수를 대표하는 자를 말한다. 이하 "근로자대표"라 한다)에 해고를 하려는 날의 50일 전까지 통보하고 성실하게 협의하여야 한다.

④ 사용자는 제1항에 따라 대통령령으로 정하는 일정한 규모 이상의 인원을 해고하려면 대통령령으로 정하는 바에 따라 고용노동부장관에게 신고하여야 한다. <개정 2010. 6. 4.>

⑤ 사용자가 제1항부터 제3항까지의 규정에 따른 요건을 갖추어 근로자를 해고한 경우에는 제23조제1항에 따른 정당한 이유가 있는 해고를 한 것으로 본다.

제25조(우선 재고용 등)

① 제24조에 따라 근로자를 해고한 사용자는 근로자를 해고한 날부터 3년 이내에 해고된 근로자가 해고 당시 담당하였던 업무와 같은 업무를 할 근로자를 채용하려고 할 경우 제24조에 따라 해고된 근로자가 원하면 그 근로자를 우선적으로 고용하여야 한다.

② 정부는 제24조에 따라 해고된 근로자에 대하여 생계안정, 재취업, 직업훈련 등 필요한 조치를 우선적으로 취하여야 한다.

경영상 이유에 의한 해고

해고에는 통상해고와 징계해고 외에 경영상 이유에 의한 해고가 있다. 통상해고나 징계해고는 주로 근로자 본인의 문제로 인해 발생한다. 그러나 경영상 이유에 의한 해고는 사업주의 경영 사정에서 비롯된다. 어느 한 기업이 경영 사정 악화로 다 같이 망하는 것보다는 일부를 조정하여 기업과 남아 있는 근로자가 생존하자는데 그 목적이 있다. 특정 근로자가 아닌 다수의 근로자가 대상이 된다는 측면에서 신중하게 접근해야 한다.

경영상 이유에 의한 해고는 ① 긴박한 경영상의 필요가 있고, ② 해고를 피하기 위한 노력을 다하고, ③ 합리적이고 공정한 기준을 정하여 그 대상자를 선정하며, ④ 해고 회피 방법과 해고 기준에 관해 과반수 노조가 있으면 그 노동조합, 그렇지 못한 경우 과반수 근로자를 대표하는 근로자대표에게 해고일 50일 전까지 통보하고 성실하게 협의를 하도록 요건을 정하고 있다. 위와 같은 요건을 모두 갖추었을 때 정당한 이유가 있는 것으로 본다. 위의 4가지 해고 요건은 대법원의 판례에서 나온 것을 입법화한 것이다.

① 긴박한 경영상의 필요

근로자를 해고하지 않으면 기업이 도산할 정도의 경영 위기를 회피할 필요가 있거나, 기업 경쟁력의 유지·강화를 위한 신기술 도입 등 구조조정 조치에 수반하여 객관적으로 인원 축소가 필요한 경우, 또는 경영악화를 방지하기 위해 사업의 양도·인수·합병을 하는 경우 및 관계 법령의 개정 등 정부 정책 변화에 따른 사무기구 축소로 인한 불가피한 인원 감축도 긴박한 경영상의 필요성이 있다고 인정된다. 정부가 탈원전 정책을 추진한다고 하면 그러한 정부 정책의 변화에 따라 원자력 발전 관련 기업이 구조조정을 하는 것도 경영상의 필요에 해당한다고 할 것이다.

② 해고를 피하기 위한 노력

긴박한 경영상의 필요가 있다고 하더라도 해고를 피하려는 방안이 있는지 찾아봐야 한다. 회사 경비를 절약하고, 작업 방식 변경, 외주·도급의 중단, 신규 채용 중단, 일시 휴직, 희망 퇴직자 모집, 조업단축 등의 방안이 검토되어야 한다.

③ 합리적이고 공정한 기준에 의한 대상자 선정

긴박한 경영상의 필요가 있고, 해고를 피하기 위한 노력을 다했다면 해고 대상자를 선정해야 한다. 대상자는 합리적이고 공정한 기준을 통하여 선정하되 근로자대표와 협의를 하여야 한다. 해고 대상자는 전체 근로자를 대상으로 선정한다. 신기술 도입이나 사업의 축소로 인해 사업 일부를 포기하더라도 그 폐지 부서에 종사하는 근로자만을 해고 대상으로 삼아서는 정당성을 인정받지 못한다. 폐지되는 사업부의 근로자를 배치 전환할 수 있는지 등도 검토해야 한다.

④ 근로자대표와의 협의

마지막으로 근로자대표와 협의 절차를 거치게 된다. 근로자대표는 과반수로 조직된 노동조합이 있는 경우에는 그 노동조합이 대표가 된다. 그렇지 못한 경우에는 과반수를 대표하는 근로자에게 해고 50일 전까지 통보하고, 해고 회피 방법이나 대상자 선정기준 등에 대해 성실하게 협의하여야 한다.

노동조합이나 근로자대표가 협의 자체를 거부할 수도 있다. 그런 부득이한 경우에는 협의를 거치지 않더라도 절차를 이행한 것으로 본다. 합의와 협의는 의미가 다르며 협의 과정에서 반드시 합의나 동의가 필요한 것은 아니다. 근로자대표에게 해고 50일 전까지 통보하는 것과는 별개로 해고 대상자에게는 30일 전에 해고예고를 하여야 한다.

법 제24조 제4항에 따라 사업장에서 경영상 이유로 해고할 경우 일정 규모 이상일 경우 노동청으로 신고를 하도록 규정하고 있다. 1개월을 기준으로 최초로 해고하려는 날의 30일 전까지 노동청으로 신고하면 된다. 신고가 접수되면 노동청에서는 해당 사업장에 대한 각종 지원 방안 등을 검토하게 된다.

경영상 이유에 의한 해고계획의 신고 서식은 노동부령(시행규칙)으로 정해 두고 있다. 이 책의 끝부분에 있는 부록의 서식을 참고하면 된다.

상시 근로자 수	99명 이하	100명~999명	1000명 이상
해고 대상 인원	**10명 이상**	**10% 이상**	**100명 이상**

법 제25조는 해고자를 우선 재고용하도록 권고한다. 경영상 이유로 해고를 한 사업장이 자구 노력을 통해 경영 여건이 개선되면 다행한 일이다. 법은 회사 경영이 정상화되면 과거 해고한 근로자에게 다시 취업할 기회를 주도록 규정하고 있다. 해고한 자리에 충원이 필요한 경우 해고된 근로자를 우선하여 고용하도록 한 것이다.

현실적으로 해고자의 우선 재고용은 쉽지 않다. 해당 업무가 단순 업무일 경우 과거 경력자를 재고용할 경우 급여나 처우 문제가 걸림돌이 될 수 있다. 최근 쌍용자동차는 경영상 이유로 해고되었던 근로자의 복직을 추진했으나, 복직 시한이 임박한 가운데 매출 감소 등 경영 사정이 악화되면서 복직을 보류했다. 그로 인해 또다시 복직과 관련한 갈등이 발생하기도 했다. 그처럼 경영 사정으로 어려워진 회사가 다시 정상화되기도 어렵고 해고된 근로자가 다시 복귀하는 것도 쉬운 일은 아니다. 우선 재고용은 절대 간단하지 않다. 해고자 대부분이 재고용되었긴 해도 최근 매출 부진으로 회사의 존립 자체가 위기 상황에 놓여 있다.

해고된 근로자가 원하면 먼저 고용하도록 하지만 따르지 않더라도 벌칙은 없다. 그럴 때 근로자는 법원에 재고용 의무 이행의 소를 제기하는 방법을 택할 수 있다.

해고는 살인?

우리나라는 고용의 유연성이 매우 낮다. 한 번 해고되면 다른 회사에 정규직으로 취업하기가 쉽지 않기 때문이다. 그래서 우리 사회는 해고에 대한 인식이 매우 부정적이다. 심지어 노동단체는 '**해고는 살인**'이라고도 한다. 지난 2009년 ○○자동차는 경영상 이유로 인한 해고를 하게 된다. 그러자 해고자와 그 가족 30여 명이 자살한 것으로 알려져 있다. 해고로 인해 자살로 이어진다는 사실에 대해 여러 가지 복잡한 생각이 든다.

그러나 해고는 살인이라는 주장에 절대 동의할 수 없다. 해고는 해당 근로자와 그 가족에게 큰 위기임은 틀림없지만, 우리는 흔히 위기와 기회는 같은 말이라고 한다. 분명 해고는 위기이면서 한편으로는 기회가 될 수 있다.

해고는 살인이라는 말을 근로자들의 의식 속에 계속 심어준다면 순진한 근로자들은 무의식중에 그렇게 받아들일 수 있다. 누구든 그러한 인식을 갖거나 심어주지 말아야 한다. 해고로 인해 예전보다 어렵겠지만 꿋꿋하게 살아남도록 격려하고 용기를 북돋아 주어야 할 것이다. 동남아 국가에서는 비록 3D 기피 업종이라 하더라도 우리 기업에 취업하려고 애쓰고 있다. 우리나라는 소위 말하는 헬조선은 아니다. "하늘이 무너져도 솟아날 구멍은 있다."라는 속담도 있지 않은가!

당구에 관심이 있는 사람은 알 것이다. 잘 모른다면 포털 사이트나 유튜브 검색창에 **스롱 피아비**를 쳐보면 금방 알 수 있다. 캄보디아 출신으로 부모를 도와 농사를 짓다가 우리나라 남성과 결혼한 여성이다. 스롱 피아비는 캄보디아에 살면서 당구에 대해서 전혀 모르고 살다 결혼하여 우리나라로 오게 된다. 어느 날 남편과 함께 무료함을 달래고자 당구장에 가게 된다. 거기서 처음 당구를 접하게 된다. 그 후 불과 1년도 안 되어 한국 여자 랭킹 1위, 세계 3위를 차지하게 된다.

지금은 **캄보디아의 김연아**라고 하여 캄보디아 국민 영웅이 되었다. 그녀 덕분에 캄보디아에는 당구협회가 생겨나기도 했다.

그녀는 모 언론과의 인터뷰에서 이렇게 말했다. **"캄보디아는 가난 탓에 꿈이 있어도 기회가 주어지지 않지만, 적어도 내게 한국은 뭐든 목표하고 노력하면 다 이룰 수 있는 나라다. 모두 잘할 수 있는 것에 도전하라."**라고 한 것이다. 새겨야 할 말이다.

정말 이 나라가 헬조선이라고 생각한다면 작가 **김남**의 책 『**(노컷)조선왕조실록**』을 꼭 한 번 읽어 보길 권한다. 조선 시대를 단순히 김홍도의 풍속화 정도로 한가롭-게 생각하면 큰 착각이다. 이 책에 관해서는 2부의 끝부분에 다시 소개하고자 한다.

또한, 무려 1008번의 실패에도 불구하고 **켄터키프라이드치킨**(KFC)을 최초로 개발하고 창업하여 크게 성공한 사람의 이야기도 있다. 그는 살아오면서 여러 차례 해고되었음에도 마침내 큰 성공을 거둔 사람이다. 그의 이름은 **할랜드 데이빗 샌더스**이다. KFC 매장 앞에 하얀 양복을 입은 모습으로 세워져 있는 노신사 마네킹이 바로 그이다. 샌더스는 여섯 살 때 아버지를 여의었다. 초등학교도 못 다닐 정도로 가난한 형편이었다. 아래로 두 명의 동생도 있었으며 어머니를 도와야 했다. 열 살 때 처음으로 이웃 농장에서 일하게 되었다. 하루 일당으로 2달러를 받기로 했다. 그러나 샌더스는 주변의 동물이나 곤충에 정신이 팔려 일을 제대로 하지 못한다.

결국, 그 농장에서 생애 첫 번째 해고를 당한다. 그때 경험한 첫 번째 해고 사건은 샌더스의 남은 인생에 큰 영향을 미치게 된다. 해고되던 날 오후, 지친 어머니의 얼굴에 스친 당혹감과 슬픈 표정을 보고 10살 소년은 굳은 결심을 하게 된다. 그때부터 다시는 자신이 맡은 일을 대충 하지 않겠다는 다짐을 했다고 한다. 그 후 10대 중반에는 철도 회사에 취업했고 노동조합 활동에도 적극적으로 참여했다. 그러나 그 적극성 때문에 회사 측에 미운털이 박혀 철도 회사에서도 두 번이나 해고를 당하게 된다.

그렇지만 결코 비관하거나 굴하지 않고 언제 어디서든 매사에 최선을 다했다. 샌더스는 직장인으로서, 때로는 사업자로서 성공과 실패를 거듭했다. 그러고서 일반인들은 은퇴하고도 남을 나이인 예순여섯 살에 자본금도 거의 없는 상황에서 새로운 사업을 시작한다. 대표 메뉴인 켄터키프라이드치킨으로 **KFC**를 창업한 것이다. 결국, 그는 가맹점 사업을 통해 대성공을 거두게 된다. **KFC** 사업도 1008번의 실패를 겪고 난 후 1009번째에서 성공을 거둔 것으로 대단히 감동적이다. 근로자와 사용자를 두루 경험한 미국인 중에서도 가장 멋진 사람이라는 생각이 든다. 그는 켄터키주에서 같은 주 출신인 링컨보다도 더 인기가 있다고 한다.

그처럼 샌더스는 해고를 비관적으로 받아들이지 않았다. 즉, 샌더스는 해고된다는 것은 자신과 회사 간에 궁합이 맞지 않는 것으로 생각했다. 그래서 그 직장에 미련을 두지 않았다. 자신에 맞는 직장과 직업을 다시 찾아 미련 없이 나섰다. 샌더스의 사전에 해고는 살인이 아니라 더 나은 삶을 살기 위한 기회였던 셈이다.

또한, 그는 오늘날 유행하는 프랜차이즈란 개념의 사업을 최초로 시작한 것으로 알려져 있다. 최초로 압력솥에 통닭을 튀기는 방법을 시도했고, KFC 상호로 전 세계에 가맹점을 구축하였다. 그뿐만 아니라 가게에서 튀긴 통닭을 포장하여 집에 가져가 가족과 함께 먹을 수 있도록 했다. 그전까지는 테이크아웃(Takeout) 방식의 판매는 없었다고 한다. 그것이 오늘날의 **포장구매** (Takeout) 방식이다. 새로운 음식 문화를 도입한 것이다. 또한 **차인동식**(車人同食) 문화도 그가 처음 도입했다. 주유소 한쪽에 식당을 차려 차는 기름을 넣고, 사람은 식사도 할 수 있게 한 것이다. 또한, 미대륙의 먼지 길을 달리다가 기름을 넣으러 온 먼지투성이 차량을 직접 닦아주는 서비스도 최초로 제공했다.

그는 자신에게 닥친 해고라는 위기에도 절대 좌절하지 않았다. 해고가 살인이라고 생각했다면 그는 여러 번 자살을 감행했을 것이다. 어린 자녀에게도 샌더스에 관한 책 『**1008번의 실패 1009번의 성공**』이라는 책을 꼭 읽어 보도록 권한다.

우리나라의 경제 전망이 어려울 것으로 생각하는 사람들이 많다. 그렇게 된다면 경영상의 이유로 해고되는 누군가가 있을 것이다. 저자는 평소 해고로 인해 힘들어하는 근로자들을 보면서 삶의 의지와 용기를 가지기를 바랐다. 해고라는 위기에 좌절하지 말고 샌더스처럼 멋진 삶을 살았으면 하는 바람이다. 우리의 의지로 이 세상에 오지는 않았지만 온 김에 더 보람된 삶을 살아야 하지 않겠는가!

제26조(해고의 예고)
사용자는 근로자를 해고(경영상 이유에 의한 해고를 포함한다)하려면 적어도 30일 전에 예고를 하여야 하고, 30일 전에 예고를 하지 아니하였을 때에는 30일분 이상의 통상임금을 지급하여야 한다. 다만, 다음 각 호의 어느 하나에 해당하는 경우에는 그러하지 아니하다. <개정 2010. 6. 4., 2019. 1. 15.>

1. 근로자가 계속 근로한 기간이 3개월 미만인 경우
2. 천재·사변, 그 밖의 부득이한 사유로 사업을 계속하는 것이 불가능한 경우
3. 근로자가 고의로 사업에 막대한 지장을 초래하거나 재산상 손해를 끼친 경우로서 고용노동부령으로 정하는 사유에 해당하는 경우

해고예고와 조건

사용자는 사업 여건상 또는 근로자의 문제 등으로 인하여 근로자를 해고하고자 할 때가 있다. 이때 근로자는 이직에 대한 준비가 되지 않은 상태에 있을 수 있다. 해고와 함께 생활상의 어려움을 겪게 될 것이다. 그래서 법은 갑작스러운 해고로 인하여 곤란을 겪을 근로자를 위하여 해고예고 제도를 두고 있다.

과거에는 일용직·기간제·계절 업무·수습·월급제 등으로 해고예고 조건을 각각 달리 정했다. 그러나 최근에 해고예고에 관한 법이 개정되었다. 지난 2019년 1월 15일부로 바뀐 제도하에서는 근로자가 계속 근로한 기간이 3개월 이상이 되면 해고예고 대상이 된다.

사용자는 다음 두 가지 중 하나를 택하여 해고예고를 하여야 한다. **① 적어도 30일 전에 해고예고를 하여야 한다.** 그렇지만 30일에 못 미치는 기간 내에 해고하고자 할 때는 **② 30일분 이상의 통상임금을 즉시 지급하여야 한다.** 위의 두 가지 중 하나를 이행하여야 한다.

한편, 위와 같은 통상적인 해고예고와는 달리 다음과 같은 경우에는 즉시 해고가 가능하다. 첫째, 근로자가 계속 근로한 기간이 3개월 미만인 경우이다. 비교적 짧은 기간 동안 채용한 사용자에게 많은 책임을 지우는 것은 타당하지 않다고 보는 것이다. 이는 사용자의 부담과 입장을 고려한 것으로 보인다. 둘째, 천재·사변, 그 밖의 부득이한 사유로 사업을 계속하는 것이 불가능한 경우이다. 사용자도 힘든 처지에 놓여 있어 부담 능력을 감안했다고 볼 수 있다. 셋째, 근로자가 고의로 사업에 막대한 지장을 초래하거나 재산상 손해를 끼친 경우로서 고용노동부령으로 정하는 다음의 사유에 해당하는 경우에는 해고예고 없이 즉시 해고가 가능하다. 근로자의 귀책사유로 인해 스스로 원인을 제공했다고 볼 수 있다. 다음의 별표에 해당할 경우 30일 전 해고예고나 해고예고 수당을 지급하지 않고도 즉시 해고가 가능하다.

해고예고의 예외가 되는 근로자 귀책사유

1. 납품업체로부터 금품이나 향응을 받고 불량품을 납품받아 생산에 차질을 가져온 경우

2. 영업용 차량을 임의로 타인에게 대리운전하게 하여 교통사고를 일으킨 경우

3. 사업의 기밀이나 그 밖의 정보를 경쟁 관계에 있는 다른 사업자 등에게 제공하여 사업에 지장을 가져온 경우

4. 허위 사실을 날조하여 유포하거나 불법 집단행동을 주도하여 사업에 막대한 지장을 가져온 경우

5. 영업용 차량 운송 수입금을 부당하게 착복하는 등 직책을 이용하여 공금을 착복, 장기유용, 횡령 또는 배임한 경우

6. 제품 또는 원료 등을 몰래 훔치거나 불법 반출한 경우

7. 인사·경리·회계담당 직원이 근로자의 근무 상황 실적을 조작하거나 허위 서류 등을 작성하여 사업에 손해를 끼친 경우

8. 사업장의 기물을 고의로 파손하여 생산에 막대한 지장을 가져온 경우

9. 그 밖에 사회 통념상 고의로 사업에 막대한 지장을 가져오거나 재산상 손해를 끼쳤다고 인정되는 경우

노동청에는 임금 등 금품 미지급, 근로 계약서 미작성 등과 함께 해고예고와 관련한 사건도 많이 접수되고 있다. 그러한 사건을 조사해보면, 경영상의 어려움이 있거나 근로자가 마음에 들지 않으면 아무 때나 해고를 해도 된다고 생각하는 사용자들이 의외로 많다.

그리고 해고예고를 두루뭉술하고 애매하게 하는 경우도 많이 있다. 해고예고는 날짜를 특정하여 명시하여야 한다. "우리하고 안 맞는 거 같으니까 다른 데 알아보는 것이 좋겠다.", "새로운 후임자가 올 거니까 인수인계하고 그만둬라.", "장사가 안돼서 곧 사업을 접어야 할 것 같으니 다른 데 찾아보는 것이 좋겠다."라는 식으로 하면 해고 시점이 특정된 것으로 볼 수 없다. 그러면 해고예고 요건을 갖춘 것으로 인정받기 어렵다.

해고예고의 효력 발생 시기 및 기간의 계산 방법에서는 근로기준법에 따로 정하고 있지 않다. 부득이 민법 제111조를 준용하는데 그 통지가 상대방에게 도달한 때로부터 효력이 발생한다. 또한, 민법 제157조 및 제159조에 따라 당일(초일)은 계산되지 않으므로 초일을 뺀 30일 전에 하여야 한다. 그다음 날(다음날)부터 계산하여 기간 말일의 종료로 기간이 만료된다. 예를 들면 2020년 7월 1일 자로 해고하고자 하면 늦어도 2020년 5월 31일 해고예고의 통지가 상대방에게 전달되어야 한다.

지난 2019년 상반기까지 노동청으로 해고예고 관련 사건이 다수 접수되었다. 이는 2015년 12월 23일 헌법재판소에서 판결한 사건이 많은 영향을 미쳤다. 그러한 사건 중에는 근로기준법 제35조(현재는 삭제되어 2019.1.15.부터 근로기준법 제26조로 통합되어 시행)에서 규정한 해고예고의 예외 사유 중 하나와 관련이 있다. 즉, **월급 근로자로서 6개월 미만자** 규정에 대한 위헌결정 선고가 있었기 때문이다.

헌법재판소에서 그러한 결정을 하게 된 이유는 다음과 같다. 일반적으로 해고예고 규정의 적용배제 사유는 근로 관계 계속에 대한 근로자의 기대 가능성이 적은 경우로 한정되어야 한다고 전제한다. '월급 근로자로서 6월이 되지 못한 자'는 근로 관계의 계속에 대한 기대 가능성이 크고 전직을 위한 시간적 여유 또는 경제적 곤란으로부터 보호받아야 할 필요성이 있다고 본 것이다. 헌법 제11조 평등의 원칙에 위배된다는 것이다. 즉, 합리적 이유 없이 근무 기간이 6개월 미만인 월급 근로자를 6개월 이상 근무한 월급 근로자 및 다른 형태로 보수를 받는 근로자와 차별을 두는 것은 평등의 법칙에 어긋난다고도 하였다.

결국, 월급 근로자로서 6개월 미만 근속자의 예외 사유의 효력이 상실되면서 법 위반의 문제가 많이 발생하여 왔다. 그만큼 월급 근로자 관련 신고 사건도 많이 증가하게 된 것이다. '월급 근로자로서 6개월이 되지 못한 자'의 규정이 위헌 결정된 이후에 위헌결정 사항을 반영한 후속 규정이 필요했다. 그러나 후속 규정이 계속 지연되어 왔다. 위헌결정 선고가 있고 난 뒤 3년 넘게 지나서야 마침내 2019년 1월 15일부로 위의 각호는 새로이 법제화되었다. 기존에 **일용직이거나 기간제, 계절 업무, 수습, 월급 근로자를 불문**하고 근로자가 계속 근로한 기간이 **3개월 미만**인 경우로 동등하게 통일되어 시행되게 되었다.

월급 근로자에 대한 후속 규정 마련이 늦어짐으로 인해 부작용도 많이 나타났다. 일부 근로자 사이에서 해고예고 제도를 악용하는 사례가 속속 등장한 것이다.

위헌결정 선고 이후부터 새로 법이 개정된 2019년 1월 14일 이전에 취업한 월급제 근로자는 첫날 출근하자마자 해고를 당하여도 해고예고 수당으로 30일분 이상의 통상임금을 받을 수 있었다. 단 하루만 일해도 30일분의 해고예고 수당을 받게 되니 딴생각을 하는 것이다. 다음부터는 아예 만만한 사업장을 골라 해고를 당하고자 작정을 한다. 즉, 편의점이나 미용실, 학원, 골프연습장, 식당 같은 곳에서 사람을 구하면 해고를 당하기(?) 위해 위장 취업을 하게 된다. 그런 근로자들은 출근하여 대충 업무를 하며 계속 불필요한 행위를 하거나 휴대전화만 계속 만지작거린다. 사장의 업무지시도 무시하고 고객과 마찰을 빚는 등 해고당할 사유를 만드는 것이다. 이를 지켜본 사용자가 그들의 의도대로 "대체 일하러 왔어요, 놀러 왔어요? 그런 식으로 일을 하려거든 그만두세요."라고 역정을 내는 것은 정해진 수순이다. 그러면 자신의 목표를 달성한 근로자는 그대로 순순히 나와 인터넷으로 민원을 올리거나 노동청으로 와서 해고예고 위반으로 신고를 한다. 그리고 근로감독관에게 해고를 당했으니 해고예고 수당을 받아주도록 요구한다. 그렇게 적게는 수차례에서 수십 차례 반복하기도 한다. 자기 뜻대로 되지 않으면 근로감독관을 압박하고 음해하기도 한다.

전국적으로 당일 또는 수일 내 해고를 유도하여 해고예고 수당을 청구하는 사례가 많이 발생하였다. 여러 차례 이런 형태를 반복하는 근로자가 전국 곳곳에서 나타났다. 결국, 악용을 일삼던 근로자가 구속되는 사례도 발생하기에 이르렀다.

그런 악의적인 사례들이 발생하는 가운데 해고예고와 관련한 이 법 조항은 2019년 1월 15일부로 시행되면서 분위기가 달라졌다. 일용 근로자, 기간제, 수습, 월급 근로자 등 고용 형태와 관계없이 똑같게 적용되게 되었다. 바뀐 법은 **최소한 3개월 이상 근로를 제공해야 해고예고 대상**이 된다. 앞으로는 출근 첫날부터 의도적으로 사용자의 감정을 이용하여 해고를 유도하는 사례는 많이 줄어들 것으로 보인다.

해고의 예고 시 유의해야 할 점을 행정 해석 중심으로 살펴보면, 해고예고의 통지 방법은 문서로 하거나 구두상으로도 할 수 있으며, 게시판 등에 게시하는 방법도 가능하다.

해고예고 시 불특정 다수, 또는 불확정적인 기한이나 조건을 달 때 예고의 효력이 인정받지 못할 수 있다. 개별적으로 해고되는 날을 명시토록 해야 한다.

또한, 법 제27조에 따라 **5인 이상 고용한 사업장**은 해고 사유와 해고 시기에 대해서는 서면으로 명시해야 한다. 해고예고 기간이 종료되고 실제로 해고를 하고자 한다면 시기와 사유를 서면으로 통보해야 한다. 그러나 해고예고 시에 미리 해고 사유와 시기를 서면으로 통보했다면 실제 해고 시 서면 통보는 생략할 수 있다.

근로자가 장기간 무단으로 결근한 경우 단체협약, 취업규칙 등에 의해 근로 관계가 자동 소멸되는 경우에는 해고예고가 없어도 무방한 것으로 본다.

그 밖에 해고예고 수당과 관련하여 실무에서 다음과 같은 것들이 쟁점들이 있다. 해고예고 제도는 갑작스러운 이직에 따른 생활의 곤란을 예방하고자 하는 취지가 많이 반영되어 있다.

Q 30일 미만의 근로 기간이 남아 있어도 계약 기간 만료 전에 해고할 경우 30일분 이상의 통상임금을 지급하여야 하는가?

A 이때도 30일분 이상의 통상임금을 지급하여야 한다고 해석한다.

(근기 68207-1627, 2013.12.7.)

Q 사용자가 30일 미만의 해고예고 기간을 주었는데, 근로자가 그 전에 스스로 사직서를 제출하고 퇴사하더라도 해고예고 수당을 지급해야 하는가?

A 법에서 정한 기간인 '30일 이상'을 준수하지 않았으므로 해고예고 수당을 지급해야 한다.

Q 정당한 해고 사유가 있어도 해고예고 수당을 지급하여야 하는가?

A 지급하여야 한다. 해고의 정당성 여부와 관계없이, 근로자가 갑자기 이직하게 되면서 생활이 곤란해지는 것을 예방하는 취지로 만든 법이기 때문이다. 물론 근로자가 고의로 사업에 막대한 지장을 초래하거나 재산상 손해를 끼친 경우로서 고용노동부령으로 정하는 사유에 해당하는 경우에는 적용되지 않는다.

Q 사용자의 결정으로 해고예고 철회가 가능한가?

A 사용자의 해고 의사 표시가 근로자에게 도달한 때에는 해고가 성립되므로, 민법 제543조 제2항에 따라 근로자의 동의가 없으면 철회할 수 없다.

Q 사업을 양도할 경우 해고예고를 해야 하는가?

A 사업의 폐지가 아닌 양도의 경우 사업주 변경에 불과하므로 고용이 승계되어 해고예고나 수당 지급의 의무는 발생하지 않는다.

(기준 14559-2981, 1969.3.17.)

Q 권고사직 시에도 해고예고 수당을 지급해야 하는가?

A 합의한 퇴직으로 보아 해고예고 의무를 지지 않는다.

Q 기간제 근로자에게도 해고예고를 이행해야 하는가?

A 기간을 정한 근로 계약은 기간의 도래로 근로 관계가 종료되므로 별도의 해고 예고는 필요하지 않게 된다. 만약 갱신기대권 등이 있을 수 있으므로 근로 계약이 만료되기 전에 계약 종료 및 갱신 여부를 해당 근로자에게 알려주는 것이 바람직하다.

(근로개선정책과-3232, 2013. 5. 31.)

Q 근로자가 장래의 특정일에 사직의 의사 표시를 하였으나 사용자가 날짜를 앞당겨 퇴직 처리한 때에도 해고예고 수당을 지급해야 하는가?

A 해고에 해당하므로 해고일로부터 30일 전에 해고예고를 하지 않았다면 해고 예고 수당 지급 의무가 발생하는 것으로 해석한다.

(근로기준정책과-5016, 2018. 7. 31.)

이상과 같은 해고예고에 대한 다툼이 있는 경우 노동청으로 신고가 접수된다. 진정 사건이 접수되면 우선 해고예고 수당을 지급하도록 시정 지시를 한다. 갑작스러운 해고로 인한 근로자의 경제적 어려움을 신속히 구제하기 위함이다. 그러나 시정 지시 이후에도 해고예고 수당을 지급하지 않으면 입건(인지)하여 사법 절차를 밟게 된다.

노동청에서는 근로자를 힘들게 하는 사용자와 불성실한 근로를 제공하면서 회사와 동료직원들을 힘들게 하는 근로자들을 심심찮게 만나게 된다. 사용자는 근로자를 배려하고, 근로자는 성실하게 근로를 제공함으로써 서로 화답하는 자세가 필요하다.

다른 나라의 해고예고 사례를 살펴보자. 일본 노동기준법도 해고예고 기간(30일 전)과 해고예고 수당에 관한 기준은 우리와 비슷하다. 그러나 해고예고일 수 1일에 대하여 평균임금을 지급한 경우에는 그만큼 비례하여 해고예고 일수를 단축할 수 있다. 즉, 15일분의 평균임금을 지급하면 해고예고 일수는 15일로 하면 되는 것이다.

대만의 노동기준법은 사전 통지 기간을 조금 달리한다. 근속 기간이 ① 3개월 이상 1년 미만인 자는 10일, ② 1년 이상 3년 미만인 자는 20일, ③ 3년 이상인 자는 30일로 정하여 근속 기간별 해고예고 일수를 달리하고 있다. 또한, 노동기준법 제12조 1호는 '근로 계약 체결 시 중대한 허위의 의사 표시를 하여 사용자가 오판하게 함으로써 사용자에게 손해를 끼칠 우려가 있는 자'에 대해서 사전 통지 없이 근로 계약을 해지할 수 있도록 규정하고 있다.

노동청에서 해고예고와 관련한 사건 조사 시 사용자는 형평성에 어긋난다며 이렇게 따진다. **왜 사용자에게는 30일 전에 해고예고를 하라고 하면서 근로자는 자기 맘대로 퇴사해도 아무런 제재가 없냐**는 것이다. 근로자가 예고 없이 갑자기 그만두면 다른 근로자를 채용할 때까지 공백이 생기고, 신입직원 채용과 교육 등에 따른 시간이나 비용 측면의 손해가 발생하여 회사도 피해를 본다는 것이다. 그럴 때 법이 그렇다고만 답변하기에는 뭔가 설득력이 부족하다. 그럴 때 저자는 "사용자가 더 나은 처지에 있다. 사업을 함에 있어 안아야 할 위험 부담으로 받아들여야 한다."라고 답변하기도 했다. 결국, 근로기준법은 근로자를 위한 법이라 어쩔 수 없다며 사용자의 이해를 구할 수밖에 없다. 공산국가인 중국 노동법에도 "노동자가 근로 계약을 해제할 때는 사전 30일 이전에 서면으로 사업주에게 통지하여야 한다."라고 규정하고 있다.

해고예고를 하지 않거나 꺼리는 사용자를 조사해보면 해고예고에 상당한 부담을 느낀다고 한다. 즉, 30일 전에 해고예고를 하면 그때부터 근로자가 성실하게 근로하지 않으리라 의심하게 되고 불만을 품어 회사에 위해를 가할지도 모른다는 부담이 생긴다는 것이다. 아울러 성실하지 못한 근로자를 법으로 보호하는 것은 부당하다고 주장한다. 그러면서 근로자에 대한 해고예고에 상응하는 사용자에 대한 보호 장치도 마련해 주기를 바란다.

이건 좀….

해고예고와 관련하여 예고 없이 해고한 것과 하루가 부족한 29일 전에 예고한 것을 똑같이 취급하는 것은 합리적이지 않다. 일본처럼 해고예고 일수와 해고예고 수당을 절충하거나 대만과 같이 근속 기간에 따라 차등을 두는 것이 오히려 합리적이다.

고용보험 제도가 도입된 지도 25년이 지났다. 이직 전 180일 이상 근로하고 해고 등으로 인해 비자발적으로 퇴직할 경우 최소한 120일분 이상의 구직급여를 받게 된다. 해고예고의 취지는 근로자가 갑자기 이직하면서 생활이 곤란해지는 것을 방지하는 데 있다. 구직급여 수급자격을 취득하면 해고예고 수당의 도입 취지는 달성된다. 따라서 실업급여 수급 자격에 미치지 못하는 근로자의 경우에 해고예고 수당이라는 장치가 필요한 것이다.

그리고 30일 미만의 확정적 근로 계약 기간이 남아 있음에도 30일 이상의 해고예고 의무를 부과하는 부분은 설득력이 떨어진다. 중국과 같이 근로자에게도 30일 전 사직 의사 표시를 하도록 해야 형평성에 맞다. 물론 불가피한 경우는 예외로 한다.

제27조(해고사유 등의 서면통지)

① 사용자는 근로자를 해고하려면 해고사유와 해고시기를 서면으로 통지하여야 한다.

② 근로자에 대한 해고는 제1항에 따라 서면으로 통지하여야 효력이 있다.

③ 사용자가 제26조에 따른 해고의 예고를 해고사유와 해고시기를 명시하여 서면으로 한 경우에는 제1항에 따른 통지를 한 것으로 본다. <신설 2014.3.24.>

해고 사유와 시기에 대한 서면 통지

법 제17조에는 근로 조건 서면 명시·교부와 함께 해고통보 시에도 서면으로 분명히 하도록 규정하고 있다. 해당 법의 도입 이전에는 구두(말)나 전화 등으로 통보가 이루어지는 경우가 많았다. 그러다 보니 해고 사유나 시기 등이 명확하지 않아 분쟁이 발생하고 해결에 어려움을 겪곤 했다.

해고 사건을 조사해보면 사업주는 진정한 의미에서 해고한 적이 없다고 주장한다. 예를 들면 사장은 게으름을 피우는 근로자에게 일을 더 열심히 하라는 뜻에서 그렇게 할 거면 그만두라고 훈계한 것인데, 근로자는 진의(眞意)를 확인하지 않고서 알았다며 그냥 짐을 챙겨 나가버렸다는 것이다.

해고 사실 여부에 관한 확인을 소홀히 하는 경우가 많이 있다. 사업주가 아닌 팀장이나 상사가 그만두라고 하는 사례도 많이 보아왔다. 사실상 해고 권한이 없는 자가 해고하는 경우이다. 이때는 사업주의 의사를 한 번 더 확인해 볼 필요가 있다.

요즘은 이메일 또는 휴대전화 문자로 해고 사실을 통보하기도 한다. 해고통보를 말로만 하는 경우 다툼이 많이 발생한다. 목격자도 없는 말뿐인 당사자 주장에 대해 근로감독관은 상황 파악에 애를 먹는다. 한편, 요즘은 당사자들이 해고 당시 정황을 휴대전화로 녹음하거나 주고받은 문자를 근거로 제시하는 경우가 많아 상황 판단에 많이 활용되고 있다.

종이로 된 문서가 아닌 휴대전화 문자 등으로 통지했을 경우 해고의 효력이 발생하는지에 대한 의문이 제기된다. 휴대전화 문자 메시지의 경우 판례는 해고자의 서명과 날인이 존재하지 않고, 진정한 의사 확인이 어려울 뿐 아니라 발신 번호 조작이 가능하다는 등의 이유를 들어 효력을 인정할 수 없다고 하였다. (서울행정법원 2013.9.12. 선고 2012구합36941 판결 확정)

휴대전화 문자 메시지의 경우 통지를 받은 자가 역으로 확인해 보면 금방 확인이 가능한 것인데 정보 통신 기술이 발달한 시대에 너무 아날로그 방식인 서면에만 의존하는 것은 아닌가 하는 생각도 든다. 부당해고에 대한 다툼은 별도로 하고, 해고통지는 시대 반영을 하여 문자나 이메일 같은 방식의 의사 전달 수단도 인정해줘야 할 것이다.

이메일의 경우는 전자문서 및 전자거래기본법 등을 근거로 구체적인 사안에 따라 서면에 의한 해고통지로서 유효하다고 본 판례가 있다. (대법원 2015.9.10. 선고 2015두41401 판결)

상시 근로자 5인 이상인 사업장이 본 법조의 적용 대상이다. 벌칙 규정은 없다. 하지만 해고 사유 등의 서면 통지 없이 행해진 해고는 무효가 될 수 있다. 해고된 근로자가 노동위원회에 구제신청을 하는 때에는 구제명령으로 이어질 수 있을 것이다.

제28조(부당해고등의 구제신청)
① 사용자가 근로자에게 부당해고등을 하면 근로자는 노동위원회에 구제를 신청할 수 있다.
② 제1항에 따른 구제신청은 부당해고등이 있었던 날부터 3개월 이내에 하여야 한다.

제29조(조사 등)
① 노동위원회는 제28조에 따른 구제신청을 받으면 지체 없이 필요한 조사를 하여야 하며 관계 당사자를 심문하여야 한다.
② 노동위원회는 제1항에 따라 심문을 할 때에는 관계 당사자의 신청이나 직권으로 증인을 출석하게 하여 필요한 사항을 질문할 수 있다.

③ 노동위원회는 제1항에 따라 심문을 할 때에는 관계 당사자에게 증거 제출과 증인에 대한 반대심문을 할 수 있는 충분한 기회를 주어야 한다.

④ 제1항에 따른 노동위원회의 조사와 심문에 관한 세부절차는 「노동위원회법」에 따른 중앙노동위원회(이하 "중앙노동위원회"라 한다)가 정하는 바에 따른다.

제30조(구제명령 등)

① 노동위원회는 제29조에 따른 심문을 끝내고 부당해고등이 성립한다고 판정하면 사용자에게 구제명령을 하여야 하며, 부당해고등이 성립하지 아니한다고 판정하면 구제신청을 기각하는 결정을 하여야 한다.

② 제1항에 따른 판정, 구제명령 및 기각결정은 사용자와 근로자에게 각각 서면으로 통지하여야 한다.

③ 노동위원회는 제1항에 따른 구제명령(해고에 대한 구제명령만을 말한다)을 할 때에 근로자가 원직복직(原職復職)을 원하지 아니하면 원직복직을 명하는 대신 근로자가 해고기간 동안 근로를 제공하였더라면 받을 수 있었던 임금 상당액 이상의 금품을 근로자에게 지급하도록 명할 수 있다.

제31조(구제명령 등의 확정)

① 「노동위원회법」에 따른 지방노동위원회의 구제명령이나 기각결정에 불복하는 사용자나 근로자는 구제명령서나 기각결정서를 통지받은 날부터 10일 이내에 중앙노동위원회에 재심을 신청할 수 있다.

② 제1항에 따른 중앙노동위원회의 재심판정에 대하여 사용자나 근로자는 재심판정서를 송달받은 날부터 15일 이내에 「행정소송법」의 규정에 따라 소(訴)를 제기할 수 있다.

③ 제1항과 제2항에 따른 기간 이내에 재심을 신청하지 아니하거나 행정소송을 제기하지 아니하면 그 구제명령, 기각결정 또는 재심판정은 확정된다.

제32조(구제명령 등의 효력)

노동위원회의 구제명령, 기각결정 또는 재심판정은 제31조에 따른 중앙노동위원회에 대한 재심 신청이나 행정소송 제기에 의하여 그 효력이 정지되지 아니한다.

제33조(이행강제금)

① 노동위원회는 구제명령(구제명령을 내용으로 하는 재심판정을 포함한다. 이하 이 조에서 같다)을 받은 후 이행기한까지 구제명령을 이행하지 아니한 사용자에게 2천만원 이하의 이행강제금을 부과한다.(이하 절차적인 조항은 생략함)

부당해고 구제신청과 절차

　　　　상시 근로자 5인 이상인 사업장에서 **부당해고나 징계** 등의 부당한 처우를 당하였다면 두 가지 경로를 통해 구제신청을 할 수 있다. 첫째, 관할 법원에 **해고무효 확인의 소**를 제기하는 것이다. 당사자가 노동위원회 판결에 각각 불복할 가능성이 큰 경우 처음부터 법원에 해고무효 소송을 제기하면 시간을 단축할 수 있다. 그러나 절차가 복잡하고 비용 등도 감수해야 한다. 둘째, 전국 각 광역시·도 단위로 설치된 지방노동위원회에 **부당해고 구제신청**을 할 수 있다. 셋째, 법원에 의한 해고무효 소송이나 노동위원회를 통한 부당해고 등의 구제신청을 동시에 진행해도 된다. 이 경우 법원 판결이 먼저 확정될 경우 노동위원회를 통한 행정적 구제 청구는 더 이상 진행할 수 없게 된다. (대판 92누6099, 1992.7.28.)

대부분의 부당해고 등의 구제신청은 노동위원회를 통해 이루어진다. 시간과 비용 및 접근성 측면에서 이점이 있기 때문이다. 어느 일방이 노동위원회의 결정에 불복할 경우 중앙노동위원회의 재심 절차를 거쳐 행정소송까지 이어지기도 한다.

노동위원회를 통한 구제신청은 부당해고 등이 있었던 날로부터 **3개월 이내**에 하여야 한다. 그 기간이 경과하면 구제신청을 할 권리가 소멸하게 된다. 해고통지서에 기재된 해고 일자가 해고통지서를 받은 날보다 앞선 경우에는 해고통지서를 받은 날이 기산일이 된다.

법원을 통해서 소를 제기하는 기간에는 제한이 없다. 그러나 장기간 경과 후 소를 제기하게 되면 신의칙에 반할 수 있다. 될 수 있으면 빠른 시일 내에 신청하여야 할 것이다.

부당노동행위와는 달리 부당해고 구제신청은 노동조합 등이 대신할 수 없다. 본인이 신청하여야 한다. 지방노동위원회에서 초심 판정(구제명령·기각결정)이 난 후 어느 일방이 불복하게 되면 결정서가 송달된 날로부터 **10일 이내에 중앙노동위원회로 재심신청**을 하여야 한다. 중앙노동위원회의 재심판정에 대해서도 어느 일방이 불복하면 재심판정서 송달일로부터 **15일 이내에 행정소송**을 제기할 수 있다. 정해진 기간을 넘기면 제소가 불가하므로 유의해야 한다. 지방노동위원회에서의 초심 판정이나 중앙노동위원회의 재심판정서가 송달된 후 위의 각 기간 내에 재심신청을 하지 않거나 행정소송을 제기하지 않으면 구제명령은 확정된다.

법원을 통한 일반적인 소송은 상급심으로 이어지면 최종 확정판결이 나야 효력이 발생한다. 그러나 지방노동위원회의 초심 판정(구제명령 또는 기각결정)은 어느 일방이 중앙노동위원회에 재심신청을 하거나 중앙노동위원회의 재심판정에 대해 행정소송을 제기하더라도 그 효력이 중지되지 않는다.

그러므로 일단 노동위원회로부터 구제명령이 내려지면 사용자는 해당 근로자를 바로 복직시켜야 하며, 판정일로부터 해고일까지 지급받을 수 있었던 임금 상당액을 지급하여야 한다. 그러나 중앙노동위원회의 재심판정으로 지방노동위원회의 초심 판정이 번복되면 최초 해고일로 소급하여 근로 계약 해지가 가능해진다.

부당해고 구제신청은 절차가 진행되는 과정에서 시간, 비용, 감정상 쌍방에 부담이 될 수 있다. 그런 점을 고려하여 당사자 간에 합의하는 경우도 많이 있다. 또한, 근로자가 구제신청을 하였더라도 복직을 원하지 않을 때도 있다. 대부분 해고 과정에서 감정이 많이 상하므로 복직하더라도 같은 공간에서 함께 일하는 것이 부담으로 작용하기 때문이다. 그러면 노동위원회는 복직 대신 근로자가 해고 기간 동안 근로를 제공하였더라면 받을 수 있었던 임금 상당액 이상의 금품을 근로자에게 지급하도록 명하기도 한다.

구제명령을 하였음에도 사용자가 이행하지 않는 경우가 있다. 그러면 이행 수단으로써 사용자에 대하여 5백만 원 이상 2천만 원 이하의 이행강제금이 부과될 수 있다. 이행강제금은 위반행위의 동기, 고의과실 등 사용자의 귀책 정도, 구제명령 이행을 위한 노력의 정도, 구제명령을 이행하지 아니한 기간 등을 고려하여 결정하게 된다.

한편, 최근 부당해고 구제신청과 관련한 의미 있는 대법원 판결이 있었다. 이번 판결 이전에는 근로자가 부당해고 구제신청을 하여 해고의 효력을 다투던 중 정년에 이르거나 근로 계약 기간이 만료하는 등의 사유로 원직에 복직하는 것이 불가능하게 된 경우가 있었다. 이런 경우 노동위원회나 기존 판례는 **기각 결정**을 내려왔다. 그러나 지난 2020년 2월 20일 대법원은 위와 같은 사유로 원직에 복직하는 것이 불가능하게 된 때에도 해고 기간 중의 임금 상당액을 지급받을 필요가 있다면, 구제신청을 기각한 중앙노동위원회의 재심 판정을 다툴 소의 이익이 있다고 판결하였다. 그러면서 해고의 효력을 다투던 중 다른 사유로 근로 관계가 종료한 경우, 소의 이익이 소멸된다고 본 종래의 대법원 판례를 모두 변경한다고 선고하였다. (대법원 2020.2.20. 선고 2019두52386 판결)

> ### 제34조(퇴직급여 제도)
> 사용자가 퇴직하는 근로자에게 지급하는 퇴직급여 제도에 관하여는 「근로자퇴직급여 보장법」이 정하는 대로 따른다.

법정 퇴직금 제도

사업주는 근로자가 1년 이상 근로하고 퇴직하는 경우 퇴직금을 지급하도록 규정하고 있다. 근로자의 퇴직 이후 안정적인 생활 보장을 위한 제도이다. 퇴직금 관련 법은 원래 근로기준법 제34조로 규정되어 있었다. 법정 퇴직금 제도는 원래 간단했다. 그러나 「근로자퇴직급여 보장법(2005.1.27. 법률 제7379호)」이란 법률로 근로기준법에서 분리되었다. 또한, 퇴직연금으로 확대 개편되면서 퇴직급여 종류도 다양해졌다.

퇴직급여 제도는 근로자를 1인 이상 사용하는 모든 사업장에 적용된다. 다만, 동거하는 친족만을 사용하는 사업과 가구 내 고용 활동(가사도우미, 정원사 등)에는 적용이 되지 않는다. 또한, **퇴직급여는 1년 미만 근로한 근로자와 4주간을 평균하여 1주간의 소정 근로 시간이 15시간 미만인 초단시간 근로자에게 적용되지 않는다.**

퇴직금은 지난 1961년 30인 이상 사업장에 처음 도입되었다. 그 후 소규모 사업장으로 점차 확대되어 2010년 12월부터는 1인 이상 사업체도 적용되었다. 2010년도 1인 이상 사업체의 퇴직금 제도 도입 시 사업주의 부담을 일부 완화했다. 즉, 2010년 12월 1일부터 2012년 12월 31일까지 상시 근로자 5인 미만을 고용한 사업장은 법정 퇴직금의 50%를 지급하도록 했다. 이는 제도 도입 당시 5인 미만 사업장의 부담 일부를 완화함으로써 제도를 연착륙시키고자 한 것이다. 그러므로 2010년 11월 30일 이전에 5인 미만 근로자를 사용하였다면 퇴직금이 발생하지 않는다. 그리고 2010년 12월 1일부터 2012년 12월 31일까지는 근로자가 1인에서 4인 사이인 사업장일 경우 산정된 퇴직금의 50%를 지급받을 수 있다.

2012년 12월 31일까지 5인 미만으로 유지하다 2013년 1월 1일 이후 사업의 확대로 5인 이상의 근로자를 고용하게 된 사업장이 있을 것이다. 이런 경우 해당 근로자가 퇴직하는 시점의 근로자 수를 기준으로 하지 않는다. 각 적용 기간별 상시 근로자 수에 따라 각각 산정하여 합산한 퇴직금을 지급하면 된다.

▶ 연도별 퇴직금 제도 도입 대상 사업장 규모

연도	1961	1975	1987	1989	2010.12월
근로자 수	30인	16인	10인	5인	1인

근로기준법 제34조에서 정한 기존의 법정 퇴직금은 근로자의 계속 근로 기간 1년에 대하여 30일분 이상의 평균임금을 지급하도록 규정되어 있었다. 그러나 2005년도에「근로자퇴직급여보장법」이 입법되면서 기존의 퇴직금은 퇴직(일시)금, 확정급여형 퇴직연금, 확정기여형 퇴직연금, 개인형 퇴직연금 제도로 다양하게 설계되었다. 현재 사업장 구성원들의 선택에 따라 여러 형태로 시행되고 있다.

법정 퇴직금 = 30일분의 평균임금 × 계속근로연수(총근무 일수 / 365)

퇴직금과 관련하여 다음과 같은 사례들을 자주 보게 된다. 노동청으로 주로 신고되는 유형으로는 ① 사용자와 근로자 간에 퇴직금은 없기로 합의하고 근로 계약을 하는 경우, ② 사용자와 근로자가 퇴직금 지급 규정이 강행규정인 점을 모르고 있거나 알고도 서로를 신뢰(?)하는 경우, ③ 당사자 일방이 무효인 줄 알고도 일단 계약을 하는 경우 등이 있다.

이럴 때 사용자는 근로자에게 일당 등의 조건을 좀 더 높게 책정하기도 한다. 하지만 퇴사하면서 그런 점은 무시되곤 한다. 결국, 근로자는 퇴사하면서 퇴직금을 받지 못했다며 노동청으로 신고를 한다. 사용자는 억울함과 배신감을 느낀다. 강행 법규를 따라야 하므로 위와 같이 체결된 계약은 무효가 된다. 즉, 퇴직금은 퇴직 시에 발생하는 금품이므로 재직 중에는 발생하지 않는다고 보기 때문이다. 강행 법규에 대한 이해가 부족한 사용자는 그때마다 "무슨 그런 법이 다 있냐?"라며 근로감독관에게 괜히 얼굴을 붉히고 불만을 표출한다. 근로감독관은 근로자와 사용자 간의 권리 분쟁에서 끼인 신세가 된다. 답답하고 많은 스트레스를 받게 된다.

최근 대법원은 '퇴직금' 관련 소송에서 로펌 대표에게 근로기준법 위반으로 벌금 150만 원을 선고한 원심을 확정했다. (2019도2625) 전문 변호사들로 구성된 로펌의 대표 A 씨는 1년 2개월을 근무하고 퇴직한 B 씨의 퇴직금 310여만 원을 퇴직일로부터 14일 이내에 지급하지 아니한 혐의로 기소되었다. 아울러 C 씨와는 근로 계약서를 작성하지 않은 혐의도 포함되었다. 1심에서 벌금 150만 원이 선고되었다. A 씨는 이에 불복하여 항소했으나 받아들여지지 않자 대법원까지 간 사건이다. 법률 전문가 집단인 로펌에서 퇴직금 및 근로 계약서 미작성으로 소송까지 간 것은 예사롭지 않다. 법을 가장 잘 아는 로펌도 그러한데 일반 사업주들은 이해가 더 어려울 듯하다.

또한, 매달 일정액을 퇴직금 명목으로 임금에 더하여 주거나, 연봉을 13개월로 나누어 매달 또는 매년 중간정산을 하는 업체도 있다. 과거엔 연봉 형식으로 지급할 수 있었으나 지금은 인정되지 않는다. 그런 신고가 들어오면 근로감독관은 퇴직금을 별도로 계산하여 지급하도록 지도한다. 그러면 이미 퇴직금 명목으로 지급한 금품은 어떤 의미가 있을까? 이 경우 판례는 임금과 명백하게 구분하여 퇴직금 명목으로 지급한 근거가 있다면 부당이득반환 청구의 소를 제기하여 돌려받을 수 있다고 한다. 근로자가 끝까지 상계나 반환을 거부하면 민사 소송 절차를 거쳐야 한다.

얼마 전 사무실로 한 여성 근로자가 전화를 걸어 왔다. 집안에 급히 목돈이 필요한데 퇴직금 중간정산을 받고 싶다는 전화였다. 이미 여러 곳에 물어본 모양이다. 그러나 중간정산 사유에는 해당하지 않았다. 그런 경우 중간정산은 불가하다고 답변할 수밖에 없다. 그 근로자는 아마 은행 등에서 대출을 받아야 할 것이다. 그러면 이자 부담도 생기게 된다. 이런 사례와 같이 근로자가 먼저 명시적으로 요구를 한다면 사용자가 유연하게 중간지급을 해줄 수 있도록 법률적인 근거가 마련되어야 할 것이다. 제도가 너무 경직적이라 필요할 때 활용하지 못하는 부작용이 있다.

한편, 근로자가 재직 중이라 하더라도 일정 요건에 해당할 경우 중간정산이 가능하다. 중간정산은 '근로자의 요구'와 '사용자의 승낙'이라는 두 가지 요건이 필요하다. 법적으로 인정되는 퇴직금 중간정산 사유는 다음과 같다.

퇴직금의 중간정산 사유(근로자퇴직급여보장법 시행령 제3조)

1. 무주택자인 근로자가 본인 명의로 주택을 구입하는 경우

2. 무주택자인 근로자가 주거를 목적으로 「민법」제303조에 따른 전세금 또는 「주택임대차보호법」 제3조의2에 따른 보증금을 부담하는 경우. 이 경우 근로자가 하나의 사업에 근로하는 동안 1회로 한정한다.

3. 6개월 이상 요양을 필요로 하는 다음 각 목의 어느 하나에 해당하는 사람의 질병이나 부상에 대한 요양 비용을 근로자가 부담하는 경우

   가. 근로자 본인
   나. 근로자의 배우자
   다. 근로자 또는 그 배우자의 부양가족

4. 퇴직금 중간정산을 신청하는 날부터 역산하여 5년 이내에 근로자가 「채무자 회생 및 파산에 관한 법률」에 따라 파산선고를 받은 경우

5. 퇴직금 중간정산을 신청하는 날부터 역산하여 5년 이내에 근로자가 「채무자 회생 및 파산에 관한 법률」에 따라 개인회생절차개시 결정을 받은 경우

6. 사용자가 기존의 정년을 연장하거나 보장하는 조건으로 단체협약 및 취업규칙 등을 통하여 일정나이, 근속시점 또는 임금액을 기준으로 임금을 줄이는 제도를 시행하는 경우 6의2. 사용자가 근로자와의 합의에 따라 소정근로시간을 1일 1시간 또는 1주 5시간 이상 변경하여 그 변경된 소정근로시간에 따라 근로자가 3개월 이상 계속 근로하기로 한 경우 6의 3. 법률 제15513호 근로기준법 일부 개정 법률의 시행에 따른 근로시간의 단축으로 근로자의 퇴직금이 감소되는 경우

7. 그 밖에 천재지변 등으로 피해를 입는 등 고용노동부장관이 정하여 고시하는 사유와 요건에 해당하는 경우 ② 사용자는 제1항 각 호의 사유에 따라 퇴직금을 미리 정산하여 지급한 경우 근로자가 퇴직한 후 5년이 되는 날까지 관련 증명 서류를 보존하여야 한다.

퇴직연금으로 '확정급여형 퇴직연금 제도' 또는 '확정기여형 퇴직연금 제도'를 설정한 사용자는 매년 1회 이상 가입자에게 운영상황에 대하여 교육하여야 한다. 또한, 퇴직연금 제도를 시행한 날을 기산일로 하여 매년 1회 이상 퇴직연금에 대해서도 교육해야 한다.

그 외에도 사업장에서 자체적으로 실시해야 하는 의무 교육이 계속 늘어나고 있다. 얼마 전 주 52시간 근로와 관련한 기업과의 간담회를 가진 자리에서 기업체의 교육에 대한 불만도 많았다. 어려운 기업환경에 계속 이거 해라 저거 하라는 식의 의무 사항이 너무 많다는 것이다.

퇴직연금 관련 교육 외 직장 내 성희롱 예방 교육, 산업 안전에 관한 교육, 2018년도부터 시행된 직장 내 장애인 인식 개선 교육 등은 필요한 교육임에 틀림이 없다. 그런데 각 기업 단위로 실시해야 하는지는 의문이다. 그러한 교육은 가정과 학교에서 우선 이루어져야 할 것이다. 우리 사회 전 구성원이 이해하고 실천해야 할 부분이다. 그럴 바에는 전 국민을 대상으로 공익광고 등을 통해 실시하는 것이 훨씬 효율적일 것이다. 이상과 같은 해당 직장 교육을 하지 않으면 과태료가 부과될 수 있으므로 유의해야 한다.

제35조 삭제 <2019.1.15.>

[2019.1.15. 법률 제16270호에 의하여 2015.12.23. 헌법재판소에서 위헌 결정된 이 조를 삭제함.]

※ 아래 조문은 2019.1.15. 삭제되기 전의 규정임

제35조(예고해고의 적용 예외) 제26조는 다음 각 호의 어느 하나에 해당하는 근로자에게는 적용하지 아니한다.

1. 일용근로자로서 3개월을 계속 근무하지 아니한 자
2. 2개월 이내의 기간을 정하여 사용된 자
3. 월급근로자로서 6개월이 되지 못한 자
4. 계절적 업무에 6개월 이내의 기간을 정하여 사용된 자
5. 수습 사용 중인 근로자

[단순위헌, 2014헌바3, 2015.12.23., 근로기준법(2007.4.11. 법률 제8372호로 전부개정된 것) 제35조 제3호는 헌법에 위반된다.]

다른 조항으로 옮겨간 해고예고의 적용 예외 규정

근로기준법 제26조(해고의 예고)와 **제35조**(해고예고 적용 예외)는 연관된 조문이다. 그런데도 오랜 기간 두 조문은 연속되지 않고 이산가족처럼 동떨어져 존재해 왔다. 그 사이에는 퇴직금 조항 등이 존재하고 있었다. 그런 가운데 '월급 근로자로 6개월이 되지 못한 자' 부분이 헌법재판소에서 위헌 결정함으로 인하여 개정할 수밖에 없었다. 그러한 과정을 거치면서 2019년 1월 15일부로 제35조는 제26조의 해고의 예고 조문으로 통합되었다. 따라서 제35조는 삭제된 것이다. 동 조문의 내용은 제26조 관련 설명 자료를 참조하면 된다.

제36조(금품 청산)

사용자는 근로자가 사망 또는 퇴직한 경우에는 그 지급 사유가 발생한 때부터 14일 이내에 임금, 보상금, 그 밖에 일체의 금품을 지급하여야 한다. 다만, 특별한 사정이 있을 경우에는 당사자 사이의 합의에 의하여 기일을 연장할 수 있다.

근로 관계로 발생한 금품 채권의 청산

근로자가 재직 중인 때의 임금은 근로 계약이나 취업규칙 등으로 약정한 지급 일자에 지급하면 된다. 근로자가 퇴직하거나 사망한 경우는 달라진다. 법에서는 근로 계약이 종료되면 퇴직일로부터 14일 이내에 금품을 정리하여 지급하도록 규정하고 있다. 이때 청구권자는 퇴직·해고 등의 경우에는 당연히 근로자 본인이지만 사망한 경우에는 재산상속인이 된다. 노동청에서 근로감독관이 가장 많이 접수하고 처리하는 업무는 다름 아닌 본조인 **제36조**(금품청산)이다. 우리나라에서 한 해에 발생하는 금품 체불 액수는 이미 조(兆) 단위를 넘어섰다. 2018년도 통계를 보면 금품 체불은 업종별로 제조업(39.2%), 건설업(17.8%), 도소매·음식·숙박업(13.3%)에서 많이 발생해 왔다. 규모별로는 30인 미만 사업장(67.9%)에서 주로 발생하고 있다.

▶ 최근 3년간 임금 체불 현황

구 분	체불 근로자 수	체불액	청산액
2019년	344,977명	1조 7,217억 원	1조 2,095억 원
2018년	351,231명	1조 6,472억 원	1조 681억 원
2017년	326,661명	1조 3,811억 원	1조 450억 원

※ 고용노동부 추석 명절 대비 임금 체불 예방 및 청산 대책 보도 자료 참조 (2020.9.1.)

각종 수당을 포함한 임금이나 퇴직금 체불은 지급 능력이 떨어지는 영세 소규모 사업장에서 주로 발생한다. 경기 변동에 따라 건설업, 조선·해양, 자동차 산업 등 대기업도 경영 상황이 좋지 않으면 협력 업체에서 먼저 체불이 발생한다.

근로기준법 적용 대상이 상시 근로자 5인 이상인 때에는 사건의 내용이 비교적 단순했다. 노동청으로 신고되는 사건의 80~90%는 단순한 임금이나 퇴직금과 관련한 사건이었다. 현재 자주 접수되는 근로 계약서 작성 및 교부 사건은 2012년 1월 1일부터 시행되면서 사건화되었다.

사업장에서 임금이나 퇴직금 등 금품이 체불되면 근로자는 대부분 노동청으로 진정서를 접수한다. 근로감독관은 체불 내역을 조사·확인하고, 사용자에게 지급 지시를 하게 된다. 이때, 사업주가 순순히 이행하면 근로자의 의견을 들어 사건이 종결된다. 그러나 이행하지 못하면 입건

(인지)하며, 수사가 마무리되면 검찰로 사건을 송치하게 된다. 그 과정에서 피해 근로자가 피진정(피고소)인에 대해 명시적으로 처벌을 원하지 않는 경우도 많이 있다. 그러면 근로자의 의사에 반하여 처벌할 수 없게 된다. 근로감독관은 해당 사건에 대해 '불기소(공소권 없음)' 의견으로 사건을 검찰로 보내게 된다.

퇴직의 효력 발생 시기와 금품 청산

지난여름 한 지인으로부터 전화가 걸려왔다. 자기가 아는 동생이 전기 기사 자격을 갖고서 건설 회사에서 근무했다고 한다. 그러다 약 한 달 전 다른 회사로 직장을 옮기기 위해 사직서를 제출했다는 것이다. 그런데 다니던 회사에서 퇴사 처리를 해주지 않는다고 한다. 이런 경우 어떻게 해야 하는지 물어 왔다.

사용자에게 근로 계약의 해지(사직) 의사 표시를 하였으나 퇴사 처리를 계속 미루는 경우가 종종 있다. 그런 경우 퇴직일은 어느 시점을 기준으로 보아야 할까? 근로기준법상으로는 퇴직기준 일에 대해서는 정해져 있지 않다. 부득이 민법에서 정하고 있는 기준에 따라 처리하게 된다. 퇴직 일자가 확정되지 않으면 입사가 결정된 타 회사로 원하는 날짜에 이직하지 못하게 되는 곤란한 문제가 발생한다. 이전 회사와의 이직 처리가 되지 않은 상태에서 고용보험이나 국민연금 등 4대 보험 신고를 하게 되면 이중 자격 취득 상태가 될 수 있다. 퇴직금 등 금품 청산 일자에도 문제가 생긴다. 퇴직 일자가 확정되어야 금품 청산 일자도 14일 이내로 정해지는 것이다. 특히, 기간의 정함이 없는 근로 계약 관계에 있을 때 문제가 된다. 근로 계약 관계의 종료 시기인 퇴직의 효력 발생 시기와 관련하여 고용노동부는 다음과 같은 예규를 마련해 두었다. 사용자의 사표 수리나 취업규칙 등에서 정한 특약이 없으면 **민법 제660조**에서 정한 기준을 준용하고 있다.

퇴직의 효력 발생 시기 [고용노동부 예규 예규 제2015-100호, 2015.11.6. 시행]

1. 근로자가 사용자에게 퇴직의 의사표시(사표 제출)를 한 경우 사용자가 이를 수리하였거나 당사자 사이에 계약 종료 시기에 관한 특약(단체협약, 취업규칙 및 근로계약)이 있다면 각각 그 시기(사표를 수리한 시기 또는 특약에 따라 정한 시기)에 계약해지의 효력이 발생한 것임. 다만, 이 경우 해당 특약 내용이 관계 법규에 저촉되어서는 아니 됨

2. 근로자가 사용자에게 퇴직의 의사표시(사표 제출)를 하였음에도 불구하고 사용자가 근로자의 퇴직의 의사표시를 수리하지 아니하거나 또는 계약 종료시기에 관한 특약이 없다면 사용자가 해당 퇴직의 의사표시를 통고 받은 날부터 1개월이 지날 때까지는 계약해지의 효력이 발생치 않으므로 고용종속관계는 존속되는 것으로 취급하여야 할 것임(민법 제660조제2항 참조)

3. 제1항 및 제2항의 경우 사용자가 근로자에게 지급하는 임금을 일정한 기간급으로 정하여 정기지급하고 있다면 사용자가 근로자의 퇴직의 의사표시를 통고 받은 당기(當期) 후의 1 임금지급기가 지난 때에 계약해지의 효력이 발생하는 것으로 취급하여야 할 것임(민법 제660조제3항 참조)

제37조(미지급 임금에 대한 지연이자)

① 사용자는 제36조에 따라 지급하여야 하는 임금 및 「근로자퇴직급여 보장법」 제2조제5호에 따른 급여(일시금만 해당된다)의 전부 또는 일부를 그 지급 사유가 발생한 날부터 14일 이내에 지급하지 아니한 경우 그 다음 날부터 지급하는 날까지의 지연 일수에 대하여 연 100분의 40 이내의 범위에서 「은행법」에 따른 은행이 적용하는 연체금리 등 경제 여건을 고려하여 대통령령으로 정하는 이율에 따른 지연이자를 지급하여야 한다.

② 제1항은 사용자가 천재·사변, 그 밖에 대통령령으로 정하는 사유에 따라 임금 지급을 지연하는 경우 그 사유가 존속하는 기간에 대하여는 적용하지 아니한다.

미지급 임금에 대한 지연 이자 지급

　　본 조는 제36조의 금품 청산 대상인 임금 및 퇴직금을 퇴직일로부터 14일 이내에 미지급할 경우 그다음 날로부터 지급하는 날까지 지연 일수에 따라 연 100분의 20의 지연 이자를 지급하도록 한다. 근로자가 금품을 늦게 받는 만큼 금액을 보전받도록 하면서, 사용자에게는 이자라는 부담을 지워 빠른 청산을 유도하는 제도이다.

지연 이자는 민사상의 채권으로 제36조에서 정한 청산 대상 금품으로 보지 않는다. 처벌 규정 또한 마련되어 있지 않다.

제38조(임금채권의 우선변제)

① 임금, 재해보상금, 그 밖에 근로 관계로 인한 채권은 사용자의 총재산에 대하여 질권(質權)·저당권 또는 「동산·채권 등의 담보에 관한 법률」에 따른 담보권에 따라 담보된 채권 외에는 조세·공과금 및 다른 채권에 우선하여 변제되어야 한다. 다만, 질권·저당권 또는 「동산·채권 등의 담보에 관한 법률」에 따른 담보권에 우선하는 조세·공과금에 대하여는 그러하지 아니하다. <개정 2010.6.10.>

② 제1항에도 불구하고 다음 각 호의 어느 하나에 해당하는 채권은 사용자의 총재산에 대하여 질권·저당권 또는 「동산·채권 등의 담보에 관한 법률」에 따른 담보권에 따라 담보된 채권, 조세·공과금 및 다른 채권에 우선하여 변제되어야 한다. <개정 2010.6.10.>

1. 최종 3개월분의 임금
2. 재해보상금

임금채권의 (최)우선변제 및 체당금 제도

　　독일과 프랑스 등 서구 사회는 근로 시간에 많은 비중을 둔다. 반면, 우리나라는 근로자들의 임금채권 보호에 큰 노력을 기울인다. 법 제38조 **「임금채권의 우선변제」**와 더불어 **「임금채권보장법」**에 의한 **체당금 제도**가 근로자를 위한 대표적인 임금채권 보장 제도라 할 수 있다. 일반적으로 사업을 할 때 은행 등에 대출을 받는 경우가 많다. 사업이 어려워져 상환을 못 하면 부도가 발생한다. 제세공과금이나 4대 보험료 등도 체납된다. 그러면 은행이나 채권자 및 국가·공공 기관으로부터 채권이나 재산에 대해 압류가 들어온다. 한 채권자가 경매를 신청하여 낙찰되면 우선순위에 따라 배당이 이루어진다. 배당 순위에 의해 사업주의 재산은 앞순위 채권자들에게 넘어간다. 그로 인해 임금채권이 뒷순위에 있게 되면 근로자들은 임금채권을 회수하지 못할 수도 있다.

따라서 근로자의 임금은 생계와 직결된다는 점을 고려하였다. 즉, 임금 및 재해보상금 등은 조세·공과금 및 다른 채권보다도 우선 변제될 수 있도록 하였다. 그러나 우선변제가 된다 하더라도 먼저 설정된 질권·저당권 등에 있어서는 후 순위로 밀리게 된다.

그리하여 다음의 세 가지 경우에는 **최우선 변제**가 되도록 하였다. 즉, ① **최종 3개월분의 임금,** ② **재해보상금,** ③ **최종 3년간의 퇴직급여**에 한해서는 질권·저당권보다도 더 우선하여 최우선 변제가 되도록 한 것이다.

임금채권 최우선 변제가 인정되는 최종 3개월분의 임금은 근로자의 퇴직일 또는 사실상 근로관계가 종료된 날부터 소급하여 3개월간의 임금을 말한다.

임금채권 최우선 변제 제도와 함께 임금채권 보장 장치로 **체당금 제도**가 있다. 체당금이란 기업의 도산 등으로 퇴직한 근로자가 임금 등을 지급받지 못한 경우 국가가 사업주를 대신하여 일정 범위의 체불 임금 등을 지급하는 제도이다. **일반체당금**과 **소액체당금**으로 구분된다.

고용노동부는 체불 근로자의 생계보장 강화를 위해 2020년 1월 1일부터는 일반체당금 상한액을 기존의 최대 1,800만 원에서 최대 2,100만 원으로 인상하였다. 적용기준은 최초로 지급사유(회생절차개시 결정, 파산 선고 결정)가 발생하는 경우부터 적용된다. 도산등사실인정은 시행 후 신청서가 접수된 경우부터 적용된다.

체당금 제도가 시행된 이후 일반 체당금 상한액은 4번에 걸쳐 인상되어 왔다. 체당금 지원 요건 및 지원 절차 등은 다음 각 표와 같다.

▶ **체당금 상한액 인상 경과**

연도별	1998년	2001년	2008년	2016년	2020년
상한액	720만 원	1,020만 원	1,560만 원	1,800만 원	2,100만 원

▶ 체당금 지원 요건 및 범위

구분	지원 요건 및 지원 범위
일반 체당금	(지급 사유) 법원의 파산 선고 결정, 법원의 회생절차개시 결정, 지방고용노동관서의 도산등사실인정 (지급범위) 최종 3월분의 임금.휴업 수당, 최종 3년간의 퇴직금 중 체불액 (상 한 액) 퇴직 당시 연령에 따라 상한액이 다르며, 최대 2,100만 원('20.1.1.~) 가능
소액 체당금	(지급사유) 사업주가 노동자에게 미지급 임금 등을 지급하라는 법원의 확정된 종국 판결 등 (지급 범위) 최종 3월분의 임금.휴업 수당, 최종 3년간의 퇴직금 중 체불액 (상 한 액) 총 상한액은 1,000만 원이며,「임금(휴업 수당),「퇴직급여등」을 구분하여 항목별 상한액을 각 700만 원으로 설정(2019.7.1.~)

▶ 체당금 지원 절차

구분	지원절차

일반 체당금

도산 등 사실인정 신청 근로자 → 지방노동관서	▶	확인신청 및 체당금 지급청구 근로자 → 지방노동관서	▶	지급청구서 송부 지방노동관서 → 근로복지공단	▶	체당금 지급 및 대위권 행사 근로복지공단

소액 체당금

임금청구소송 제기 근로자 → 법원	▶	소액체당금 신청 근로자 → 근로복지공단	▶	체당금 지급 요건 및 금액 확인 근로복지공단	▶	체당금 지급 및 대위권 행사 근로복지공단

▶ 일반 체당금 상한액

(단위: 만원)

항목 \ 퇴직당시 연령	30세 미만	30세 이상 40세 미만	40세 이상 50세 미만	50세 이상 60세 미만	60세 이상
임금	220	310	350	330	230
퇴직급여 등	220	310	350	330	230
휴업수당	154	217	245	231	161

※ 임금과 휴업 수당은 1월분, 퇴직급여 등은 1년분 기준임

▶ 소액 체당금 상한액

(2020.1.1.부터 시행)

항 목	상한액
임금(휴업 수당)	700만 원
퇴직급여 등	700만 원

* 총 상한액은 1,000만 원 한도임

사용자는 경영 사정이나 자금 사정이 어려워지면 임금을 체불하거나 각종 제세공과금 및 4대 보험료를 체납한다. 임금 등을 체불하면 민·형사적 책임이 따르지만, 체당금 제도를 통해 면책되는 경우가 많다. 근로자들은 최종 3개월분 임금이나 최종 3년간 퇴직금을 사업주 대신 체당금으로 지급받을 수 있기 때문이다. 그리고 사업주에 대해서는 처벌은 원치 않는다고 하면 체불에 대한 책임을 면하게 된다.

정부 지원금이 있는 곳엔 부정수급이 있다고 한다. 국가에서 지급하는 돈은 눈이 먼 돈이란 말도 있다. 사업주 대신 국가에서 지급하는 체당금도 마찬가지다. 그로 인해 도덕적 해이가 발생한다. 나아가 부정수급 등 사기 범죄도 수시로 발생한다.

체당금을 허위로 청구하였다가 발각되어 구속된 사례들도 많다. 때로는 브로커가 개입하고, 사업주와 근로자 또는 주변인들이 공모하여 허위로 청구하는 것이다. 근로자가 아닌 자를 근로자로 둔갑시켜 끼워 넣고 금액을 부풀려 체당금을 타내려 하는 것이다. 이와 같은 방법으로 체당금을 타내려다 2020년 1월 초에도 3명이 구속되었다.

그러한 점들을 감안하여 근로감독관은 선량한 관리자로서 의무를 다해야 한다. 체당금과 관련한 민원이 접수되면 도산 등 사실 확인에만 수개월 이상의 시일이 소요된다. 규모가 큰 사업장은 수백 명의 체불 내역을 조사·확인하기도 한다. 사업주의 재산 상황과 각종 제세공과금의 체납 여부, 위장폐업 여부, 근로자가 아닌 자가 포함되었는지 여부 등을 꼼꼼하게 살펴야 한다. 부정한 수급을 방지하고자 관련자 조사 및 수집된 자료를 검토하고, 확인에 확인을 거듭하게 된다. 한편, 근로감독관은 체당금 사건과 함께 수십 건이 넘는 다른 신고 사건들도 병행하여 처리해야 한다. 규모가 큰 사업장은 일 년 넘게 걸리기도 한다. 근로감독관의 확인 절차를 거쳐 근로복지공단으로 체당금 자료가 통보되면 조사는 마무리된다.

임금 체불 등으로 진정서 등의 신고 사건이 접수되었더라도 근로자가 진정 취하나 고소 취소를 하게 되면 사용자에 대해서는 아무런 민·형사적 책임을 묻지 않게 된다.

그렇지만 체당금 지급과 관련한 근로감독관의 부담은 상당하다. 많게는 수십억 원에 해당하는 체당금 사건을 처리하고 나면 담당 근로감독관은 시원하면서도 뭔가 복잡한 마음을 갖게 된다.

> **제39조(사용증명서)**
> ① 사용자는 근로자가 퇴직한 후라도 사용 기간, 업무 종류, 지위와 임금, 그 밖에 필요한 사항에 관한 증명서를 청구하면 사실대로 적은 증명서를 즉시 내주어야 한다.
> ② 제1항의 증명서에는 근로자가 요구한 사항만을 적어야 한다.

사용(경력)증명서 발급

각종 자격증을 취득하거나 기업에서 경력직 근로자를 선발할 때 또는 급여체계가 호봉급인 회사에서 호봉을 가산하고자 할 때 경력 확인이 필요하다. 이때 근로자는 이전에 근무한 회사 등에서 사용(경력)증명서를 발급받아 제출하게 된다.

사용자는 계속하여 30일 이상 근무한 근로자가 퇴직한 후라도 사용 기간, 업무 종류, 지위와 임금, 그 밖에 필요한 사항에 관한 증명서를 청구하면 사실대로 적은 증명서를 즉시 발급해 주도록 규정하고 있다. 그러나 퇴직할 때 사용자와 좋지 않은 감정이 남아 있을 수 있다. 사용증명서에 필요 이상의 내용을 기재함으로써 해당 근로자가 불이익을 당할 수 있다. 그러므로 사용자는 근로자가 요구한 사항만 기재하도록 위 법조로 정하고 있다.

사용증명서는 근로자가 요구한다고 해서 모든 사항을 확인해 주기는 어렵다. 상세한 근로실태와 내역(근로 계약서, 급여 명세서, 임금 대장, 원천징수 영수증, 월별 근무 상황, 취업규칙, 퇴직금 중간정산서, 시말서, 교통사고 기록 등)을 요구하는 확인 조회에 해당하는 것까지 사용증명서를 교부해야 할 의무는 없다고 본다. (근기 68207-2879, 2002.9.6.)

일단 근로자가 퇴직 후 이전에 근무한 직장에 다시 찾아가거나 사용증명서를 요구하는 과정에서 서로 불편할 수 있다. 특히 회사를 사직할 때 서로 좋지 않은 감정을 가졌다면 더욱 그렇다. 어떤 이유로든 사용증명서 발급을 거부당하기도 한다. 그러다 결국 노동청으로 신고가 들어오는 사례를 종종 보아왔다.

사용증명서는 될 수 있으면 퇴직 전에 요청하여 확보해 두는 것이 바람직하다. 아울러 실업급여 수급 조건이 되는 때에는 **이직확인서 발급요청서**도 함께 받아 두면 퇴직한 회사에 재차 연락하거나 방문할 필요가 없게 된다.

제40조(취업 방해의 금지)
누구든지 근로자의 취업을 방해할 목적으로 비밀 기호 또는 명부를 작성·사용하거나 통신을 하여서는 아니 된다.

요주의 근로자의 접근을 막고 싶지만….

우리 주변에는 기성금을 받아 잠적해버리거나 상습적으로 임금을 체불하는 등의 나쁜 사용자가 있다. 반면 사용자의 무지와 약점을 이용하여 금품을 요구하거나 산재 환자로 위장하는 등의 나쁜 근로자도 있다. 노무 관리가 취약한 소규모 사업장에 취업한 후 시키지도 않았는데 휴식 시간에도 일하는 척한다. 그러다 얼마 가지 않아 본색을 드러낸다. 휴식 시간도 없이 일했다며 금품을 요구하는 것이다. 또는 취업을 가장하여 불성실한 근로를 하기도 한다. 이에 참다못한 사용자가 "그런 식으로 일을 하려면 그만둬라."라고 하면 노동청이나 노동위원회에 곧바로 사건을 접수하고 합의금을 받아 내기도 한다.

또는 작업하다 다쳤다며 산재보상을 받은 후 다른 현장으로 옮겨 가서 또 비슷한 요구를 하는 사람도 있다. 심하면 브로커와 짜고서 자기 신체에 위해를 가한 후 일하다 다친 것처럼 위장하여 산재보상금 타내기도 한다.

공사 현장 등에서는 특정 노조원이 취업하는 것에 부담을 느끼기도 한다. 또는 산재 유발 근로자들의 현장 접근을 우려한다. 그리하여 현장 관리자들 간에는 문제 근로자에 대한 정보를 공유하다 취업 방해로 신고당하게 된다.

사업장의 분위기를 흐리거나 회사를 괴롭히는 근로자로 인해 고통을 겪어본 사용자는 나름대로 생각을 한다. 그 근로자가 괘씸하기도 하고 한편으로는 다른 현장에 접근함으로써 피해를 보지 않도록 하는 것이다. 그리하여 그런 인물들에 대한 명단을 작성하거나 통신함으로써 정보를 공유하고자 한다. 특히 안전관리자는 목격자도 없는 상황에서 산업재해라고 주장하는 근로자가 발생하면 난감하다. 그에 따른 책임도 져야 하므로 더욱 예민해지는 것이다.

그렇지만 법은 불성실하고 업무를 방해하는 근로자라 하더라도 취업을 방해할 목적으로 비밀 기호 또는 명부를 작성·사용하거나 통신하는 것을 금지하고 있다. 그러한 사건을 조사하면서 법이 이런 불량 근로자까지 보호해야 할 가치가 있는지 회의감이 들 때가 많다.

한편 취업 방해 의사가 없거나 취업 방해의 목적이 아닌 단순한 경력 조회 등은 취업 방해 금지의 위반으로 보지 않는다고 해석한다. (근로기준팀-2018, 2006.5.3.)

사람의 마음속은 알기가 어렵다. 오죽하면 "열 길 물속은 알아도 한 길 사람 속은 모른다."라는 속담이 생겼을까? 근로자를 채용하는 과정에서 불성실 근로자를 알아보고 걸러내기는 어렵다.

제41조(근로자의 명부)
① 사용자는 각 사업장별로 근로자 명부를 작성하고 근로자의 성명, 생년월일, 이력, 그 밖에 대통령령으로 정하는 사항을 적어야 한다.
② 제1항에 따라 근로자 명부에 적을 사항이 변경된 경우에는 지체 없이 정정하여야 한다.
제42조(계약 서류의 보존)
사용자는 근로자 명부와 대통령령으로 정하는 근로계약에 관한 중요한 서류를 3년간 보존하여야 한다.

근로자 명부 작성 및 계약 서류 보존

사용자는 사업장별로 근로자 명부를 작성하여야 한다. 근로자 명부에는 ① 성명, ② 성별, ③ 생년월일, ④ 주소, ⑤ 이력, ⑥ 종사하는 업무의 종류, ⑦ 고용 또는 고용갱신 연월일, 계약 기간을 정한 경우에는 그 기간, 그 밖의 고용에 관한 사항, ⑧ 해고, 퇴직 또는 사망한 경우에는 그 연월일과 사유, ⑨ 그 밖에 필요한 사항을 기록하도록 명시하도록 의무화하고 있다.

이는 인사·노무 관리의 기본적인 사항이다. 근로자가 퇴직 후 경력증명이 필요할 때 근거 자료가 될 수 있다. 하지만 소규모 사업장에서는 관리가 쉽지 않다. 회사의 인사·노무 담당자는 수시로 변경될 수 있다. 계속 근무하더라도 기억력에는 한계가 있다. 그 때문에 근로자 명부가 작성되지 않으면 사용증명서 등의 발급에 어려움을 겪게 된다.

고용보험 등 4대 보험에 근로자가 정상적으로 가입되어 있다면 이력 확인이 가능하다. 따라서 사회보험에 가입됨으로써 근로자 명부 작성은 면제해도 될 듯하다. 대체 가능한 불필요한 일은 줄여서 사용자의 부담을 덜게 하여야 할 것이다. 입법적으로 또는 행정적으로 검토해 보았으면 한다.

단 하루만 고용해도 근로자 명부를 작성해야 할까? 같은 법 시행령 21조(근로자 명부 작성의 예외)에서 **"사용 기간이 30일 미만인 일용 근로자에 대해서는 근로자 명부를 작성하지 아니할 수 있다."**라고 하여 예외를 두고 있다.

근로기준법에서 정하는 각종 시효 및 서류 등의 보존 기간은 3년이다. 임금채권·퇴직금·재해보상청구권은 3년간 행사하지 않으면 시효로 소멸한다. 또한, 근로자 명부 등 계약 서류도 3년간 보존할 의무가 있다.

사용자에게 계약 서류를 일정 기간 보존하도록 하는 것은 근로자의 권리 관계 또는 근로 관계에서 분쟁이 발생했을 때를 대비하기 위함이다. 법 위반 여부 판단의 근거를 확보하여 근로자의 권익을 보호하고자 한다.

사업장에서 권리 분쟁이 생기면 간혹 근로자는 노동청으로 취업규칙 관련 정보공개 청구를 한다. 오래된 취업규칙을 복사하여 달라고도 한다. 그러나 노동청에는 많은 서류를 보존할 공간도 부족하고 5년이 지난 취업규칙은 원칙상 보존되지 않는다.

정보화 사회에서는 임금 대장 등 인사·노무 관계 자료를 전자문서로 보존하고 필요하면 언제라도 출력하여 사용할 수 있다. 그렇게 전자문서로 관리할 수 있다면 근로 계약에 관한 서류를 3년간 문서 형태로 보존하지 않는다고 해서 법 위반으로 보기 어렵다. 그러나 유지 보수에 따른 위험(해킹, 시스템 파손 등)은 사용자가 부담하여야 하므로 종이 문서보다 관리가 어렵다. 권장할 사항은 아니다.

보존 대상 서류는 근로기준법 시행령 제22조(보존 대상 서류 등)에 열거되어 있다. 근로 계약서, 임금 대장 등 임금 관련 기초 서류, 퇴직, 휴가 등에 관한 서류 등 8개 항목이다.

근로 계약에 관한 중요 서류

1. 근로 계약서

2. 임금 대장

3. 임금의 결정·지급방법과 임금계산의 기초에 관한 서류

4. 고용·해고·퇴직에 관한 서류

5. 승급·감급에 관한 서류

6. 휴가에 관한 서류

7. 삭제 <2014.12.9.>

8. 법 제51조제2항, 법 제52조,
   법 제58조제2항·제3항 및 법 제59조에 따른 서면 합의 서류

9. 법 제66조에 따른 연소자의 증명에 관한 서류

계약 서류 보존 기간 기산일

1. 근로자 명부는 근로자가 해고되거나 퇴직 또는 사망한 날

2. 근로 계약서는 근로관계가 끝난 날

3. 임금 대장은 마지막으로 써 넣은 날

4. 고용, 해고 또는 퇴직에 관한 서류는 근로자가 해고되거나 퇴직한 날

5. 제1항제7호의 승인이나 인가에 관한 서류는 승인이나 인가를 받은 날

6. 제1항제8호의 서면 합의 서류는 서면 합의한 날

7. 연소자의 증명에 관한 서류는 18세가 되는 날(18세가 되기 전에 해고되거나 퇴직 또는 사망한 경우에는 그 해고되거나 퇴직 또는 사망한 날)

8. 그 밖의 서류는 완결한 날

제3장

임금

들어가며

근로자와 사용자를 연결하는 고리는 무엇일까? 당연히 임금일 것이다. 사용자는 근로 환경을 제공하고 근로자는 노동을 제공한다. 그리고 그 대가로 임금을 지급 받게 된다. 임금은 자본과 노동의 교환 수단이자 매개체다. 임금은 근로자와 사용자의 관계에 절대적이다. 무엇보다 한 개인과 그에 딸린 가족들의 생계 수단이 된다.

일반인에게 임금으로 일급(당), 월급, 연봉, 주휴 수당, 상여금과 같은 용어는 많이 들어보았겠지만, 그 산정 기초가 되는 통상임금이나 평균임금은 다소 생소할 수 있다.

또한, 최근에는 최저임금이 뜨거운 논쟁거리가 되고 있다. 2018년도 최저임금이 대폭 오르면서 사회적으로 큰 관심거리가 되었다. 지금도 논란은 진행형이다.

'임금'이란 사용자가 근로의 대가로 근로자에게 임금, 봉급 그 밖에 어떠한 명칭으로든지 지급하는 일체의 금품을 말한다. '평균임금'은 이를 산정하여야 할 사유가 발생한 날 이전 3개월 동안에 그 근로자에게 지급된 임금의 총액을 그 기간의 총일수로 나눈 금액이다. 퇴직금 산정 등에 쓰인다. 통상임금 또한 평균임금 이상으로 중요한 임금 개념이다. 연차휴가 미사용 수당, 연장 근로 산정 등에 적용되는 임금이다.

제3장에서는 평균임금, 통상임금, 최저임금의 개념에 대해 우선 살펴보고, 이어서 법에서 정한 임금의 지급 원칙 등에 관해 설명하고자 한다.

평균임금

평균임금이란 말 그대로 사용자가 근로자에게 일정 기간 지급한 금품을 그 기간의 일수로 나누어서 평균한 하루분의 임금이다. 평균임금은 「**휴업수당 및 퇴직급여보장법**」에서 정한 **법정 퇴직금** 산정 시에 적용된다. 또한, 업무상 재해로 인하여 휴업을 하면 지급하는 **휴업보상금**의 산정에도 쓰이게 된다.

그 대상 임금 및 기간은 퇴직한 날 또는 휴업한 날 이전 3개월 동안에 받은 임금을 그 3개월 동안의 총일수로 나누어서 평균한 하루분의 임금이 평균임금이다. 아래 계산식으로 구할 수 있다.

$$평균임금 \quad = \quad \frac{\text{사유가 발생한 날 이전 3월간의 임금 총액}}{\text{사유가 발생한 날 이전 3월간의 총일수}}$$

평균임금 계산에서 제외되는 기간과 임금이 있다. 평균임금 산정 기간에 다음과 같은 기간에 해당하는 사유가 있으면 산정 기간 및 임금 총액에서 각각 제외하도록 규정하고 있다. 근로자 입장에서 평균임금이 지나치게 낮아지는 것을 방지하고자 정한 규정으로 볼 수 있다.

평균임금의 계산에서 제외되는 기간과 임금(근로기준법 시행령 제2조)

1. 수습 사용 중인 기간(해고예고조항 개정으로 해당 법 조항 삭제)
2. 법 제46조에 따른 사용자의 귀책사유로 휴업한 기간
3. 법 제74조에 따른 출산전후휴가 기간
4. 법 제78조에 따라 업무상 부상 또는 질병으로 요양하기 위하여 휴업한 기간
5. 「남녀고용평등과 일·가정 양립 지원에 관한 법률」 제19조에 따른 육아휴직 기간
6. 「노동조합 및 노동관계조정법」 제2조제6호에 따른 쟁의행위 기간
   ※ 불법쟁의행위 기간은 산입 대상임
7. 「병역법」, 「예비군법」 또는 「민방위기본법」에 따른 의무를 이행하기 위하여 휴직 하거나 근로하지 못한 기간. 다만, 그 기간 중 임금을 지급받은 경우에는 그러하지 아니하다.
8. 업무 외 부상이나 질병, 그 밖의 사유로 사용자의 승인을 받아 휴업한 기간
   ※ 근로자 귀책 사유로 결근 또는 휴업한 기간은 산입 대상으로 봄

통상적인 근로 상황이 아닌 경우 평균임금 산정의 방법이나 산입 대상이 문제 된다. 평균임금 계산에서 제외되는 기간이 3개월 이상일 때가 있다. 이때는 제외되는 기간의 최초 일을 평균임금 산정 사유 발생일로 보아 평균임금을 산정한다.

노동조합 전임자에게 지급한 금품은 근로의 대가로 보지 않는다. 그러므로 노·사간에 특약이 없으면 임금으로 보지 않는다. 그럴 때 전임을 개시한 날을 기준으로 산정하게 된다. 상여금은 연간 단위로 받은 금액을 3/12으로 나누어 산입한다. 연차유급휴가 미사용 수당은 퇴직 전 연도에 발생한 연차유급휴가 중 사용하지 아니한 일수에 대해 받은 수당액의 3/12에 해당하는 금액을 평균임금 산정 대상 임금에 포함한다.

간혹 해외파견자에 대한 수당이 문제가 된다. 해외파견 근무 수당은 해외 근무라는 특수한 사정에 따라 임시로 지급된 임금으로 보아 평균임금에서 제외되는 것으로 해석된다. (임금 68207-389, 1994.7.1.)

또한, 퇴직을 앞두고 평상시보다 초과 근로를 의도적으로 많이 하게 되면 평균임금을 높일 수 있다. 그렇지만 통상의 초과 근로와 비교하여 현저히 많으면 인정되지 않는다고 판시한 바 있다.(대법 94다 8613, 1995.2.28.)

근로자가 정상적인 근로를 제공했다면 대체로 평균임금은 통상임금보다 높을 것이다. 그러나 평균임금 산정 사유가 발생한 날 이전 3개월간 정상적으로 제공하지 못할 때도 있게 된다. 그러면 평균임금이 통상임금보다 낮아진다. 평균임금 산정 기간에 결근한 날이 많거나 건설 공사 현장 사정으로 작업량이 줄어들었을 때가 대표적인 예시다. 정상 근로를 하더라도 토요일을 무급 휴무일로 적용하는 때에도 평균임금이 통상임금보다 낮게 나타나기도 한다.

이처럼 평균임금이 통상임금보다 적으면 그 통상임금이 평균임금을 대체한다.(근로기준법 제2조의 제2항)

또한, 법 제46조의 휴업 수당은 평균임금의 100분의 70에 해당하는 금액이 통상임금을 초과할 경우 통상임금을 기준으로 휴업 수당을 지급할 수 있다.

근로자가 퇴직하고자 하여 사직서를 제출하고 결근을 하는 경우가 있다. 아직 사직서가 사용자에 의해 받아들여지지 않았다면 결근 처리될 수 있다. 이때 결근 기간은 평균임금 산정 때에 산정 기간 제외 사유에 해당하지 않는다. 당연히 평균임금은 낮아지게 될 것이고 1년 넘게 근로를 제공하였다면 퇴직금도 적어진다. 회사와 근로자가 작별할 때는 아쉽거나 감정이 상하더라도 서로를 위해 원만하게 정리를 해야 한다. 그리고 깔끔한 업무 인수인계와 함께 사직서 수리 여부도 반드시 확인해 둘 필요가 있다.

통상임금

평균임금과는 달리 통상임금은 근로기준법 시행령 제6조 제①항에서 별도로 정하고 있다. **통상임금**이란 근로자에게 정기적이고 일률적으로 소정(所定) 근로 또는 총 근로에 대하여 지급하기로 정한 시간급 금액, 일급 금액, 주급 금액, 월급 금액 또는 도급 금액을 말한다. 여기서 소정 근로는 법정 근로 시간 범위 내에서 당사자 사이에 정한 근로 시간을 말한다. 통상임금은 연장·야간·휴일 근로 등 초과 근로에 대한 가산임금의 산정 기초가 된다.

통상임금에 포함되는 임금은 1 근로 시간 또는 1 근로일에 대하여 지급하기로 정한 통상적인 임금액이다. 통상임금은 시간급으로 산정하는 것이 원칙이다. 시간급 통상임금은 1시간에 대해 지급하기로 정한 임금이다. 일급으로 정해져 있으면 일급 금액을 1일의 소정 근로 시간 수로 나누면 된다. 통상임금 산정기준 시간 수는 소정 근로 시간 외에 유급으로 처리되는 주휴일을 더한 시간이다.

통상임금의 판단 기준은 꽤 복잡하다. 다음과 같이 4가지로 구분하여 판단하고 있다.

1. **소정 근로**의 **대가**여야 한다. 연장·휴일 근로 수당은 소정 근로를 초과한 근로이므로 그에 따라 받는 임금은 소정 근로의 대가로 보지 않는다.

2. **정기성**(定期性)이 있어야 한다. 정기성은 미리 정해진 일정한 기간마다 정기적으로 지급되는지로 판단한다. 1개월(매월 단위), 2개월(격월), 3개월(분기), 6개월(반기), 12개월(1년) 단위로 지급되더라도 정기적이면 정기성 요건은 인정된다.

3. **일률성**(一律性)이 있어야 한다. 일률성은 모든 근로자에게 지급되는 것뿐만 아니라 일정한 조건 또는 기준에 달한 모든 근로자에게 지급되는 것도 포함한다. 가족 수당의 경우 부양가족의 수에 따라 차등 지급되면 일률성이 부인되어 통상임금에 포함되지 않는다. 그러나 가족 수와 관계없이 모든 근로자에게 일정 금액이 지급되면 통상임금이 되기도 한다.

4. **고정성**(固定性)이 있어야 한다. 고정성이 있는 임금은 추가적인 조건과 관계없이 사전에 이미 확정된 것이어야 한다. 실제 근무 실적에 따라 차등 지급되는 성과급은 고정성이 없어 통상임금으로 보지 않는다. 성과상여금의 경우 최저 등급

이 받는 금액이 정해져 있으면 그 최저금액은 통상임금으로 볼 수 있다. 정기상여금은 지급 시기에 퇴직한 근로자에게는 지급 대상이 아니면 통상임금으로 보지 않는다. 그러나 퇴직하였더라도 대상 기간에 근무한 일수만큼 일할계산하여 지급될 경우는 고정성이 있다고 보아 통상임금으로 본다.

노동부는 오래전부터 **「통상임금산정지침」**을 **예규**(제150호, 1988.1.14.)로 제정하여 시행해 왔었다. 그동안 예규에서 상여금은 통상임금에 포함되지 않는다고 판단했고, 각 사업장 지도와 근로감독에도 적용했다. 그러던 중 상여금도 통상임금에 해당한다는 소송이 제기되었고, 결국 대법원에서 그 주장이 받아들여지게 된다. 사업장에서는 국가 기관의 지도·감독 방침에 따라왔기에 대법원의 해당 판결은 뜻밖에 큰 파장을 몰고 왔다. 산업 현장에 엄청난 갈등과 부담을 초래한 것이다. 결과적으로 소관 부처인 노동부에서 예규를 잘못 해석한 책임을 피할 수 없게 되었다. 아직도 소송 중인 회사가 있는 걸 보면 결과적으로 노동부가 원인 제공에 일조한 것이니 말이다. 상여금의 통상임금 적용 부분에 있어 노동부는 유구무언이다. 그리고 혼란을 일으킨 부분에 있어 제대로 유감 표시도 못 한 것 같다. 지난 시절 노동부의 한 구성원으로서 그러한 상황이 발생한 것에 대하여 죄송한 마음이 든다.

최저임금

우리나라의 최저임금 제도는 헌법 제32조 제1항에 근거한다. 최저임금법은 1986년 12월 31일 제정되었다. 최저임금 결정은 고용노동부 소속인 최저임금위원회에서 심의·의결된다. 최초의 최저임금은 1987년 약 5개월간('87.7.31~12.24.)의 심의를 거쳐 결정되었다. 그때 당시 최저임금은 2개의 그룹(1그룹 462.50원, 2그룹 487.50원)으로 구분하여 결정되었다. 최저임금 제도가 시행된 후 가장 높은 관심을 받은 연도는 2018년도라 할 수 있다. 2018년도에 적용된 최저임금에 대해서 사용자는 과도한 인상으로 받아들였다. 반면 노동계는 아직도 부족하다며 더 올려야 한다고 주장한다. 지난 수년간에 걸쳐 노동계는 시간당 최저임금이 1만 원은 되어야 한다고 주장하고 요구해 왔었다. 그러한 상황에서 2018년도 최저임금은 2017년도 대비 16.4%가 인상된 7,530원으로 책정되었다. 이어서 2019년도는 10.9%가 인상되어

8,350원, 2020년도는 2.9% 인상된 8,590원, 그리고 2021년도는 1.5%가 오른 8,720원으로 결정되어 시행 중이다.

최저임금 인상은 현 정부에서 추진하는 대표적인 소득주도 성장 정책의 하나이다. 그리고 대통령 공약 사항이기도 하다. 최저임금 인상과 관련한 논란은 매년 계속되고 있다. 그렇게 최저임금은 올랐지만, 근로자와 사용자 모두 불만을 나타내고 있다. 윈-윈이 아닌 루저-루저 게임인 것 같다.

최저임금법이 처음 만들어진 1986년 당시에는 임금 항목이 단순했다. 최저임금에 포함되는 임금에는 기본급과 직책 수당 등 일부 수당만 포함되었다. 상여금과 복리후생비 등은 제외되었다. 그러나 임금 구조가 점차 복잡해 지면서 문제가 발생하였다. 정기상여금과 복리후생비 비중이 높은 대기업의 고임금 근로자도 최저임금에 미달하는 문제가 나타났다. 결국, 최저임금 인상이 정기상여금을 받는 근로자와 그렇지 못한 근로자 간의 임금 격차를 심화시키는 결과도 초래되었다. 그런 점을 고려하여 최저임금위원회에서는 매월 1회 이상 정기적으로 지급되는 임금인 정기상여금과 복리후생비를 최저임금에 포함하고자 논의를 하였다. 하지만 합의에 이르지 못하고 공은 국회로 넘어갔다. 결국, 국회 환경노동위원회 법안소위에서 노·사의 의견수렴을 거쳐 정기상여금과 현금으로 지급되는 복리후생비를 포함하게 되었다. 매월 1회 이상 정기적으로 지급하는 상여금과 현금으로 지급하는 복리후생비의 미산입 비율은 단계적으로 축소된다. 2024년 이후에는 전부 포함이 되도록 하였다.

▶ **상여금, 현금성 복리후생비의 최저임금 미산입 비율**

구분	2019년	2020년	2021년	2022년	2023년	2024년
매월 지급상여금	25%	20%	15%	10%	5%	0%
현금성 복리후생비	7%	5%	3%	2%	1%	0%

따라서 현재 연간 또는 분기 등 지급 주기가 1개월을 초과하는 정기상여금을 총액의 변동 없이 매월 지급하는 형태로 변경하려면 취업규칙을 변경하면 가능하다. 취업규칙 변경 시 노동조합 또는 근로자 과반수의 동의를 받아야 한다면 제도 변경의 취지가 무색해질 수 있다. 그리하여 취업규칙을 변경하고자 할 때 근로자들의 의견만 들어도 가능하도록 특례가 도입되었다.

최저임금을 감액하거나 적용이 제외되는 사유가 있다. 수습사용 중인 근로자는 수습 사용한 날부터 3월 이내의 기간에 대해 시간급 최저임금액의 100분의 90을 적용할 수 있다. 고용허가제를 통해 근로 계약을 체결하고 입국한 외국인 근로자의 최초 3개월은 수습사용 중인 것으로 볼 수 있어 감액 적용이 가능하다. 그러나 근로 계약 기간이 1년 미만인 기간제 근로자에 대해서는 최저임금 감액 제도가 적용되지 않는다.

2018년 3월 20일부터는 숙련이 필요 없는 단순 노무 직종에 종사하는 근로자의 경우 계약 기간에 상관없이 수습 근로자 감액 적용 대상에서 제외하는 것으로 법이 개정되었다.

정신 또는 신체장애로 인해 업무를 수행하는 데에 직접적으로 현저한 지장을 주는 것이 명백하게 인정되는 경우가 있다. 해당 근로자는 별도의 인가를 받게 되면 최저임금 적용 대상에서 제외될 수 있다. 인가 절차는 해당 사업장에서 노동청으로 인가신청서를 제출하면 된다. 노동청에서는 한국장애인고용공단에 작업능력 평가를 의뢰한다. 그 결괏값이 90 미만이면 승인을 받게 된다.

최저임금과 관련하여 유의할 사항이 있다. 매년 최저임금이 고시되면 사용자는 그 효력발생일 전날까지 근로자가 볼 수 있는 장소에 게시하거나 적당한 방법으로 알려주어야 한다.

이건 좀….

일전에 중소기업중앙회가 소상공인을 대상으로 조사한 자료에 의하면 87%가 최저임금에 대한 부담을 느낀다고 답했다. 또한, 반겨야 할 근로자들도 상당수가 부담을 가진다고 한다. 인력을 줄이고 대신 가족 노동 비중을 높이고 있다. 최저임금은 지역이나 업종 또는 사업의 규모와 관계없이 적용을 받은 게 공평하다. 그러나 부담자로선 지급 능력 문제로 직원을 감원하거나 사업을 접는 등의 부작용이 발생하기도 한다.

대도시와 중소도시 간에는 생활 물가 등에 차이가 있다. 그런 점을 고려하면 일본이나 중국과 같이 지역별로 적용하거나 업무의 난이도에 따른 업종별 적용도 검토할 필요가 있겠다. 2021년도 적용 최저임금 심의 시 소상공인연합회 등을 중심으로 업종과 규모별로 차등 적용하자는 논의가 있었지만 결국 무산되었다.

2019년도 최저임금을 심의했던 최저임금위원회의 공익위원들이 2020년도 봄에 전원 사퇴

하였다. 최저임금 심의와 결정에 부담이 큰 것 같다. 현재의 최저임금은 중앙에서 일괄하여 결정하고 있다.

그 가능성은 작아 보이지만 최저임금을 지역별로 결정하여 적용하면 어떨까? 각 광역 또는 기초자치단체가 결정하도록 하는 것이다. 하지만 표를 의식하여 눈치 보기를 하거나 포퓰리즘(Populism)에 빠질 우려도 있다.

자치단체별 결정 기구는 각 시도별로 설치된 지방노동위원회 또는 자치단체별로 구성 가능한 지역노사민정협의회를 통해 정하는 방식도 검토해 볼 수 있겠다.

▶ 연도별 최저임금액

연도별	시간급(원)	일급(원)	월급(원)	인상률(%)	적용규모(시기)
2021	8,720	69,760	1,822,480	1.5	"- 1명 이상 전산업 적용 (2000.11.24.)
2020	8,590	68,720	1,795,310	2.9	
2019	8,350	66,800	1,745,150	10.9	- 인상률은 시간급 대비임
2018	7,530	60,240	1,573,770	16.4	
2017	6,470	51,760	1,352,230	7.3	일급: 시간급×8시간
2016	6,030	48,240	1,260,270	8.1	월급: 시간급×209시간"
2015	5,580	-	-	7.1	
2014	5,210	-	-	7.2	
2013	4,860	-	-	6.1	
2012	4,580	-	-	6._	
2011	4,320	-	-	5.1	
2010	4,110	-	-	2.8	
2009	4,000	-	-	6.1	
2008	3,770	-	-	8.3	
2007	3,480	-	-	12.3	
'05.9. ~ '06.12.	3,100	-	-	9.2	
'04.9. ~ '05.8.	2,840	22,720	-	13.1	
'03.9. ~ '04.8.	2,510	20,080	-	10.3	
'02.9. ~ '03.8.	2,275	18,200	-	8.3	
'01.9. ~ '02.8.	2,100	16,800	-	12.6	

'00.9. ~ '01.8.	1,865	14,920	-	16.6	"5명 이상 전산업 ('99.9.~'00.11.23.)"
'99.9. ~ '00.8.	1,600	12,800	-	4.9	
'98.9. ~ '99.8.	1,525	12,200	-	2.7	"10명 이상 전산업 ('90.1.~'99.8.)"
'97.9. ~ '98.8.	1,485	11,880	-	6.1	
'96.9. ~ '97.8.	1,400	11,200	-	9.8	
'95.9. ~ '96.8.	1,275	10,200	-	9._	
'94.9. ~ '95.8.	1,170	9,360	-	7.8	
'94.1. ~ '94.8.	1,085	8,680	-	8._	
'93	1,005	8,040	-	8.6	
'92	925	7,400	-	12.8	
'91	820	6,560	-	18.8	
'90	690	5,520	-	15._	
'89	600	4,800	-	"1그룹: 29.7 2그룹: 23.1"	"10인 이상 제조업, 광업, 건설업"
'88	"1그룹: 462.50 2그룹: 487.50"	"3,700 3,900"	-		"10인 이상 제조업 28개 업종"

※ '88년 최저임금은 제조업 28개 소분류업종을 두 개의 그룹으로 구분 적용함
-1그룹: 식료품, 섬유, 의복 등 12개 업종
-2그룹: 음료품, 담배, 가구 등 16개 업종

위의 표와 같이 최저임금의 적용 단위 기간은 변화가 많았다. 1988년 첫해에는 28개 제조업종에 한하여 두 개의 그룹으로 구분하여 회계연도 단위로 적용되었다. 1994년 8월까지 적용된 후 1994년 9월부터 다음 해 8월까지 두 개 연도를 걸쳐 적용되었다. 다시 2007년부터는 회계연도로 적용 기간이 변경되어 현재에 이르고 있다.

처음 최저임금 제도가 도입될 당시에는 상시 근로자 수 10명 이상 사용하는 28개 제조업이 적용 대상이었다. 1년이 지난 1989년에는 상시 근로자 10명 이상인 제조업, 광업, 건설업으로 업종이 확대되었다. 1990년에 10명 이상인 전체 산업으로, 그 후 1999년 9월부터 2000년 11월 23일까지 5인 이상 사업장에 적용되었다. 1인 이상은 2000년 11월 24일부로 전면 확대되어 오늘에 이르고 있다.

제43조(임금 지급)

① 임금은 통화(通貨)로 직접 근로자에게 그 전액을 지급하여야 한다. 다만, 법령 또는 단체협약에 특별한 규정이 있는 경우에는 임금의 일부를 공제하거나 통화 이외의 것으로 지급할 수 있다.

② 임금은 매월 1회 이상 일정한 날짜를 정하여 지급하여야 한다. 다만, 임시로 지급하는 임금, 수당, 그 밖에 이에 준하는 것 또는 대통령령으로 정하는 임금에 대하여는 그러하지 아니하다.

임금 지급 4가지 원칙

임금과 근로자는 불가분의 관계에 있다. 그래서 법은 임금채권 보호를 위해 4가지의 지불 원칙을 두고 있다. 즉, ① **통화불**(通貨拂), ② **직접불**(直接拂), ③ **전액불**(全額拂), ④ **일정기일불**(一定期日拂) 또는 **정기불**(定期拂) **원칙**이라고 한다.

1. **통화불**은 사용자가 근로자에게 임금을 지급할 때 시장에서 즉시 통용되는 화폐나 이와 유사한 수표 등으로 지급해야 한다는 뜻이다. 회사에서 만든 물건이 잘 팔리지 않고 재고가 쌓이면 자금 사정이 악화된다. 그렇게 되면 재고 물품으로 대신 지급하고 싶을 것이다. 통화 대신 물품을 받은 근로자는 직접 물건을 팔아서 생활비를 마련하여야 한다. 그 과정에서 물건의 가치도 달라질 수 있다. 통화는 국내에서 강제 통용력이 있는 화폐를 말하나 은행에 의해 지급이 보증되는 보증수표로도 지급할 수 있다. 법령이나 단체협약으로 정한 규정이 있으면 통화 이외의 것으로 지급하여도 통화불 원칙에 위반되지 않는다.

간혹 아파트 공사 현장에서 분양이 잘 안 되면 하수급인에게 미분양된 아파트 몇 채를 공사대금에 대신하여 대물 변제하기도 한다. 이럴 때 원수급인과 하수급인 간에는 근로기준법 위반의 문제는 발생하지 않는다. 그렇더라도 대물로 받은 아파트가 금방 현금화되지 않으면 문제가 된다. 하수급인 근로자들의 임금 체불이 발생할 수 있기 때문이다.

2. **직접불**은 주로 미성년자나 지적 장애인 등에 문제가 될 수 있다. 보호자 등의 요구 때문에 중간 착취당할 우려가 있다. 물론 본인이 사망한 경우에는 민법상 재산상속권자에게 지급된다.

근로자 개인의 빚으로 인해 채권자로부터 임금이 압류되기도 한다. 특히 1997년도 IMF 금융 위기 때는 자신의 빚이 아닌 연대보증 사고가 흔했다. 특히, 많은 직장인의 임금이 압류당하면서 고통을 겪기도 했다. 오죽하면 옛말에 "보증 잘 서는 자식은 낳지도 말라."라고 했을까. 이런 경우 압류된 임금을 제삼자에게 지급하여도 법령에 근거하므로 직접불 위반은 아니다.

참고로 민사집행법 제246조 제1항에는 압류금지채권을 총 8가지로 정하고 있다. 그중 제4호가 임금과 관련한 것이다.

「국민기초생활보장법」에 의한 최저생계비를 고려하여 급여 채권의 2분의 1에 해당하는 금액으로 세금 공제 후 월 150만 원 이하인 경우는 압류가 금지되고, 151만 원에서 300만 원까지는 150만 원을 뺀 금액, 301만 원에서 600만 원까지는 2분의 1이 압류 가능하며, 601만 원 이상이면 '300만 원+[{(급여/2)-300만 원}/2'를 제외한 나머지 금액에 대해 압류 가능했다.

그러나 2019년 4월 1일부터는 압류금지 최저 금액이 185만 원으로 상향 조정되었다. 임금 압류를 피하고자 현금으로 지금 받거나 압류가 되지 않는 통장으로 받을 수도 있다. 그러나 압류금지에 해당하는 임금도 일단 일반 통장으로 입금되면 일반채권으로 전환되므로 압류할 수 있게 된다.

3. **전액불**은 법령(소득세, 4대 보험 부담금 등)이나 단체협약(노동조합비, 운송수입금 등) 등에 근거 없이 임금을 공제할 수 없도록 한다. 그렇지만 미리 받은 가불금 및 근로자 본인의 동의로 다른 채권과 상계 처리하는 것은 가능하다. 또한, 해당 근로자의 생활 안정을 해칠 염려가 없는 경우 착오 지급한 것에 대해 상계 처리도 가능하다.

4. **일정 기일불**(정기불)은 일정한 기일을 정하여 임금을 지급하는 것이다, 부정기적으로 임금이 지급되면 그 근로자는 계획적인 생활을 할 수 없다. 부득이 생계를 위해 빚을 얻거나 제세공과금 체납, 카드 대금 연체 등의 문제가 발생한다. 그처럼 임금이 정기적으로 지불되지 않으면 일상생활에 많은 지장을 받게 된다.

그러므로 임금은 매월 1회 이상 일정한 기일을 정하여 지급되도록 규정하고 있다. 물론 정근 수당, 상여금 등 1개월을 초과하는 기간으로 산정되는 수당은 예외다. 단체협약이나 취업규칙 등에 정한 날짜에 지급하면 된다.

제43조의2(체불사업주 명단 공개)

① 고용노동부장관은 제36조, 제43조, 제56조에 따른 임금, 보상금, 수당, 그 밖에 일체의 금품(이하 "임금등"이라 한다)을 지급하지 아니한 사업주(법인인 경우에는 그 대표자를 포함한다. 이하 "체불사업주"라 한다)가 명단 공개 기준일 이전 3년 이내 임금등을 체불하여 2회 이상 유죄가 확정된 자로서 명단 공개 기준일 이전 1년 이내 임금등의 체불총액이 3천만원 이상인 경우에는 그 인적사항 등을 공개할 수 있다. 다만, 체불사업주의 사망·폐업으로 명단 공개의 실효성이 없는 경우 등 대통령령으로 정하는 사유가 있는 경우에는 그러하지 아니하다.

② 고용노동부장관은 제1항에 따라 명단 공개를 할 경우에 체불사업주에게 3개월 이상의 기간을 정하여 소명 기회를 주어야 한다.

③ 제1항에 따른 체불사업주의 인적사항 등에 대한 공개 여부를 심의하기 위하여 고용노동부에 임금체불정보심의위원회(이하 이 조에서 "위원회"라 한다)를 둔다. 이 경우 위원회의 구성·운영 등 필요한 사항은 고용노동부령으로 정한다.

④ 제1항에 따른 명단 공개의 구체적인 내용, 기간 및 방법 등 명단 공개에 필요한 사항은 대통령령으로 정한다. [본조신설 2012.2.1.]

체불 사업주 명단 공개 제도

고액의 세금을 체납하면 그 명단을 공개하고 있다. 그렇게 되면 체납자의 명예와 신용에 타격을 입는다. 그뿐 아니라 사회적인 망신과 손가락질을 받게 된다. 임금 등 금품 체불 사업주도 명단이 공개되고 있다. 임금 체불이 해마다 증가함에 따라 사업주를 형사 처벌하는 것만으로는 체불 해소에 한계가 있다고 판단한 결과이다. 체불 사업주 명단 공개는 임금 체불 사용자에 대한 명예상의 압박을 통해 체불을 예방하기 위한 조치이다.

체불 사업주 명단 공개 제도는 2012년도에 처음 시행되었다. 명단 공개 기준일 이전 3년 이내

임금 등을 체불하여 2회 이상 유죄가 확정된 자로서 명단 공개 기준일(매년 8월 31일) 이전 1년 이내 임금 등의 체불 총액이 3천만 원 이상인 때 해당한다. 그 인적 사항을 관보나 인터넷 홈페이지 또는 지방 노동관서 게시판 등에 공개하고 있다.

명단 공개 전 체불 사업주에게 3개월 이상의 해명 기회가 있으므로 사실과 다른 경우 적극적으로 해명하여야 할 것이다.

또한, 체불 사업주가 사망하거나 실종선고를 받은 경우나 소명 기간 종료 전까지 체불 임금 등을 전액 지급한 경우, 기업의 회생절차개시나 파산 선고를 받은 경우, 도산 등 사실인정을 받은 경우, 체불 임금 등의 일부를 지급하고, 남은 체불 임금 등에 있어서는 청산 계획 등을 충분히 밝히면 명단 공개 대상에서 제외될 수 있다.

제43조의3(임금등 체불자료의 제공)

① 고용노동부장관은 「신용정보의 이용 및 보호에 관한 법률」 제25조제2항제1호에 따른 종합신용정보집중기관이 임금등 체불자료 제공일 이전 3년 이내 임금등을 체불하여 2회 이상 유죄가 확정된 자로서 임금등 체불자료 제공일 이전 1년 이내 임금등의 체불총액이 2천만원 이상인 체불사업주의 인적사항과 체불액 등에 관한 자료(이하 "임금등 체불자료"라 한다)를 요구할 때에는 임금등의 체불을 예방하기 위하여 필요하다고 인정하는 경우에 그 자료를 제공할 수 있다. 다만, 체불사업주의 사망·폐업으로 임금등 체불자료 제공의 실효성이 없는 경우 등 대통령령으로 정하는 사유가 있는 경우에는 그러하지 아니하다.

② 제1항에 따라 임금등 체불자료를 받은 자는 이를 체불사업주의 신용도·신용거래능력 판단과 관련한 업무 외의 목적으로 이용하거나 누설하여서는 아니 된다.

③ 제1항에 따른 임금등 체불자료의 제공 절차 및 방법 등 임금등 체불자료의 제공에 필요한 사항은 대통령령으로 정한다. [본조신설 2012.2.1.]

임금 등 체불 시 신용 제재

체불 자료 제공은 명단 공개 기준과 유사하다. 체불 자료 제공일 이전 3년 이내 임금 등을 체불하여 2회 이상 유죄가 확정된 자로서 임금 등 체불 자료 제공일 1년 이내 임금 등의 체불 총액이 2천만 원 이상인 경우에 해당한다. 종합신용정보집중기관(은행연합회)에서 체불 자료를 요구할 경우 인적사항이 제공된다.

명단 공개 제외 기준과 마찬가지로 체불 사업주가 사망하거나 폐업, 회생절차개시, 파산선고, 도산등사실인정을 받은 경우 등에 있어서는 자료 제공 대상에서 제외된다. 자료 제공의 실효성이 없기 때문이다.

> **제44조(도급 사업에 대한 임금 지급)**
> ① 사업이 여러 차례의 도급에 따라 행하여지는 경우에 하수급인(下受給人)이 직상(直上) 수급인의 귀책사유로 근로자에게 임금을 지급하지 못한 경우에는 그 직상 수급인은 그 하수급인과 연대하여 책임을 진다. 다만, 직상 수급인의 귀책사유가 그 상위 수급인의 귀책사유에 의하여 발생한 경우에는 그 상위 수급인도 연대하여 책임을 진다. <개정 2012.2.1.>
> ② 제1항의 귀책사유 범위는 대통령령으로 정한다. <개정 2012.2.1.>
>
> **제47조(도급 근로자)**
> 사용자는 도급이나 그 밖에 이에 준하는 제도로 사용하는 근로자에게 근로시간에 따라 일정액의 임금을 보장하여야 한다.

도급 사업 체불 임금 연대 책임 범위 확대

도급의 의미는 민법 제664조에서 규정하고 있다. 당사자 일방이 어느 일을 완성할 것을 약정하고 상대방이 그 일의 결과에 대하여 보수를 지급할 것을 약정하는 민법상의 계약을 말한다.

임금 지급은 원칙적으로 근로자와 직접 근로 계약을 맺은 사용자에게 있다. 그러나 현실적으로 여러 차례 도급이 이루어지면 아래로 내려갈수록 영세하고 취약해지는 구조가 된다. 따라서 하수급인의 근로자들을 보호하기 위해 본 규정을 둔 것이다.

사업이 여러 차례의 도급으로 행해질 때 하수급인이 직상수급인의 책임 있는 사유로 임금을 지급하지 못하게 되면 직상수급인이 그 하수급인과 연대 책임을 져야 한다. 직상수급인 또한 그의 상위 수급인의 귀책사유로 지급하지 못하는 경우 그 상위 수급인 또한 연대 책임을 부담하게 된다. 연대 책임의 범위가 직상수급인에서 원수급인 등 **귀책사유가 있는 모든 상위 수급인**으로 확대되는 것이다. 그렇다고 상위 수급인에게 무조건 책임을 물을 수는 없다. 상위 수급인에게 귀책사유가 있어야만 가능하다. 또한, 상위 수급인에게 귀책사유가 있다고 하여 하수급인이 면책되는 것은 아니다.

시행령에서 연대 책임을 물을 수 있는 귀책사유란 다음과 같이 세 가지로 정하고 있다.

<정당한 사유 없이>
① 도급 계약에서 정한 도급 금액 지급일에 도급 금액을 지급하지 아니한 경우
② 도급 계약에서 정한 원자재 공급을 늦게 하거나 공급을 하지 아니한 경우
③ 도급 계약의 조건을 이행하지 아니하여 하수급인이 도급 사업을 정상적으로 수행하지 못한 경우 있다.

연대 책임을 물을 시 근로자는 각 수급인에 대하여 동시 또는 순차적으로 임금 청구를 할 수 있다. 만약, 각 수급인 중 어느 한쪽이 임금을 지급하였을 경우 상위 수급인은 하수급인에게 지급한 임금 상당액에 대한 구상권을 행사할 수 있다.

도급 사업의 수급자에 따라 적용되는 법 조항이 달라진다. 먼저, 1차적으로 임금을 미지급한 하수급인은 귀책사유와 상관없이 처벌을 받게 된다. 그 하수급인에게는 법 제36조(퇴직 근로자에 대한 미지급) 또는 제43조(재직 근로자에 대한 미지급)가 적용된다. 직상수급인은 2012년도에 신설된 법 제44조가 적용되며, 그 상위 수급인에게 귀책사유가 있을 때 법 제44조의 단서 규정이 각각 적용된다.

위 법은 '상위 수급인'으로 책임 범위가 한정되므로 '발주자(도급인)'에 대해서는 임금 체불에

대한 연대 책임을 부과할 수 없다. 물론 발주자의 귀책사유로 채무 불이행이 발생한 경우 도급인에 대한 책임은 계약당사자인 수급인과의 관계에서 민사 절차에 따라 해결될 문제이다.

한편, 사용자는 도급이나 그 밖에 이에 준하는 제도로 사용하는 근로자에게 근로 시간에 따라 일정 임금을 보장토록 한다. 이는 도급 금액을 지나치게 낮게 책정함으로써 결과적으로 도급 근로자에게 낮은 임금이 지급될 우려가 있기 때문이다.

제44조의2(건설업에서의 임금 지급 연대책임)

① 건설업에서 사업이 2차례 이상 「건설산업기본법」 제2조제11호에 따른 도급(이하 "공사도급"이라 한다)이 이루어진 경우에 같은 법 제2조제7호에 따른 건설업자가 아닌 하수급인이 그가 사용한 근로자에게 임금(해당 건설공사에서 발생한 임금으로 한정한다)을 지급하지 못한 경우에는 그 직상 수급인은 하수급인과 연대하여 하수급인이 사용한 근로자의 임금을 지급할 책임을 진다. <개정 2011.5.24.>

② 제1항의 직상 수급인이 「건설산업기본법」 제2조제7호에 따른 건설업자가 아닌 때에는 그 상위 수급인 중에서 최하위의 같은 호에 따른 건설업자를 직상 수급인으로 본다. <개정 2011. 5. 24.> [본조신설 2007.7.27.]

건설 공사 도급 시 임금 지급 연대 책임

일정 규모 이상의 건설 공사는 면허나 자격이 있는 자가 시공을 하여야 한다. 사업시행자(발주자)와 시공자가 같을 때도 있지만 일정 규모 이상인 건설 공사는 주로 종합건설업체가 원수급인이 된다. 원수급 업체는 직접 시공하는 부분도 있지만, 상당 부분은 전문건설업체에 하도급을 주게 된다. 여기까지가 끝이 아니다. 다시 건설업 면허가 없는 시공 참여자에게 하도급을 주는 경우가 비일비재하다.

수차의 하도급을 거치면서 이윤이 거의 남을 것 같지 않은데도 무면허 시공업자가 시공에 참여한다. 우리 건설업계의 오랜 관행이다. 하지만 대부분 불법인 경우가 많다. 근로감독관은 그러한 사실이 확인되면 건설업 면허 관리 기관에 통보할 수 있다.

때로는 직상수급인이 무면허 업자가 시공한 공사의 하자를 문제 삼아 공사대금을 감액시키기도 한다. 하자 처리에 비용이 많이 발생했다며 하도급 금액 일부를 공제하고 지급한다. 그러면 하수급인은 소속 근로자에게 지급할 임금이 체불되는 등 다툼이 발생한다. 또한, 공사를 진행하다가 이윤이 남지 않을 것 같으면 중도에 시공을 포기하기도 한다. 그러면 기성금 정산 과정에서 다툼이 발생한다.

현장에서는 무면허 시공업자를 통상 일본식 호칭인 오야지(십장) 또는 작업반장(팀장)으로도 불린다. 직상수급인으로부터 공사대금 일부 또는 전부를 받지 못하면 자신도 근로자라고 주장하고 그렇게 되면 사건 조사에 혼란을 가져온다. 건설업자가 아닌 하수급인은 영세한 경우가 많다. 임금 체불이 발생하면 자력으로 임금을 청산하는 것이 어렵다. 본 조는 면허 조건을 갖추고 규모가 있는 직상수급인으로 하여금 연대 책임을 지도록 한 것이다. 이제 우리나라 공사 현장도 되도록 공사 면허와 자격을 갖춘 건설업자가 시공하는 풍토가 하루빨리 조성되었으면 한다.

제44조의3(건설업의 공사도급에 있어서의 임금에 관한 특례)

① 공사도급이 이루어진 경우로서 다음 각 호의 어느 하나에 해당하는 때에는 직상 수급인은 하수급인에게 지급하여야 하는 하도급 대금 채무의 부담 범위에서 그 하수급인이 사용한 근로자가 청구하면 하수급인이 지급하여야 하는 임금(해당 건설공사에서 발생한 임금으로 한정한다)에 해당하는 금액을 근로자에게 직접 지급하여야 한다.

1. 직상 수급인이 하수급인을 대신하여 하수급인이 사용한 근로자에게 지급하여야 하는 임금을 직접 지급할 수 있다는 뜻과 그 지급방법 및 절차에 관하여 직상 수급인과 하수급인이 합의한 경우

2. 「민사집행법」 제56조제3호에 따른 확정된 지급명령, 하수급인의 근로자에게 하수급인에 대하여 임금채권이 있음을 증명하는 같은 법 제56조제4호에 따른 집행증서, 「소액사건심판법」 제5조의7에 따라 확정된 이행권고결정, 그 밖에 이에 준하는 집행권원이 있는 경우

3. 하수급인이 그가 사용한 근로자에 대하여 지급하여야 할 임금채무가 있음을 직상 수급인에게 알려주고, 직상 수급인이 파산 등의 사유로 하수급인이 임금을 지급할 수 없는 명백한 사유가 있다고 인정하는 경우

② 「건설산업기본법」 제2조제10호에 따른 발주자의 수급인(이하 "원수급인"이라 한다)으로부터 공사도급이 2차례 이상 이루어진 경우로서 하수급인(도급받은 하수급인으로부터 재하도급 받은 하수급인을 포함한다. 이하 이 항에서 같다)이 사용한 근로자에게 그 하수급인에 대한 제1항제2호에 따른 집행권원이 있는 경우에는 근로자는 하수급인이

지급하여야 하는 임금(해당 건설공사에서 발생한 임금으로 한정한다)에 해당하는 금액을 원수급인에게 직접 지급할 것을 요구할 수 있다. 원수급인은 근로자가 자신에 대하여 「민법」 제404조에 따른 채권자대위권을 행사할 수 있는 금액의 범위에서 이에 따라야 한다. <개정 2011.5.24.>

③ 직상 수급인 또는 원수급인이 제1항 및 제2항에 따라 하수급인이 사용한 근로자에게 임금에 해당하는 금액을 지급한 경우에는 하수급인에 대한 하도급 대금 채무는 그 범위에서 소멸한 것으로 본다. [본조신설 2007.7.27.]

도급 공사에서의 임금 지급 특례

건설업은 특성상 여러 차례의 하도급이 이루어지곤 한다. 수차의 하도급을 거치면서 도급 업체 간에 기성금 지급 등의 문제로 연결된다. 공사 현장에선 아래로 내려갈수록 임금 지급 능력이 취약한 구조이다. 그래서 상위 수급인이 직접 지급할 수 있도록 특례를 두고 있다. 법 조문으로 상세하게 명시되어 있어 따로 설명할 필요는 없을 것이다.

위의 임금 지급 특례 규정은 벌칙 조항이 없는 권고 사항으로 볼 수 있다. 그렇다 하더라도 공공 또는 관급 공사이거나 대규모 건설 현장에는 특례가 많이 활용되고 있다. 그러한 공사 현장에서 민원이 발생하면 감독 기관이나 발주처 및 시공사는 난처해질 수 있다. 하도급 업체의 사용자 및 노동 단체의 반발이 있기도 하며, 그 밖에 언론이나 여론의 부담도 있으므로 동 조항에 따라 임금 체불이 해결되곤 한다.

제45조(비상시 지급)

사용자는 근로자가 출산, 질병, 재해, 그 밖에 대통령령으로 정하는 비상(非常)한 경우의 비용에 충당하기 위하여 임금 지급을 청구하면 지급기일 전이라도 이미 제공한 근로에 대한 임금을 지급하여야 한다.

비상시 임금 지급

근로자의 임금은 통상적으로 근로 계약 또는 취업규칙으로 정한 임금 지급일에 근로자의 임금 지급 의무가 발생한다. 그러나 정기 임금 지급기일까지 기다리기 어려운 매우 급한 사정이 발생할 수 있다. 그런 경우 지급기일 전에 지급하도록 정한 것이다.

이때 청구가 가능한 임금은 이미 제공한 근로에 대한 임금이다. 비상시란 근로자나 그의 수입으로 생계를 유지하는 자가 출산, 질병, 재해, 혼인, 사망 또는 부득이한 사유로 1주 이상 귀향하게 되는 경우를 말한다. 그렇지만 근로감독 현장에서 비상시 지급과 관련하여 문제가 제기되거나 법 위반으로 다투는 사례는 거의 없다.

> **제46조(휴업수당)**
> ① 사용자의 귀책사유로 휴업하는 경우에 사용자는 휴업기간 동안 그 근로자에게 평균임금의 100분의 70이상의 수당을 지급하여야 한다. 다만, 평균임금의 100분의 70에 해당하는 금액이 통상임금을 초과하는 경우에는 통상임금을 휴업수당으로 지급할 수 있다.
> ② 제1항에도 불구하고 부득이한 사유로 사업을 계속하는 것이 불가능하여 노동위원회의 승인을 받은 경우에는 제1항의 기준에 못 미치는 휴업수당을 지급할 수 있다.

휴업할 때 지급하는 수당

휴업 수당 지급 요건은 일단 **상시 근로자가 5인 이상**인 사업장이어야 한다. 해당 사업장에서 사용자의 귀책사유로 휴업을 하게 되면 평균임금의 70%를 수당으로 지급하되 그 금액이 통상임금을 초과할 경우 통상임금으로 지급할 수 있다.

사업 경영에 있어 항상 일이 순조롭게 진행되면 좋을 것이다. 그러나 사업에는 항상 위험 요소가 도사리고 있으며, 그 위험 부담 대부분은 사용자가 떠안게 된다. 부득이 휴업으로 인해 근로자들이 쉬게 되면 근로자의 생계가 어려워진다. 그러한 위험을 덜 수 있도록 사업주에게 휴업수당 지급 의무를 부과하고 있다. 사업주의 고의나 과실이 없더라도 휴업으로 인한 위험 부담은 사업주가 지게 된다. 이는 기업 경영상 이윤이 사용자에 귀속되면서 경영상 위험 또한 사용자에게 귀속된다고 보는 것이다.

사업 거래 관계에서 납품 대금을 받지 못하거나 매출 부진으로 인한 자금난, 원자재 인상이나 공급 부족, 제품 하자로 인한 대규모 환급, 경기 불황, 예상하지 못한 사건이나 사고, 원청 회사의 파업이나 경영난으로 인한 생산 차질, 전력회사의 전력공급 중단 등 수많은 위험에 노출된다. 위와 같은 요소들은 사용자의 노력만으로 해결하기 어렵지만 모두 사용자의 귀책사유로 본다. 천재지변 등으로 인한 사용자의 세력 범위에서 완전히 벗어나지 않는 한 부담해야 하는 위험이다. 다만, 지진이나 태풍 등 천재지변으로 인하여 부득이 사업을 계속하기 어려운 경우에는 예외가 될 수 있다. 그렇다면 노동위원회의 승인을 받아야 가능하다.

근로자의 날인 2017년 5월 1일, 한 조선소에서 골리앗 크레인과 타워크레인이 충돌한 사고가 있었다. 당시 흡연실 등에서 휴식 중이던 근로자 6명이 사망하고 25명이 중경상을 당한 대형 사고였다.

그로 인해 관할 노동청에서는 작업을 중지시켰다. 현장 조사가 이루어지고 위험 요소가 해소될 때까지 작업을 재개할 수 없게 된 것이다. 장기간 작업이 중단되고 협력 업체까지 휴업하게 되면서 휴업 수당으로 수백억 원을 지급해야 하는 문제가 발생한다. 대부분 하청 업체 소속 직원들이 사고를 당했다. 이 경우 휴업 수당 지급 책임이 원청에 있는지 하청에 있는지에 대하여 논란이 많았다.

제48조(임금대장)
사용자는 각 사업장별로 임금대장을 작성하고 임금과 가족수당 계산의 기초가 되는 사항, 임금액, 그 밖에 대통령령으로 정하는 사항을 임금을 지급할 때마다 적어야 한다.

제49조(임금의 시효)
이 법에 따른 임금채권은 3년간 행사하지 아니하면 시효로 소멸한다.

임금 대장 작성과 임금의 시효

경리나 회계 또는 인사 노무 담당자가 있는 사업장에서는 대부분 임금 대장을 직접 작성하고 있다. 소규모·영세 사업장은 노무사 또는 회계사무소 등에서 대신 작성해 주기도 한다. 근로감독관은 임금 체불 등의 사건이 접수되면 사건 조사를 위해 임금 대장 제출을 요구한다. 그러나 의외로 임금 대장을 갖추지 못한 사업장이 많다. 건설 현장인 경우는 출역일보로 대신하거나 수첩 또는 달력에 메모하여 표시하기도 한다. 임금 대장이 없으면 사건 조사 시 체불 확인에 어려움을 겪기도 한다. 임금 대장을 작성하지 않았을 경우 500만 원 이하의 과태료가 부과될 수 있다.

시효란 일정 기간 권리 행사를 하지 않으면 그 권리가 소멸하는 것을 말한다. 임금채권은 기산일로부터 3년간 행사하지 않으면 시효로 소멸한다. 그러나 청구, 압류, 가압류, 가처분, 승인 등을 통해 소멸시효가 중단되면 이미 경과한 시효 기간은 무효가 된다. 그리고 소멸시효가 새롭게 진행된다. 소멸시효 기산일은 임금의 항목에 따라 달리한다. 임금은 임금 정기지급일, 상여금은 그 상여금에 관한 권리가 발생한 날, 연차유급휴가 근로 수당은 미사용 수당 청구권이 발생한 날, 퇴직금은 퇴직한 날이 기산일이 된다. 임금 체불로 인하여 사용자에 대한 벌칙 적용이 가능한 시효는 임금의 시효(3년)와 달리한다. 임금의 청구 효력은 상실해도 처벌 대상이 되는 공소시효는 형사소송법상 5년으로 규정되어 있다.

제4장

근로
시간과 휴식

들어가며

우리나라 근로자의 연간 근로 시간은 2016년 기준 2,052시간으로 나타났다. 이는 OECD 국가 중 멕시코 다음으로 많은 시간이다. 장시간 근로의 문제점으로 낮은 노동생산성, 산업재해 발생 등의 부작용과 함께 국민 행복지수 또한 낮아진다고 한다.

따라서 정부는 OECD 최장 수준인 근로 시간을 단축을 검토하게 되었다. 정부 차원에서 노사정위원회 내에 실근로시간단축위원회가 2012년 3월 5일 발족하였다. 여기서 논의된 결과는 2013년 7월 17일 공익위원 권고문으로 발표되었다. 이어 2014년 9월 19일 노동시장 구조개선특별위원회가 설치되었다. 일부 이견이 있었으나 2015년 9월 15일 노동시장 구조개선을 위한 노사정 합의문이 의결되기도 하였다.

이와는 별도로 19대 국회에서 환경노동위원회 소속 의원들 중심으로 근로 시간 단축을 위한 법 개정안이 발의되었지만, 국회의 회기 만료로 폐기되었다. 이어 20대 국회 환경노동위원회에서 다시 근로 시간 단축을 위한 일부 개정 법률안이 발의되었다. 마침내 2018년 2월 28일 국회 본회의를 통과하게 되었다.

개정된 주요 내용은 주 최대 52시간 규정 및 26개 특례업종 축소, 휴일 근로 가산 할증률 명확화, 관공서의 공휴일 규정의 민간 기업 적용 등을 통해 장시간 노동을 개선함으로써 '국민의 휴식 있는 삶'과 '일·생활의 균형'을 실현하고자 하였다. 그러나 일부에서는 부작용도 나타나고 있다. 근로기준법 제4장은 근로 시간과 휴식에 관한 사항을 규정하고 있다. 사용자가 근로 시간 제도 및 유급휴가를 변경하려면 일정한 요건을 필요조건으로 한다, 즉, 근로 시간이나 휴일의 변경시 **근로자대표와 서면 합의**를 거치도록 하는 것이다. 근로자대표는 사업장에 근로자 과반수로 조직된 노동조합이 있는 경우에는 그 노동조합, 그렇지 못한 경우에는 근로자 과반수를 대표하는 자를 의미한다. 일본도 이와 유사한 규정을 두고 있다. 우리나라는 1997.3.13. 제정·시행시에 도입된 것으로 일본의 입법례를 참고한 것으로 보인다. 서면 합의 사항은 다음 표와 같다.

▶ **근로자대표와 서면 합의가 필요한 법 조항**

법 조항	내용	비고
제51조 제2항	**[탄력적 근로시간제]** 3개월 단위 탄력적 근로 시간제 도입 시	2주 단위는 취업규칙으로 정함
제52조	**[선택적 근로시간제]** 업무의 시작 및 종료시간을 근로자 선택에 맡기는 제도	18세 미만은 적용제외
제53조 제3항	**[연장근로 제한]** 1주 8시간 추가 연장 근로 실시	30인 미만 사업장에 해당 (18세 미만은 미적용)
제55조 제2항	**[휴일]** 공휴일을 다른 날로 대체할 경우	5인 이상 사업장에 해당
제57조	**[보상휴가제]** 연장·야간·휴일 근로에 대해 임금 대신 휴가 사용	가산된 시간 부여
제58조 제2항	**[근로시간 계산의 특례]** 사업장 밖의 간주 근로	근로 시간 산정이 어려운 때
제58조 제3항	**[근로시간 계산의 특례]** 근로자의 재량 근로	근로자의 재량에 위임
제59조	**[근로시간 및 휴게시간의 특례]** 주 12시간 초과 및 휴게 시간 변경 특례 대상 업종	육상, 수상, 항공운송업 및 운송 관련 서비스업, 보건업종
제62조	**[유급휴가의 대체]** 연차휴가일을 갈음하여 특정한 근로일에 휴무할 경우	징검다리 휴무일 등에 활용

※ 제70조 제3항[야간·휴일 근로의 제한]에서 18세 미만 근로자와 임산부의 휴일·야간 근로 인가 신청하고자 할 경우 근로자대표와 협의(합의 아님) 필요

제50조(근로시간)

① 1주 간의 근로시간은 휴게시간을 제외하고 40시간을 초과할 수 없다.

② 1일의 근로시간은 휴게시간을 제외하고 8시간을 초과할 수 없다.

③ 제1항 및 제2항에 따른 근로시간을 산정함에 있어 작업을 위하여 근로자가 사용자의 지휘·감독 아래에 있는 대기시간 등은 근로시간으로 본다. <신설 2012.2.1.>

법으로 정한 근로 시간

노동법이 최초로 도입된 영국을 비롯한 각국의 노동운동 역사는 임금 인상과 근로 시간 단축의 역사라 할 수 있다. 근로자가 사업장에서 일하는 가장 큰 목적은 임금을 벌기 위함이다. 과거 경제 사정이 어려웠던 시절에는 임금을 더 많이 받고자 장시간 초과 근로도 마다하지 않았겠지만, 현재는 임금 못지않게 근로 시간이 큰 비중을 차지한다.

근로 시간이 1주간에 40시간으로 변경되기 시작한 것은 2004년 7월 1일 이후부터이다. 그 이전에 많은 사업장은 토요일에도 출근하여 4시간 이상 근무를 하였다. 주 40시간 근로제가 단계적으로 도입되면서 주 5일 근무가 실현된 것이다. 주 40시간제 도입 당시 산업 경쟁력 약화 등의 많은 우려가 있었다. 하지만 지금은 거의 정착된 상태이다. 사업장 규모별 주 40시간이 적용된 시기는 다음 표와 같다.

상시 근로자 수	1000인 이상	999~ 300인	299~ 100인	99~ 50인	49~ 20인	19~ 5인
적용 시점	'04.7.1.	'05.7.1.	'06.7.1.	'07.7.1.	'08.7.1.	'11.7.1.

휴일을 포함하여 현행법으로 정한 사업장의 근로 시간은 1일 8시간, 1주 단위로는 40시간을 초과하지 못하도록 규정하고 있다. 상시 근로자 300인 이상인 사업장은 이미 시행이 되었고, 2020년 1월 1일부터는 50인 이상 사업장으로 확대 적용되었다. 2021년 7월 1일 이후에는 5인 이상 사업장으로 확대 적용된다. 그렇지만 상시 근로자가 5인 미만인 사업장은 대상에서 제외된다.

당사자 합의로 실시할 수 있는 연장·휴일 근로 12시간을 포함하면 1주 최대 52시간(법정 근로 40시간+연장 근로 12시간)까지 가능하다. 그 이상은 초과하지 못하도록 제한하고 있다.

여기서 1주 단위의 개념이 예전과 달라졌다는 점에 유의해야 한다. 기존에는 토·일요일 등을 휴일로 했을 경우 토·일요일 근무는 별도의 휴일 근로라 하여 1주 단위 연장 근로에 포함하지 않았다. 그러나 2018.3.20. 신설된 근로기준법 제2조(정의) 제①항의 7호의 **"1주란 휴일을 포함한 7일을 말한다."**라고 규정함으로써 1주를 판단하는 개념이 달라진 것이다. 이는 최저임금 못지않게 사업장에 큰 영향을 미치는 제도 변경이다.

기존의 1주는 휴일이 포함되지 않았다. 법정 근로 시간 40시간에 합의 연장 근로 12시간을 할 수 있었고, 여기에 토·일요일 각각 8시간 휴일 근로를 하였을 경우 1주 단위로는 총 68시간(법정 근로 40시간+연장 근로 12시간+토요일 휴일 근로 8시간+일요일 휴일 근로 8시간)까지 가능했다. 결국, 연장 근로를 포함한 주당 근로 시간은 16시간이 줄어들게 되었다.

▶ **1주당 근로 시간 한도**

법개정 전	**1주 최대 근로 가능 시간: 60 또는 68시간** · 주당 휴일이 1일인 경우: 60시간 (ex. 일요일만 휴일로 정한 경우) 　　60시간 = 40시간(기준 근로) + 12시간(연장 근로) + 8시간(휴일 근로) · 주당 휴일이 2일인 경우: 68시간 (ex. 토·일요일을 휴일로 정한 경우) 　　68시간 = 40시간(기준 근로) + 12시간(연장 근로) + 16시간(휴일 근로)
법개정 후	**1주 최대 근로 가능 시간: 52시간** 　　52시간 = 40시간(기준 근로) + 12시간(연장 근로)

법 개정 전에는 평일의 근로와 휴일 근로를 구분 산정하였다. 그러나 법 개정 후에는 휴일을 포함하여 1주를 7일로 보게 되므로 1주당 근로 시간 한도가 대폭 줄어들게 되었다. 최저임금 인상과 함께 기업으로서는 상당한 부담을 느끼게 되었다.

그에 따른 사업장의 혼란을 줄일 필요가 있었다. 그리고 준비와 충격을 완화하고자 단축 시기는 업종과 규모에 따라 다음과 같이 다르게 정하고 있다.

▶ 사업장별 근로 시간 단축 시기

업종 및 규모	시기 도입	~18.6.30.	'18.7.1.~ 19.6.30.	'19.7.1.~ 19.12.31.	'20.1.1.~ 21.6.30.	'21.7.1.~
특례제외 21개 업종 노선버스 운수업 숙박, 음식점 등	**300인 이상**	제한없음	68시간	52시간		
	50~299인	제한없음	68시간		52시간	
	5~49인	제한없음	68시간			52시간
특례유지 5개 업종 운수업, 보건업	**특례 도입 시**	제한 없음				
	특례 미도입 시	일반업종 적용				
일반업종 제조업 등	**300인 이상**	68시간	52시간			
	50~299인	68시간	68시간		52시간	
	5~49인	68시간	68시간			52시간

위 표의 법정 근로 시간은 18세 이상 성인의 근로 시간을 규정한 것이다. 법 제69조에서 18세 미만 연소 근로자(15세 이상 17세 이하)의 근로 시간은 성인보다 낮게 정해져 있다. 근로자의 안전과 보건을 위해 산업안전보건법 제139조에서는 유해·위험 작업에 해당하면 법정 시간 또한 다르게 정하고 있다.

만 18세 이상인 일반 성인 근로자의 법정 근로 시간은 휴식 시간은 제외하고, 1일 8시간을 초과할 수 없다. 1주 단위로는 40시간을 초과할 수 없다. 다만, 법 제53조(연장 근로의 제한)에서 당사자 간에 합의가 있으면 1주간 12시간 한도로 연장 근로가 가능하다. 이때 연장된 초과 근로 시간에 대해서는 시간당 통상임금의 100분의 50 이상을 가산하여 지급하여야 한다.

만 15세 이상 18세 미만인 근로자는 1일 7시간, 1주일에 35시간을 법으로 정한 기준 근로 시간이다. 이는 헌법 제32조 5항에서 연소 근로자에 대한 특별한 보호를 명시하고 있으며, 그 취지는 성장기에 있는 미성년자를 보호하기 위함이다. 미성년자의 연장 근로는 1일 1시간, 1주 5시간 한도로 제한된다.

또한, 산업안전보건법 제46조에서는 업무의 강도가 높고 위험한 작업을 하는 근로자들을 보호하고자 근로 시간을 별도로 정하고 있다. '유해위험작업(잠함, 잠수 작업 등)'을 담당하는 근로자에 대해서는 1일 6시간, 1주 34시간을 초과할 수 없도록 규정하고 있다. 유해·위험 작업 근로자는 연장 근로도 허용되지 않는다.

법정 근로 시간 이내로 소정 근로 시간을 정하기도 한다. 이때는 연장된 근로 시간이 법정 기준

근로 시간 이내일 경우 초과 근로로 보지 않는다. 예를 들면 1일 6시간씩 주 5일 근무하기로 한 경우, 1일 2시간 주당 10시간을 초과하여 근로하더라도 기준 근로 시간 이내이므로 초과 근로로 보지 않는다. 따라서 연장 근로에 대한 할증 임금 지급 대상에 해당하지 않는다.

근로 시간이란 사용자와의 근로 계약에 따라 사용자의 지휘·감독을 받아 업무를 수행하거나 업무 수행을 위하여 대기 상태에 놓여 있는 것을 말한다. 근무 장소가 정해져 있으면 일반적으로 사업장에 출근하여 퇴근 시간에 이르는 시간을 말한다. 그러나 사업장 내에 있다 하더라도 근무 시간 도중에 주어지는 휴게 시간은 근로 시간에 포함되지 않는다. 많은 사업장은 1일의 휴게 시간으로 점심 시간대에 1시간을 부여하고 있다.

재택근무나 운송업은 사용자의 지배·관리하에 있지 않으므로 근로 시간을 산정하기 어렵다. 대개 근로 계약이나 취업규칙 또는 단체협약에 따라 약정된 시간을 근로 시간으로 간주하기도 한다.

얼마 전 모 유명 화장품 업체에서 근로자들이 업무 개시 전에 화장하는 시간 즉, 꾸밈 노동을 하였다 하여 이를 근로 시간으로 인정해 달라는 소송을 제기하여 화제가 됐었다. 그 결과 1심 판결에서는 패소하였다. 업무 개시 시간(출근 시간)은 사업장에 도착하여 출근 기록을 남기는 시간으로 봐야 할지, 작업복으로 갈아입는 시간도 근로 시간으로 볼지가 문제가 되곤 한다. 이럴 때는 단체협약이나 취업규칙, 근로 계약으로 정한 출근 시각을 시업 시간으로 본다. 또한, 교대 근무자 간 업무 인수·인계, 기계 점검, 교육 시간 등은 근로 시간으로 보지만 목욕 등의 개인 정비 시간은 근로 시간으로 보지 않는다.

근로 시간과 관련하여 대기 시간이 근로 시간인지 아닌지를 두고 가끔 문제가 되어 왔다. 지난 2012년 이전까지는 근로기준법에 대기 시간에 대한 명문 규정이 없었다. 그러다 보니 여러 사업장에서 다툼이 있어 소송으로 이어진 사례가 많았다.

운전기사가 배차를 기다리는 시간, 우편물 운송 차량의 운전직 직원들의 근무 중 수시로 수면이나 식사 등 휴식을 취한 시간 등과 관련한 소송이 대표적이다. 그러한 소송으로 인한 경제적 시간적 비용을 해소할 필요가 있었다. 그리하여 대법원 판례(대법원 1993.5.27. 선고92다24509 판결)의 취지를 위 법조 제3항(2012.2.1. 신설)으로 명문화하였다.

따라서 2012년도부터는 사용자의 지휘.감독 아래에 있는 대기 시간 등도 근로 시간에 포함된다. 이는 실제 근로 시간을 '근로자가 사용자의 지휘와 감독 아래 근로 계약상의 근로를 제공하는 시간'으로 정의하고 있는 판례의 태도를 그대로 입법화한 것이다.

근로자가 사용자의 지휘·감독 아래 있었는지는 근로 계약 및 취업규칙의 내용, 당해 활동의 업무 관련성, 사업주의 지배 영역 아래에 있는지 등을 종합적으로 판단하여야 한다. 보통 식당이나 병원 등에서 손님이 없으면 대기 상태에 놓인다. 이때 고객을 기다리며 대기하는 시간도 근로 시간으로 보게 된다. 요즘 주변의 식당에선 점심시간이 지나고 저녁 식사 시간 전 일부를 아예 휴게 시간으로 정하여 손님을 받지 않는 사례를 자주 보게 된다.

그리고 교육 시간, 출장 시간, 일·숙직이 근로 시간인지 아닌지를 두고서 문제가 된다. 교육 시간은 본 업무와는 구분되는 부수적인 시간이므로 한동안 근로 시간으로 보지 않는 경우가 많았다. 그러나 교육이 소정 근로 시간 내·외를 구분하지 아니하고 사용자의 지시나 명령에 따라 이루어지고 그러한 지시나 명령을 근로자가 거부할 수 없으면 근로 시간으로 보면 된다.

당직(일·숙직) 시간 또한 휴일·연장·야간 근무에 해당하는지가 모호하다. 당직은 본래의 업무와 달리 화재 등 비상시를 대비하거나, 사업장 도난 방지 및 긴급 조치 등 본 업무와 비교해서 부담이 덜한 부수적인 경우가 대부분이다. 휴일·연장·야간 근로란 소정 근로 시간을 초과하여 근로자가 본래의 업무를 계속하는 것을 말한다. 본래의 업무와 형태가 다른 당직 근무는 초과 근로로 보지 않는다. 그러므로 근로기준법 제56조의 수당 지급 대상이 아니라고 본다. 본래의 업무 형태와 다른 당직이면 정상적인 근로 시간에 지급하는 임금이 아닌 실비변상적인 금품이 지급되더라도 법 위반으로 보지 않는다.

그러나 일·숙직 근무라 하더라도 일의 강도가 본래의 업무와 비슷하거나 상당히 높으면 초과 근로로 보거나 그와 비슷하게 취급되어야 한다.

그 밖에 업무 시간 중 흡연을 하거나, 커피를 마시는 경우 또는 스마트폰 등 IT 기기를 통해 사적인 행위를 하는 경우가 있다. 이것도 휴게 시간으로 볼지가 애매하나 근로 시간으로 보았다.

일제강점기와 6.25 사변을 거치면서 가난과 굶주림을 경험한 앞선 세대들은 잘살아보자는 정신으로 무장하였다. "우리 자식 대에는 가난을 물려줄 수 없다."라는 일념으로 장시간 노동을 기꺼이 감수했다. 그러니 근래에는 장시간 노동에 관한 인식이 많이 바뀌었다. 장시간 노동을 줄여보고자 다양한 정책도 추진하고 있다. 젊은 층은 직장을 선택할 때 임금 수준 못지않게 근로 시간도 관심의 대상이 된다.

한때는 **일·가정 양립** 이란 정책과 구호가 유행했다. 이는 개인의 일(Work)과 생활(Life)이 조화롭게 균형을 유지하는 의미로 받아들여졌다. 이 개념은 본래 일하는 여성들의 일(Work)과 가정(Family)의 양립에 한정되는 의미로 쓰였다. 그러다 지금은 남·여, 기혼·미혼을 불문하고 모든 근로자를 대상으로 하는 워크(Work), 라이프(Life), 밸런스(Balance)를 의미하는 **워라밸** 개념으로 바뀌었다. 일과 삶의 균형을 추구하고자 한다. 동시에 작지만 확실한 행복을 추구한다는 **소확행**(小確幸)이란 말도 유행하게 되었다. 그렇지만 모두가 소확행만 추구할까 염려스럽다. 진취적이면서 목표 또한 높아야 성과도 높고 개인은 물론 국가도 발전할 수 있기 때문이다. 항우와 유방도 젊었을 때 진시황과 같은 황제가 되고 싶다는 꿈을 꾸었다는 것을 떠올려 보았으면 한다.

그간 우리 사회는 주당 법정 근로 시간을 두고 논란이 이어져 왔다. 토·일요일에 해당하는 휴일 근로 시간을 주당 근로 시간과 별개로 취급하여 적용해 온 것이다. 그러던 것이 근로 시간 단축 분위기와 맞물려 2018년 3월 20일부로 '1주'라는 개념을 아예 법으로 명시하게 되었다. 경영계는 법정 근로 시간이 연장 근로를 포함하여 주당 52시간으로 되면 당연히 생산성도 떨어질 것으로 보고 있다. 근로 시간 단축과 아울러 생산성 향상 노력도 병행되어야 할 것이다. 전 세계와 경쟁하여야 하는 처지에서 우리의 경쟁력이 떨어지면 국제무대에서 도태될 수 있기 때문이다.

현행 법체계 내에서 보완책으로 사용자는 다음에 설명하는 유연 근로 시간제를 통해 근로 시간의 배분이나 조정을 검토해 봤으면 한다. 유연 근로 시간제는 근로 시간의 결정 및 배치 등을 탄력적으로 운영할 수 있게 하는 제도이다. 근로 시간의 효율적 배분을 통해서 일·생활 균형을 가져올 수 있고, 잘만 활용하면 생산성 향상 및 기업 경쟁력 제고에도 도움이 될 수 있을 것이다.

이건 좀….

법을 시행할 때 예상되는 부작용을 충분히 고려해야 한다는 것은 1부에서 강조했었다. 합법적인 근로 시간은 당사자 간 합의로 연장 근로 12시간을 포함하여 주당 최대 52시간까지만 가능하다. 인간은 기계와 달리 다양한 상황과 여건 속에서 살아가고 있다. 일부 업종에는 근로 시간 특례를 두고 있지만 불가피한 때도 있다. 정기노선 버스는 주 52시간 시행과 함께 근로 시간 특례에서 제외되었다. 그러나 심야 버스 운행으로 근로 시간 준수에 문제가 있다고 한다. 근로 시간을 지키기 위해 심야 버스 운행을 중단하고 싶지만, 감독관청에서 행정명령으로 계속 운행해야 한다는 것이다. 대형 조선소에서 만든 배를 시험 운전할 때도 문제가 있다. 바다 위에 배를 띄워 계속 가동하면서 연속적으로 테스트를 해야 하는 데도 어려움이 있다고 한다.

업종별 간담회나 뉴스 등을 통해서도 부작용이 나타나고 있다. 보건업종 대표와 간담회에서 한 병원의 경영을 담당하는 의사는 "수술 잘하는 정형외과 의사가 밤에 응급환자 수술을 하게 되면 다음 날 정상 진료를 못 하게 된다."고 한다.

또한, 지난 2019년 6월 7일 중국 광저우에서 국내로 돌아오려는 모 항공사의 비행기가 기상 조건으로 뜨지 못했다. 천둥과 번개로 인해 이륙이 지연된 것이다. 거의 4시간을 기다려 날씨가 좋아졌지만 결국 이륙하지 못했다. 문제는 그렇게 4시간을 기다리는 동안 조종사가 법으로 정해진 근무 시간을 초과하게 된 것이다. 대기 시간도 근로 시간으로 보기 때문에 4시간 넘게 대기한 승객 269명은 비행기에서 내려 현지에서 하룻밤을 더 자고 다음 날 오후에야 인천공항에 도착하였다.

야간이나 휴일 근로가 제한되는 연소 근로자나 여성 근로자가 동의하거나 명시적으로 청구하는 경우 예외를 인정하고 있다. 주 52시간 초과 근로가 불가피하거나 특수한 경우에는 예외를 두어야 할 것이다. 현실을 고려하지 않고 일률적으로 시행하면 부작용이 따르므로 노동청의 인가를 받아 시행하는 방안도 검토해 보아야 할 것이다.

제51조(탄력적 근로시간제)

① 사용자는 취업규칙(취업규칙에 준하는 것을 포함한다)에서 정하는 바에 따라 2주 이내의 일정한 단위기간을 평균하여 1주 간의 근로시간이 제50조제1항의 근로시간을 초과하지 아니하는 범위에서 특정한 주에 제50조제1항의 근로시간을, 특정한 날에 제50조제2항의 근로시간을 초과하여 근로하게 할 수 있다. 다만, 특정한 주의 근로시간은 48시간을 초과할 수 없다.

② 사용자는 근로자대표와의 서면 합의에 따라 다음 각 호의 사항을 정하면 3개월 이내의 단위기간을 평균하여 1주 간의 근로시간이 제50조제1항의 근로시간을 초과하지 아니하는 범위에서 특정한 주에 제50조제1항의 근로시간을, 특정한 날에 제50조제2항의 근로시간을 초과하여 근로하게 할 수 있다. 다만, 특정한 주의 근로시간은 52시간을, 특정한 날의 근로시간은 12시간을 초과할 수 없다.

1. 대상 근로자의 범위
2. 단위기간(3개월 이내의 일정한 기간으로 정하여야 한다)

3. 단위기간의 근로일과 그 근로일별 근로시간

4. 그 밖에 대통령령으로 정하는 사항

③ 제1항과 제2항은 15세 이상 18세 미만의 근로자와 임신 중인 여성 근로자에 대하여는 적용하지 아니한다.

④ 사용자는 제1항 및 제2항에 따라 근로자를 근로시킬 경우에는 기존의 임금 수준이 낮아지지 아니하도록 임금보전방안(賃金補塡方案)을 강구하여야 한다.

탄력적 근로 시간제

근로기준법에서 정하고 있는 유연 근로 시간제는 탄력적 근로 시간제(제51조), 선택적 근로 시간제(제52조), 사업장 밖 간주 근로 시간제(제58조 제1·2항), 재량 근로 시간제(제58조 제3항) 등이 있다.

탄력적 근로 시간제는 유연 근로 시간제의 대표적 제도로 현행법상 3가지 형태로 실시할 수 있다. 하나는 2주 단위로 특정 주에 40시간 또는 특정일에 8시간을 초과하여 근로하게 할 수 있다. 이때 취업규칙에 실시 근거를 두어야 한다. 다른 하나는 3개월 단위로 실시할 수 있으며 특정한 주에 52시간 특정한 날에는 12시간 이내에서 초과 근로를 실시할 수 있다. 3개월 단위 탄력적 근로 시간의 경우 **근로자대표와 서면 합의**가 필요하다. 또한, 지난 2020년 12월 9일 최대 6개월까지 가능한 탄력적 근로제가 국회에서 의결되어 새로이 도입되었다.

그간 경제사회노동위원회에서 탄력적 근로제의 단위 기간을 기존에 최대 3개월에서 6개월로 확대하는 안에 대해 논의를 계속해 왔다. 그 결과 2019년 3월 7일 청와대에서 대통령도 참석하는 본위원회를 개최하여 **사회적 대화 보고회** 형식으로 탄력 근로제 도입 관련 방안에 대해 의결을 할 예정이었다. 그러나 구성원인 청년, 여성, 비정규직 등 계층 위원들의 반대와 함께 불참으로 무산되었다. 같은 해 3월 11일 3차 본위원회를 열었음에도 위의 계층들이 불참으로 다시 무산되었고, 결국 공은 입법 기관인 국회로 넘어가서 의결된 것이다.

이처럼 우리는 6개월 단위의 탄력 근로제 도입에도 어려움을 겪어온 가운데 일본은 **변형 근로 시간제**라 하여 1년 단위 탄력적 근로 시간제를 꽤 오래전부터 시행해 오고 있다. 탄력적 근로

시간제는 계절적 영향을 많이 받거나 업무량 편차가 많은 업종에 적합한 제도라 할 수 있다.

제52조(선택적 근로시간제)

사용자는 취업규칙(취업규칙에 준하는 것을 포함한다)에 따라 업무의 시작 및 종료 시각을 근로자의 결정에 맡기기로 한 근로자에 대하여 근로자대표와의 서면 합의에 따라 다음 각 호의 사항을 정하면 1개월 이내의 정산기간을 평균하여 1주간의 근로시간이 제50조제1항의 근로시간을 초과하지 아니하는 범위에서 1주 간에 제50조제1항의 근로시간을, 1일에 제50조제2항의 근로시간을 초과하여 근로하게 할 수 있다.

1. 대상 근로자의 범위(15세 이상 18세 미만의 근로자는 제외한다)
2. 정산기간(1개월 이내의 일정한 기간으로 정하여야 한다)
3. 정산기간의 총 근로시간
4. 반드시 근로하여야 할 시간대를 정하는 경우에는 그 시작 및 종료 시각
5. 근로자가 그의 결정에 따라 근로할 수 있는 시간대를 정하는 경우에는 그 시작 및 종료 시각
6. 그 밖에 대통령령으로 정하는 사항

선택적 근로 시간제

선택적 근로 시간제는 1개월 이내의 정산 기간을 두고 소정 근로 시간 범위 내에서 업무의 시작과 종료 시각을 근로자가 선택하여 실시하도록 하는 제도이다. 일본도 선택적 근로 시간제를 채택하고 있으며, **플렉스 타임제**라 부른다.

실시 유형은 두 가지 방식이 있다. 하나는 **완전 선택적 근로 시간제**로 업무의 시작과 끝나는 시간이 해당 근로자의 결정에 맡겨진다는 것이다. 다른 하나는 **부분 선택적 근로 시간제**는 일정한 시간대는 의무 근로 시간으로 하고 나머지는 근로자가 선택하도록 하면 된다.

실시 조건은 먼저 **취업규칙**에 실시 근거를 둔 다음 ①~⑤에 해당하는 사항에 대해 **근로자대표와 서면 합의**하고 시행하면 된다. 별도 개별 근로자의 동의는 받지 않아도 된다. 근로자대표와 서면 합의 내용에는 ① 대상 근로자의 범위(15세 이상 18세 미만 연소 근로자 제외), ② 정산 기간, ③ 총 근로 시간, ④ 의무적 근로 시간대 및 선택적 근로 시간대, ⑤ 표준 근로 시간 등이다. 선

택적 근로 시간제는 15세 이상 18세 미만의 연소 근로자에게는 해당하지 아니하나 임산부는 적용할 수 있다.

지난 2020년 12월 9일 탄력적 근로제의 일부 개정과 더불어 선택적 근로제도 일부 변화가 있었다. 변경된 부분은 신상품 또는 신기술 연구개발 업무의 경우 선택적 근로 시간제 정산 기간을 현행 1개월에서 최대 3개월로 확대했다는 점이다. 더불어 근로자의 건강권 보호 취지에서 근로일 간 11시간 연속휴식권을 보장하도록 하였다. 그리고 정산 기간 1개월마다 1주 평균 4시간을 초과하는 경우 가산임금을 지급하도록 하였다.

선택적 근로 시간제가 도입되면 정산 기간을 평균하여 1주간 근로 시간이 법정 근로 시간을 초과하지 않으면, 특정한 날 또는 특정 주에 법정 근로 시간을 초과하더라도 가산 수당을 지급할 의무가 없다. 하지만, 야간 근로 시간(오후 10시~다음날 오전 6시)에 해당할 경우 시간당 50%를 가산한 야간 근로 수당을 지급하여야 한다.

이 제도는 근로일에 따라 업무량의 편차가 발생하여 업무 조율이 가능한 IT 업종이나 사무 관리직, 영업직, 연구직, 디자인, 설계 등의 직종일 때 도입을 검토해 볼 필요가 있겠다.

제53조(연장 근로의 제한)

① 당사자 간에 합의하면 1주 간에 12시간을 한도로 제50조의 근로시간을 연장할 수 있다.

② 당사자 간에 합의하면 1주 간에 12시간을 한도로 제51조의 근로시간을 연장할 수 있고, 제52조제2호의 정산기간을 평균하여 1주 간에 12시간을 초과하지 아니하는 범위에서 제52조의 근로시간을 연장할 수 있다.

③ 상시 30명 미만의 근로자를 사용하는 사용자는 다음 각 호에 대하여 근로자대표와 서면으로 합의한 경우 제1항 또는 제2항에 따라 연장된 근로시간에 더하여 1주 간에 8시간을 초과하지 아니하는 범위에서 근로시간을 연장할 수 있다. <신설 2018.3.20.>

　1. 제1항 또는 제2항에 따라 연장된 근로시간을 초과할 필요가 있는 사유 및 그 기간

　2. 대상 근로자의 범위

④ 사용자는 특별한 사정이 있으면 고용노동부장관의 인가와 근로자의 동의를 받아 제1항과 제2항의 근로시간을 연장할 수 있다. 다만, 사태가 급박하여 고용노동부장관의 인가를 받을 시간이 없는 경우에는 사후에 지체 없이 승인을 받아야 한다. <개정 2010.6.4., 2018.3.20.>

⑤ 고용노동부장관은 제4항에 따른 근로시간의 연장이 부적당하다고 인정하면 그 후

연장시간에 상당하는 휴게시간이나 휴일을 줄 것을 명할 수 있다. <개정 2010.6.4., 2018.3.20.>

⑥ 제3항은 15세 이상 18세 미만의 근로자에 대하여는 적용하지 아니한다. <신설 2018.3.20.>

[법률 제15513호(2018. 3. 20.) 부칙 제2조의 규정에 의하여 이 조 제3항 및 제6항은 2022년 12월 31일까지 유효함.][시행일:2021.7.1.] 제53조제3항, 제53조제6항

1주간 연장 근로의 한도

연장 근로란 근기법 제50조에서 정한 기준 근로 시간(주 40시간/1일 8시간)을 초과하여 근로하는 것을 말한다. 성인 근로자는 1주 12시간 한도이며, **당사자 간 합의**가 있으면 연장 근로를 할 수 있다. 15세 이상 18세 미만 연소 근로자는 1일 1시간, 1주일에 5시간을 한도로 연장 근로가 가능하다.

연장 근로를 위한 당사자 간 합의 방법에 대해서는 구체적으로 명시되어 있지 않다. 다만, 대법원 판례에서 서면 또는 구두에 의한 개별합의가 원칙, 단체협약, 취업규칙 등에 의한 집단적 합의도 가능하다고 판시하였다. 또한, 연장 근로가 필요할 때마다 개별적으로 합의할 필요는 없으며 근로 계약 체결 시에 미리 정할 수 있다고 하였다. (대법 98다54960, 2000.6.23)

법 제2조 제1항 7호에서 1주를 7일로 규정함에 따라 1주 최대 근로 시간은 52시간(사업장 규모별로 다음과 같이 단계적 시행)이 된다. 법 개정 전에는 연장 근로와 휴일 근로를 구분 적용하였다. 따라서, 1주당 2일의 휴일인 사업장의 경우 1주 최대 68시간까지 초과 근로가 가능했다.

주 52시간제는 상시 근로자 수에 따라 시행일이 달라진다. 상시 근로자 300인 이상이거나 국가, 지자체, 공공 기관은 2018년 7월 1일부터 이미 시작되었다. 다만 특례업종에서 제외된 21개 업종은 2018년 7월 1일부터 적용된다. 근로자 299명에서 50인 이상인 사업장은 2020년 1월 1일부터 시행되고, 근로자 수가 49인에서 5인 이상인 사업장은 2021년 7월 1일부터 시행된다.

위와 같이 법적으로 연장 근로는 엄격하게 제한된다. 탄력적 근로제나 선택적 근로제가 있긴

하다. 그렇지만 이는 어느 정도 작업량이 예상되고, 취업규칙 등에 의해 일정 요건을 갖추었을 때 적용이 가능하다.

우리가 살아가는 주변 환경은 변하기 마련이며 예측 불가능한 돌발 상황들이 발생한다. 따라서 위의 법 제4항에서 사용자는 특별한 사정이 있으면 어느 정도 융통성을 두고 있다. 즉, 고용노동부 장관의 인가와 근로자의 동의를 받아 법정 근로 시간을 추가 연장할 수 있도록 하였다.

하지만 특별한 사정이 있는지를 사용자의 판단에만 맡기면 자의적으로 해석할 우려가 있다. 그러므로 특별 연장 근로를 함에 있어 사전에 인가를 받도록 한 것이다. 물론 근로자의 동의도 필요하다. 만약, 사태가 매우 급박하여 사전에 고용노동부 장관의 인가를 받을 시간적 여유가 없을 때도 있다. 그렇다면 사후에라도 지체 없이 승인받도록 규정하고 있다.

필자가 현직에 있을 당시 기억에 남는 인가 건으로는 북한의 개성공단 폐쇄 시 경남 양산에 있던 유명 전기밥솥 회사의 사례가 있다. 그 뒤 코로나19로 인하여 특별 연장 근로 인가신청이 많이 있었던 것으로 알려져 있다.

지금까지 특별 연장 근로는 천재지변에 가까운 자연재해나 재난 또는 그에 준하는 사고의 수습이 필요할 경우로 한해 제한적으로 인정해 왔다. 이는 다른 선진국에 비해서도 인정 범위가 너무 제한되었다는 평가를 받아 왔다.

이에 최근 고용노동부에서는 **특별 연장 근로 인가 제도를 일부 보완**하여 **2020년 1월 31일부터 시행**하도록 하였다. 특히, 2018년 3월에 주 52시간제가 도입되면서 필요성이 더욱 커졌다. 특별 연장 근로의 인가 기간은 특별한 사정 해소에 필요한 최소한의 범위로 정한다. 1회 최대 인가 기간은 사유에 따라 4주에서 3개월 이내로 제한하며, 1년간 활용할 수 있는 기간을 정하고 있다. 그리고 인가는 1주 12시간까지만 가능하다. 그러므로 **1주당 총 64시간**(기준 근로 40시간+법정 연장 근로 12시간+특별 연장 근로 12시간)까지 근로할 수 있다.

특별 연장 사유	1회 최대 인가 기간	1년간 활용 가능 기간
재난 또는 이에 준하는 사고	4주 이내	사유해소에 필요한 기간
인명 보호 및 안전 확보	4주 이내	사유해소에 필요한 기간
돌발적인 상황 수습	4주 이내	90일
업무량 대폭 증가	4주 이내	90일
연구개발	3개월 이내	3개월 초과 시 심사 후 연장

최근 신종 코로나19 바이러스 확산과 관련하여 일부 사업장에서는 업무량이 급증하고 있다. 관련 의료 기관은 물론이고 마스크 및 손 세정제 제조 사업장이 대표적이다. 그리고 중국 공장 가동중단으로 자동차 부품 공급에도 차질이 생겼다. 완성차 제조업체들도 돌발 상황에 처하여 휴업하는 실정이다. 해당 사업장들은 위 기준에 따라 인가를 신청하여 특별 연장 근로가 이루어지고 있다. 특별 연장 근로와 관련한 인가 또는 승인 신청은 이 책의 끝부분에 있는 서식을 참고하면 된다.

한편, 연장 근로와 관련한 쟁점 사항으로 근로자들이 통상적으로 해 오던 연장 근로를 집단적으로 거부함으로써 회사 업무의 정상 운영을 방해하였다면 이는 쟁의행위로 보았으며(대법 95도2970, 1996.2.27.) 그에 따른 민·형사상 책임을 물을 수 있다.

법내 연장 근로가 있을 수 있다. 어떤 사업장은 주당 소정 근로 시간을 35시간으로 정할 수 있다. 이때 정한 35시간에 5시간 초과하여 주당 40시간을 근로한 경우 그 초과한 5시간은 연장 근로로 보지 않는다. 따라서, 연장된 5시간분에 대해서는 가산 수당이 발생하지 않는다고 한다. (대법 94다18553, 1995.6.29./근기 01254-3951, 1989.3.14.)

임산부나 연소 근로자의 시간 외 근로에 대해서는 제5장에서 별도로 정하고 있으므로 이후 다시 설명하도록 하겠다.

제54조(휴게)

① 사용자는 근로시간이 4시간인 경우에는 30분 이상, 8시간인 경우에는 1시간 이상의 휴게시간을 근로시간 도중에 주어야 한다.

② 휴게시간은 근로자가 자유롭게 이용할 수 있다.

차인동식(車人同息): 차도 사람도 쉬어가는 휴게소

우리는 차를 운전하다가 생리현상이 느껴지거나 음식이 먹고 싶을 때 또는 졸리거나 피곤하면 휴게소나 졸음 쉼터를 방문하게 된다. 이때 사람들은 휴게소에서 음식을 먹고, 차량에도 기름이나 가스 등의 연료를 보충해 준다. 이처럼 휴게소는 목적지까지 여행을 무사히 마치기 위해 잠시 들러 쉬어가는 충전 공간이다.

특히 무더웠던 2018년도 여름에는 유독 달리던 차에서 불이 났다는 뉴스를 많이 접했다. 차량의 근본적인 결함도 있겠지만 장시간 운전으로 엔진이 과열되어 불이 나거나 라디에이터가 터지기도 한다.

이렇듯 차량이나 기계를 오래 가동하면 열을 식히고 정비를 해야 한다. 마찬가지로 사람도 일정 시간 이상 작업을 하게 되면 피로가 쌓이고 집중력도 떨어진다. 그로 인해 업무 효율이 낮아지고 때로는 안전사고의 위험에 처할 수도 있다. 그래서 일하는 도중에 일정한 휴게 시간을 갖도록 한다.

휴게 시간은 근로 시간 4시간당 30분씩 부여하도록 법에서 정하고 있다. 그러므로 사용자는 근로 시간이 4시간 미만일 때에는 휴게 시간을 별도로 부여할 의무가 없다. 하지만 4시간 이상 계속 근로할 때에는 휴게 시간을 부여해야 한다. 또한, 휴게 시간은 근로자가 자유롭게 이용할 수 있어야 한다. 보통 1일 8시간 근로를 하면 점심시간 1시간을 휴게 시간으로 활용하는 것이 대부분이다.

휴게 시간은 한꺼번에 부여하는 것이 타당하나 업무 특성상 또는 업무 여건에 따라 분할하여 부여하는 것도 일부 인정된다. 휴게 시간은 근로 시간에서 제외되고 상한선은 없으므로 1시간 이상의 휴게 시간을 부여하는 것도 가능하다.

요즈음 공동주택에서 근무하는 경비직 근로자들은 대부분 야간 또는 새벽 시간을 휴게 시간으로 정하고 있다. 이는 물론 경비 근로자의 휴식과 충전의 시간을 확보하기 위함이다. 과거에는 야간 취침 시간대에 절도 등의 주거 침입이 많았으나 이제는 CCTV 등이 설치되면서 경비 업무의 비중이 축소된 점도 영향을 미친 것으로 볼 수 있다. 그러나 더 큰 영향을 준 요인이 또 있다. 경비 근로자의 휴게 시간을 길게 하면 결국 실제 근로 시간이 줄어들어 입주민들의 관리비 부담이 줄어드는 효과 때문이다. 예전과 달리 감시·단속적 근로자도 일반 근로자와 똑같은 최저임금이 적용되도록 법이 개정된 데다, 최저임금이 높게 인상되면서 나타난 현상이다. 그러나 결국 최저임금의 인상 효과는 휴게 시간으로 상쇄되고 말았다.

가끔 휴게 시간에도 쉬지 않고 근로를 제공하였다 하여 퇴직 후 진정을 하는 사례가 있었다. 그러나 임의로 근로를 제공한 경우라면 근로 계약이나 취업규칙에 따라 인정되지 않는 것이 원칙이다.

제55조(휴일)

① 사용자는 근로자에게 1주에 평균 1회 이상의 유급휴일을 보장하여야 한다. <개정 2018. 3. 20.>

② 사용자는 근로자에게 대통령령으로 정하는 휴일을 유급으로 보장하여야 한다. 다만, 근로자대표와 서면으로 합의한 경우 특정한 근로일로 대체할 수 있다. <신설 2018.3.20.>

[시행일] 제55조 제2항의 개정규정은 다음 각 호의 구분에 따른 날부터 시행한다.

1. 상시 300명 이상의 근로자를 사용하는 사업 또는 사업장, 「공공기관의 운영에 관한 법률」 제4조에 따른 공공기관, 「지방공기업법」 제49조 및 같은 법 제76조에 따른 지방공사 및 지방공단, 국가·지방자치단체 또는 정부투자기관이 자본금의 2분의 1 이상을 출자하거나 기본재산의 2분의 1 이상을 출연한 기관·단체와 그 기관·단체가 자본금의 2분의 1 이상을 출자하거나 기본재산의 2분의 1 이상을 출연한 기관·단체, 국가 및 지방자치단체의 기관: 2020년 1월 1일

2. 상시 30명 이상 300명 미만의 근로자를 사용하는 사업 또는 사업장: 2021년 1월 1일

3. 상시 5인 이상 30명 미만의 근로자를 사용하는 사업 또는 사업장: 2022년 1월 1일

쉬어도 임금이 지급되는 유급휴일

휴게와 휴일 그리고 휴가의 의미에 대해 혼돈할 수 있다. 휴게는 근로 시간 도중에 휴식을 취하는 것이다. 휴일은 처음부터 근로 제공 의무가 없는 날이다. 휴가는 근로 제공 의무가 있는 날이지만 개인이나 그 밖의 사정으로 업무에서 벗어나는 것을 말한다.

휴일에는 법으로 정해진 법정 휴일과 사용자와 근로자 간에 근로 계약이나 취업규칙 또는 단체 협약으로 정하는 약정 휴일로 구분할 수 있다. 지난 2019년까지 일반 근로자들에게 적용되는 법정 휴일은 두 가지가 있었다. 즉, 법으로 정해진 유급휴일은 **근로자의 날**(5월 1일)과 본 조에서 정한 **주휴일** 두 가지이다.

흔히 달력에 **빨간 날**이라고 하는 공휴일은 근로기준법에서 정한 휴일이 아니다. 본래 「**관공서의 공휴일에 관한 규정**」에 의거 관공서가 쉬는 날이다. 그러므로 근로기준법이 적용되는 일반 사업장에서 의무적으로 쉬어야 하는 날은 아니었다. 그렇지만 일반 사업장에서도 빨간 날에 쉬

는 사업장이 많았다. 이는 근로기준법으로 정한 휴일은 아니지만, 사용자와 근로자 간에 쉬기로 약속하여 정한 **약정 휴일**인 셈이다.

그렇지만 2018년 3월 20일 관공서의 공휴일 휴무도 유급으로 변경되었다. 앞으로는 일반 사업장의 근로자도 연차적으로 공휴일에 쉴 수 있게 된다. 달력에 빨간색으로 표시되는 공휴일도 쉴 수 있음에 따라 법정 유급휴일이 대폭 늘어나게 된다. 그러나 근로자의 날인 5월 1일은 공무원들이 정상 출근을 한다. 또한, 규모가 있는 회사는 회사 창립 기념일이나 노조 설립 기념일 등에 쉬는 날이 있어 앞으로는 공무원보다 근로자들이 더 많은 휴가를 확보하게 되었다.

공휴일의 민간 기업 유급휴일 적용은 사업장 규모별로 3단계로 2년에 걸쳐 시행된다. 우선 상시 근로자 300인 이상을 사용하는 사업장과 국가, 지자체, 공공 기관은 2020년 1월 1일부터 적용된다. 다음은 근로자 30인부터 299인까지에 해당하는 사업장은 2021년 1월 1일부터 적용되고 근로자 5인 이상 29인까지는 2022년 1월 1일부터 시행된다. 그러나 소규모 영세 사업장인 대부분인 5인 미만 사업장은 사업주의 부담 능력을 고려하여 공휴일 적용에서 제외되었다.

▶ **공서 공휴일에 관한 규정**

구분	해당일	
공휴일	• 국경일 중 3·1절, 광복절, 개천절, 한글날(제헌절 제외) • 신정　　　• 설, 추석 연휴 3일　　　• 석가탄신일 • 크리스마스　　• 어린이날　　　• 현충일	15일
	• 공직선거법상 선거일 • 기타 수시 지정일(임시공휴일)	
대체 공휴일	설·추석 연휴 및 어린이날이 일요일 또는 다른 공휴일과 겹치면 다음 비공휴일을 공휴일로 정함(※어린이날은 토요일이 겹치는 경우도 포함)	

또한, 유급휴일을 다른 날로 대체를 할 수 있도록 법 조항이 신설되었다. 대체 요건으로는 **근로자대표와 서면 합의**를 하도록 규정하고 있다. 유급휴일을 갑작스럽게 대체하면 근로자의 생활상에 불편을 가져올 수 있다. 대체일 통보는 법 개정 이전에는 행정 해석상 적어도 24시간 전에 교체할 휴일을 특정하여 알려 주도록 하였다. 대체 휴일을 특정하여 알리지 않고서 임의로 사

용하도록 하면 휴일 대체로 인정되지 않는다. 근로자의 날(5월 1일)도 휴일 대체가 인정되지 않으므로 근로자의 날에 근로한 경우에는 휴일 근로 가산 수당이 지급되어야 한다.

주휴일과 관련하여 몇 가지 유의할 점이 있다. 주휴일은 1주 동안의 소정 근로일을 개근한 근로자에게 1주일에 평균 1회 이상의 유급휴일을 주어야 한다. 하지만 예외가 있다. 4주간을 평균하여 1주간 소정 근로 시간이 15시간 미만인 초단시간 근로자와 농림·축산·수산·양식사업 및 감시·단속적 근로자로 적용제외 승인을 받은 사업, 관리·감독 업무 또는 기밀을 취급하는 업무 종사자는 주휴일 규정을 적용받지 않는다.

주휴일 직전에 퇴사함으로써 근로 관계가 종료될 수 있다. 주중에 소정 근로 시간을 만근하더라도 주휴일 직전에 근로 관계가 종료되면 주휴일이 부여되지 않는다. 주휴일은 연속된 근로를 위한 피로 해소와 충전 등을 위한 주(週) 단위의 휴일인 셈이다. 계속 근로가 이어지지 않고 종료됨으로써 주휴일의 의미가 사라지기 때문이다.

최저임금의 인상과 더불어 **주휴 수당**도 논란거리가 되고 있다. 주휴 수당을 포함하면 우리나라의 시간당 최저임금은 2019년도에 이미 시간당 1만 원을 초과한 10,020원＊이 되는 셈이다.

＊ **10,020원 = 8,350원**(2019년 최저시급) **+ 1,670원**(주휴 수당 시급 환산액)

그동안 주휴 수당은 사회적으로 크게 관심을 끌지 않았다. 소규모 사업장은 사용자나 근로자 모두 주휴 수당에 대해 인식하지 못하는 경우도 많았다. 최저임금이 높게 인상되기 전까지는 크게 부담으로 작용하지 않았던 것 같다. 간혹 주휴 수당(週休手當)에 대해 언급을 하면 어떤 사업주는 차량 기름값으로 주유 수당(注油手當)도 근로자에게 지급해야 하나 묻기도 한다. 그 존재감이 상대적으로 적었기에 관심이 덜했던 것 같다. 그러나 최저임금이 계속 오르면서 주휴 수당의 부담도 덩달아 높아졌다.

주휴일은 유급휴일로 주어지는 법정 휴일이다. 주당 15시간 미만으로 근로하는 자를 제외한 1인 이상 근로자를 사용하는 사업장에 모두 적용된다. 그렇게 주 단위로 하루를 쉬면서도 하루 분의 임금을 추가로 더 받게 되는 임금이 주휴 수당이다. 무노동 무임금 원칙의 예외라 할 수 있다.

주휴일은 꼭 일요일로 한정되지는 않는다. 근로 계약이나 취업규칙으로 주당 1일의 휴일을 유급으로 부여하면 된다. 주휴 수당은 주 40시간 근로를 기준으로 할 때 최대 8시간(1일)분의 수당을 지급하게 된다. 초과 근로를 하여 주 40시간 이상 근로를 하더라도 주휴 수당은 8시간을 초과하지 않는다. 주 15시간 이상 40시간 미만이라면 그에 비례하여 주휴 수당을 계산하여 지급하면 된다.

주 5일 근무제라는 가정하에 1일 8시간, 주당 소정 근로 시간이 40시간이 되는 경우 2021년 최저임금을 기준으로 한 주휴 수당은 다음과 같이 산정할 수 있다.

(단위: 원)

주당 소정 근로 시간 A	주휴 기준 근로 시간 B	주휴 수당 산정 시간 C (=A/B × 8시간)	2021년 최저시급 D	주휴 수당 E (=C×D)
40	40	8	8,720	69,760
35	40	7	8,720	61,040
20	40	4	8,720	34,880

주휴 수당을 포함하여 시급을 정하고자 할 때에는 시급의 20%를 더한 금액으로 하면 된다. 그러면 별도의 주휴 수당을 계산하여 지급하는 수고를 덜게 된다.

2021년도 최저시급으로 예를 들면 다음과 같다.

* 2021년 주휴 수당 포함 최저시급 :
  10,464원 = {8,720원 + 1,744원(8,720원 × 20%)}

따라서 사용자가 2021년도 최저임금을 시급으로 하여 근로자와 근로 계약을 하게 되면 근로 계약서에 시급을 10,464원으로 하고, 10,464원에 주휴 수당이 포함되었음을 표시해 주면 된다.

만약 시급을 10,000원으로 정한다면 해당 금액에 20%를 더한 12,000원이 주휴 수당을 포함한 시급이 된다. 주휴 수당은 5일분(주 40시간)의 임금에 1일분(8시간)의 임금을 더한 액수이므로, 간단하게 시급에 20%를 더하면 주휴 수당이 포함된 금액이 된다.

구분	시급	주급(A)	주휴 수당(B)	합계(A+B)
주휴 수당 미포함	10,000원	400,000원	80,000원	480,000원
주휴 수당 20% 포함	12,000원	480,000원	-	480,000원

우리 근로기준법이 1953년 최초로 제정될 당시 주휴일을 유급으로 하게 된 일화가 전해온다. 그 관련 일화는 두 가지다. 먼저 갑설은 이렇다. 1945년 8·15광복 후 남과 북은 대치 상태에 놓이게 되었다. 이윽고, 1950년에 6·25사변이 일어나고 남과 북은 체제상 비교가 되었다. 그 때 남한은 우리 체제가 북한보다 노동자를 위하고 더 노동자 친화적이라는 점을 보여줄 필요가 있었다는 것이다. 그래서 법에 **주휴일은 유급으로 한다**는 우월적 법조문을 도입하게 되었다는 것이다. 그게 사실이라면 전쟁으로 전 국토가 폐허로 변하고 변변한 산업도 없는 환경에서 법 조문으로만 유급화된 것이다. 당시 유급으로 할 준비와 능력도 없으면서 순전히 체제의 우위용 으로 도입했던 셈이다.

다른 을설은 이렇다. 당시는 6·25 사변 직후라 생산시설이 모두 파괴되었기 때문에 근로자들 이 아무리 일한다고 해도 온 가족이 보리밥조차 먹기도 힘든 시절이었을 것이다. 하여 근로자 들을 좀 더 보호하고자 주휴일을 유급으로 했다는 설도 있다. 이 또한 선한 의도이지만 근로자 를 보호하고자 했다면 일당이나 시급을 더 올려 주는 게 낫지 않았을까 싶다.

어느 정도 체제 우위를 위해 영향을 미쳤을 수도 있겠다. 그렇지만 근로기준법이 제정된 해는 1953년 6.25 전쟁 중이었다. 필자의 견해로는 도입 당시 우리 근로기준법은 현실을 고려하지 않고 일본 노동기준법을 베끼듯이 도입한 데서 비롯된 것으로 판단된다. 그 당시 일본도 주휴 일은 유급이었다. 그렇지만 총 근로 시간이 줄어듦에 따라 1990년대에 일본은 무급으로 바뀌 었다.

전 세계적으로 주휴일을 유급으로 하는 나라는 극히 일부 국가에 한정된다. 독일·프랑스·미국 등 영미권 대부분 국가도 주휴 수당을 법제화하지 않고 있다. 현재 멕시코·브라질 등 8개 정도 의 국가에서 유급주휴일 제도가 시행되는 것으로 알려져 있다.

제56조(연장·야간 및 휴일 근로)
① 사용자는 연장근로(제53조·제59조 및 제69조 단서에 따라 연장된 시간의 근로를 말한 다)에 대하여는 통상임금의 100분의 50 이상을 가산하여 근로자에게 지급하여야 한다. <개정 2018.3.20.>

② 제1항에도 불구하고 사용자는 휴일근로에 대하여는 다음 각 호의 기준에 따른 금액 이 상을 가산하여 근로자에게 지급하여야 한다. <신설 2018.3.20.>

 1. 8시간 이내의 휴일근로: 통상임금의 100분의 50
 2. 8시간을 초과한 휴일근로: 통상임금의 100분의 100

③ 사용자는 야간근로(오후 10시부터 다음 날 오전 6시 사이의 근로를 말한다)에 대하여는 통상임금의 100분의 50 이상을 가산하여 근로자에게 지급하여야 한다. <신설 2018.3.20.>

연장·야간 및 휴일 근로

일반 성인 근로자의 법정 근로 시간은 휴게 시간을 제외하고 1일 8시간이다. 그리고 1주간의 근로 시간은 40시간으로 정해져 있다. 연장 근로는 법정 근로 시간을 초과하여 근로한 시간을 말한다. 법 제53조(연장 근로의 제한)에 따라 당사자 간에 합의하면 1주간에 12시간 한도로 연장 근로를 할 수 있다. 그렇지만 법 제59조(근로 시간 및 휴게 시간의 특례)에서는 운송업과 관련 서비스업 및 보건업의 경우 근로자대표와 서면 합의로 주 12시간을 초과하여 연장 근로를 할 수 있는 예외 규정도 있다.

또한, 법 제69조(근로 시간)에서도 15세 이상 18세 미만인 근로자는 1일 1시간, 1주 5시간의 범위에서 연장 근로가 가능하다. 이처럼 법정 근로 시간을 초과하면 연장 근로에 해당한다.

상시 근로자 5인 이상인 사업장은 연장하여 근로한 시간에 대해 통상임금의 100분의 50 이상을 가산하여 지급하여야 한다. 법정연장 근로 시간을 초과한 경우에는 연장 근로 위반의 책임과 함께 이 역시 통상임금의 100분의 50 이상을 가산하여 지급하여야 한다.

야간 근로는 오후(밤) 10시부터 다음 날 오전(아침) 6시까지의 시간에 근로하는 것을 말한다. 야간 근로는 근로자의 성별과 나이 그리고 임신 등의 상태에 따라 대상별로 제한이 따른다. 18세 이상의 남성의 경우 야간 근로에 아무런 제한이 없다. 하지만 18세 이상 여성은 야간 근로에 동의해야 야간 근로가 가능하다. 연소 근로자(18세 미만)와 출산 후 1년이 경과하지 않은 여성은 본인의 동의뿐 아니라 고용노동부 장관의 인가를 받아야 가능하다. 또한, 임신 중인 여성은 본인이 명시적으로 청구에 더하여 고용노동부 장관의 인가를 받도록 규정하고 있다.

휴일 근로는 법 또는 근로 계약 및 취업규칙 등에 의해 쉬도록 정해져 있는 휴일에 근로하는 것을 의미한다. 휴일 근로는 주휴일과 같은 법정 휴일뿐 아니라 사용자가 취업규칙 등으로 정한 약정 휴일도 포함된다.

현행법에서는 연장 및 야간 근로와 달리 **휴일 근로의 할증률**을 다르게 정하고 있다. 기존에는 휴일 근로와 관련한 중복할증 문제로 해석상 이견이 있었다. 하나는 휴일 근로의 성격이 평일의 연장 근로이면서 휴일 근로로 보는 것이다. 그러면 연장 및 휴일의 중복할증으로 100분의 100을 가산하여 지급해야 한다.

이에 반하여 휴일 근로만 인정되고 연장 근로로는 볼 수 없다는 해석도 있었다. 이때는 100분의 50을 가산하여 지급하면 되는 것이다. 그로 인해 소송으로 이어지는 등 사회적 비용을 초래하였다.

그리하여 현행법은 이 두 가지를 절충함으로써 입법적으로 정리하였다. 즉, 휴일 8시간 이내 근로일 경우 통상임금의 100분의 50을 가산하여 지급하면 된다. 하지만 8시간을 초과하는 휴일 근로에 대해서는 통상임금의 100분의 100을 가산하여 지급하도록 했다. 따라서 휴일 근로에 대한 가산 수당 할증률을 명확히 함으로써 중복할증과 관련한 혼란을 방지하고자 한 것이다. 아울러 근로자의 임금 감소 및 사업주의 비용 증가 등도 동시에 고려한 것으로 보인다.

휴일 근로를 제외한 초과 근로 및 야간 근로(오후 10시부터 다음 날 오전 6시 사이의 근로)에 대하여는 기존과 같이 통상임금의 50%를 가산하도록 규정하였다.

위와 같이 초과 근로 시간에 대하여 임금을 가산하여 지급하도록 한 취지는 두 가지로 해석된다. 우선 근로자 측면에서 보면 초과 근로로 인해 피로도가 커지게 된다. 또한, 여가 시간을 포기하게 되므로 그에 따른 금전적 보상의 성격이 있다. 여가 시간 포기에 대한 기회비용을 보전해 주는 효과가 있다. 다른 한 가지는 사용자 측면이다. 초과 근로에 따른 금전적인 부담을 갖게 함으로써 초과 근로를 억제하고자 하는 취지라 할 수 있다.

한편 근로 계약상 소정 근로 시간이 법정 근로 시간(주당 40시간)보다 적은 사업장도 있다. 1일 7시간, 1주 35시간으로 근로 계약이 이루어졌을 경우 1일 1시간, 1주 5시간 초과 근로를 하더라도 그 초과하는 시간에 대해서는 가산 수당의 지급 의무가 없다.

주 40시간제하에서 평일에 1일 8시간씩 5일을 근로하면 주 40시간을 채우게 된다. 일요일을 유급 주휴일로 할 때 토요일의 성격이 궁금해진다. 토요일은 사용자가 유급으로 약정하지 않으면 무급 휴일이 된다. 다른 유급휴일과 구분하고자 **휴무일**(休務日)이라 부르기도 한다.

지난 2018년도에는 연장·야간·휴일 근로에 큰 변화가 있었다. 법 개정 전의 휴일 근로를 평일의 연장 근로와는 별개로 해석하여 취급해 왔었다. 그러나 2018년 3월 20일 **'1주'**라는 개념에 대해 휴일을 포함한 7일임을 법 제2조 1항 7호에 명문화하였다. 그러면서 사업장 상시 근로자 수 규모에 따라 단계적으로 연장·휴일 근로를 포함하여 1주 근로 시간의 한도를 최대 52시간으로 단축하게 되었다.

1주 52시간으로 단축된 근로 시간의 시행 시기는 상시 근로자 수에 따라 다음과 같이 단계별로 시행되도록 법제화되었다.

- 근로자 300인 이상 및 국가, 지자체, 공공 기관: 2018년 7월 1일
  ※ 특례업종에서 제외된 21개 업종: 2019년 7월 1일
- 근로자 50~300인 미만: 2020년 1월 1일
- 근로자 5~50인 미만: 2021년 7월 1일

상시 근로자 300인 이상 및 국가, 지자체, 공공 기관과 특례업종에서 제외된 21개 업종은 2018년 7월 1일 시행에 들어갔다. 그리고 50인 이상 300인 미만 사업장 또한 2020년 1월 1일부터 시행이 되었다. 하지만 해당 중소규모 사업장들의 준비 부족과 여러 애로가 겹치면서 2019년 12월 11일 관계부처가 논의 끝에 1년간 계도 기간을 두기로 했다.

즉, 상시 근로자 수가 50인 이상 299인 사업장은 2020년 1월 1일부터 법은 시행되지만 1주 52시간의 근로 시간을 초과해도 개입하지 않는다는 뜻이다. 고속도로에서 시속 100km의 속도 제한 범위를 초과하더라도 경찰이 과속 단속을 하지 않는 것과 같은 의미이다. 이처럼 1년의 계도 기간 중에는 장시간 근로감독 대상에서 제외할 뿐 아니라 여러 가지 지원방안도 포함되어 있다.

특히, 다음과 같은 경우에는 근로자의 동의와 고용노동부 장관의 인가를 받아 주 12시간을 초과하는 특별 연장 근로를 할 수 있도록 하였다. ① 인명의 보호 및 안전의 확보를 위해 필요한 경우, ② 시설·설비의 갑작스러운 장애·고장 등 돌발적인 상황의 발생으로 이를 수습하기 위해 긴급한 대처가 필요한 경우, ③ 통상적이지 않은 업무량의 대폭적 증가가 발생하고, 단기간 내에 이를 처리하지 않으면 사업에 중대한 지장이나 손해가 초래되는 경우, ④ 국가경쟁력 강화 및 국민 경제의 발전을 위하여 필요하다고 인정되는 연구개발 등에 있어서는 특별한 사정이 있다고 보고 특별 연장 근로로 인정한다는 것이다. 그만큼 특별 연장 근로의 인가 사유를 확대함으로써 그 폭을 넓힌 것이다. 지금까지 특별한 사정이라고 함은 재해나 재난 및 그 밖의 사고를 수습하기 위한 경우로 제한되어 있었다.

상시 근로자 5인 이상 30인 미만 사업장도 2021년 7월 1일부터 주 52시간 근로 시간제가 시

행된다. 그러나 소규모 사업장으로써 애로와 어려움을 고려하여 법 시행에 좀 더 융통성을 두고 있다. 즉, 2021년 7월 1일부터 법은 시행되나 **근로자대표와의 서면 합의**로 1주 8시간 범위에서 2022년 12월 31일까지는 특별 연장 근로가 가능하도록 했다. 특별 연장 근로는 법 시행일로부터 1년 6개월간 한시적으로 인정된다. 그렇지만 18세 미만 연소 근로자에 대해서는 특별 연장 근로가 적용되지 않는다.

또한, 18세 미만 연소 근로자에 대한 최대 근로 시간도 2018년 7월 1일부터 단축되었다. 기존에는 15세 이상 18세 미만인 연소 근로자의 경우 근로 시간은 1일에 7시간, 1주 단위로는 성인 근로자와 같이 40시간까지 가능했다. 그리고 연장 근로는 1일 1시간, 1주일에 6시간을 한도로 연장이 가능하였다. 그러나 이번 법 개정으로 1주에 35시간으로 5시간이 줄어들고, 연장 근로는 1주에 5시간으로 1시간이 줄어들게 되었다.

제57조(보상 휴가제)
사용자는 근로자대표와의 서면 합의에 따라 제56조에 따른 연장근로·야간근로 및 휴일근로에 대하여 임금을 지급하는 것을 갈음하여 휴가를 줄 수 있다.

연장·야간·휴일 근로를 대신하는 보상휴가

보상휴가는 연장·야간·휴일 근로에 대하여 임금으로 지급하는 대신 휴가로 대치하는 제도이다. 보상휴가를 통해 실제 근로 시간을 줄임으로써 장시간 근로를 개선하고자 하는 취지이다. 그 휴가는 소정 근로 시간 중에 주어야 하며, 유급으로 처리된다. 보상휴가를 실시하려면 **근로자대표와 서면 합의** 절차가 필요하다.

보상휴가는 각 초과 근로에 대한 가산임금 지급을 대신하게 되므로 초과 시간에 가산된 시간을 더하여 휴가를 주어야 한다. 만약, 연장 근로를 10시간 하였을 경우 10시간에 50%를 가산한 15시간의 보상휴가를 주게 된다. 근로자가 보상휴가를 사용하지 않을 때는 사용자의 귀책사유와 관계없이 사용하지 않은 미사용 휴가에 해당하는 임금을 지급하여야 한다.

제58조(근로시간 계산의 특례)

① 근로자가 출장이나 그 밖의 사유로 근로시간의 전부 또는 일부를 사업장 밖에서 근로하여 근로시간을 산정하기 어려운 경우에는 소정근로시간을 근로한 것으로 본다. 다만, 그 업무를 수행하기 위하여 통상적으로 소정근로시간을 초과하여 근로할 필요가 있는 경우에는 그 업무의 수행에 통상 필요한 시간을 근로한 것으로 본다.

② 제1항 단서에도 불구하고 그 업무에 관하여 근로자대표와의 서면 합의를 한 경우에는 그 합의에서 정하는 시간을 그 업무의 수행에 통상 필요한 시간으로 본다.

③ 업무의 성질에 비추어 업무 수행 방법을 근로자의 재량에 위임할 필요가 있는 업무로서 대통령령으로 정하는 업무는 사용자가 근로자대표와 서면 합의로 정한 시간을 근로한 것으로 본다. 이 경우 그 서면 합의에는 다음 각 호의 사항을 명시하여야 한다.

1. 대상 업무
2. 사용자가 업무의 수행 수단 및 시간 배분 등에 관하여 근로자에게 구체적인 지시를 하지 아니한다는 내용
3. 근로시간의 산정은 그 서면 합의로 정하는 바에 따른다는 내용

④ 제1항과 제3항의 시행에 필요한 사항은 대통령령으로 정한다.

근로 시간 계산의 특례

간주 근로 시간제(법 제58조 제1~2항)는 사용자의 통제 범위를 벗어나서 업무를 수행할 때 주로 적용된다. 근로자가 출장이나 그 밖의 사유로 근로 시간의 전부 또는 일부를 사업장 밖에서 수행하게 되면 정확한 근로 시간을 산정하기 어렵다. 그럴 때 소정 근로 시간을 근로한 것으로 간주하는 제도이다.

다만, 해당 업무를 수행하기 위하여 통상적으로 소정 근로 시간을 초과하여 근로할 필요가 있는 경우에는 그 업무의 수행에 필요한 시간을 근로 시간으로 볼 수 있다. 사용자의 구체적인 지휘·감독이 가능한 경우에는 소요되는 근로 시간의 산정이 가능하므로 적용 대상에서 제외된다. 이 경우에도 **근로자대표와 사업장 밖 근로 시간을 별도 합의**를 하면 약정 근로 시간을 통상 근로 시간으로 간주하도록 한다.

재량 근로 시간제(법 제58조 제3항)는 업무의 성질상 업무 수행 방법을 근로자에게 맡기는 제도이다. 근로자대표와 ① 대상 업무, ② 사용자가 업무의 수행 수단 및 시간 배분 등에 관하여 근로자에게 구체적인 지시를 하지 아니한다는 내용, ③ 근로 시간의 산정은 그 서면 합의로 정하는 바에 따른다는 서면 합의가 있으면 그 합의로 정한 시간을 근로한 것으로 보는 제도이다. 근로자의 재량에 맡기므로 사용자와 어느 정도 신뢰 관계가 형성되어 있거나 특정 업무여야만 도입 가능한 제도이다.

주로 신상품 또는 신기술의 연구개발이나 인문사회과학 및 자연과학에 관한 연구 업무, 정보 처리 시스템 설계 및 분석 업무, 신문·방송 또는 출판 사업에 있어서 기사의 취재·편성 또는 편집 업무, 광고 디자인 업무, 방송·영화 등 제작 PD 및 감독 업무 등에 있어 적용을 검토해 볼 만한 제도이다.

제59조(근로시간 및 휴게시간의 특례)

① 「통계법」 제22조제1항에 따라 통계청장이 고시하는 산업에 관한 표준의 중분류 또는 소분류 중 다음 각 호의 어느 하나에 해당하는 사업에 대하여 사용자가 근로자대표와 서면으로 합의한 경우에는 제53조제1항에 따른 주(週) 12시간을 초과하여 연장근로를 하게 하거나 제54조에 따른 휴게시간을 변경할 수 있다.

1. 육상운송 및 파이프라인 운송업. 다만, 「여객자동차 운수사업법」 제3조제1항제1호에 따른 노선(路線) 여객자동차운송사업은 제외한다.
2. 수상운송업
3. 항공운송업
4. 기타 운송관련 서비스업
5. 보건업

② 제1항의 경우 사용자는 근로일 종료 후 다음 근로일 개시 전까지 근로자에게 연속하여 11시간 이상의 휴식 시간을 주어야 한다.

[전문개정 2018.3.20.] [시행일: 2018.7.1.] 제59조 [시행일: 2018.9.1.] 제59조제2항

근로 시간 및 휴게 시간의 특례 제도

업무의 특성상 근로 시간이나 휴게 시간을 근로기준법에 정한 기준에 따라 부여하기가 곤란할 때도 있다. 공익성이 있는 운송업이나 보건업이 여기에 해당한다. 법은 육상·수상·항공운송업 및 운송 관련 서비스업과 보건업종에 한하여 주당 12시간을 초과하여 연장 근로를 하거나 휴게 시간을 변경할 수 있도록 했다. 기존에 이와 같은 특례 업종은 모두 26개 업종이었다. 법 개정에 따라 2018년 7월 1일부터 아래 표와 같이 21개 업종은 특례업종에서 제외되었다. 현재는 운송업과 운송 관련 서비스업 및 보건업에 해당하는 5개 업종에 한해서만 계속 특례가 유지된다. 육상운송업 중에서도 노선여객자동차운송사업은 이번 특례에서 제외되었다. 같은 육상운송업 임에도 예외를 두고 있어 다소 혼란스러울 것 같다. 노선여객자동차운송사업이라 함은 시내(외)버스와 같이 일정하게 정해진 노선을 따라 운행하는 운송업을 말한다.

특례 유지 업종(5개)	특례에서 제외된 업종(21개)
■ 육상운송업(49)* ■ 수상운송업(50) ■ 항공운송업(51) ■ 기타 운송관련 서비스업(529) ■ 보건업(86) 　* 육상운송업 중 **노선여객자동차운송사업**은 제외	자동차 및 부품판매업(45), 도매 및 상품중개업(46), 소매업(47), 보관 및 창고업(521), 금융업(64), 보험 및 연금업(65), 금융 및 보험 관련 서비스업(66), 우편업(611), 교육서비스업(85), 연구개발업(70), 숙박업(55), 음식점 및 주점업(56), 광고업(713), 시장조사 및 여론조사업(714), 건물.산업설비 청소 및 방제서비스업(742), 미용, 욕탕 및 유사서비스업(961), 영상·오디오 및 기록물제작 및 배급업(59), 방송업(60), 전기통신업(612), 하수·폐수 및 분뇨처리업(37), 사회복지서비스업(87)

특례에서 제외된 21개 업종은 300인 이상 사업장이라 하더라도 2018년 7월 1일부터 바로 적용되는 것이 아니다. 법 시행일은 1년 유예되어 2019년 7월 1일부터 1주 52시간 근로제가 적용된다.

특례 제도는 근로자대표와 서면 합의를 통해 시간적 제한을 받지 않으므로 장시간 근로로 인해 근로자의 건강은 물론 공중의 생명까지 위험해질 우려가 있다. 그러므로 특례 제도를 도입할 때는 근로일 종료 후 다음 근로일 개시 전까지 최소 11시간 이상의 연속 휴식 시간을 부여하여야 한다.

제60조(연차 유급휴가)

① 사용자는 1년간 80퍼센트 이상 출근한 근로자에게 15일의 유급휴가를 주어야 한다. <개정 2012.2.1.>

② 사용자는 계속하여 근로한 기간이 1년 미만인 근로자 또는 1년간 80퍼센트 미만 출근한 근로자에게 1개월 개근 시 1일의 유급휴가를 주어야 한다. <개정 2012.2.1.>

③ 삭제 <2017.11.28.>

④ 사용자는 3년 이상 계속하여 근로한 근로자에게는 제1항에 따른 휴가에 최초 1년을 초과하는 계속 근로 연수 매 2년에 대하여 1일을 가산한 유급휴가를 주어야 한다. 이 경우 가산휴가를 포함한 총 휴가 일수는 25일을 한도로 한다.

⑤ 사용자는 제1항부터 제4항까지의 규정에 따른 휴가를 근로자가 청구한 시기에 주어야 하고, 그 기간에 대하여는 취업규칙 등에서 정하는 통상임금 또는 평균임금을 지급하여야 한다. 다만, 근로자가 청구한 시기에 휴가를 주는 것이 사업 운영에 막대한 지장이 있는 경우에는 그 시기를 변경할 수 있다.

⑥ 제1항 및 제2항을 적용하는 경우 다음 각 호의 어느 하나에 해당하는 기간은 출근한 것으로 본다. <개정 2012.2.1., 2017.11.28.>

  1. 근로자가 업무상의 부상 또는 질병으로 휴업한 기간

  2. 임신 중의 여성이 제74조제1항부터 제3항까지의 규정에 따른 휴가로 휴업한 기간

  3. 「남녀고용평등과 일·가정 양립 지원에 관한 법률」 제19조제1항에 따른 육아휴직으로 휴업한 기간

⑦ 제1항부터 제4항까지의 규정에 따른 휴가는 1년간 행사하지 아니하면 소멸된다. 다만, 사용자의 귀책사유로 사용하지 못한 경우에는 그러하지 아니하다.

연차유급휴가 제도

우리는 일정 시간 동안 휴대전화를 사용하게 되면 방전이 되므로 다시 충전하여 사용하게 된다. 근로자도 1년간 소정 근로일의 80% 이상 근로를 제공하면 연차유급휴가를 부여한다. 휴식과 더불어 재충전의 시간을 갖도록 하는 것이다.

근로기준법상 휴가 제도는 연차유급휴가를 비롯하여 생리휴가(제73조)와 출산전후휴가(제74

조)가 있다. 이 가운데 연차휴가 제도는 따로 단행본까지 나와 있을 정도로 매우 복잡하다. 아마도 근로기준법 전체를 통틀어 가장 복잡한 제도라 할 수 있다. 연차휴가 일수 산정에서부터 사용촉진에 이르기까지 관리가 쉽지 않다.

연차휴가 제도의 적용 대상은 일단 **상시 근로자 수가 5인 이상인 사업장**이어야 한다. 이는 영세 소규모 사업주들의 부담과 능력을 고려한 것이다. 이래저래 5인 미만 소규모 사업장에 근무하는 근로자들은 여러 측면에서 소외되고 있다. 그러한 소규모 사업장 근로자들을 위해 정부 차원의 별도 지원책이 있었으면 한다.

또한, 2018년도부터 1년 미만 근속한 근로자에게 월 단위로 연차휴가 제도가 도입되었다. 그 취지는 좋으나 근속 기간 1년 미만인 근로자에 대한 휴가 제도를 연차휴가라고 하는 것은 아리송하다. 최초 연도 월 단위의 연차휴가 제도는 과거에 존재했던 월차휴가 개념에 오히려 가깝다. 주휴일은 1주일의 근로에 대한 휴일이고 연차휴가는 1년 단위의 근로에 대한 보상 차원의 휴가인 셈이다. 그런데 1년 미만 근속 근로자에 대해 월차도 아닌 연차를 부여한다는 것은 억지스럽다. 연간 단위의 의미와는 부합되지 않는다. 차라리 1년 미만 근로자에 대해 예전에 폐지되었던 월차휴가 제도를 부활시켰다고 하면 모를까 그 의미가 부합하지 않는다. 또한, 이러한 휴가 제도는 기존에 근무해 온 근로자와 형평성에도 문제가 있다. 연차휴가가 확대된 경위에 대해서는 뒤에 다시 살펴보고자 한다.

최근 헌법재판소에서 연차유급휴가와 관련하여 중요한 판결이 있었다. 그 판결문의 내용 중에 연차유급휴가 제도가 우리나라에 최초 도입되어 오늘에 이르기까지 살펴본 내용이 포함되어 있어 인용해 본다.

"연차유급휴가는 1953년 근로기준법 제정 당시부터 존재하였다. 1년 동안 개근한 근로자에게 8일의 연차휴가를 부여하였으며(90% 이상 출근한 자에게는 3일간 휴가 부여), 1개월에 1일의 휴가를 주는 월차유급휴가와 함께 있었다. 2003년 근로기준법이 개정되면서, 월차유급휴가가 폐지되는 대신 연차유급휴가 일수를 15일로 상향조정 하였으며, 1년간 80% 이상 출근할 것을 요건으로 하였다. 그리고 계속 근로 기간이 1년 미만인 근로자에게도 1개월 개근 시 1일의 휴가를 부여하는 유급휴가 제도를 신설하여, 구법상의 월차유급휴가를 폐지함으로써 생긴 불이익을 해소하였다.

2012년 근로기준법 개정 시에는 다시 1년간 80% 이상 출근 요건에 미달하더라도 1개월 개근 시 1일의 휴가를 부여하는 제도를 신설하였으며, 2017년 근로기준법 개정 시 근속 기간 2

년 미만 근로자의 휴가를 보장하기 위하여 최초 1년간의 근로에 대한 유급휴가를 다음 해 유급휴가에서 빼는 규정을 삭제하여 1년 차에 최대 11일, 2년 차에 15일의 유급휴가를 각각 받을 수 있도록 하였다.

연차유급휴가는 1년간 80% 이상 출근한 근로자에게 15일의 유급휴가를 기본으로 주되, 3년 이상 계속 근로한 근로자에 대하여 총 25일을 한도로 계속 근로 연수 매 2년에 1일을 가산하고, 다음 근로연도 1년 동안 사용하여야 하며, 1년간 사용하지 않으면 소멸되나, 사용자의 귀책사유로 사용하지 못한 경우에는 소멸하지 않는다(근로기준법 제60조 제1항, 제4항, 제7항).

사용자는 연차유급휴가를 근로자의 청구가 있는 시기에 주어야 하며, 그 기간에 대하여는 취업규칙이나 그 밖의 정하는 바에 의한 통상임금 또는 평균임금을 지급하여야 하되, 근로자가 청구한 시기에 휴가를 주는 것이 사업 경영에 막대한 지장이 있는 경우에는 그 시기를 변경할 수 있다(근로기준법 제60조 제5항).

2012년 개정 전의 근로기준법은 제60조 제6항에서 근로자가 업무상의 부상 또는 질병으로 휴업한 기간과 임신 중인 여성이 제74조 제1항 또는 제2항의 규정에 따른 보호휴가로 휴업한 기간을 출근한 것으로 보는 규정을 두고 있었으며, 2017년 개정된 현행 근로기준법은 업무상의 부상 또는 질병, 임신 중 여성의 보호휴가뿐 아니라 육아휴직으로 휴업한 기간도 출근한 것으로 본다(근로기준법 제60조 제6항). 징계를 받은 근로자는 징계 기간 중 근로자의 신분을 보유하면서도 근로의무가 면제되므로, 사용자는 취업규칙에서 근로자의 정직 또는 직위해제 기간을 소정 근로 일수에 포함시키되, 그 기간 중 근로의무가 면제되었다는 점을 참작하여 연차유급휴가 부여에 필요한 출근 일수에는 포함되지 않는 것으로 규정할 수도 있고, 이러한 취업규칙의 규정은 구 근로기준법 제59조(현행 근로기준법 제60조)에 반하는 것이라고 보기는 어렵다(대법원 2008.10.9. 선고 2008다41666 판결 참조).

사용하지 않은 휴가에 대해서는 연차유급휴가 미사용 수당(연차휴가 수당)을 지급하며, 2003. 9. 15. 개정 전의 근로기준법에는 휴가를 사용하지 않은 기간에 대한 보상 규정이 없었지만, 대법원 판례(대법원 1991.1.15. 선고 90다카25734 판결, 대법원 1995.6.29. 선고 94다18553 판결 등 참조)를 통하여 연차유급휴가 미사용 수당이 인정되어 왔다(헌재 2015.5.28. 2013헌마619). 연차유급휴가 미사용 수당은 휴가 제도 본래의 취지를 살리지 못하고 금전보상의 수단으로 이용되었고, 특히 사용자의 권유에도 불구하고 연차유급휴가를 가지 않은 근로자에게조차 수당을 지급하는 문제로 노사 간에 갈등이 야기되자, 2003.9.15. 근로기준법 개정에서 연차휴가의 사용촉진 조항(제59조의 2, 현행법상으로는 제61조)을 신설하여 사용자가 적법하게 휴가 사용을 촉진한 때에는 사용하지 아니한 휴가에 대하여 보상할 의무를 면제하였다.

연차유급휴가 미사용 수당을 산정하기 위한 연간 소정 근로 일수와 출근 일수를 계산할 때 사용자의 부당해고로 인하여 근로자가 출근하지 못한 기간을 근로자에 대하여 불리하게 고려할 수는 없으므로 그 기간은 연간 소정 근로 일수 및 출근 일수에 모두 산입되는 것으로 보는 것이 타당하며, 부당해고 기간이 연간 총 근로 일수 전부라고 하더라도 달리 볼 수는 없다"(대법원 2014.3.13. 선고 2011다95519 판결 참조).

최근 개정된 연차유급휴가

그간 연차유급휴가 일수는 근로자가 1년을 계속 근로한 경우, 1년 미만 동안 사용한 휴가 일수를 포함하여 15일의 연차유급휴가를 사용할 수 있었다. 즉, 계속 근로한 기간이 1년 미만이거나 80% 미만 출근한 근로자는 1개월 개근 시 1일의 유급휴가를 사용할 수 있었다. 이때 휴가를 사용할 경우 다음 연도에서 발생하는 연차유급휴가 일수에서 차감하는 방식이었다. 다음 연도 발생 예정인 휴가를 앞당겨 쓰는 일종의 가불휴가 형태라 할 수 있다.

그런데 1년 미만 근로자 및 육아휴직 근로자의 경우 연차유급휴가가 미흡하다고 판단한 것 같다. 이에 20대 국회에서는 연차유급휴가와 관련한 근로기준법 개정안을 발의하게 된다. 개정 법률안은 2017년 9월 27일 국회 환경노동위원회의 의결을 거쳐 2017년 11월 9일 국회 본회의를 통과하였다. 2017년 11월 21일 국무회의 의결을 거쳐 공포됨에 따라 **2018년 5월 29일부로 개정된 연차휴가 제도가 시행**되기에 이르렀다.

이전에는 육아휴직을 사용한 근로자의 경우 휴직 전 출근한 기간에 비례하여 산정하였다. 따라서 1년 이상 휴직하였을 경우 복직 후 연차유급휴가를 사용할 수 없었다. 그러나 이제는 휴직 전의 출근 기간과 육아휴직 기간을 합한 1년간의 출근율에 따라 산정을 하게 되고 근속연수에 따라 15일 이상 25일 한도로 연차유급휴가를 사용할 수 있게 되었다.

연차유급휴가 제도는 상당히 복잡하다. 이번 법률 개정으로 인하여 1년 미만 근로자의 경우 더욱 그렇다. 그 발생 시점과 미사용 시 수당 지급 시기 등이 매월 단위로 구분되었다. 회계연도 계산 때의 연차유급휴가 일수 산정 방법 등에 있어 매우 복잡했다. 그러므로 일선 현장의 적용 과정에서 상당한 어려움이 예상된다. 또한, 늘어난 휴가를 사용하지 않으면 연차휴가 미사용 수당으로 지급해야 하므로 금전적인 부담도 더욱 커졌다.

그러한 문제점들로 인해 2020년 3월 6일 국회 본회의에서 1년 미만 근로자와 1년간 80% 미만 출근자의 연차휴가에 대해서도 사용촉진 제도가 신설되었다. 이는 연차휴가 제도가 임금 보전의 수단이 아닌 신규 입사자에 대한 휴식권 강화라는 법 개정의 취지에 맞게 운영되도록 한 것이다.

이번 근로기준법 개정을 통해 1년 미만 근로자 및 1년 이상 근로자 중 전년도 출근율이 80% 미만인 자의 연차휴가에 대해서도 연차휴가 사용촉진 제도를 도입했다.

이에 따라 법 개정 전에는 입사 1년 차의 경우 최대 26일의 연차휴가를 2년간에 몰아서 사용 가능하였다. 법 개정 후에는 발생한 연차휴가(최대 11일)에 대해서는 1년 동안 모두 사용하도록 하고, 2년 차에는 최초 1년간의 근로에 따라 발생한 연차휴가(최대 15일)만 사용할 수 있게 된다.

아울러 1년 미만 근로자 연차휴가의 소멸 시기도 변경되었다. 현재는 1년 미만 근로자의 월 단위 만근 시에 발생하는 연차유급휴가(최대 11일)의 경우 발생일로부터 1년간 사용하지 않으면 소멸되었다. 그러나 앞으로는 발생일과 관계없이, 입사일로부터 1년간 사용하지 않으면 소멸된다.

예를 들면 2021년 1월 1일 입사자는 1년 미만 동안 발생한 연차유급휴가를 모두 연도 말(2021.12.31.)까지만 사용할 수 있게 되었다.

변경된 월 단위 연차휴가는 2017년 5월 30일 이후 입사자부터 적용된다. 최초 1년간에 걸쳐 매월 개근 시 1일씩 연차유급휴가가 발생한다. 각 발생 월(月)로부터 1년간 사용할 수 있다. 그리고 발생 월부터 1년이 지나면 휴가 사용 기간이 종료된다. 사용자는 사용 기간이 종료된 다음 달의 임금 지급일에 미사용 휴가일에 대한 수당을 지급하면 된다.

한편, 입사 1년 차에 매월 1일씩 발생한 유급휴가를 2년 차의 종료 시점까지 사용할 수 있도록 취업규칙 또는 단체협약으로 정할 수 있다. 이때 1년 차에 발생한 휴가의 미사용 수당은 2년 차가 종료되는 날 직후 급여 지급일에 정산하여 지급하면 된다. 입사 후 1년간 출근율이 80% 미만일 경우 2년 차에 발생하는 유급휴가일 수는 1년 차에 개근한 월수만큼 1일씩 계산하여 산정된다.

예를 들면, 2019년 1월 1일 입사하여 6월까지는 개근하고 나머지 달에는 매월 10일 이상 결근하여 1년 차 출근율이 80% 미만일 경우 2년 차인 2020년에는 1년 차에 만근한 개월 수에 해당하는 6일의 연차휴가를 사용할 수 있다.

입사 1년 차에 부여받은 유급휴가 사용 기간 및 미사용 수당 지급 시기 등은 아래 표를 참고하면 된다.

▶ **17.7.1. 입사한 근로자의 기준 연차휴가 산정 예시**

연차휴가 산정 기간	발생 시점 (만근 시)	연차휴가 발생일수	사용 기간	미사용 시 수당 지급일
'17.7.1.~7.31.	'17.8.1.	1일(누적 1일)	발생 시점부터 1년 내	소멸 시점에서 다가오는 급여일
'17.8.1.~8.31.	'17.9.1.	1일(누적 2일)		
'17.9.1.~9.30.	'17.10.1.	1일(누적 3일)		
'17.10.1.~10.31.	'17.11.1.	1일(누적 4일)		
'17.11.1.~11.30.	'17.12.1.	1일(누적 5일)		
'17.12.1.~12.31.	'18.1.1.	1일(누적 6일)		
'18.1.1.~1.31.	'18.2.1.	1일(누적 7일)		
'18.2.1.~2.28.	'18.3.1.	1일(누적 8일)		
'18.3.1.~3.31.	'18.4.1.	1일(누적 9일)		
'18.4.1.~4.30.	'18.5.1.	1일(누적 10일)		
'18.5.1.~5.31.	'18.6.1.	1일(누적 11일)		
'18.6.1.~6.30.	1년간 출근율 80% 이상 시: '18.7.1.	15일		
'18.7.1.~ 19.6.30.	1년간 출근율 80% 이상 시: '19.7.1.	15일		

위 표에서 보는 것처럼 **상시 근로자 5인 이상 사업장**에서 입사 1년 차 근로자가 각 월에 만근을 하게 되면 그다음 달의 초일에 1일의 연차휴가가 발생한다. 그리고 2년 차에는 전년도 1년간 출근율이 80% 이상이면 15일의 연차휴가가 발생한다. 입사 1년 차 연차휴가와 2년 차 발생하는 연차휴가 누적 일수는 총 26일이 된다. 3년 차에 발생하는 일수를 더하면 41일에 이른다.

그러나 2020년 3월에 변경된 제도하에서 1년 미만 기간에 대한 사용촉진 조치가 있다면 1년 미만 기간에 대한 연차휴가는 소멸되고 15일간의 연차휴가만 발생하게 된다.

연차휴가는 2년 단위로 1일씩 가산된다. 매 2년 단위로 추가되어 21년간 근속하면 상한 연가 일수인 25일에 이르게 되며 그 이후부터는 매년 25일씩 부여된다.

▶ '20.7.1.에 입사한 근로자의 회계연도(1.1.~12.31.) 기준 연차휴가 산정 예시

발생시점 산정기준	20.8	20.9	20.10	20.11	20.12	21.1	21.2	21.3	21.4	21.5	21.6	21.7
제60조제1항						7.5일						
제60조제2항	1일	1일	1일	1일	1일	1일	1일	1일	1일	1일	1일	
누계	1일	2일	3일	4일	5일	13.5일						18.5일

근속 기간별 연차휴가는 다음의 식으로 하면 간단하게 구할 수 있다.

근속연수별 휴가 일수 = 15일 + {(근속연수 - 1년) ÷ 2}

※ 밑줄 친 음영 부분은 계산 후 소수점 이하는 절사

연차휴가는 근로자별로 입사일을 기준으로 산정하는 것이 원칙이다. 입사일이 각기 다른 근로자별로 연차휴가를 관리하는 것은 번거롭고 비효율적이다. 판례와 행정 해석은 노무 관리 편의상 노사가 합의할 경우(취업규칙, 단체협약) 회계연도 기준으로 모든 근로자에게 일괄 부여하는 것도 허용된다고 본다. 연도 중 입사자의 경우 다음연도에 대하여 발생하는 휴가 일수는 전년도 근속 기간에 비례하여 산정하면 된다.

만약, 근로자가 퇴직 시에 입사일을 기준으로 한 연차휴가 일수보다 근무 기간 중 회계연도를 기준으로 한 연차휴가 일수가 적으면 부족한 일수만큼 수당으로 보상하면 된다. 법 개정 이후에도 기존 산정 방법에 따라 연차휴가를 부여하면서, 1년 차에 1개월 개근 시 1일씩 발생한 휴가 일수도 별도로 인정하면 될 것이다.

연도 중 입사자의 경우 다음 회계연도까지 발생하는 휴가 일수는 ① 다음 회계연도에 발생하는 연차휴가 일수(15일 × 근속 기간 총일수 / 365) + ② 입사일부터 1년간 1월 개근 시 1일씩 발생한 휴가 일수가 된다.

▶ '17.7.1.에 입사한 근로자의 회계연도(1.1.~12.31.) 기준 연차휴가 산정 예시

산정기준 \ 발생시점	17.8	17.9	17.10	17.11	17.12	18.1	18.2	18.3	18.4	18.5	18.6	18.7
제60조제1항						7.5일						
제60조제2항	1일	1일	1일	1일	1일	1일	1일	1일	1일	1일	1일	
누계	1일	2일	3일	4일	5일	13.5일						18.5일

연차휴가와 관련하여 통상임금 또는 평균임금으로 지급하는 금품을 **연차 수당**이라고 한다. 연차 수당은 연차휴가 수당과 연차휴가 미사용 수당을 합한 개념이다. 다음과 같이 두 가지로 구분되어 진다. 하나는 연차휴가를 청구하여 사용할 경우 그 휴가일은 근로를 제공하지 않게 된다. 그렇더라도 1일분의 통상임금 또는 평균임금으로 지급되는 금품이 **연차휴가 수당**이다. 이와 달리 근로자가 취득한 연차유급휴가를 사용하지 않는 경우가 많다. 이때 위의 연차휴가 수당 외 하루분의 통상임금 또는 평균임금에 해당하는 금품을 추가로 지급받을 수 있다. 이때의 수당을 **연차휴가 미사용 수당**이라고 부른다. 사용자가 연차휴가 수당을 통상임금 또는 평균임금으로 지급할 것인지는 취업규칙 등으로 정하면 된다. 따로 정하지 않았다면 통상임금으로 지급되어도 무방하다.

임금이 월급제인 경우는 연차휴가 수당이 별도로 발생하지 않는다. 휴가를 사용하더라도 정해진 월정액으로 지급되기 때문이다. 그러나 연차휴가를 사용하지 않았을 때에는 연차휴가 미사용 수당으로 지급받는다.

연차휴가 산정이 어렵고 복잡한 이유 중의 하나는 소정 근로 일수 및 출근율 산정에 있다. 다음 연도에 연차휴가가 발생하려면 그 전년도에 1년간 80% 이상을 출근하여야 한다. 그 1년간은 365일 전체를 의미하는 것이 아니다. 출근하기로 정한 소정 근로 일수를 기준으로 삼는다. 그 소정 근로 일수에 근로자의 사정으로 출근하지 않으면 결근일이 되는 것이다.

그런데 출근하여야 하는 날에 부득이하게 출근하지 못하는 여러 사정이 발생한다. 이러한 점들이 연차휴가 산정을 복잡하게 하는 것이다.

법정 또는 약정 휴일은 소정 근로 일수에서 제외된다. 법정 휴일은 '주휴일'과 '근로자의 날'이다. 이제는 상시 근로자 숫자에 따라 관공서의 공휴일도 법정 휴일에 포함된다. 그 외 노사 당사자 간에 근로하지 않기로 약정한 휴일과 휴무일 등도 소정 근로 일수에서 제외한다.

소정 근로일에 실제 출근하지 않았으나 법령 등에 의해 출근한 것으로 보는 경우도 있다. 이때는 소정 근로 일수에 포함됨과 아울러 출근으로 처리된다. 그에 해당하는 것으로 업무상 질병이나 부상으로 휴업한 기간, 출산전후휴가 기간, 남녀고용평등법에 의거 2018년 5월 29일 이후 개시된 육아휴직 기간, 연차유급휴가, 생리휴가, 배우자 출산휴가, 공민권 행사를 위한 휴무일(대통령 선거, 국회의원 선거 등), 예비군 및 민방위 훈련 기간 등이 이에 속한다.

소정 근로 일수에는 포함되지만 결근으로 처리되는 기간도 있다. 근로자 본인의 귀책사유로 휴직한 기간(질병휴직), 정당한 징계(정직 기간), 불법 파업 기간 등이 여기에 속한다.

좀 더 복잡한 경우로써 특별한 사유가 발생할 경우 근로 제공 의무가 정지될 수 있다. 이때는 소정 근로 일수에서는 제외되나 그 제외한 기간에 비례하여 휴가 일수가 축소된다. 이에 해당하는 것으로는 사용자의 귀책사유로 휴업한 기간, 적법한 쟁의행위 기간, 부당징계 기간, 부당해고 기간, 해외연수 기간, 재택 대기 기간, 대기 발령 기간, 근로 시간 면제 기간 등이 여기에 속한다. 이러한 경우 연차유급휴가는 근로 제공이 정지된 기간을 제외한 나머지 소정 근로 일수에 대한 출근율에 따라 산출된 일수에 해당 사업장의 연간 총 소정 근로 일수에 대한 위의 나머지 소정 근로 일수 비율을 곱하여 산정하게 된다.

단시간 근로자는 통상 근로자의 근로 시간에 비례하여 계산되며, 시간 단위로 부여하게 된다. 다음 산출 식을 참고하면 이해가 쉬울 것이다.

$$\text{통상 근로자 연차휴가 일수} \times \frac{\text{단시간 근로자 소정 근로 시간}}{\text{통상 근로자 소정 근로 시간}} \times 8\text{시간} = \text{단시간 근로자 연차휴가 시간}$$

예를 들어, 1일 6시간, 1주 30시간을 근로하는 단시간 근로자의 연차유급휴가를 위의 식에 대입하여 구하면 다음과 같이 된다.

$$① \quad 15일 \times \frac{30\text{시간}}{40\text{시간}} \times 8\text{시간} = 90\text{시간}$$

$$② \quad 15일 \times \frac{30\text{시간}}{5\text{시간}} = 90\text{시간}$$

※ 위 계산식 ②는 ①의 분모 40시간과 뒤에 곱해지는 8시간의 약분 산식임

연차유급휴가와 공무원 연가 제도

참고로 근로기준법상의 연차휴가와 공무원의 연가 제도를 비교해 보면 근속연수에 따라 약간의 차이를 보인다.

▶ 공무원의 연가(연차휴가) 일수

(국가공무원 복무규정 제15조)

근무연수	1년 미만	1년 이상 2년 미만	2년 이상 3년 미만	3년 이상 4년 미만	4년 이상 5년 미만	5년 이상 6년 미만	6년 이상
휴가 일수	11일	12일	14일	15일	17일	20일	21일

국가 및 지방 공무원 복무 규정상 공무원의 휴가는 근로기준법상 **연차유급휴가**라는 용어와 달리 **연가**라고 부른다. 위 표에서와같이 구간별 휴가 일수 또한 약간의 차이를 보인다. 그런데 공무원에게 적용되는 휴가라 하여 굳이 휴가의 명칭이나 휴가 기준을 달리 정할 이유가 있는지 의문이다.

앞으로는 민간 기업도 공무원과 똑같이 관공서의 공휴일에 쉬게 된다. 상시 근로자 300인 이상 사업장은 2020년 1월 1일부터 적용이 되고, 5인 이상 전 사업장은 2022년 1월 1월부터 적용된다.

2018년도에 공무원 복무규정이 바뀌어 그해에 1개월만 근무하고 육아휴직에 들어가거나 6개월만 근무하고 퇴직할 경우 기존에 발생한 연가에서 1/12 또는 1/2에 해당하는 휴가만 사용할 수 있도록 바뀌었다. 근로기준법에서는 전년도까지 근속한 기간을 기준으로 해당 연도에 발생한 휴가를 일방적으로 삭감하는 것은 허용되지 않는다.

공무원과 일반 근로자 간에 현격한 차이를 보이는 것은 퇴직금과 연금 제도이다. 고령화 사회가 되면서 공무원 연금 적자는 계속 문제점으로 남을 전망이다. 결국, 공무원과 일반 근로자는 퇴직금 제도에서 같은 기준이 적용되어야 할 것으로 보인다. 휴가 제도 또한 공무원과 비공무원을 구분하여 정할 필요가 있는지 의문이다. 달리할 명분이 없다면 연차휴가 제도 또한 공무원과 근로자를 구분하지 아니하고 똑같이 적용되었으면 한다.

월차유급휴가 제도

과거에는 연차휴가와 더불어 **월차휴가**라는 제도가 있었다. 주 40시간제가 도입되기 전, 구(舊) 근로기준법 제57조에 의거 **월차유급휴가**라는 월 단위로 부여되는 휴가 제도이다. 월차휴가는 우리나라 고유의 휴가 제도라고 한다. 1년 단위로 주어지는 연차휴가와는 별개로 1개월 만근 시 그다음 달에 1일의 월차유급휴가가 발생하였다. 또한, 매월 사용하지 않으면 모아서 사용할 수도 있었다.

세계적으로도 그 사례를 찾아보기 어려운 월차휴가가 왜 우리 노동법에 도입되었을까? 근로기준법에 월차휴가가 도입된 데는 아주 단순한 논리에서 비롯되었다는 설이 있다. 즉, **1주 단위로 주어지는 주휴일도 있고, 1년 단위로 주어지는 연차휴가가 있다. 그렇다면 그사이에 월 단위의 휴가도 있어야 하지 않겠느냐**는 아주 단순한 논리에서 월차휴가 제도가 도입되었다는 것이다. 그랬던 월차휴가 제도는 2003년 9월 15일 주 40시간제 도입과 함께 근로기준법에서 삭제되었다. 주 40시간제 근무에 따른 주당 2일의 휴무와 월차휴가, 연차휴가 등을 모두 합치면 연간 130일가량의 휴가가 주어지게 되는 셈이다.

최근 최저임금 인상과 함께 논란이 되었던 유급 주휴일과 함께 월차유급휴가 또한 국제 표준 이상의 근로자 배려 제도였던 것 같다. 지금은 근로기준법에서 삭제가 된 제도이다. 그렇지만 일부 대기업에서는 폐지된 월차휴가 제도가 단체협약으로 계속 유지되고 있다. 한 번 확보한 기득권은 포기하기 어렵다.

이건 좀….

근로자가 연차유급휴가권을 취득한 후에 이를 사용하기 전 근로 관계가 종료되는 때가 있다. 그러면 근로 관계 종료 시까지 사용하지 못한 연차휴가 일수 전부에 상응하는 수당을 사용자에게 청구할 수 있을까? 과거 노동부 행정 해석은 연차휴가 미사용 수당 청구 대상이 아닌 것으로 해석했다. 그러나 대법원의 판례에서 그러한 경우에도 연차휴가 미사용 수당을 청구할 수 있다고 한다.

대법원 판례의 내용과 이유는 다음과 같다. "유급(연차휴가 수당)으로 연차휴가를 사용할 권리는 근로자가 1년간 소정의 근로를 마친 대가로 확정적으로 취득하는 것이므로, 근로자가 일단 연차유급휴가권을 취득한 후에 연차유급휴가를 사용하기 전에 퇴직 등의 사유로 근로 관계가 종료된 경우, 근로 관계의 존속을 전제로 하는 연차휴가를 사용할 권리는 소멸한다 할지라도 근로 관계의 존속을 전제로 하지 않는 연차휴가 수당을 청구할 권리는 그대로 존재하는 것이어서, 근로자는 근로 관계 종료 시까지 사용하지 못한 연차휴가 일수 전부에 상응하는 연차휴가 수당을 사용자에게 청구할 수 있는 것이다." (대법원 1996.11.22. 선고 95다36695 판결, 2000.12.22. 선고 99다10806 판결, 대법원 2005.5.27. 선고 2003다48549, 48556 판결 등 참조)

그렇다면 개정법 시행 후 계약 기간 1년인 기간제 근로자의 연차휴가는 어떻게 보아야 할까? 근로 계약 기간이 1년인 기간제 근로자는 1년이 경과 후 연장 계약이 이루어지지 않으면 계약 기간 만료로 퇴직을 하게 된다. 매월 단위로 발생한 연차휴가와는 별도로, 1년 단위의 연차휴가는 발생과 동시에 퇴직하게 되는 셈이다. 연차휴가를 사용할 여지가 없게 된다.

위의 판례대로 라면 해당 기간제 근로자는 1년간 출근율이 80% 이상이면서 연차휴가를 전혀 사용하지 않았다면 계약 기간 만료 시 최대 26일분의 미사용 수당이 지급되어야 한다. 연차유급휴가는 지난 1년간의 성실한 근로 제공에 대한 휴식 차원의 보상임과 아울러 재충전의 시간을 가짐으로써 노동력을 원활하게 제공한다고 본다. 그러려면 계속 근로를 제공해야 그 취지를 살릴 수 있다. 딱 1년간만 근무하고 사업장을 떠나게 되면 그러한 취지는 사실상 무색해진다.

반면에 주휴일은 1주의 소정 근로만 제공하고 퇴직하는 경우 주휴일은 주어지지 않는다. 주간 단위의 휴일이 그러하다면 연간 단위의 휴가라고 해서 달리 볼 사안은 아닐 것이다.

결국, 사용자는 발생한 연차휴가를 전부 사용하지 아니하고 1년 후 퇴직하는 근로자에게 퇴직금과 함께 최대 26일분의 연차휴가 미사용 수당을 부담하여야 한다. 덧붙여 수개월 분의 실업급여도 신청할 수 있다. 1년을 채우고 퇴직하는 것과 그렇지 못한 경우 많은 차이를 나타낸다.

연차휴가 수당과 관련하여 논란이 되었던 또 다른 판례가 2017년도에도 있었다. (대법원 2017.5.17. 선고 2014다232296, 2014다232302 병합 판결) 그 내용인즉 **업무상 재해로 출근을 하지 못했을 경우에도 연차유급휴가 수당을 지급하라**는 취지로 대법원에서 판결 사례이다.

경남 지역의 한 사업장에 근무하던 A 씨는 2000년 12월 업무상 스트레스로 인한 불안장애 진단으로 산재승인을 받게 된다. 그리고 2012년까지 10년 넘게 장기요양을 했다. 이 기간에 A 씨는 근로복지공단으로부터 평균임금 70%에 해당하는 휴업급여를 받아 왔다. 또한 회사로부터 30%에 해당하는 급여를 추가로 받았다. 그러면서 요양으로 장기간 출근을 하지 않았어도 연차유급휴가가 발생했다며 3천 9백여만 원을 청구했다. 1·2심 재판에선 A 씨가 해당 연도에 출근하지 않았으므로 연차휴가 미사용 수당 지급 대상이 아니라고 판결했다. 그러나 대법원은 하급심과는 달리 A 씨의 주장을 받아들여 당시 많은 논란을 불러왔었다.

그러한 대법원 판결이 나오게 된 근거는 근로기준법 제60조(연차유급휴가) 제6항 제1호의 **근로자가 업무상의 부상 또는 질병으로 휴업한 기간**을 출근한 것으로 본다는 문구 때문이다. 장기간의 질병 휴업 기간을 **출근한 것으로 간주**함으로써 그러한 판결로 이어진 것이다.

위 대법원 판결에 대하여 사측은 **사용자의 직업 수행의 자유를 제한**하고, **재산권을 침해**한다며 헌법재판소에 위헌 소원을 제기하였다. 그렇지만 2020년 9월 24일 헌법재판소 또한 헌법에 위반하지 않는다는 판결을 하였다.

하지만 산업 현장에서 1년에 80% 이상 출근하여 근로를 제공한 근로자에게 부여된다는 취지와는 거리감이 있어 보인다. 결국, 근로 실적에 대한 보상이라는 취지에도 맞지 않을 뿐 아니라 미래를 대비한다는 의미를 상실한 것 같다. 그리고 자구(字句)에만 충실한 것 같다. 성실하게 출근하여 일하는 사람들이 오히려 역차별을 받게 된다는 생각이 든다.

제61조(연차 유급휴가의 사용 촉진)

사용자가 제60조제1항 및 제4항에 따른 유급휴가의 사용을 촉진하기 위하여 다음 각 호의 조치를 하였음에도 불구하고 근로자가 휴가를 사용하지 아니하여 제60조제7항 본문에 따라 소멸된 경우에는 사용자는 그 사용하지 아니한 휴가에 대하여 보상할 의무가 없고, 제60조제7항 단서에 따른 사용자의 귀책사유에 해당하지 아니하는 것으로 본다. <개정 2012.2.1., 2017.11.28.>

1. 제60조제7항 본문에 따른 기간이 끝나기 6개월 전을 기준으로 10일 이내에 사용자가 근로자별로 사용하지 아니한 휴가 일수를 알려주고, 근로자가 그 사용 시기를 정하여 사용자에게 통보하도록 서면으로 촉구할 것

2. 제1호에 따른 촉구에도 불구하고 근로자가 촉구를 받은 때부터 10일 이내에 사용하지 아니한 휴가의 전부 또는 일부의 사용 시기를 정하여 사용자에게 통보하지 아니하면 제60조제7항 본문에 따른 기간이 끝나기 2개월 전까지 사용자가 사용하지 아니한 휴가의 사용 시기를 정하여 근로자에게 서면으로 통보할 것

> **제62조(유급휴가의 대체)**
> 사용자는 근로자대표와의 서면 합의에 따라 제60조에 따른 연차 유급휴가일을 갈음하여
> 특정한 근로일에 근로자를 휴무시킬 수 있다.

연차휴가의 사용촉진과 대체

연차유급휴가는 여러 이유로 잘 사용하지 못한다. 나름대로 판단해보면 첫째, 휴가를 다녀오면 일이 계속 쌓이게 된다. 물론 누군가가 대신하여 업무를 맡아 주면 별 부담은 없을 것이다. 대신해줄 상황이 아닐 때가 문제다. 노동청 근로감독관도 휴가를 잘 사용하지 못한다. 휴가 기간에 다른 동료 근로감독관이 대신해줄 형편이 못 된다. 휴가로 인한 부담이 클 수밖에 없다. 둘째, 요즘은 덜하지만, 상사의 눈치가 보인다. 과거에는 일벌레처럼 열심히 해야 인정받았다. 그런 조직 문화가 휴가 사용을 방해하곤 한다. 최근에는 조직의 윗사람부터 솔선수범하여 사용하라는 지시가 수시로 내려온다. 셋째, 여가 문화가 활성화되지 않아 놀거나 쉬는 데 익숙하지 않다. 넷째, 혹시 급한 볼일이 생기면 사용하기 위해 휴가를 아끼거나 보류하기도 한다. 다섯째, 휴가보다는 연차휴가 미사용 수당을 받고자 하는 금전적 보상 욕구가 휴가 사용을 꺼리게 한다. 그 밖에도 여러 사정이 있을 것이다.

연차유급휴가 제도는 본래 쉬도록 한 것이지 수당을 받도록 하는 취지는 아니다. 그래서 근로자가 억지로라도 휴가를 사용하도록 사용촉진 제도가 생기게 되었다. 사용촉진 방법은 법에 명시되어 있듯이 2단계에 걸쳐 이루어진다. 일단은 사용자가 휴가 사용 기간 만료일 6개월 전을 기준으로 10일 이내에 해당 근로자에게 휴가 일수를 알려 주고, 이에 근로자는 10일 이내에 사용 시기를 정하여 사용자에게 알려 주도록 한다.

그런데도 근로자의 통보가 없으면 사용자는 휴가 사용 기간 만료 2개월 전까지 휴가 시기를 정하여 근로자에게 **서면으로 통보**하게 된다. 그런데도 휴가를 사용하지 않을 때는 미사용한 휴가에 대하여 사용자는 보상할 의무를 면하게 된다.

회계연도(1월 1일~12월 31일)를 기준으로 한 연차휴가 촉진조치는 다음과 같다.

사용 시기 지정요구 사용자	사용 시기 지정요구 근로자	근로자 미지정 시 사용 시기 통보 사용자	휴가실시 근로자
7.1. ~ 7.10.	10일 이내	10.31.까지	11.1.~12.31.

연차휴가 사용촉진은 사내 게시판이나 전자문서 등으로 하는 경우가 있다. 그런데 그러한 촉진 사실을 몰랐다고 하면 어떻게 될까? 사용 시기 통보 사실을 몰랐다면 사용촉진을 한 것으로 인정받기 어려울 수 있다. 그런 경우를 대비하여 반드시 서면으로 통보할 필요가 있다.

사용자가 연차유급휴가 사용촉진 조치를 하였음에도 근로자가 해당 휴가일에 출근한 경우 사용자는 노무 수령 거부 의사를 명백히 밝혀야 한다. 그런데도 근로를 제공하였다면 경우 연차유급휴가 미사용 수당을 지급할 의무는 없게 된다.

연차유급휴가 미사용 시 수당 지급 시기는 법으로 정해져 있지 않다. 미사용 수당은 연차유급휴가를 청구할 수 있는 권리가 소멸한 날의 다음 날에 발생하는 것으로 볼 수 있다. 별도 정함이 없는 경우 1년의 기간이 만료된 후 최초의 정기 임금 지급일에 지급하면 된다. 그러나 취업규칙이나 단체협약으로 별도 정한 날이 있다면 그에 따르면 된다. 미사용 수당 지급기준 임금은 휴가 청구가 만료되는 달의 평균임금 또는 통상임금으로 산정하면 된다.

연차유급휴가는 특정일로 대체할 수 있다. 특정일로 대체하기 위해서는 일정 요건을 갖추어야 한다. 사용자와 **근로자대표 간에 서면 합의**를 하면 된다. 서면 합의에 따라 전 근로자들을 대상으로 특정 소정 근로일(명절 전후의 근로일, 징검다리 근로일)에 대체하여 실시할 수 있다.

만약 근로자대표와 서면 합의 없이 사용자가 일방적으로 연차유급휴가를 대체하였을 땐 절차상 문제가 된다. 근로자가 이의 제기 없이 쉬었다면 별문제가 없겠지만 그렇지 않다면 절차 불이행으로 법 위반의 문제가 발생하기 때문이다.

연차유급휴가 대체는 개별 근로 계약에 의거 특정 근로일에 연차유급휴가를 사용하는 것으로 정하기도 한다. 이 또한 효력 여부를 두고 다툼의 소지가 있다. 사업장 전체가 동시에 쉬는 것이므로 근로자대표와 먼저 합의가 있어야 할 것이다.

사업장에 근로자 과반수의 노동조합이 설립되어 있으면 근로자대표성이 있으므로 단체협약으로 정해도 무방하다. 취업규칙으로 정하는 때에는 사용자의 개입이 배제된 상태에서 동의를 거치면 휴가 대체가 가능한 것으로 본다.

> **제63조(적용의 제외)**
>
> 이 장과 제5장에서 정한 근로시간, 휴게와 휴일에 관한 규정은 다음 각호의 어느 하나에 해당하는 근로자에 대하여는 적용하지 아니한다. <개정 2010.6.4.>
>
> 1. 토지의 경작·개간, 식물의 재식(栽植)·재배·채취 사업, 그 밖의 농림 사업
> 2. 동물의 사육, 수산 동식물의 채포(採捕)·양식 사업, 그 밖의 축산, 양잠, 수산 사업
> 3. 감시(監視) 또는 단속적(斷續的)으로 근로에 종사하는 자로서 사용자가 고용노동부장관의 승인을 받은 자
> 4. 대통령령으로 정하는 업무에 종사하는 근로자

법정 근로 시간, 휴게와 휴일 규정의 적용이 제외되는 경우

사업의 특성이나 업무의 특수성으로 인하여 근로 시간, 휴게와 휴일에 관한 규정을 적용하기가 어려운 사업(법 제63조 1호, 2호) 또는 근로자(3호, 4호)가 있다. 휴일이나 휴게를 법 기준에 맞추다 보면 말 못 하는 식물이나 동물은 위태로울 수 있다. 또한, 감시·단속적 업무의 경우는 생활상에 지장을 초래하게 된다. 그럴 때 부득이 법 적용에서 제외한다는 규정이다.

근로기준법 제63조 제1호 또는 제2호는 적용제외 대상을 **사업**으로 보고 있으므로 일부 근로자가 주된 사업과 구분되는 다른 직종에 종사하더라도 적용을 받게 된다. 그러나 다른 직종에 종사하는 근로자들에 대해서 취업규칙 등으로 유리하게 정하면 그에 따르면 된다.

감시적(監視的) **근로자**는 심신의 피로가 적은 감시 업무를 담당하는 자를 말하며, 불규칙적으로 단시간 동안 택배를 대리로 수령하거나 분리수거 등을 수행하는 경우에 해당한다.

예전 아파트 등 공동주택 경비 업무는 외부인의 출입 감시가 주된 업무였다. 하지만 시대 변화와 함께 주된 업무였던 경비 업무는 출입구 등에 설치된 CCTV에 많이 의존하고 있다. 대신 예

전에 하지 않던 입주민의 택배 물품 수령과 보관, 분리수거, 주차관리 등의 업무까지 담당하고 있다.

최근 부산지역의 한 공동주택에서 퇴직한 경비 근로자가 공동주택에 대해 감시적 근로에 종사하는 자의 적용제외 승인을 취소해 달라는 진정을 낸 적이 있다. 그러한 근로 형태는 이미 전국적으로 대동소이한 형태이고, 적용 제외 취소 대상이 된다면 전국의 대부분 공동주택에 대해 승인 취소를 해야 하는 상황이다.

감시적 근로에 종사하는 자의 적용제외 대상에서 인가 취소나 불승인 시 입주민들의 경제적 부담 증가와 함께 경비직을 줄이거나 없애자는 분위기가 형성될 가능성이 있다. 감시적 근로자의 처우가 개선되는 만큼 입주민이 부담을 수용할지를 두고 발생할 부작용들을 고려하면 일종의 딜레마이기도 하다.

단속적(斷續的) **근로자**는 평소에는 한가하나 기계 고장 수리 등 돌발적인 사고 발생에 대비하여 대기하는 시간이 많은 업무 종사자를 말한다. 공동주택이나 대형 건물의 기계실에서 보일러나 전기 등을 관리하는 근로자가 이에 속한다. 단속적이라 하여 흔히 도로상에 불법 주차 차량을 단속(團束)하는 것과 같은 일을 단속적 근로라고 오해하기도 한다. 이는 전혀 다른 개념이다.

감시·단속적 근로 종사자가 휴게와 휴일의 규정을 받지 않으려면 별도의 절차가 필요하다. 즉, 고용노동부장의 승인을 받아 시행하여야 한다. 해당 사업의 사용자는 별도 서식에 의한 「**감시적·단속적 근로 종사자에 대한 적용제외 승인 신청서**」를 지방노동관서로 제출하면 된다. 그러면 근로감독관이 제출된 서류와 현장 확인 등의 검토를 거친 후 승인을 통보하게 된다. 그렇지 아니하고 사용자의 판단에만 맡긴다면 임의로 적용될 소지가 있다. 그러면 과로 등에 의한 근로자 보호에 문제가 생기게 된다.

가끔 위와 같은 적용제외 승인 절차가 생략되기도 한다. 주로 입주자대표가 사용자인 소규모 공동주택에서 그러한 사례가 많다. 그리하여 격일제 근무 등을 하게 되므로 사건화가 되곤 한다. 적용제외 승인 절차를 인지하지 못하여 그러한 상황이 발생하는 것이다. 이런 경우 실질적으로는 적용제외 요건에 해당한다 하더라도 근로 시간 등의 적용에서 제외되지 않는다. 결국, 법정 근로 시간을 초과하게 되므로 법 위반의 책임과 함께 가산임금 또한 지급하여야 하므로 유의해야 한다.

또 하나 유의할 점은 **야간 근로 수당**이다. 위 각호의 사업 또는 업무에 해당할 경우 연장 근로나 휴일 근로에 대한 가산임금은 적용이 되지 않는다. 그러나 야간 근로에 관한 규정까지 포함되는 것은 아니다. 오후 10시부터 다음날 오전 6시 사이에 근로할 경우 **야간 근로에 대한 수당은 가산하여 지급**하여야 한다.

법 제63조 제4호에서 **대통령령으로 정하는 업무에 종사하는 근로자**란 관리·감독 업무 또는 기밀을 취급하는 업무를 말한다. 여기서 **기밀**(機密)이란 용어는 다소 생소하다. 일본 노동기본법에 있는 용어를 그대로 도입하여 사용한 것으로 보인다. 비슷한 의미의 단어로는 비밀이라는 용어가 있다.

판례에서 **관리·감독업무에 종사하는 근로자**란 사업의 종류에 관계없이 일반적으로 근로조건의 결정 기타 노무관리에 있어서 사업주와 일체적인 입장에 있는 자를 말한다. 그 실제에 있어서 과장, 부장, 소장 등의 명칭 여하에 불구하고 노무관리 방침 결정에 참여하거나 노무 관리상의 지휘 권한을 가지는지 여부, 자기의 근로에 대하여 자유 재량권을 가지고 출·퇴근 등에 엄격한 제한을 받는지 여부, 그 지위에 따른 특별수당을 받고 있는지 여부 등을 종합적으로 고려하여 구체적으로 판단하여야 한다."라고 판시한 바 있다. (대판 88다카2974, 1989.2.28.)

기밀취급자(機密取扱者)는 반드시 비밀 서류 취급자를 가리키는 것은 아니며, 비서나 기타 그 직무가 경영자 또는 감독·관리적 지위에 있는 자의 활동과 일체 불가분의 관계에 있으며 출·퇴근 등에 엄격한 제한을 받지 않는 자를 의미한다.

제5장

여성과 소년

들어가며

우리나라 최상위 법인 헌법에서 노동과 관련한 법 조항은 제32조와 제33조이다. 헌법 제32조에서 "모든 국민은 근로의 권리와 의무를 가진다."라고 선언함과 아울러 개별적 근로 관계에 대해 많은 비중을 두고 있다. 그리고 제33조는 집단적 노사 관계에 관한 사항들을 규정하는 조항들이다.

근로기준법 제5장의 제 규정들은 헌법 제32조 제4항 **"여자의 근로는 특별한 보호를 받으며, 고용·임금 및 근로 조건에 있어서 부당한 차별을 받지 아니한다."**라고 한 것과 제5항에서 **"연소자의 근로는 특별한 보호를 받는다."**라고 한 것에 근거를 둔 것이다. 그러한 점을 염두에 두고 법을 살펴보면 이해가 수월할 것이다.

제64조(최저 연령과 취직인허증)

① 15세 미만인 자(「초·중등교육법」에 따른 중학교에 재학 중인 18세 미만인 자를 포함한다)는 근로자로 사용하지 못한다. 다만, 대통령령으로 정하는 기준에 따라 고용노동부장관이 발급한 취직인허증(就職認許證)을 지닌 자는 근로자로 사용할 수 있다. <개정 2010.6.4.>

② 제1항의 취직인허증은 본인의 신청에 따라 의무교육에 지장이 없는 경우에는 직종(職種)을 지정하여서만 발행할 수 있다.

③ 고용노동부장관은 거짓이나 그 밖의 부정한 방법으로 제1항 단서의 취직인허증을 발급받은 자에게는 그 인허를 취소하여야 한다. <개정 2010.6.4.>

취업이 가능한 최저 나이

우리 헌법 제32조 제5항의 정신에 따라 근로기준법에서는 연소자에 대한 보호 규정을 두고 있다. 노동법은 영국에서 제일 먼저 등장했음을 제1부에서 밝혔었다. 산업혁명 당시 아동 보호소 등에 있던 어린아이들까지 노동 현장에 투입되었다. 그리고 장시간 노동과 안전사고 등이 발생하면서 사회 문제가 되었었다.

법은 아직 신체적·정신적으로 덜 성숙한 연소자를 보호하고자 취업연령을 제한하고 있다. 나이가 15세 미만이거나 18세 미만이더라도 중학교에 재학 중인 학생은 근로자로 취업이 불가하다. 이들은 성장기에 있고, 중학교 과정까지는 의무 교육 대상이기 때문이다.

다만, 15세 미만인 자도 취직인허증을 발급받으면 취업할 수 있다. 위 법의 시행령에서 취직인허증을 받을 수 있는 자는 13세 이상 15세 미만인 자로 규정하고 있다. 하지만 단서 조항에서 **예술공연 참가**를 위한 경우에는 **13세 미만인 자**도 취직인허증을 받을 수 있다고 되어 있다. 예술공연과 관련한 대표 사례로는 **리틀엔젤스예술단**이 있다. 1962년 5월 5일 창단되었으며 단원의 연령은 9~15세 정도이다. 지금도 국내는 물론 외국에서 공연을 계속하고 있다.

우리의 일상생활에서 접하는 영화나 드라마가 예술공연에 해당하는지 의문이다. 영화와 드라마를 제작하기 위해서는 어린이 역할을 하는 **아역**(兒役) **배우**가 반드시 필요하다. 그리고 현실적으로 어린이들 또한 드라마 제작 등에 많이 참여하고 있다. 영화나 드라마 제작이 예술공연 참가를 위한 경우로 확장해 볼 수 있다면 문제가 없다. 그렇지 않다면 법의 문구를 바꾸어야 할 것 같다. 즉, '**예술공연 참가**'에서 '**문화·예술 분야에서 어린이의 참여가 필요한 경우**' 식으로 문구를 수정하여야 할 것이다. 좁게 해석하면 법 위반의 문제가 발생할 수 있기 때문이다.

그 외 15세 미만자가 취업을 위해 취직인허증을 신청하는 경우는 매우 드물다. 가장 최근이라면 약 2년 전 울산에서 있었던 사례가 기억난다. 그 부모는 자녀가 공부보다는 음식과 요리에 더 관심이 있다고 했다. 그래서 일찍 요리를 배우도록 취직인허증을 신청한 사례가 있었다.

취직인허증 발급 기준(근로감독관 집무 규정)은 다음과 같다.

1. 도덕상 또는 보건상 유해·위험한 직종이 아닌 경미한 작업일 것

2. 당해 근로자의 생명·건강 또는 복지에 위험이 초래되거나 유해하다고 인정되는 업무가 아닐 것

3. 근로 시간이 수업에 지장을 주지 않을 것

4. 친권자 또는 후견인의 동의와 학교장의 의견이 명기되었을 것

취직인허증을 발급받고자 할 때는 친권자 또는 후견인의 동의서와 학교장(학생인 경우)의 의견서를 첨부하여 지방노동관서(노동청)로 신청하면 된다. 관련 신청 서식은 이 책의 부록에 올려져 있으니 참고하시면 된다.

제65조(사용 금지)

① 사용자는 임신 중이거나 산후 1년이 지나지 아니한 여성(이하 "임산부"라 한다)과 18세 미만자를 도덕상 또는 보건상 유해·위험한 사업에 사용하지 못한다.

② 사용자는 임산부가 아닌 18세 이상의 여성을 제1항에 따른 보건상 유해·위험한 사업 중 임신 또는 출산에 관한 기능에 유해·위험한 사업에 사용하지 못한다.

③ 제1항 및 제2항에 따른 금지 직종은 대통령령으로 정한다.

임산부나 연소 근로자는 유해·위험한 사업에 사용 금지

근로기준법은 임신 중인 여성, 산후 1년이 지나지 아니한 여성, 임산부가 아닌 18세 이상인 여성, 18세 미만인 자로 각각 구분하여 도덕상 또는 보건상 유해·위험한 사업에 사용하지 못하도록 규정하고 있다.

이와는 별도로 청소년보호법에서는 만 19세 미만 청소년은 피시방 등에 고용할 수 없도록 하고 있다.

▶ **임산부 등의 사용 금지 직종**

구분	사용금지직종
임신 중인 여성	1. 「산업안전기준에 관한 규칙」 제59조와 제60조에서 규정한 둥근톱으로서 지름 25센티미터 이상, 같은 규칙 제61조와 제62조에서 규정하는 띠톱으로서 풀리(Pulley)의 지름 75센티미터 이상의 기계를 사용하여 목재를 가공하는 업무 2. 「산업안전기준에 관한 규칙」 제5편 제3장과 제4장에 따른 정전작업, 활선작업 및 활선 근접작업 3. 「산업안전기준에 관한 규칙」 제6편 제2장제3절에서 규정한 통나무비계의 설치 또는 해체업무와 제6편 제5장에 따른 건물 해체작업(지상에서 작업을 보조하는 업무를 제외한다) 4. 「산업안전기준에 관한 규칙」 제6편 제3장 제3절에서 규정하는 터널작업, 같은 규칙 제439조에 따른 추락위험이 있는 장소에서의 작업, 같은 규칙 제452조에 따른 붕괴 또는 낙하의 위험이 있는 장소에서의 작업 5. 「산업보건기준에 관한 규칙」 제58조 제4호에 따른 진동작업 6. 「산업보건기준에 관한 규칙」 제69조 제2호 및 제3호에 따른 고압작업 및 잠수작업 7. 「산업보건기준에 관한 규칙」 제108조에 따른 고열작업이나 한랭작업 8. 「원자력법」 제97조에 따른 방사선 작업 종사자 등의 피폭선량이 선량한도를 초과하는 원자력 및 방사선 관련 업무 9. 납, 수은, 크롬, 비소, 황린, 불소(불화수소산), 염소(산), 시안화수소(시안산), 2-브로모프로판, 아닐린, 수산화칼륨, 페놀, 에틸렌글리콜모노메틸에테르, 에틸렌글리콜모노에틸에테르, 에틸렌글리콜모노에틸에테르 아세테이트, 염화비닐, 벤젠 등 유해물질을 취급하는 업무 10. 사이토메갈로바이러스(Cytomegalovirus)·B형 간염 바이러스 등 병원체로 인하여 오염될 우려가 짙은 업무. 다만, 의사·간호사·방사선기사 등으로서 면허증을 소지한 자 또는 양성 중에 있는 자를 제외한다. 11. 신체를 심하게 펴거나 굽힌다든지 또는 지속적으로 쭈그려야 하거나 앞으로 구부린 채 있어야 하는 업무 12. 연속작업에 있어서는 5킬로그램 이상, 단속작업에 있어서는 10킬로그램 이상의 중량물을 취급하는 업무 13. 그 밖에 고용노동부장관이 「산업재해보상보험법」 제8조에 따른 산업재해보상보험및예방심의위원회(이하 "산업재해보상보험및예방심의위원회"라 한다. 이하 이 표에서 같다)의 심의를 거쳐 지정하여 고시하는 업무

산후 1년이 지나지 아니한 여성	1. 납, 비소를 취급하는 업무. 다만, 모유 수유를 하지 아니하는 여성으로서 본인이 취업 의사를 사업주에게 서면으로 제출한 경우에는 그러하지 아니한다. 2. 2-브로모프로판을 취급하거나 노출될 수 있는 업무 3. 그 밖에 고용노동부장관이 산업재해보상보험및예방심의위원회의 심의를 거쳐 지정하여 고시하는 업무
임산부가 아닌 18세 이상인 여자	1. 2-브로모프로판을 취급하거나 노출될 수 있는 업무. 다만, 의학적으로 임신할 가능성이 전혀 없는 여성인 경우에는 그러하지 아니하다. 2. 그 밖에 고용노동부장관이 산업재해보상보험및예방심의위원회의 심의를 거쳐 지정하여 고시하는 업무
18세 미만인 자	1. 「산업보건기준에 관한 규칙」 제69조 제2호 및 제3호에 따른 고압작업 및 잠수작업 2. 「건설기계관리법」, 「도로교통법」 등에서 18세 미만인 자에 대하여 운전·조종면허 취득을 제한하고 있는 직종 또는 업종의 운전·조종 업무 3. 「청소년보호법」 등 다른 법률에서 18세 미만 청소년의 고용이나 출입을 금지하고 있는 직종이나 업종 4. 교도소 또는 정신병원에서의 업무 5. 소각 또는 도살의 업무 6. 유류를 취급하는 업무(주유 업무는 제외한다) 7. 2-브로모프로판을 취급하거나 노출될 수 있는 업무 8. 그 밖에 고용노동부장관이 산업재해보상보험및예방심의위원회의 심의를 거쳐 지정하여 고시하는 업무

제66조(연소자 증명서)

사용자는 18세 미만인 자에 대하여는 그 연령을 증명하는 가족관계기록사항에 관한 증명서와 친권자 또는 후견인의 동의서를 사업장에 갖추어 두어야 한다.

연소자 증명서 구비 및 비치

    18세 미만인 자를 고용할 경우 다음 두 가지의 증명서를 갖추어야 한다. 즉 나이를 증명하는 **가족관계증명서** 등 가족관계 기록사항에 관한 증명서와 **친권자** 또는 **후견인의 동의서**를 갖추어 두어야 한다. 연소 근로자 여부를 확인하고, 보호하기 위한 것이다. 2007년까지는 **호적 증명서**를 갖추게 되어 있었다. 그러나 2008년 1월 1일부로 호적법이 폐지되면서 호적증명서는 가족관계증명서로 대체되었다. 근로감독관은 사업장 점검 시 위의 두 가지 사항을 확인하게 된다. 근로 계약 관련 서류와 함께 보관해 두면 된다.

제67조(근로계약)

① 친권자나 후견인은 미성년자의 근로계약을 대리할 수 없다.

② 친권자, 후견인 또는 고용노동부장관은 근로계약이 미성년자에게 불리하다고 인정하는 경우에는 이를 해지할 수 있다. <개정 2010.6.4.>

③ 사용자는 18세 미만인 자와 근로계약을 체결하는 경우에는 제17조에 따른 근로조건을 서면으로 명시하여 교부하여야 한다. <신설 2007.7.27.>

제68조(임금의 청구)

미성년자는 독자적으로 임금을 청구할 수 있다.

제69조(근로시간)

15세 이상 18세 미만인 자의 근로시간은 1일에 7시간, 1주에 35시간을 초과하지 못한다. 다만, 당사자 사이의 합의에 따라 1일에 1시간, 1주에 5시간을 한도로 연장할 수 있다. <개정 2018.3.20.>

미성년자와의 근로 계약은 뭐가 다를까?

    우리나라의 각 법에서 미성년자에 관한 적용기준은 법률에 따라 달리하고 있다. 민법이나 형법, 청소년보호법, 근로기준법 등에서 다음과 같이 각각 정의하고 있다.

먼저 민법 제4조(성년)에서는 "사람은 19세로 **성년**에 이르게 된다."고 정의하고, 형법 제9조(형사미성년자)는 "**14세가 되지 아니한 자**의 행위는 벌하지 아니한다."고 규정하며, 청소년보호법 제2조(정의) 제1호에서는 **청소년**을 '만 19세 미만인 사람'이라고 설명하고 있다. 마지막으로 근로기준법은 18세 미만인 자를 **연소자**로 규정한다.

구분	민법	형법	청소년 보호법	근로기준법
미성년자	만 19세 미만 (18세 이하)	만 14세 미만 (13세 이하)	만 19세 미만 (18세 이하)	만 18세 미만 (17세 이하)

미성년자라 하더라도 근로 계약은 본인의 명의로 본인이 직접 체결하여야 한다. 다만, 직접 체결한 근로 계약이 미성년자에게 불리하다고 인정되면 친권자나 후견인 또는 노동부 장관은 그 계약을 해지시킬 수 있다.

또한, 임금도 미성년자가 독자적으로 청구해야 한다. 미성년자는 돈 관리에 서툴기 때문에 보호자가 대신 관리하는 것이 바람직할 수도 있을 것이다. 그러나 선량하지 못한 보호자가 임금을 대신 청구함으로써 갈취당할 우려도 있으므로 본 조항은 필요해 보인다.

2004년 7월 이전 일반 성인 근로자의 **주당 근로 시간은 44시간**이었다. 그에 비해, 만 15세 이상 17세 이하에 해당하는 미성년자의 근로 시간은 **주당 40시간**으로 되어 있었다. 그러다 성인 근로자의 근로 시간이 주 40시간으로 단축되면서 성년과 미성년자의 근로 시간은 같게 되었다. 성인과 미성년자의 법정 근로 시간은 한동안 똑같이 유지되다가 2018년 3월 20일부로 바뀐다. 미성년자의 근로 시간이 주당 35시간으로 하향 조정된 것이다. 아울러 미성년 근로자의 연장 근로도 1일 1시간, **1주 6시간** 한도였던 것이 1일 1시간, **1주 5시간**으로 변경되었다.

> **제70조(야간근로와 휴일근로의 제한)**
> ① 사용자는 18세 이상의 여성을 오후 10시부터 오전 6시까지의 시간 및 휴일에 근로시키려면 그 근로자의 동의를 받아야 한다.
> ② 사용자는 임산부와 18세 미만자를 오후 10시부터 오전 6시까지의 시간 및 휴일에 근로시키지 못한다. 다만, 다음 각 호의 어느 하나에 해당하는 경우로서 고용노동부장관의 인가를 받으면 그러하지 아니하다. <개정 2010.6.4.>
> **1.** 18세 미만자의 동의가 있는 경우

2. 산후 1년이 지나지 아니한 여성의 동의가 있는 경우

3. 임신 중의 여성이 명시적으로 청구하는 경우

③ 사용자는 제2항의 경우 고용노동부장관의 인가를 받기 전에 근로자의 건강 및 모성 보호를 위하여 그 시행 여부와 방법 등에 관하여 그 사업 또는 사업장의 근로자대표와 성실하게 협의하여야 한다. <개정 2010.6.4.>

제71조(시간외근로)

사용자는 산후 1년이 지나지 아니한 여성에 대하여는 단체협약이 있는 경우라도 1일에 2시간, 1주에 6시간, 1년에 150시간을 초과하는 시간외근로를 시키지 못한다. <개정 2018.3.20.>

여성, 임산부, 연소 근로자의 야간 및 휴일 근로 제한

여성과 미성년자에 대해서는 야간 근로(오후 10시부터 오전 6시까지의 시간)와 휴일 근로가 제한된다. 18세 이상의 여성이 꼭 야간 및 휴일 근로를 하려면 그 근로자의 동의가 필요하다. 임산부와 18세 미만 근로자는 야간 및 휴일 근로가 원칙적으로 금지된다. 하지만 다음의 세 가지 경우에는 **근로자대표와 협의**를 거친 후 고용노동부 장관의 인가를 받으면 가능하다. ① 18세 미만자의 동의가 있는 경우, ② 산후 1년이 지나지 아니한 여성의 동의가 있는 경우, ③ 임신 중의 여성이 명시적으로 청구하는 경우이다. 위와 같은 때에 인가신청서를 작성하여 지방노동관서에 접수하면 담당 근로감독관이 확인하고 인가 통지를 해주고 있다. 임산부는 주로 병원, 연소 근로자는 패스트푸드점 등에서 신청하는 사례를 많이 볼 수 있다.

그리고 산후 1년이 지나지 아니한 여성의 경우 모성 보호를 위해 1일에 2시간, 1주에 6시간, 1년에 150시간 이상의 초과 근로를 제한하고 있다.

▶ 기준 근로 시간 및 상황별 인가 요건

대상별	기준 근로 시간 1일	기준 근로 시간 1주	연장 근로 당사자 합의	야간 근로 22:00~06:00	휴일 근로	비고 관련 법조
남성 18세 이상	8시간	40시간	1주 12시간	-	-	근기법 제50조 근기법 제53조
여성 18세 이상	8시간	40시간	1주 12시간	본인 동의	본인 동의	근기법 제50조 근기법 제70조
여성 산후 1년 미만	8시간	40시간	1일 2시간 1주 6시간 1년 150시간	본인 동의 노동부인가	본인 동의 노동부인가	근기법 제70조 근기법 제71조
임신 중 여성	8시간	40시간	불가	명시적 청구 노동부인가	명시적 청구 노동부인가	근기법 제70조 근기법 제74조
15세 이상 18세 미만	7시간	35시간	1일 1시간 1주 5시간	본인 동의 노동부인가	본인 동의 노동부인가	근기법 제69조 근기법 제70조
유해·위험작업	6시간	34시간	불가	-	-	산안법 제46조

제72조(갱내근로의 금지)

사용자는 여성과 18세 미만인 자를 갱내(坑內)에서 근로시키지 못한다. 다만, 보건·의료, 보도·취재 등 대통령령으로 정하는 업무를 수행하기 위하여 일시적으로 필요한 경우에는 그러하지 아니하다.

여성과 연소 근로자의 갱내 근로 금지

석탄이나 철광석 등이 존재하는 광산에서 그 광물을 채취하기 위하여 파 놓은 굴의 안쪽을 갱내라고 한다. 소위 막장이라고도 하는 갱내 근로는 건장한 남성도 수행하기 힘든 작업이며 매우 위험하다. 위험도에 따라 책정되는 산재보험 요율도 벌목업과 함께 최상위에 속한다.

지난 1980년대 후반까지만 해도 석탄을 캐서 만든 연탄이 가정의 주된 연료였다. 한때 강원도 태백과 정선, 경북 문경 등지에서 석탄 광업이 번성했는데, 그 지역에서는 가끔 탄광 내부의 갱도가 무너져 내려 작업하던 광부들이 매몰되기도 했다. 그때 구조과정을 지켜보는 국민은 다 같이 안타까워하곤 했다. 또한, 보호 장구가 미비한 상태에서 작업하다 석탄 가루를 많이 마시면 폐에 먼지가 쌓여 진폐증에 걸리기도 한다. 그러한 유해·위험한 작업으로 인해 여성과 연소 근로자에 대해서는 취업을 금지하는 것이다.

다만 이 법 시행령 제42조(갱내 근로 허용 업무)에서 여성과 18세 미만인 자를 **일시적으로 갱내에서 근로시킬 수 있는 업무**는 다음 각호와 같다.

1. 보건, 의료 또는 복지 업무
2. 신문·출판·방송프로그램 제작 등을 위한 보도·취재 업무
3. 학술연구를 위한 조사 업무
4. 관리·감독 업무
5. 제1호부터 제4호까지의 규정의 업무와 관련된 분야에서 하는 실습 업무

제73조(생리휴가)
사용자는 여성 근로자가 청구하면 월 1일의 생리휴가를 주어야 한다.

여성 근로자의 생리휴가 제도

남성과 여성은 서로 다른 생리적 특성을 가지고 있다. 생리휴가는 여성 근로자의 건강뿐만 아니라 모성 보호의 취지에서 특별히 정한 규정이다. 공무원 사회에서는 '보건휴가'로 불리었다. 본 제도는 **상시 근로자 5인 이상인 사업장에 적용**된다.

구(舊), 근로기준법 제71조는 "사용자는 여성 근로자에 대하여 월 1일의 **유급생리휴가**를 주어야 한다."고 규정했었다. 그러다 주 40시간제 도입과 함께 2003년 9월 15일부터 생리휴가는

무급으로 바뀌었다. 사용자는 여성 근로자가 청구한 때에는 월 1일의 생리휴가를 주어야 한다. 그러나 동 휴가 사용일에 대하여는 임금 지급 의무는 없게 되었다. 즉, 생리휴가를 사용하는 하루분에 대해서는 임금(통상임금)에서 공제할 수 있다. 다만 단체협약, 취업규칙, 근로 계약 등에 의하여 달리 약정한 사실이 있다면 그에 따르면 된다.

생리휴가가 유급으로 규정된 당시에는 사용이 많았다. 그러나 무급으로 전환된 이후에는 사용자가 많이 줄었다. 주 단위로 2일을 쉴 수 있고, 또한, 무급을 감수하고 휴가를 사용하기보다는 좀 힘들어도 참고 일하는 쪽을 택하는 것 같다.

생리휴가는 나이와 관계없이 사실상 생리가 있는지에 따라 부여하여야 한다. 따라서 생리현상이 없는 자(임신 중, 폐경, 자궁 제거 등)에게 생리를 전제로 한 생리휴가를 부여할 사용자의 법적 의무는 없다. 생리 사실 여부의 입증 책임은 사용자에 있다고 해석된다. (질의회시 여원 68247-135, 1999.5.13.) 그런데 어떻게 사용자가 개인의 민감한 사생활을 확인하고 입증해야 할지 난감하다.

제74조(임산부의 보호)

① 사용자는 임신 중의 여성에게 출산 전과 출산 후를 통하여 90일(한 번에 둘 이상 자녀를 임신한 경우에는 120일)의 출산전후휴가를 주어야 한다. 이 경우 휴가 기간의 배정은 출산 후에 45일(한 번에 둘 이상 자녀를 임신한 경우에는 60일) 이상이 되어야 한다. <개정 2012.2.1., 2014.1.21.>

② 사용자는 임신 중인 여성 근로자가 유산의 경험 등 대통령령으로 정하는 사유로 제1항의 휴가를 청구하는 경우 출산 전 어느 때 라도 휴가를 나누어 사용할 수 있도록 하여야 한다. 이 경우 출산 후의 휴가 기간은 연속하여 45일(한 번에 둘 이상 자녀를 임신한 경우에는 60일) 이상이 되어야 한다. <신설 2012.2.1., 2014.1.21.>

③ 사용자는 임신 중인 여성이 유산 또는 사산한 경우로서 그 근로자가 청구하면 대통령령으로 정하는 바에 따라 유산·사산 휴가를 주어야 한다. 다만, 인공 임신중절 수술(「모자보건법」 제14조제1항에 따른 경우는 제외한다)에 따른 유산의 경우는 그러하지 아니하다. <개정 2012.2.1.>

④ 제1항부터 제3항까지의 규정에 따른 휴가 중 최초 60일(한 번에 둘 이상 자녀를 임신한 경우에는 75일)은 유급으로 한다. 다만, 「남녀고용평등과 일·가정 양립 지원에 관한 법률」 제18조에 따라 출산전후휴가급여 등이 지급된 경우에는 그 금액의 한도에서 지급의 책임을 면한다. <개정 2007.12.21., 2012.2.1., 2014.1.21.>

⑤ 사용자는 임신 중의 여성 근로자에게 시간외근로를 하게 하여서는 아니 되며, 그 근로자의 요구가 있는 경우에는 쉬운 종류의 근로로 전환하여야 한다. <개정 2012.2.1.>

⑥ 사업주는 제1항에 따른 출산전후휴가 종료 후에는 휴가 전과 동일한 업무 또는 동등한 수준의 임금을 지급하는 직무에 복귀시켜야 한다. <신설 2008.3.28., 2012.2.1.>

⑦ 사용자는 임신 후 12주 이내 또는 36주 이후에 있는 여성 근로자가 1일 2시간의 근로시간 단축을 신청하는 경우 이를 허용하여야 한다. 다만, 1일 근로시간이 8시간 미만인 근로자에 대하여는 1일 근로시간이 6시간이 되도록 근로시간 단축을 허용할 수 있다. <신설 2014.3.24.>

⑧ 사용자는 제7항에 따른 근로시간 단축을 이유로 해당 근로자의 임금을 삭감하여서는 아니 된다. <신설 2014.3.24.>

⑨ 제7항에 따른 근로시간 단축의 신청방법 및 절차 등에 필요한 사항은 대통령령으로 정한다. <신설 2014.3.24.>

[시행일] 제74조제7항, 제74조제8항, 제74조제9항의 개정규정은 다음 각 호의 구분에 따른 날

1. 상시 300명 이상의 근로자를 사용하는 사업 또는 사업장: 공포 후 6개월이 경과한 날
2. 상시 300명 미만의 근로자를 사용하는 사업 또는 사업장: 공포 후 2년이 경과한 날

임산부 보호 규정의 확대

임산부의 보호와 관련한 휴가도 연차유급휴가 못지않게 간단하지 않다. 당사자인 임신 중의 여성 근로자는 물론 사업주나 인사·노무 담당자는 유의해야 한다. 출산전후휴가는 강행규정이다. 그러므로 사용자가 시기를 변경하거나 근로자가 권리를 포기할 성질의 휴가가 아니다. 근로자의 청구와 관계없이 실시토록 해야 한다.

출산전후휴가는 원칙적으로 분할하지 않고 한 명의 태아 당 90일, 한 번에 둘 이상의 태아를 임신(다태아)한 경우 120일의 휴가가 부여된다. 다만, 유산 등 시행령이 정한 사유가 있는 때에는 분할 청구하여 사용할 수 있다. 그리고 출산일을 제외하고 산후에 절반 이상인 45일(다태아 60일) 이상이 보장되어야 한다. 예전에는 다태아 여부와 관계없이 90일이 부여되었으나, 2014년

7월 1일 이후 다태아를 출산하면 30일을 더 사용할 수 있게 되었다. 산전후휴가 기간에 있어서 종종 법정 휴일 또는 약정 휴일을 제외할 것인지에 대해 궁금해한다. 출산휴가는 휴일을 포함한 달력상의 연속된 기간으로 부여된다.

근로자가 분만예정일을 고려하여 출산휴가를 사용했으나 예정일보다 늦게 출산하면서 출산 후의 휴가 일수가 절반 이상을 확보하지 못하는 경우가 있다. 그렇더라도 출산 후 45일(다태아 60일) 이상을 확보해야 한다. 그렇게 되면 출산 후 소정 휴가 일수가 부족해질 수 있다. 이때 부족한 일수를 확보하기 위해 출산휴가 일수를 초과하여 사용하는 휴가 기간은 무급휴가로 처리할 수 있다.

출산전후휴가 시 급여는 어떻게 지급될까? 출산휴가급여는 대기업일 경우 휴가 90일 중 최초 60일분(다태아 75일분)에 대해서는 사용자가 급여를 지급하고, 잔여 30일분(다태아 45일)은 고용보험에서 지급한다. 그러나 우선지원 대상 기업일 경우 전 기간에 대해 고용보험에서 지급한다.

지급액은 통상임금 전액을 지급하되, 정부 지원은 월 200만 원으로 상한액이 정해져 있다. 최저임금 인상과 함께 지급액도 상향 조정된 것이다. 출산 전후 휴가 기간 중 우선지원 대상 기업의 근로자는 90일분 600만 원(다태아일 경우 120일분 800만 원)을 받게 된다. 대규모 기업의 근로자는 최초 60일(다태아 75일)을 초과한 30일분(다태아일 경우 45일분)에 해당하는 근로기준법상 통상임금(출산 전후 휴가 개시일 기준) 상당액을 지급하는 것으로 변경 시행되었다.

가끔 휴가급여 신청 기간을 지나 청구하는 때도 있다. 지원요건은 휴가가 끝난 날 이전까지의 피보험 단위 기간(유급 의무 근로 기간)을 통산하여 180일 이상이어야 한다. 휴가를 시작한 날 이후 1개월부터 휴가가 끝난 날 이후 12개월 이내에 신청하도록 규정되어 있다.

지난 2001.11.1. 이전까지 산전후휴가 제도가 다음과 같이 두 개 조항으로 이루어져 간단했었다. 문구 또한 1항의 여자는 여성으로 바뀌고 2항의 '경역한 근로'는 '경이한 종류'로 바뀌었다가 현재는 '쉬운 종류의 근로'로 순화되는 모습을 보였다. 그리고 저출산 고령화 시대와 함께 임산부 근로자에 대한 사회적 관심이 높아졌다. 현재 관련 법 조항은 9개 조항으로 늘어나고 내용도 아주 복잡해졌다.

제72조 (산전후휴가)
① 사용자는 임신중의 여자에 대하여는 산전후를 통하여 60일의 유급보호휴가를 주어야

한다. 다만, 유급보호휴가는 산후에 30일이상 확보되도록 한다.

② 임신중의 여자근로자의 청구가 있는 경우에는 경역한 근로에 전환시켜야 하며, 시간외 근로를 시키지 못한다. <법률 제5885호, 1999.2.8. 시행>

태아가 유산 또는 사산될 때도 임신한 기간에 따라 유사산휴가가 부여된다. 유산·사산인 경우 사용자가 파악하기 어려우므로 근로자가 청구하여야 비로소 사용할 수 있다. 휴가 기간은 출산전후휴가와 마찬가지로 법정 휴일이나 약정 휴일을 포함하여 해당 휴가 일수만큼 휴가를 사용할 수 있다.

유사산휴가 급여는 휴가 일수에 대하여 고용보험에서 지급된다. 대기업이면 휴가 90일 중 최초 60일에 대하여는 사용자가 급여를 지급한다. 그리고 나머지 잔여 일수는 고용보험에서 지급하게 된다.

위의 휴가급여는 통상임금 전액으로 받게 되지만 정부 지원금은 월 지급 상한액이 정해져 있다. 따라서 통상임금과 차액이 발생하면 사용자가 지급하도록 정하고 있다. 지원요건은 출산전후휴가 급여 지급 요건과 같다.

임신 중인 여성 근로자에 대해서는 시간 외 근로가 절대적으로 금지된다. 해당 근로자가 배치전환을 원하면 이른 시일 내에 쉬운 근로로 전환해 주어야 한다. 또한, 출산 전후 휴가 후 복귀 시에는 휴가 전과 같은 업무 또는 동등한 수준의 임금을 지급하는 직무에 복귀시키도록 하고 있다.

임신 후 12주 이내 또는 36주 이후에 있는 여성 근로자가 1일 2시간의 근로 시간 단축을 신청하는 경우에는 이를 허용하여야 한다. 1일 근로 시간이 8시간 미만인 근로자에 대하여는 1일 근로 시간이 6시간이 되도록 근로 시간 단축을 허용할 수 있다. 즉, 여성 근로자의 소정 근로 시간이 1일 7시간일 경우 1시간을 단축하여 6시간의 근로가 가능하지만, 소정 근로 시간이 6시간인 경우에는 근로 시간 단축 대상에 해당하지 않는다.

근로 시간을 단축하려면 단축 개시 예정일의 3일 전까지 임신 기간, 근로 시간 단축 개시 예정일 및 종료 예정일, 근무 개시 시작 시각 및 종료 시각 등을 적은 문서에 의사의 진단서를 첨부하여 사용자에게 제출하여야 한다. 또한, 사용자는 근로 시간 단축을 이유로 해당 근로자의 줄어든 시간에 대한 임금 삭감을 금지하고 있다.

지난 2001년 10월 31일 이전에 자녀를 출산한 근로자는 총 60일 동안 산전후휴가를 사용할 수 있었다. 저자의 자녀가 태어날 당시인 1990년대 초·중반까지도 출산휴가 일수인 60일을 다 사용하기 어려운 분위기였다. 당시 출산휴가를 40여 일정도 사용하면 그때부터 사무실에서는 전화가 오기 시작한다. "사무실 일도 바쁜데 이제 나오면 되지 않겠느냐?"면서 전화가 오게 되면 부담을 느끼고 출근하게 된다.

저출산 고령화 시대에 모성 보호는 더욱 중요한 의미가 있다. 그렇다고 사용자에게 너무 많은 부담을 지우는 것은 부작용을 초래할 수 있다. 오히려 가임기 여성 고용을 기피하게 될 수 있기 때문이다. 그러므로 사용자의 부담은 줄이되 국가 차원에서 더 많은 관심과 배려를 하여야 할 것으로 보인다.

제74조의2(태아검진 시간의 허용 등)

① 사용자는 임신한 여성근로자가 「모자보건법」 제10조에 따른 임산부 정기건강진단을 받는데 필요한 시간을 청구하는 경우 이를 허용하여 주어야 한다.

② 사용자는 제1항에 따른 건강진단 시간을 이유로 그 근로자의 임금을 삭감하여서는 아니된다. [본조신설 2008.3.21.]

제75조(육아 시간)

생후 1년 미만의 유아(乳兒)를 가진 여성 근로자가 청구하면 1일 2회 각각 30분 이상의 유급 수유 시간을 주어야 한다.

태아 검진 시간 허용과 육아 시간 부여

「모자보건법」 제10조에 따른 임산부의 정기건강진단은 **상시 근로자 5인 이상인 사업장에 적용**된다. 벌칙은 별도로 마련되어 있지 않다. 태아 검진 주기 및 횟수는 같은 법 시행규칙 [표 1]에 다음과 같이 정하고 있다.

1. 임신 28주까지: 4주마다 1회
2. 임신 29주에서 36주까지: 2주마다 1회
3. 임신 37주 이후: 1주마다 1회

4. 특별자치시장·특별자치도지사 또는 시장·군수·구청장은 임산부가 「장애인복지법」
　에 따른 장애인인 경우, 만 35세 이상인 경우, 다태아를 임신한 경우 또는 의사가 고위험
　임신으로 판단한 경우에는 가목부터 다목까지에 따른 건강진단 횟수를 넘어 건강진단을
　실시할 수 있다.

또한, 법은 생후 1년 미만의 유아를 가진 여성 근로자의 육아를 위해 1일 2회 각각 30분 이상
의 수유 시간을 유급으로 주도록 하고 있다. 수유 시간은 휴게 시간으로 보지 않으며 유아가 2
명 이상이더라도 유아별로 주어지는 것은 아니다.

이건 좀….

　　　　제5장에서는 여성과 소년에 관한 법 규정을 살펴보았다. 아래의 글은 우리 국민 그리
고 우리 노동법과는 무관한 내용이다. 하지만 같이 한 번 읽고 생각해 보았으면 한다.
나라 밖으로 잠시 눈을 돌려 보면 아직도 아동과 여성들이 열악한 노동 환경에 처한 현실을 접
할 수 있다. 동남아시아와 아프리카 등 대부분 경제 사정이 어려운 나라들이다. 한 나라의 경제
가 어려워지면 아동과 여성들도 열악한 노동 환경에 처한다는 것을 새삼 깨닫게 된다. 소년과
여성을 보호하는 데는 노동법도 중요하지만, 국가의 경제력이 뒷받침되어야 하기 때문이다.
저자의 자녀 둘은 꽤 오래전부터 유니세프에 매달 일정액을 후원해 왔다. 후원금을 관리하는
유니세프한국위원회에서는 후원자들에게 세계 각국의 어린이들이 처한 현실을 소개하는 내용
을 담은 정기 간행물을 보내오고 있다. 그 내용 중에는 아동과 관련한 아픈 사연들을 자주 접하
게 된다.
다음에 소개하는 글은 **「모로코 공장에서 만난 어린 노동자들」**이라는 제하의 현장 방문기이다.
유니세프한국위원회에서 발행하는 소식지에 실린 내용이다. 글쓴이는 김경희(당시 유니세프한
국위원회 세계교육부장)라는 분이다. 방문 국가는 아프리카 북서쪽에 자리한 모로코라는 나라
이다.

모로코 공장에서 만난 어린 노동자들

뙤약볕 아래서 오렌지 주스를 파는 노점상 아빠를 거드는 어린이들. 비좁은 시장 길모퉁이에서 갓난아기를 안고 구걸하는 10대 엄마(강간 등 원하지 않는 임신으로 10대 미혼모가 되는 어린이가 많다고 한다). 털실 먼지를 마시며 온종일 카펫을 짜는 소녀들. 지난 6월 유니세프 교육담당자 세계대회에 참석하기 위해 찾아간 아프리카 북서쪽의 모로코는 그런 모습으로 나를 맞았다. 비좁은 골목이나 들판에서 맨발로 공을 차면서 웃고 떠드는 남자 어린이들의 모습이 그나마 우울하고 답답한 마음에 위로가 될 뿐이었다.

회의를 마친 참가자 일행이 어린이 노동 현장을 확인하려고 찾아간 곳은 모로코 공예산업의 중심지 페즈, 아침 8시 반부터 저녁 7시 반까지 카펫공장에서 일하는 열네 살 소녀 리디아는 굽은 손가락이 펴지지 않는다. 다섯 살 때부터 온종일 가위를 움켜 지고 카펫을 짜는 바람에 손가락이 굳어버린 것이다. 걸핏하면 야근을 일삼으면서 온몸이 뻣뻣해지도록 일하는데 1주일에 받는 돈은 우리 돈으로 3천 원 남짓, 돈을 좀 더 벌 수 있는 작업반장이 되어 남동생들이 학교에 다닐 수 있도록 뒷바라지하는 것이 리디아의 소망이다.

다음 찾아간 곳은 햇빛도 들지 않고 바람도 잘 통하지 않아 지독한 접착제 냄새가 코를 찌르는 구두공장. 12명의 남자 어린이와 여자 어린이들이 가죽 조각에 풀칠하거나 박음질을 하고 있었다. 아홉 살이라는 이캄은 "처음에는 머리도 지끈거리고 손을 다치기가 일쑤였지만 제법 익숙해졌다."라고 했다. 학교에 다니고 싶지만 매주 5천 원쯤 버는 돈으로 온 가족의 먹을거리를 구하기 때문에 어쩔 수 없다며 아쉬운 표정.

최고기온이 40도를 오르내리는 날씨에 불까지 지펴놓고 일하는 주물공장이나 도자기 공장에서도 입을 꼭 다문 채 일하는 열 살 안팎의 어린이들이 많았다. 신나게 뛰놀며 배워야 할 나이에 고된 노동에 내몰린 어린이들만 보았더라면 모로코를 떠나는 내 마음이 얼마나 무겁고 우울했을까? 다행스럽게도 유니세프 모로코사무소는 어린이들이 배우고 놀 권리를 찾아주면서 가난의 악순환에서 벗어나도록 하기 위해 야심찬 사업을 펴고 있었다. 12세 이하 어린이들이 고된 일터에서 벗어나 학교에 다니도록 책가방과 학용품 및 학비를 지원한다. 1명의 어린이가 학교에 다니도록 뒷바라지하는 데 드는 비용은 연간 약 100불, 그 비용을 마련하는 일 못지않게 힘든 것은 '미래를 위해 투자하도록' 고용주와 부모를 설득하는 일이란다.

그런 노력으로 최근 5년 사이에 6백여 명의 페즈 지역 어린이가 공장 대신 학교에 다니게 되었다. 12~15세 어린이들은 일을 하더라도 매주 이틀만은 비정규 교육에 참가해서 읽고 쓰고 셈하기를 익히도록 유도한다. 15~18세 근로자를 위해서는 작업 환경 개선에 힘쓰면서 축구, 노래, 연극 등 인성교육을 겸한 여가활동으로 탈선도 막는다.

사회복지사의 간곡한 설득으로 구두공장에서 일하는 대신 학교에 다니게 되어 기쁘다는 열세 살 유네스는 초등학교 2학년. 날마다 학교에 오고 싶지만 엄마가 일하러 나가면 집에서 동생을 돌봐야 한다. 선생님이 되고 싶다는 유네스의 맑은 눈망울에 환산 웃음이 번졌다.

제2, 제3의 유네스가 꿈을 펼치도록 어떻게 도와야 할까? 가난과 우리의 무관심 속에 값싼 노동시장을 떠도는 7~14세 어린이가 모로코에만도 약 60만 명, 전 세계적으로 3억 명을 헤아린다. 카사블랑카 라바트 페즈 등 모로코 대도시마다 LG전자의 초대형 텔레비전 광고판이 우뚝 서 있다. 매연을 내뿜며 꾸물거리는 고물 택시(푸조나 벤츠 마크가 붙어 있다.)들을 제치고 기아자동차가 쌩쌩 달린다. 그런데 자랑스럽기보다는 동생들 뒷바라지하느라 공장에서 밤샘하던 가난한 한국의 누이들이 생각났다. 한국이 불과 반세기만에 기적처럼 세계 10위권 경제 대국으로 발돋움하기까지 얼마나 많은 지구촌 이웃들의 도움을 받았던가.

15시간 넘게 비행기를 타고 돌아오면서 유니세프한국위원회 친선대사이자 소설가인 박완서 선생의 말씀이 자꾸 떠올랐다.

"도움을 받은 것이 부끄러운 게 아니라 도움을 받고도 갚지 않는 것이 정말 부끄러운 일이지요."

모로코 공장에서 만난
어린 노동자들

하루종일 털실먼지를 마시며 카펫을
짜는 소녀 리디아

뙤약볕 아래서 오렌지 주스를 파는 노점상 아빠를 거드는 어린이들. 비좁은 시장 길모퉁이에서 갓난 아기를 안고 구걸하는 10대 엄마(강간 등 원하지 않는 임신으로 10대 미혼모가 되는 어린이가 많다고 한다). 털실먼지를 마시며 온종일 카펫을 짜는 소녀들. 지난 6월 유니세프 교육담당자 세계대회에 참석하기 위해 찾아간 아프리카 북서쪽의 모로코는 그런 모습으로 나를 맞았다. 비좁은 골목이나 들판에서 맨발로 공을 차면서도 웃고 떠드는 남자어린이들의 모습이 그나마 우울하고 답답한 마음에 위로가 될 뿐이었다.

회의를 마친 참가자 일행이 어린이 노동현장을 확인하려고 찾아간 곳은 모로코 공예산업의 중심지 페즈. 아침 8시 반부터 저녁 7시 반까지 카펫공장에서 일하는 열 네 살 소녀 리디아는 굽은 손가락이 펴지지 않는다. 다섯 살 때부터 온종일 가위를 움켜쥐고 카펫을 짜는 바람에 손가락이 굳어버린 것이다. 걸핏하면 야근을 일삼으면서 온몸이 뻣뻣해지도록 일하는데 1주일에 받는 돈은 우리 돈으로 3천 원 남짓. 돈을 좀더 벌 수 있는 작업반장이 되어 남동생들이 학교에 다닐 수 있도록 뒷바라지하는 것이 리디아의 소망이다.

다음 찾아간 곳은 햇빛도 들지 않고 바람도 잘 통하지 않아 지독한 접착제 냄새가 코를 찌르는 구두공장. 12명의 남자 어린이와 여자 어린이들이 가죽조각에 풀칠하거나 박음질을 하고 있었다. 아홉 살이라는 이캄은 "처음에는 머리도 지끈거리고 손을 다치기 일쑤였지만 제법 익숙해졌다"고 했다. 학교에 다니고 싶지만 매주 5천 원쯤 버는 돈으로 온가족의 먹을거리를 구하기 때문에 어쩔 수 없다며 아쉬운 표정.

최고기온이 40도를 오르내리는 날씨에 불까지 지펴놓고 일하는 주물공장이나 도자기 공장에서도 입을 꼭 다문 채 일하는 열 살 안팎의 어린이들이 많았다. 신나게 뛰놀며 배워야 할 나이에 고된 노동에 내몰린 어린이들만 보았더라면 모로코를 떠나는 내 마음이 얼마나 무겁고 우울했을까? 다행스럽게도 유니세프 모로코사무소는 어린이들이 배우고 놀 권리를 찾아주면서 가난의 악순환에서 벗어나도록 하기 위해 야심찬 사업을 펴고 있었다. 12세 이하 어린이들이 고된 일터에서 벗어나 학교에 다니도록 책가방과 학용품 및 학비를 지원한다. 1명의 어린이가 학교에 다니도록 뒷바라지하는 데 드는 비용은 연간 약 100불. 그 비용을 마련하는 일 못지 않게 힘든 것은 '미래를 위해 투자하도록' 고용주와 부모를 설득하는 일이란다. 그런 노력으로 최근 5년 사이에 6백여 명의 페즈 지역 어린이가 공장 대신 학교에 다니게 되었다. 12~15세 어린이들은 일을 하더라도 매주 이틀만은 비정규교육에 참가해서 읽고 쓰고 셈하기를 익히도록 유도한다. 15~18세 근로자를 위해서는 작업환경 개선에 힘쓰면서 축구, 노래, 연극 등 인성교육을 겸한 여가활동으로 탈선도 막는다.

사회복지사의 간곡한 설득으로 구두공장에서 일하는 대신 학교에 다니게 되어 기쁘다는 열 세 살 유네스는 초등학교 2학년. 날마다 학교에 오고 싶지만 엄마가 일하러 나가면 집에서 동생을 돌봐야 한다. 선생님이 되고 싶다는 유니스의 맑은 눈망울에 환한 웃음이 번졌다.

제2, 제3의 유네스가 꿈을 펼치도록 어떻게 도와야 할까? 가난과 우리의 무관심 속에 값싼 노동시장을 떠도는 7~14세 어린이가 모로코에만도 약 60만 명, 전세계적으로는 3억 명을 헤아린다. 카사블랑카 라바트 페즈 등 모로코 대도시마다 LG전자의 초대형 텔레비전 광고판이 우뚝 서있다. 매연을 내뿜으며 꾸물거리는 고물 택시(푸조나 벤츠 마크가 붙어있다)들을 제치고 기아자동차가 쌩쌩 달린다. 그런데 자랑스럽기보다는 동생들 뒷바라지하느라 공장에서 밤샘하던 가난한 한국의 누이들이 생각났다. 한국이 불과 반세기만에 기적처럼 세계 10위권 경제대국으로 발돋움하기까지 얼마나 많은 지구촌 이웃들의 도움을 받았던가.

15시간 넘게 비행기를 타고 돌아오면서 유니세프한국위원회 친선대사이자 소설가인 박완서 선생의 말씀이 자꾸 떠올랐다.

"도움을 받은 것이 부끄러운게 아니라 도움을 받고도 갚지 않는 것이 정말 부끄러운 일이지요."

김경희 | 유니세프한국위원회 세계교육부장

제6장

안전과 보건

> **제76조(안전과 보건)**
> 근로자의 안전과 보건에 관하여는 「산업안전보건법」에서 정하는 바에 따른다.

들어가며

근로자의 안전과 보건을 규정하는 본조는 1981.12.31. **「산업안전보건법」** 이란 별도의 독립된 법률로 제정되어 1982년 7월 1일부터 시행되었다. 현재 산업안전보건법과 관련된 시행령 및 네 가지 시행규칙은 그 규모와 내용 면에서 실로 방대하고 전문적인 영역에 속한다. 우리 사회는 과거 어느 때보다도 안전에 관한 관심이 높아졌다. 각종 안전사고 발생과 함께 법규는 엄격해지고 강화되는 추세이다. 세월호 침몰 사건을 계기로 국가안전대진단을 실시하기도 했다. 최근에는 '어린이 보호구역'에서의 교통사고와 관련한 소위 **민식이법** 이 우리 사회에서 큰 쟁점이 되었었다.

서울지하철 2호선 구의역의 스크린도어 수리 중 발생한 사망사고와 태안화력발전소 비정규직 근로자 사망사고 등도 사회적으로 큰 파장을 가져왔다. 그러한 중대 재해사고는 산업안전보건법 강화에 많은 영향을 미쳤다.

더욱 강화된 산업안전보건법

지난 2020년에 이어 2021년에도 산업안전보건법은 매우 강화된 모습을 보여준다. 이미 지난 2019년 1월 15일 **「산업안전보건법」** 이 전부 개정된 바 있다. 법 개정 당시에 2020년 1월 16일부터 시행일로 정해짐에 따라 2019년 12월 17일 국무회의에서 시행령을 의결하게 된 것이다.

위 시행령은 수급인 근로자 보호를 위한 **도급인의 책임 강화, 산업재해 예방의 책임·의무 주체 확대, 법의 보호 대상 확대** 를 주요 내용으로 담고 있다. 법률에서 위임한 **도급인의 책임 범위**, 산업재해 예방의 **책임 주체 대상**, 법의 보호 대상이 되는 **특수형태근로종사자의 직종** 등을 **명확히** 하고 있다.

산업안전보건법이 전부 개정된 주된 사유는 근로기준법상 근로자에 해당하지 않는 새로운 유형의 노무 제공자가 등장함으로써 이들의 보호 강화를 꾀하고자 한다. 종전에는 보호 대상이 근로기준법상 근로자로 제한되었다. 그러나 이번에는 고용종속 관계가 없는 노무 제공자까지 확대한 것이다. 그리고 안전보건조치 의무 주체를 대표이사, 건설 공사 발주자, 프랜차이즈 가맹본부까지 범위를 확대하였다.

좀 더 구체적으로 살펴보면 산재 예방의 책임 주체가 확대되었다. 기업의 산재 예방 강화를 위해 회사의 대표이사에게 안전 및 보건에 관한 계획을 수립하도록 하였다. 또한, 수립한 계획은 이사회에 보고하여 승인 후 성실하게 이행토록 한 것이다.

대상 사업장은 **상시 근로자 500명 이상**인 회사이거나 전년도 **시공능력평가액 상위 1,000위** 이내의 건설 회사이다. 계획의 내용에는 ① 전년도 안전·보건활동 실적, ② 안전·보건경영방침 및 안전·보건활동 계획, ③ 안전보건관리 체계·인원 및 역할, ④ 안전 및 보건에 관한 시설 및 내용 등이 포함된다. 이는 준비 기간 등을 감안하여 **2021년 1월 1일부터 시행**된다.

건설 공사인 경우 발주자의 책임까지 규정하고 있다. 총 공사금액 50억 원 이상인 건설 공사 발주자에 대해 공사 계획·설계·시공 등 전 과정에서 조치할 의무를 부여하였다. 첫째, 계획단계에서는 공사 규모·예산·기간 등 사업 개요, 공사 시 유해·위험요인과 감소대책 수립, 설계조건 등이 포함된 「기본안전보건대장」을 작성하고, 둘째, 설계단계에서는 기본안전보건대장을 설계자에게 제공하고 설계자로 하여금 안전한 작업을 위한 적정 공사 기간·금액 산출서 등이 포함된 「설계안전보건대장」을 작성하고 확인토록 하였다. 세 번째로 시공단계에선 최초 건설 공사 수급인에게 설계안전보건대장을 제공하며, 이를 반영하여 유해·위험방지계획서의 심사·확인 결과와 조치 내용 등이 포함된 「공사안전보건대장」을 작성하게 하고 이행 여부를 확인하여야 한다.

프랜차이즈 가맹본부도 안전보건조치 의무의 주체가 된다. 가맹점 사업자와 그 소속 근로자의 산업재해 예방을 위하여 다음 중 어느 하나에 해당하는 업종으로서 가맹점의 수가 200개소 이상의 가맹본부에 대해 산업재해 예방조치 의무가 부여되었다.

산재 예방조치 의무가 있는 가맹본부 업종은 대분류가 **외식**인 업종으로 중 분류상 **한식, 중식, 일식, 분식, 치킨, 피자, 커피, 주점** 등이 해당한다. 또한, **도소매** 업종이면서 중분류가 **편의점** 업종도 해당한다.

가맹본부가 산재 예방을 위해 조치할 사항으로 가맹점 사업자에 대하여 가맹점의 안전 및 보건에 관한 프로그램의 내용을 연 1회 이상 교육해야 한다. 또한, 가맹본부는 가맹점에 설치하거나 공급하는 설비·기계와 원자재 또는 상품 등에 대하여 가맹점 사업자에게 안전 및 보건에 관한 정보를 제공하여야 한다. 가맹본부가 이를 위반할 경우 3천만 원 이하의 과태료 처분을 받게 된다.

법의 보호 대상이 확대되어 근로기준법상 근로자의 범위에 있지 않은 보험설계사, 건설기계 직접 운전자(27종), 학습지 교사, 골프장캐디, 택배 기사, 퀵서비스 기사, 대출모집인, 신용카드회원모집인, 대리운전기사도 보호 범위에 포함된다. 이들에 대해서도 안전조치 외 정기교육 및 특별교육 실시 의무도 이행하여야 한다.

물건의 제조·건설·수리 또는 서비스의 제공, 그 밖의 업무를 타인에게 맡기는 도급의 경우도 안전보건 조치가 강화되었다. 도금 작업과 수은·납·카드뮴의 제련·주입·가공·가열 작업 및 허가물질(베릴륨, 비소, 염화비닐 등 12종) 제조·사용 작업은 사내도급을 아예 금지하였다. 다만, 일시·간헐적 작업과 수급인이 보유한 기술이 사업 운영에 반드시 필요한 경우로서 고용노동부 장관의 승인을 받은 경우에만 예외적으로 사내도급이 가능하도록 하였다.

또한, 도급인의 책임 범위도 확장되었다. 도급인의 안전보건조치 책임 범위는 사업장 내 22개 위험 장소에서 ① 도급인의 사업장 전체, ② 사업장 밖이지만 도급인이 제공·지정한 경우로서 지배·관리하는 대통령령으로 정하는 장소로 확대했다. 이에 시행령에서는 사업장 밖의 도급인이 지배·관리하는 장소를 추락, 붕괴, 감전 등의 위험 장소로 규정했다.

아울러 건설업 및 위험 기계·기구, 화학물질 등과 관련한 사항도 강화되었다. 전문적인 사항이라 지면 사정상 일일이 언급하기 어렵다. 더욱 상세한 내용을 알고자 하면 한국산업안전공단 홈페이지(http://www.kosha.or.kr)를 방문하면 많은 자료를 구할 수 있다. 또한, 안전보건공단 홈페이지 내 미디어 현장배송 또는 미디어 홈페이지(http://media.kosha.or.kr)에 안전 관련 자료를 신청하면 사업장에서 택배로 받아 볼 수 있다.

그 밖에도 불꽃의 비산 거리(11m) 이내·외에 가연성 물질 또는 열전도나 열복사에 의해 발화될 우려가 있는 장소 등에는 화재나 폭발사고를 예방하기 위해 **화재감시자**를 **배치**해야 한다.

상시 근로자 50인 이상의 육상운송 및 파이프라인 운송업종(시내·외 버스 운송업, 화물운송업, 택배업 등)에 대해서도 **보건관리자**가 선임되어야 한다.

중대 재해가 발생한 작업장에 대해서는 **작업중지 요건과 범위**를 명확하게 규정하였다. 또한, 위험성 평가에 근로자가 참여하고, 작업환경측정 및 특수건강진단 유해인자 추가, 밀폐공간 작업에 대한 조치도 강화된다.

특히, 사업주 등의 안전보건조치 의무 불이행으로 근로자가 사망에 이른 경우 벌칙 또한 강화되었다. 과거에 형이 확정된 후 5년 이내에 같은 안전사고가 재발한 경우 그 형의 2분의 1까지 가중될 수 있다. 그뿐 아니라 법인에 대한 벌금형도 1억에서 10억까지 상향되었음에 유의하여야 한다. 앞으로 일정 규모 이상 사업장의 대표 등 관리책임자는 산업안전보건법 위반의 잠재적 범죄자인 셈이다.

그렇게 법은 2020년에도 더욱 강한 모습을 하고 나타났다. 이제 사업주나 사용자는 직접적인 고용종속 관계가 없는 특수형태근로종사자 등에 대해서도 책임을 져야 한다. 우리 사회가 안전망을 구축하기 위해서 강한 규제를 도입할 필요성도 있을 것이다. 그와 함께 안전을 위해서는 온 나라와 국민도 함께 나서야 한다. 가정이나 학교 그리고 사회 전체가 안전에 관심과 노력을 기울여야 할 것이다.

그러나 각 참여 주체별로 안전 의식을 제대로 갖추지 못한 상황에서 법을 계속 강화하여 문제를 해결하고자 하는 것은 심사숙고할 문제이다. 인간은 완벽하지 못하며, 언제 어디서든 사고위험이 도사리고 있다. 그물망이 너무 촘촘하면 결국은 어장을 망치게 된다. 법규가 너무 복잡하고 강하여 지키기 어렵게 되면 불만이 쌓이게 된다. 경제·사회 활동 또한 위축될 수도 있다. 목적은 좋은데 결과가 나쁠 수도 있기 때문이다.

가혹한 법과 과중한 부역으로 인해 중국 진나라는 일찍 쇠하고 말았다. 제1부 법삼장에서 언급한 진나라의 사례는 결코 우리와는 상관없는 일이라고 할 수는 없다.

저자는 2009년 2월부터 2010년 2월까지 약 1년간에 걸쳐 경남 통영에 있는 노동관서에서 산업안전 근로감독관직을 수행한 적이 있다. 그때 당시 거제와 통영 그리고 고성에는 크고 작은 조선소가 많이 가동되고 있었다. 특히 거제에는 우리나라 조선업을 대표하는 3개사 중 2개사가 소재했다. 그 기간 중 두 개의 큰 조선 업체인 D사와 S사는 크게 대비되는 재해 상황을 보였다. D사는 그 1년간 선박 건조 과정에서 무려 11명이 사망하는 산재 사망사고가 발생했고, 두 번씩이나 특별 감독을 실시했다. 반면, S사는 단 한 건의 사망사고도 발생하지 않았다. 정말 비교되는 특이한 사례를 경험한 것이다.

왜 같은 지역에 있는 비슷한 규모의 조선소에서 같은 시기에 그렇게 산재 사망사고의 차이를 보였을까? S사는 운이 좋았고, D사는 운이 나빠 그랬을까? 저자는 그 당시 회사 분위기 등을 곰곰이 생각해 보았다. 결론은 법과 제도에서 비롯되는 것이 아니라 사람의 문제였다. 무엇보다 안전사고에 대한 구성원들의 **주의와 관심이** 가장 큰 영향을 미쳤던 것으로 기억된다.

어떤 기관과 조직에서 최고 책임자가 자리를 비우면, 그다음 중간 관리자의 긴장이 풀리게 된다. 또 중간 관리자가 자리를 비우면 더 아래도 느슨함이 이어진다. 당시 S사 거제 조선 소장은 직원들이 아침 출근할 때부터 안전 캠페인을 벌이는 등 재해 예방을 위해 커다란 노력을 기울였던 것으로 기억된다. 특히, 사내 하청·협력 업체가 휴일에 작업하게 되면 사업주도 함께 출근하여 현장을 관리하도록 독려하였다. 만약, 협력 업체 대표가 자리를 비운 상태에서 사고라도 난다면 해당 업체는 불이익을 받게 되는 것이다. 그로 인해 주말에 가족과 함께 쉬고 싶었던 하청 업체 대표들의 불만도 없지 않았다. 더불어 당시 S사는 노사 관계 또한 안정되어 안전에 더욱 신경을 쓸 수 있었다. S사 조선 소장부터 협력 업체 대표까지 관심과 노력의 결과가 산재 사망 사고 제로라는 놀라운 결과를 가져왔으리라 생각된다.

반면에 D사는 지금도 그렇지만 채권단인 국책은행이 관리하는 사실상 경영자가 없는 회사이다. 그 당시 D사의 최고 경영자는 지인 회사에 일감을 몰아주거나 배임 및 연임, 로비 등으로 구속되었다. 대표이사뿐만 아니라 그 당시 구매 담당을 했던 D사의 차장도 수백억 원의 회삿돈을 빼돌렸다가 구속되기도 하였다. 윗사람들부터 사리사욕으로 부당하게 개인의 이익을 취하는 회사가 직원들의 안전을 얼마나 신경 쓸지 자연스레 의문을 갖게 된다.

사업주가 유의해야 할 산업안전보건법의 주요 내용은 다음 표와 같다. 자칫 소홀히 하면 처벌과 함께 고액의 과태료를 물게 되므로 예사로 넘겨서는 낭패를 당하기 쉽다. 더욱이 「중대재해 처벌 등에 관한 법률」이 2021년 1월 26일부로 제정되었다. 산업 현장에서 사망사고 등 중대재해가 발행할 경우 사업주 등은 1년 이상의 징역과 함께 10억 원 이하의 벌금 처분도 받을 수 있다. 그 취지는 공감하나 부작용도 만만찮을 것으로 보인다.

▶ **산업안전보건법 주요 내용**

조문	주요 내용	벌칙	비고
제5조 사업주의 의무	• 사업주는 다음 각 호의 사항을 이행함으로써 근로자의 안전과 건강을 유지 · 증진시키는 한편, 국가의 산업재해 예방시책에 따라야 함. 　1. 이 법과 이 법에 따른 명령으로 정하는 산업재해 예방을 위한 기준을 지킬 것 　2. 근로자의 신체적 피로와 정신적 스트레스 등을 줄일 수 있는 쾌적한 작업 환경을 조성하고 근로 조건을 개선할 것 　3. 해당 사업장의 안전 · 보건에 관한 정보를 근로자에게 제공할 것		
제10조 산업재해 발생 은폐 금지 및 보고	☆ 사망자 또는 3일 이상의 휴업이 필요한 부상을 입거나 질병에 걸린 사람이 발생한 경우 재해 발생일부터 1개월 이내에 산업재해조사표를 지방고용노동관서에 제출(★★★중대 재해는 지체없이 보고) • 산업재해가 발생하였을 때에는 그 발생 사실을 은폐하여서는 아니됨. • 산업재해조사표 또는 요양신청서+재해재발방지계획으로 기록하고 3년간 보존	과태료 1,000만 원 이하 벌금(1년 이하 징역, 1천만 원 이하 벌금)	규칙 별지 제1호
제11조 법령요지의 게시 등	• 사업주는 이 법과 이 법에 의한 명령의 요지를 상시 각 사업장에 게시 또는 비치하여 근로자로 하여금 알게 하여야 함	과태료 500만 원 이하	
제12조 안전표지의 부착 등	• 사업장의 유해 또는 위험한 시설 및 장소에 경고, 비상시 조치 안내 등의 안전 · 보건 표지를 설치하거나 부착 ※ 금지표지(금연 등), 경고표지(고압전기경고), 지시표지(안전모 착용 등), 안내표시(비상구 등)	과태료 500만 원 이하	규칙 별표 1의 2
제13조 안전보건관리책임자	• 당해 사업을 실질적으로 총괄 관리하는 자를 안전보건관리책임자로 선임하여 산업안전보건 업무를 총괄-관리(선임 사실 및 업무 수행내용 기록) • 선임대상 사업장 　- 산업안전보건법 시행령 별표 1의 2 참고하여 사업의 종류 및 상시 근로자 수, 건설업 공사금액에 따라 관리책임자 선임	과태료 500만 원 이하	사내 선임 증명 서류 비치
제14조 관리감독자	• 사업장 내 부서 단위에서의 산재 예방 활동을 촉진시키기 위해 경영조직에서 생산과 관련되는 당해 업무와 소속 직원을 직접 지휘-감독하는 부서의 장이나 그 직위를 담당하는 자를 관리감독자로 지정하여 당해 직무와 관련된 안전 · 보건상의 업무를 수행하도록 함 　- 위험방지가 필요한 작업에 있어서는 당해 작업의 관리감독자를 지정하여 안전 업무를 추가로 수행 ※ 관리감독자의 직무는 산업안전보건법 시행령 제10조 및 산업안전보건기준에 관한 규칙 제35조, 제339조, 제341조 참조	과태료 500만 원 이하	

제15조
안전관리자
 	
제16조
보건관리자
	• 상시 근로자 50인이상 사업장은 유자격자로 안전·보건관리자 선임
	(자체 선임하거나 대행기관에 업무위탁)
	 - 건설업 안전관리자는 공사금액 120억 원(토목 150억) 이상 선임(영
	  별표 3 참조)
	 - 건설업 보건관리자는 공사금액 800억 원(토목 1천억) 이상 선임(영
	  별표 5 참조)
	 - 안전·보건관리자의 직무는 시행령 제13조, 제17조 직무 내용 참조
	  하고, 업무 수행 내용의 기록·유지하도록 개정되었으므로 이행 요함.
	※ 수급인 사용 상시 근로자수는 도급업체 근로자에 포함
		과태료 500만
		원 이하
			14일 이내
			선임신고

제16조의3 안전보건관리담당자	• 상시 근로자 20인이상 사업장(제조업, 임업, 하수 폐수 및 분뇨 처리 업, 폐기물 수집 운반 처리 및 원료 재생업, 환경 정화 및 복원업)은 요 건(자격 또는 교육 이수)을 갖춘 자로 안전보건관리담당자를 두어 안 전·보건에 관하여 사업주를 보좌하고 관리감독자에게 조언·지도하 는 업무 수행 ※ 안전관리자, 보건관리자를 두어야 하는 사업주 제외	과태료 500만 원 이하	
제19조 산업안전보건위원회	• 산업안전-보건에 관한 중요사항 등을 심의, 의결하기 위해 산업안전 보건위원회를 설치, 운영 • 영 별표 6의 2(산업안전보건위원회 설치 운영해야 할 사업의 종류 및 규모) 참조하여 업종, 상시 근로자 수, 건설 공사금액에 따라 설치 운영 • 노사동수로 구성하고 3월마다 개최, 회의록 작성 보존 • 회의결과는 근로자에게 알리고, 의결사항 성실히 이행	과태료 500만 원 이하	
제20조 안전보건관리규정	• 사업주는 노-사가 협의하여 사업장의 특성에 맞는 산업안전보건에 관 한 규정을 작성-게시 또는 비치하고, 이를 노-사가 준수토록 함 - 안전보건관리규정 작성 대상 사업의 종류 규모는 영 별표 6의 2 참조 - 안전보건관리규정 작성, 변경 시 산업안전보건위원회 심의 의결(산 보위 미설치 사업장은 근로자 동의)	과태료 500만 원 이하	
제23조 안전상의 조치	• 기계·기구 기타설비, 폭발성.발화성.인화성물질, 전기.열 기타 에너 지에 의한 위험, 불량한 작업방법 등에 기인하여 발생하는 위험, 위험 발생이 예상되는 장소에서 발생하는 위험 등을 방지하기 위하여 필 요한 조치를 하여야 함 ※ 세부내용은 『산업안전보건기준에 관한 규칙』에 규정되어 있음	5년 이하의 징 역 또는 5천만 원 이하의 벌금	
제24조 보건상의 조치	• 원재료, 가스, 증기, 분진, 흄, 미스트, 산소결핍공기, 병원체, 방사선, 유해광선, 고온, 저온, 초음파, 진동, 이상 기압, 기체, 액체, 잔재물, 계 측감시, 컴퓨터 단말기 조작, 정밀공작, 단순반복, 인체에 과도한 부 담작업, 환기, 채광, 조명, 보온, 방습, 청결 등의 건강장해 예방을 위하 여 필요한 조치를 하여야 함. ※ 세부내용은 『산업안전보건기준에 관한 규칙』에 규정되어 있음	5년 이하의 징 역 또는 5천만 원 이하의 벌금	
제25조 근로자의 준수사항	• 근로자는 법 제23조(안전조치)와 제24조(보건조치) 및 제38조의 3(석면해체제거 작업 기준의 준수)에 따라 사업주가 한 조치로서 고 용노동부령으로 정하는 조치사항을 지켜야 함	과태료 300만 원 이하	

제26조 작업중지 등	• 산업재해 발생의 급박한 위험이 있거나 중대 재해가 발생하였을 경우 제2의 위험을 예방하기 위해 사업주는 즉시 작업을 중지시키고 필요한 안전보건조치를 하도록 함	5년 이하의 징역 또는 5천만 원 이하의 벌금
	• 누구든지 중대 재해 발생현장을 훼손하여 원인조사를 방해하여서는 아니됨.	1년 이하의 징역 또는 1천만 원 이하의 벌금
제28조 유해 작업 도급 금지	① 도금 작업, ② 수은, 연, 카드뮴 등 중금속을 제련, 주입, 가공 및 가열하는 작업, ③ 법 제38조 제1항의규정에 따라 허가를 받아야 하는 물질을 제조·사용 또는 해체·제거하는 작업은 고용부 장관의 인가를 받지 아니하고는 그 작업만을 분리하여 도급을 줄 수 없음.	5년 이하의 징역 또는 5천만 원 이하의 벌금
제29조 도급 사업 시의 안전 보건조치	• 도급인 및 수급인의 근로자가 같은 장소에서 작업을 할 때 생기는 산업재해를 예방하기 위해 아래 조치를 함 ① 안전·보건에 관한 협의체의 구성 및 운영(1회/월) ② 작업장의 순회점검(1회/2일) 등 안전·보건관리(시행규칙30조참조) ③ 수급인이 근로자에게 하는 안전·보건 교육에 대한 지도와 지원	500만 원 이하의 벌금 1년 이하의 징역 또는 1천만 원 이하의 벌금
	• 도급인인 사업주는 그의 수급인이 사용하는 근로자가 고용부령이 정하는 산업재해 발생위험이 있는 장소에서 작업을 할 때에는 고용부령이 정하는 산업재해 예방을 위한 조치를 취하여야 함 ※ 산업안전보건법 시행규칙 제30조 참조	500만 원 이하의 벌금
제29조 도급 사업 시의 안전 보건조치	• 도급인인 사업주, 수급인인 사업주, 도급인 및 수급인의 근로자 각 1인으로 점검반을 구성하여 합동안전보건점검 실시(건설업, 선박 및 보트 건조업: 2개월에 1회 이상, 기타 사업: 분기별 1회 이상) • 안전보건 정보제공 - 대상작업: 화학물질 또는 화학물질을 함유한 제제를 제조·사용·운반 또는 저장하는 화학 설비 및 그 부속설비의 개조·분해 작업 또는 해당 설비의 내부에서 이루어지는 작업	500만 원 이하의 벌금 1년 이하의 징역 또는 1천만 원 이하의 벌금 500만 원 이하의 벌금
제29조 도급 사업 시의 안전 보건조치	※ 화학물질: 폭발성·발화성·인화성 또는 독성 등의 유해·위험성이 있는 화학물질로서 안전보건규칙 별표 1 및 별표 12에 따른 위험물질 및 관리대상 유해물질 ※ 화학 설비 및 그 부속설비(안전보건규칙 별표7) - 제공해야 할 정보: 다음 안전보건정보를 적은 문서를 해당 도급작업이 시작되기 전까지 수급인에게 제공 ① 안전보건규칙 별표 7에 따른 화학 설비 및 그 부속설비에서 제조·사용·운반 또는 저장하는 위험물질 및 관리대상 유해물질의 명칭과 그 유해성·위험성 ② 안전·보건상 유해하거나 위험한작업에 대한 안전·보건상의 주의사항 ③ 안전·보건상 유해하거나 위험한 물질의 유출 등 사고가 발생한 경우에 필요한 조치의 내용	500만 원 이하의 벌금 1년 이하의 징역 또는 1천만 원 이하의 벌금 500만 원 이하의 벌금

제30조 산업안전보건관리비 의 계상 등	• 건설업, 선박건조·수리업 기타 대통령령이 정하는 사업을 타인에게 도급하는 자와 이를 자체사업으로 영위하는 자는 - 도급계약을 체결하거나 자체사업계획을 수립할 경우 산업재해예방을 위한 산업안전보건관리비를 도급 금액 또는 사업비에 계상하여야 함. - 산업안전보건관리비 사용 시 재해예방전문지도기관의 지도를 받아야 함	과태료 1,000 만 원 이하 과태료 300만 원 이하	

제31조 안전·보건교육

• 정기교육

교육대상		교육 시간
사무직종사 근로자		매분기 3시간 이상
사무직종 근로자 외의 근로자	판매 업무에 직접 종사하는 근로자	매분기 3시간 이상
	판매 업무에 직접 종사하는 근로자 외의 근로자	매분기 6시간 이상
관리감독자의 지위에 있는 자		연간 16시간 이상

과태료 500만
원 이하
(횟수 또는 인
원에 따라 차등
부과)

• **채용 시 교육** 일용 근로자 제외(8시간 이상), 일용 근로자(1시간 이상)
• **작업내용 변경 시의 교육** 일용 근로자 제외(2시간 이상), 일용 근로자(1시간 이상)

• **특별교육**

교육대상	교육 시간
별표 8의2 제1호 라목 각 호의 어느 하나에 해당하는 작업에 종사하는 일용 근로자	2시간 이상
별표 8의 2 제1호 라목 각 호의 어느 하나에 해당하는 작업에 종사하는 일용 근로자를 제외한 근로자	-16시간 이상(최초작업에 종사하기 전 4시간 이상 실시하고 12시간은 3월 이내 분할하여 실시가능) -단기간 또는 간헐적 작업인 경우에는 2시간 이상

• 건설업 기초 안전보건교육: 건설 일용 근로자(4시간)
※ 기타 내용은 산업안전·보건교육규정 고시 참조

제32조 관리책임자 등 직무교육	• 안전보건관리책임자, 안전관리자, 보건관리자, 재해예방전문지도기관 종사자는 선임된 후 3개월 이내에 직무를 수행하는데 필요한 신규교육을 받아야 하며, 신규교육을 이수한 후 매 2년이 되는 날을 기준으로 전후 3개월 사이에 보수교육 실시	과태료 500만 원 이하	
제33조 유해·위험기계, 기구 등의 방호조치 등	• 예초기(날접촉 예방장치), 원심기(회전체 접촉 예방장치), 공기압축기(압력방출장치), 금속절단기(날접촉 예방장치), 지게차(헤드가드, 백레스트), 포장기계(진공포장기, 랩핑기로 한정, 구동부 방호 연동장치) ※ 2013.03.01. 시행하고, 세부내용은 위험기계·기구 방호조치 기준 참조	5년 이하의 징 역 또는 5천만 원 이하의 벌금	
제34조 안전인증	• 의무 안전인증대상 기계-기구(①프레스 ②전단기 ③절곡기 ④크레인 ⑤리프트 ⑥압력용기 ⑦롤러기 ⑧사출성형기 ⑨고소작업대 ⑩곤돌라 ⑪기계톱 등) 및 방호장치, 보호구는 안전인증을 받아야 함. ※ 세부내용은 안전인증·자율안전확인신고의 절차에 관한 고시 별표1 참조	3년 이하의 징 역 또는 2천만 원 이하의 벌금	

제34조의2 안전인증의 표시 등	• 안전인증을 받은 자는 안전인증대상 기계·기구 등이나 이를 담은 용기 또는 포장에 고용부령으로 정하는 안전인증표시를 하여야 함	1000만 원 이하의 과태료
제34조의4 의무안전인증대상 기계·기구 등의 제조, 수입 사용	• 안전인증을 받지 않거나(안전인증을 전부 면제받은 것은 제외) 제34조 제1항에 따라 고용부장관이 고시하는 안전인증기준에 맞지 않게 개조된 경우(미달된 경우) 또는 안전인증을 받은 자가 안전인증이 취소 및 안전인증표시 사용 금지 명령을 받은 의무안전인증대상기계·기구등은 제조-수입-양도-대여-설치-사용하거나 양도-대여의 목적으로 진열하여서는 아니 됨	3년 이하의 징역 또는 2천만 원 이하의 벌금
제36조 안전검사	• 대통령령으로 정하는 기계-기구-설비를 사용하는 사업주는 고용부장관이 실시하는 안전검사를 받아야 하고, 안전검사에 합격한 기계-기구 및 설비는 합격한 것임을 나타내는 표시를 부착. - 대상: 프레스, 전단기, 크레인, 리프트, 압력용기, 곤돌라, 국소배기장치, 원심기, 화학설비 및 그 부속설비, 건조설비 및 그 부속설비, 롤러기, 사출성형기, 고소작업대, 컨베이어, 산업용 로봇 ※ 세부내용은 안전검사 절차에 관한 고시, 안전검사 고시 참조	과태료 1,000만 원 이하
제37조 제조 등의 금지	• 누구든지 다음 각 호의 어느 하나에 해당하는 물질로서 대통령으로 정하는 물질을 제조·수입·양도·제공 또는 사용하여서는 아니 됨. 1. 직업성 암을 유발하는 것으로 확인되어 근로자의 보건에 특히 해롭다고 인정되는 물질 2. 제39조에 따라 유해성·위험성을 평가하거나 제40조에 따라 유해성·위험성을 조사한 유해인자(有害因子) 가운데 근로자에게 중대한 건강장해를 일으킬 우려가 있는 물질 ※ 해당 물질은 산업안전보건법 시행령 제29조와 석면함유제품의 제조·수입·양도·제공 또는 사용금지에 관한 고시 참조	5년 이하의 징역 또는 5천만 원 이하의 벌금
제38조 제조 등의 허가	• 산업안전보건법 시행령 제30조 명시된 유해물질을 제조하거나 사용하려는 자는 고용부장관의 허가를 받아야 함.	5년 이하의 징역 또는 5천만 원 이하의 벌금
제38조의2 석면조사	• 건축물이나 설비를 철거하거나 해체하려는 경우에 해당 건축물이나 설비의 소유주 또는 임차인 등은 다음 각 호의 사항을 고용노동부령으로 정하는 바에 따라 조사(이하 "일반석면조사"라 한다)한 후 그 결과를 기록·보존하여야 함. 1. 해당 건축물이나 설비에 석면이 함유되어 있는지 여부 2. 해당 건축물이나 설비 중 석면이 함유된 자재의 종류, 위치 및 면적 • 건축물이나 설비 중 대통령령으로 정하는 규모 이상의 건축물이나 설비의 소유주등은 고용노동부장관이 지정하는 기관(이하 "석면조사기관"이라 한다)으로 하여금 제1항 각 호의 사항과 해당 건축물이나 설비에 함유된 석면의 종류 및 함유량을 조사(이하 "기관석면조사"라 한다)하도록 한 후 그 결과를 기록·보존하여야 함.	과태료 300만 원 이하 과태료 5,000만 원 이하

	- "대통령령으로 정하는 규모 이상의 건축물이나 설비"란 다음 각 호의 어느 하나에 해당하는 건축물이나 설비를 말함. 1. 건축물(제2호에 따른 주택은 제외한다. 이하 이 호에서 같다)의 연면적 합계가 50제곱미터 이상이면서, 그 건축물의 철거·해체하려는 부분의 면적 합계가 50제곱미터 이상인 경우 2. 주택(「건축법 시행령」 제2조 제12호에 따른 부속건축물을 포함한다. 이하 이 조에서 같다)의 연면적 합계가 200제곱미터 이상이면서, 그 주택의 철거·해체하려는 부분의 면적 합계가 200제곱미터 이상인 경우 3. 설비의 철거·해체하려는 부분에 다음 각 목의 어느 하나에 해당하는 자재(물질을 포함한다. 이하 같다)를 사용한 면적의 합이 15제곱미터 이상 또는 그 부피의 합이 1세제곱미터 이상인 경우 **가.** 단열재, **나.** 보온재, **다.** 분무재, **라.** 내화피복재, **마.** 개스킷(Gasket), **바.** 패킹(Packing)재, **사.** 실링(Sealing)재, **아.** 고용노동부장관이 정하여 고시한 자재 4. 파이프 길이의 합이 80미터 이상이면서, 그 파이프의 철거·해체하려는 부분의 보온재로 사용된 길이의 합이 80미터 이상인 경우	
제38조의3 석면 해체·제거 작업 기준의 준수	• 석면이 함유된 건축물이나 설비를 철거하거나 해체하는 자는 고용노동부령으로 정하는 석면해체·제거의 작업기준을 준수하여야 함.	3년 이하의 징역 또는 2천만원 이하의 벌금
제38조의4 석면 해체·제거업자 를 통한 석면의 해체· 제거	• 기관석면조사 대상으로서 대통령령으로 정하는 함유량과 면적 이상의 석면이 함유되어 있는 경우 건축물이나 설비의 소유주등은 고용노동부장관에게 등록한 자(이하 "석면해체·제거업자"라 한다)로 하여금 그 석면을 해체·제거하도록 하여야 함. ※ 시행령 제30조의7 참조	5년 이하의 징역 또는 5천만원 이하의 벌금
제38조의5 석면농도기준의 준수	• 석면해체·제거업자는 제38조의4제1항에 따른 석면해체·제거작업이 완료된 후 해당 작업장의 공기 중 석면농도가 고용노동부령으로 정하는 기준(이하 "석면농도기준"이라 한다) 이하가 되도록 하고, 그 증명자료를 고용노동부장관에게 제출	과태료 500만원 이하
제39조의2 허용기준의 준수	• 사업주는 발암성 물질 등 근로자에게 중대한 건강장해를 유발할 우려가 있는 유해인자로서 대통령령으로 정하는 유해인자는 작업장 내의 그 노출 농도를 고용노동부령으로 정하는 허용기준 이하로 유지하여야 함. (1. 납 및 그 무기화합물, 2. 니켈(불용성 무기화합물로 한정한다), 3. 디메틸포름아미드, 4. 벤젠, 5. 2-브로모프로판, 6. 석면(제조·사용하는 경우만 해당한다), 7. 6가크롬 화합물, 8. 이황화탄소, 9. 카드뮴 및 그 화합물, 10. 톨루엔-2, 4-디이소시아네이트, 11. 트리클로로에틸렌, 12. 포름알데히드, 13. 노말헥산) ※ 허용기준은 산업안전보건법 시행규칙 별표 11의3 참조	과태료 1,000만 원 이하

제41조 물질안전보건자료 작성.비치등	• 화학물질.화학물질을 함유한 제재를 양도, 제공하는자는 물질안전보건자료를 제공 • 화학물질.화학물질을 함유한 제재를 제조.수입.사용.운반.저장할 경우 물질안전보건자료를 게시 또는 비치 • 화학물질 등을 함유한 용기.포장 등에 경고표시 부착 • 화학물질 등을 취급하는 근로자에게 교육 실시	500만 원 이하의 과태료
제42조2 위험성평가	• 사업주는 가설물, 기계기구, 설비, 원재료, 가스, 증기, 분진 등에 의하거나 작업행동, 그 밖에 업무에 기인하는 유해위험요인을 찾아내어 위험성을 결정하고, 그 결과에 따라 이 법과 이 법에 따른 명령에 의한 조치를 하여야 하며, 근로자의 위험 또는 건강장해를 방지하기 위하여 필요한 경우에는 추가적인 조치를 하여야 함.	
제42조 작업환경측정	• 화학적인자[유기화합물(113종), 금속류(23종), 산및알카리류(17종), 가스, 상물질류(15종), 허가대상유해물질(14종), 분진(6종), 금속가공유(1종), 물리적인자(2종) [8시간 시간가중 평균80dB 이상 소음, 고열] 등에 노출되는 근로자가 있는 작업장에 대해 작업환경측정 실시(6월에 1회 이상) • 측정 결과를 기록 보존하고, 근로자에게 알려주고, 고용노동부장관에게 보고 • 작업환경측정 결과에 따른 설비의 개선 등 적절한 조치 이행 ※ 세부내용은 고용노동부 홈페이지 참조	1,000만 원 이하의 과태료 1,000만 원 이하의 벌금
제43조 건강진단	• 일반건강진단: 사무직은 2년에 1회, 비사무직은 1년에 1회 • 특수건강진단: 특수검진유해인자 종사 근로자 • 배치 전 건강진단: 신규채용 또는 작업전환 시 특수검진 대상 업무에 종사할 경우 실시	1천만 원 이하의 과태료
제43조의2 역학조사	• 직업성 질환의 진단 및 발생원인의 규명을 위하여 필요하다고 인정할 때에는 근로자의 질병과 작업장 유해요인의 상관관계에 관한 직업성 질환 역학조사를 실시함.	1,500만 원 이하의 과태료
제44조 건강관리수첩	• 건강장해를 발생할 우려가 있는 업무에 일정 기간 이상 종사한 근로자에게 건강관리수첩을 발급하여야 함. - 대상: 벤젠을 제조하거나 사용하는 업무 등 14개 작업	수첩 대여, 양도 시 500만 원 이하 과태료
제46조 근로 시간 연장의 제한	• 잠함·잠수 작업 등 높은 기압에서 행하는 작업에 종사하는 근로자에 대하여 1일 6시간, 1주 34시간을 초과하여 근로하게 하지 못하도록 함	3년 이하의 징역 또는 2천만 원 이하의 벌금
제47조 자격 등에 의한 취업 제한	• 유해하거나 위험한 작업으로서 고용노동부령으로 정하는 작업의 경우 그 작업에 필요한 자격·면허·경험 또는 기능을 가진 근로자가 아닌 자에게 그 작업을 하게 하여서는 아니 됨. ※ 세부내용은 유해·위험작업의 취업 제한에 관한 규칙 참조	3년 이하의 징역 또는 2천만 원 이하의 벌금

제48조 유해·위험방지 계획서의 제출 등	• 재해위험이 높은 건설물·기계·기구·설비 등의 설치·이전·변경으로 인해 근로자의 안전과 보건을 해칠 우려가 있다는 점을 감안하여 유해·위험요인을 사전에 평가하기 위해 「유해·위험방지계획서」 제출. ※ 제출 대상은 시행령 제33조의2 참조	과태료 1,000 만 원	
제49조 안전보건진단 등	• 산업재해를 예방하기 위해 잠재적 위험요인을 발견하고 그 대책을 수립할 수 있도록 중대 재해 발생사업장 등 고용부령이 정하는 사업장에 대해 안전보건진단기관의 안전보건진단을 받도록 명령	과태료 1,000 만 원	
제49조의2 공정안전보고서의 제출 등	• 대통령령으로 정하는 유해·위험설비를 보유한 사업장의 사업주는 해당 설비로부터의 위험물질 누출, 화재, 폭발 등으로 인하여 사업장 내의 근로자에게 즉시 피해를 주거나 사업장 인근지역에 피해를 줄 수 있는 사고(이하 "중대산업사고"라 한다)를 예방하기 위하여 대통령령으로 정하는 바에 따라 공정안전보고서를 작성하여 고용부장관에 제출하고, 이를 사업장에 갖춰 두어야 함.	과태료 1,000 만 원	
제50조 안전보건개선계획	• 고용부장관은 사업장·시설 그 밖의 사항에 대하여 산업재해예방을 위하여 종합적인 개선조치를 할 필요가 있다고 인정할 때에는 고용부령으로 정하는 바에 따라 사업주에게 그 사업장, 시설 그 밖의 사항에 관한 안전보건개선계획의 수립·시행을 명할 수 있음. ① 산업재해율이 같은 업종의 규모별 평균 산업재해율보다 높은 사업장 ② 작업 환경이 현저히 불량한 사업장 ③ 중대 재해(사업주가 안전·보건조치의무를 이행하지 아니하여 발생한 중대 재해에 한함)가 연간 2건 이상 발생한 사업장	과태료 1,000 만 원 이하	
제64조 서류의 보존	• 법 또는 법에 따른 명령에 따라 작성하여야 하는 서류 중 특히 산업재해를 방지하기 위해 필요로 하는 것에 대하여 일정 기간 동안 서류보존을 함.	과태료 300만 원 이하	

보존 기간	보존서류의 유형
30년	· 석면제거업자의 업무에 관한 서류, 작업환경측정결과(발암성확인물질), 건강진단결과(발암성 확인 물질)
5년	· 작업환경측정결과, 건강진단결과표, 근로자가 제출한 건강진단결과
3년	· 관리책임자·안전관리자·보건관리자 및 산업보건의의 선임에 관한 서류 · 법 24조에 따른 보건상 조치 사항으로서 고용노동부령으로 정하는 사항을 적은 서류 · 작업환경측정·건강진단에 관한 서류(5년 보존서류 제외) · 산업재해발생서류, 석면조사 결과에 대한 서류
2년	· 산업안전보건위원회, 안전보건에 관한 노사협의체 회의록 · 자율안전기준에 맞는 것임을 증명하는 서류 · 자율검사프로그램에 따라 실시하는 검사결과 기록 서류

※ 기타 사항은 고용노동부·안전보건공단·법제처 국가법령정보센터 홈페이지 참조

제6장의 2

직장 내 괴롭힘의 금지

들어가며

우리 사회에서의 괴롭힘은 직장 내에서만 있는 것은 아니다. 군(軍) 복무를 통해 경험한 바로는 계급과 서열이 분명한 군대도 예외는 아니었다. 특히, 고문관으로 낙인이 찍히면 부대원들에게 놀림과 웃음거리가 되기 일쑤다.

학교도 마찬가지다. 초·중등학교와 심지어는 유치원에서도 발생한다. 티 없이 순수할 것으로 생각되는 어린이들이 친구의 별명을 지어 부르며 괴롭히는 것을 흔히 볼 수 있다. 어린이까지 그렇다면 뭔가 본능에 의해 발생하는 행위인지도 모른다. 인간은 태어날 때 선하게 태어난다는 성선설에 의문을 갖게 된다.

수년 전 교육부에서 실시한 학교 폭력 실태조사에서 1만 명 넘는 학생이 왕따 등으로 괴롭힘을 당한 것으로 조사된 적이 있다. 실제로는 더 많은 학생이 괴롭힘을 당했을 것으로 추정된다. 어린 시절부터 진행되어온 악습이 성인 사회인 직장에서도 예외 없이 발생하곤 한다.

학교에서의 괴롭힘은 피해자에게 큰 트라우마로 남게 된다. 나중에 가해자가 TV 등에 등장하게 되면 이를 본 피해자는 과거의 아픔과 분함을 참지 못한다. 수년 전 인기 걸그룹 멤버는 물론, 최근 모 방송국의 유명 트로트 경연 프로그램에 나온 가수도 피해자의 언급으로 사과하고 하차하는 일도 있었다. 그뿐만 아니라 유명 스포츠 선수들도 연일 과거 일로 비난을 받고 있다. 우리 사회에서 이러한 사건들은 그냥 비난의 대상으로만 끝날 것이 아니라 타산지석으로 삼아야 할 것이다. 철없던 시절에 멋모르고 한 행동은 성인이 되어서도 영향을 미친다는 점을 우리 모두 깨달아야 하겠다.

조직과 집단에서의 괴롭힘이 인간 사회에만 있는 것은 아니다. 개와 늑대와 같은 동물의 세계에서도 서열이 낮거나 힘이 약한 쪽이 괴롭힘을 당하는 현상이 발견된다. 꼭 힘이 약한 쪽만 당하는 것은 아니다. 힘이 다소 약하더라도 집단이나 무리를 지어 만만한 대상을 공격하기도 한다. 그러한 괴롭힘이 발생하는 이유에 대해 전문가들은 조직 내에서 계급(서열)을 높이거나 유지하기 위해 다른 대상을 공격하는 본능이 있다고 해석한다.

그처럼 직장 내 괴롭힘은 어느 날 갑자기 생겨난 것은 아니다. 오래전부터 있어 온 것이다. 최근 들어 병원에서의 선·후임 간호사 간 태움이라든지 IT 기업 대표의 폭행 사건 등이 언론을 통해 크게 알려지면서 주요 관심사로 떠올랐다. 그로 인해 결국 다음과 같은 직장 내 괴롭힘의 금지라는 법이 도입된 것이다.

제76조의 2(직장 내 괴롭힘의 금지)

사용자 또는 근로자는 직장에서의 지위 또는 관계 등의 우위를 이용하여 업무상 적정범위를 넘어 다른 근로자에게 신체적·정신적 고통을 주거나 근무환경을 악화시키는 행위(이하 "직장 내 괴롭힘"이라 한다)를 하여서는 아니 된다. [2019.1.15.신설 2019.7.16. 시행]

제76조의 3(직장 내 괴롭힘 발생 시 조치)

① 누구든지 직장 내 괴롭힘 발생 사실을 알게 된 경우 그 사실을 사용자에게 신고할 수 있다.

② 사용자는 제1항에 따른 신고를 접수하거나 직장 내 괴롭힘 발생 사실을 인지한 경우에는 지체 없이 그 사실 확인을 위한 조사를 실시하여야 한다.

③ 사용자는 제2항에 따른 조사 기간 동안 직장 내 괴롭힘과 관련하여 피해를 입은 근로자 또는 피해를 입었다고 주장하는 근로자(이하 "피해근로자등"이라 한다)를 보호하기 위하여 필요한 경우 해당 피해근로자등에 대하여 근무장소의 변경, 유급휴가 명령 등 적절한 조치를 하여야 한다. 이 경우 사용자는 피해근로자등의 의사에 반하는 조치를 하여서는 아니 된다.

④ 사용자는 제2항에 따른 조사 결과 직장 내 괴롭힘 발생 사실이 확인된 때에는 피해근로자가 요청하면 근무장소의 변경, 배치전환, 유급휴가 명령 등 적절한 조치를 하여야 한다.

⑤ 사용자는 제2항에 따른 조사 결과 직장 내 괴롭힘 발생 사실이 확인된 때에는 지체 없이 행위자에 대하여 징계, 근무장소의 변경 등 필요한 조치를 하여야 한다. 이 경우 사용자는 징계 등의 조치를 하기 전에 그 조치에 대하여 피해근로자의 의견을 들어야 한다.

⑥ 사용자는 직장 내 괴롭힘 발생 사실을 신고한 근로자 및 피해근로자등에게 해고나 그 밖의 불리한 처우를 하여서는 아니 된다.

직장 내 괴롭힘과 조치 사항

인간은 약한 자를 보호하려는 본능도 동시에 가지고 있다. 그러한 보호 의식이 법의 형태로 나타난 것이 바로 「직장내괴롭힘의 금지법」이다. 괴롭힘의 가해자는 대부분 상사나 선임 또는 힘이 강한 측에 속한다. 반면 당하는 자는 후임이나 신입 또는 힘이 약한 계층이다. 직장 내 괴롭힘은 당하는 개인에겐 큰 고통이다. 그리고 업무 능률도 떨어뜨려 생산성도 낮아지게 된다.

이번에 도입된 직장 내 괴롭힘과 관련한 법의 주요 골자는 첫째는 직장 내 괴롭힘의 정의 및 금지, 둘째는 직장 내 괴롭힘의 발생 시 사용자의 조치 의무, 셋째는 직장 내 괴롭힘의 예방 및 발생 시 상시 근로자 10인 이상인 사업장은 이를 취업규칙에 반영 의무(근기법 제93조 제11호 참조), **넷째는 직장 내 괴롭힘 발생 사실에 대한 신고·주장을 이유로 해고 등 불이익 조치 시 형사처벌을 받는다는** 내용을 담고 있다. 사용자에게 또 하나의 의무가 추가된 셈이다.

괴롭힘과 관련한 신고·주장자에 대한 불이익 조치에 대해 왜 벌칙까지 두게 되었을까? 가해자 대부분은 우월한 지위에 있기에 자칫 피해자의 문제로 인식될 수 있다. 그렇기에 처벌까지 고려한 것으로 보인다.

직장 내 괴롭힘과 관련하여 다른 법 규정에도 연관되는 부분이 있다. 산업재해보상보험법 제37조(업무상의 재해의 인정 기준) 제①항 제2호의 다.에서 「근로기준법」 제76조의 2에 따른 직장 내 괴롭힘, 고객의 폭언 등으로 인한 업무상 정신적 스트레스가 원인이 되어 발생한 질병은 업무상 질병으로 본다는 것이다.

산업안전보건법에도 이와 관련한 조항이 있다. 제4조(정부의 책무)의 제①항 제3호에는 「근로기준법」 제76조의 2에 따른 직장 내 괴롭힘 예방을 위한 조치기준 마련 지도 및 지원을 규정하고 있다. 그 밖에 산업안전보건법 제26조의 2(고객의 폭언 등으로 인한 건강장해 예방조치)에서는 **고객으로부터의 괴롭힘**에 대해서도 사업주가 조치하도록 하고 있다.

직장 내 괴롭힘이 성립되기 위해서는 첫째로 대표이사를 포함한 사용자 또는 근로자가 직장에서의 지위 또는 관계 등의 우위를 이용해야 하고, 둘째로 업무상 적정범위를 넘어야 하며, 마지막으로 다른 근로자에게 신체적·정신적 고통을 주거나 근무 환경을 악화시키는 세 가지의 조건이 충족되어야 한다.

그 판단 기준으로는 문제 된 행위를 피해자와 같은 처지에 있는 일반적이고도 평균적인 사람의 입장에서 바라보았을 때 신체적·정신적 고통이나 근무 환경 악화가 발생할 수 있다는 점이 인정되어야 한다. 직장 내 성희롱 여부는 피해자라고 주장하는 근로자의 주관적 주장에 의존하는 것과는 약간의 차이가 있다. 또한, 피해자가 실제로 신체적·정신적으로 고통을 받았거나 근무 환경이 악화되었다는 결과가 발생해야 한다.

직장 내 괴롭힘으로 인해 다툼이 발생할 경우 노동관계법에 의한 조사 외 민사상 손해 배상 책임 등 법정 분쟁으로 이어질 수도 있다. 이직 등에 따른 신규 채용 부담도 무시할 수 없다. 또한, 신입 사원 교육에 대한 부담과 생산성도 하락한다. 그 외에도 기업의 명예와 이미지가 실추되므로 기업 차원에서 적극적인 예방 대책이 필요해 보인다.

이번 괴롭힘과 관련한 법이 신설됨에 따라 조사를 수행하는 근로감독관도 많은 부담이 따를 것이다. 근로감독관 개인이 판단하기보다는 양식이 있는 위원들을 위촉하여 심의할 필요성이 있어 보인다.

어쨌든 직장 내 괴롭힘을 금지하는 법은 **2019년 7월 16일부터 이미 시행**되었다. 이 법의 도입과 함께 근로자를 **10인 이상 고용하는 사업장은 직장 내 괴롭힘과 관련한 사항을 취업규칙에 반영**하여야 한다.

최근 직장 내 괴롭힘과 관련한 책이 한 권 나와 있어 구입해 보았다. 저자는 20여 년간 수천 명을 상담하면서 괴롭힘 등을 연구한 임상심리사이다. 특히, 직장 내 괴롭힘과 관련하여 소개된 것으로 간호사 관련 사례도 포함되어 있다.

이 책에 소개된 괴롭힘의 사례들을 통해 살펴보면 시간과 공간 그리고 남녀노소 구분하지 않는다. 실제 괴롭힘을 당해 온 피해자들의 사례들을 분석함과 아울러 극복 방법도 제시되어 있다. 가해자 대부분은 선천적인 기질을 갖고 태어나거나 성장 과정에서 가족이나 주변인들로부터 가학적인 분위기에서 형성된다고 한다. 『당신은 왜 나를 괴롭히는가』라는 제목의 이 책은 본서 제2부의 끝부분에 소개하였다. 무엇보다도 살아오면서 괴롭힘을 당한 피해자에게 도움이 되었으면 한다. 아울러 인사나 노무 담당자는 물론 최고 경영자까지 일독할만한 가치가 있을 것으로 생각된다.

제7장

기능 습득

제77조(기능 습득자의 보호)
사용자는 양성공, 수습, 그 밖의 명칭을 불문하고 기능의 습득을 목적으로 하는 근로자를 혹사하거나 가사, 그 밖의 기능 습득에 관계없는 업무에 종사시키지 못한다.

기능 습득자의 보호

　　　산업 현장에서 기능 습득자는 양성공, 수습, 시용, 도제, 견습공 등으로 불린다. 사업장에서는 흔히 업무 보조라는 의미의 일본식 용어인 '시다' 또는 '시다바리'라고도 불린다. 을의 입지에 놓인 사람은 사용자나 직·반장 그리고 선임 근로자로부터 기능 습득 외 사적인 심부름 등에 동원될 우려가 크다. 그래서 본 보호 조항을 둔 것으로 보인다.

수년 전에 어느 한 실업계고 학생이 현장 실습 중 재해를 당하여 사회 문제가 되었다. 비난 여론이 있자 교육부에서는 실습 기간을 6개월에서 3개월로 줄이는 등의 제한 조치를 하였다. 그러자 실업계고 취업률이 급격하게 떨어졌다고 한다. 언론 보도로는 재작년에는 53.6% 작년에는 44.9%의 취업률을 보였지만 지난 2월 실업계 고등학교의 취업률은 34.8%밖에 되지 않는다고 한다. 하나의 문제를 해결하고자 한 것이 더 많은 부작용을 가져온 것으로 보인다.

제8장

재해보상

들어가며

지난 2009년 통영 지역 근무 당시 산재 사망사고가 한 건 접수되었다. 경남 거제시의 작은 암자에서 전기 배선 작업을 하던 근로자가 감전되어 사망한 사건이다. 전압 220V 가정용 배선 작업으로 안전 수칙을 무시하고 작업에 임한 것이다. 그날은 안개가 끼고 습도가 매우 높은 날씨였는데, 감전을 예방할 수 있는 절연 장갑을 끼지 않고 작업하다 사고를 당한 것이다. 당시는 소규모 공사라 산재보험 적용 대상도 아니었다. 그 사용자는 소액의 전셋집에 사는 정도로 개인적인 보상 능력도 거의 없었다. 규모가 있는 건설 현장이나 조선소 등에서 사망하게 되면 수억 원의 유족보상을 받게 되지만 이는 단돈 1천만 원도 보상받기 어려운 너무나 안타까운 사고였다. 사용자가 전세금을 받아서 전부 다 주더라도 1~2천만 원도 받기 어려운 상황이었다. 그래서 맞더라도 부잣집 아이에게 맞고, 받혀도 고급 차에 받히라는 말이 있는지도 모르겠다. 사고 상황에 따라 같은 사고를 당하고도 보상액은 크게 차이가 난다.

근로기준법 및 산재보험법에 따른 재해보상은 근대시민법 원리의 하나인 **과실 책임의 원칙**을 뛰어넘는 대표적인 사례이다. 사용자 또는 근로자의 과실 여부와는 관계없이 **무과실책임주의 원칙**이 적용된다.

근로자가 업무 수행 중이거나 업무로 인하여 부상이나 질병 또는 사망사고가 발생하기도 한다. 이때 사용자의 과실이 없더라도 근로자는 보상을 받게 된다. 또한, 근로자의 과실에 의한 사고라 하더라도 보상을 받을 수 있다.

근로기준법 및 산재보험법에 의한 재해보상의 종류에는 요양을 위해 받는 보상인 요양보상(제78조)과 그 요양으로 인하여 일을 하지 못하는 기간 동안 지급받는 휴업보상(제79조)이 있다. 그리고 요양이 끝난 후 장애가 남을 경우 노동력 상실 정도에 따라 보상받는 장해보상(제80조)이 있고, 업무상 재해로 사망하였을 경우 그 유족에게 지급되는 유족보상(제82조)과 사망자의 장례를 치른 자에게 장례비용으로 지급되는 장의비(제83조)가 있다.

제78조(요양보상)

① 근로자가 업무상 부상 또는 질병에 걸리면 사용자는 그 비용으로 필요한 요양을 행하거나 필요한 요양비를 부담하여야 한다.

② 제1항에 따른 업무상 질병과 요양의 범위 및 요양보상의 시기는 대통령령으로 정한다. <개정 2008.3.21.>

요양보상

산재보험 적용 대상 사업장에서 근로자가 업무상 부상이나 질병으로 치료를 받게 되면 그 치료에 필요한 요양보상을 받을 수 있다. 그러나 산재보험 의무 적용 대상 사업장이 아닐 때는 문제가 달라진다.

산재보험이 적용되지 않는 사업장에서 근로자가 업무상 부상을 당할 때가 있다. 이때 치료를 받고자 해도 사용자가 제대로 보상을 해주지 않거나 못할 때가 있다. 그러면 노동청으로 신고가 들어오곤 한다. 주로 소규모 건설 공사 현장 등에서 많이 발생한다. 사업주 역시 영세하여 보상해 줄 능력이 없는 경우가 대부분이다.

그처럼 사업주의 능력이 없으면 다쳐도 제대로 된 보상을 받지 못하게 된다. 결국, 사업주는 처벌을 감수해야 한다. 요즘은 노동청으로 요양보상 등의 사건이 접수되는 경우는 매우 드물다. 왜냐하면, 극히 일부를 제외하곤 1인 이상의 근로자를 고용하는 사업장은 산재보험 의무가입 사업장으로 적용이 확대되었기 때문이다.

산재사고 요양과 관련하여 유의할 점이 있다. 일반 해고는 노동위원회를 통해 구제신청을 하게 되므로 벌칙이 정해져 있지 않다. 그러나 업무상 재해로 인한 산재 요양인 경우 그 산재 요양 기간과 그 후 30일 동안은 해고가 제한된다. 이 점을 무시하고 해고가 제한 기간에 해고하였다가 신고되는 경우는 가끔 볼 수 있다. 이때 적용되는 벌칙은 5년 이하의 징역 또는 5천만 원 이하의 벌칙이 정해져 있다. 근로기준법에서 정한 벌칙 중 가장 높은 벌칙이라 할 수 있다.

산재보험과 고용보험

우리나라에는 일정한 요건이 되면 가입자의 의사와 관계없이 가입해야 하는 보험들이 있다. 사회보험이라고도 한다. 산재보험·고용보험·건강보험·국민연금을 일컬어 4대 보험이라고 한다. 우리나라에서 가장 오래된 사회보험 제도는 산재보험이다. 1963년 11월 15일 산재보험법이 제정되어 1964년 1월 1일부로 시행이 되었다. 한동안 노동부에서 직접 산재보험 업무를 담당해 왔다. 그러다가 1994년 12월 22일 산재보험법이 전부 개정되고, 근로복지공단이 설립되면서 1995년 1월 1일부로 근로복지공단으로 이관되었다.

산재보험 업무가 근로복지공단으로 이관되고, 노동부에서 새롭게 추진한 업무가 있다. 다름 아닌 고용보험이다. 고용보험법은 1995년 5월 1일부터 시행이 되었다. 도입 당시 먼저 도입된 선진국에서는 실업급여 제도가 부작용도 많다 하여 꼭 필요한 제도로 인식되지 않았다.

그런데 1990년대 말에 닥친 금융위기로 인해 많은 기업이 도산하거나 구조조정을 하게 되었다. 실업자가 엄청나게 많이 발생했다. 그러한 위기 상황을 맞아 당시 고용보험은 실직자 지원은 물론 국가 경제 위기 극복에 큰 힘이 되었다. 자칫 국가적 혼란을 겪었을지도 모를 상황에서 사회 안전망 역할을 톡톡히 해냈다.

제79조(휴업보상)

① 사용자는 제78조에 따라 요양 중에 있는 근로자에게 그 근로자의 요양 중 평균임금의 100분의 60의 휴업보상을 하여야 한다. <개정 2008.3.21.>

② 제1항에 따른 휴업보상을 받을 기간에 그 보상을 받을 자가 임금의 일부를 지급받은 경우에는 사용자는 평균임금에서 그 지급받은 금액을 뺀 금액의 100분의 60의 휴업보상을 하여야 한다. <신설 2008.3.21.>

③ 휴업보상의 시기는 대통령령으로 정한다. <신설 2008.3.21.>

제80조(장해보상)

① 근로자가 업무상 부상 또는 질병에 걸리고, 완치된 후 신체에 장해가 있으면 사용자는 그 장해 정도에 따라 평균임금에 별표에서 정한 일수를 곱한 금액의 장해보상을 하여야 한다. <개정 2008.3.21.>

② 이미 신체에 장해가 있는 자가 부상 또는 질병으로 인하여 같은 부위에 장해가 더 심해진 경우에 그 장해에 대한 장해보상 금액은 장해 정도가 더 심해진 장해등급에 해당하는 장해보상의 일수에서 기존의 장해등급에 해당하는 장해보상의 일수를 뺀 일수에 보상청구사유 발생 당시의 평균임금을 곱하여 산정한 금액으로 한다. <신설 2008.3.21.>

③ 장해보상을 하여야 하는 신체장해 등급의 결정 기준과 장해보상의 시기는 대통령령으로 정한다. <신설 2008.3.21.>

제81조(휴업보상과 장해보상의 예외)

근로자가 중대한 과실로 업무상 부상 또는 질병에 걸리고 또한 사용자가 그 과실에 대하여 노동위원회의 인정을 받으면 휴업보상이나 장해보상을 하지 아니하여도 된다.

휴업 및 장해보상

　　업무상 재해로 요양 중인 근로자는 근로를 제공할 수 없어 생계에 큰 위협을 받을 수 있다. 따라서 사용자는 근로자가 요양으로 인해 일할 수 없는 기간에 대해 평균임금의 100분의 60에 해당하는 금품을 휴업보상하도록 규정하고 있다. 근로기준법에 정한 휴업보상과는 달리 산재보험으로 요양을 할 때는 평균임금의 100분의 70에 해당하는 휴업보상을 받게 된다. 같은 업무상 재해임에도 근로기준법과 산재보험법이 각각 다르게 보상 기준을 정한 배경이 궁금하다.

업무상 부상이나 질병으로 요양을 하고 나면 신체에 장애가 남을 수 있다. 그로 인해 노동력의 손실이 있게 된다. 따라서 장해 등급에 정한 보상 기준이 마련되어 있다. 현재는 대부분 산재보험으로 처리가 되면서 노동청에 장해보상과 관련한 민원은 극히 드물다. 질병이 완치되거나 더는 호전될 가능성이 없을 때 장해 정도에 따라 1급에서 14급까지 장애 등급이 나오고 평균임금을 최대 1,340일분까지 지급받을 수 있다.

근로자가 중대한 과실로 업무상 부상 또는 질병에 걸리고, 그로 인해 노동위원회의 인정을 받아 휴업보상이나 장해보상을 하지 않는 사례는 찾아보기 어렵다. 거의 사문화되었다.

한편, 근로자가 산재보상을 받을 목적으로 브로커 등과 짜고서 자신의 신체에 위해를 가하여 보상을 받다가 발각되어 처벌을 받는 경우가 언론을 통해 종종 보도되곤 한다. 심지어는 자기 손가락을 망치로 쳐서 상처를 내는 일도 있었다. 우리 사회는 소위 '나이롱 환자'가 많다. 일하기는 싫고 남을 속여서 부당하게 돈을 취하려는 꾼들이 많이 있다.

필자가 산재보험 업무를 할 당시에도 그런 환자들이 많았다. 의사의 소견 등을 들어 치료를 중단하게 하면 그럴수록 더욱더 거칠게 항의하곤 하였다. 어떤 영문인지 중증 장애 진단을 받고 상당한 장해보상을 받은 후 멀쩡하게 사회생활을 하기도 한다. 심지어 중증 허리환자가 장해보상을 받은 후 조기 축구회에서 정상인보다 더 힘차게 뛰어다니는 일도 본 적이 있다.

> **제84조(일시보상)**
> 제78조에 따라 보상을 받는 근로자가 요양을 시작한 지 2년이 지나도 부상 또는 질병이 완치되지 아니하는 경우에는 사용자는 그 근로자에게 평균임금 1,340일분의 일시보상을 하여 그 후의 이 법에 따른 모든 보상책임을 면할 수 있다.

제85조(분할보상)

사용자는 지급 능력이 있는 것을 증명하고 보상을 받는 자의 동의를 받으면 제80조, 제82조 또는 제84조에 따른 보상금을 1년에 걸쳐 분할보상을 할 수 있다.

제86조(보상 청구권)

보상을 받을 권리는 퇴직으로 인하여 변경되지 아니하고, 양도나 압류하지 못한다.

제87조(다른 손해배상과의 관계)

보상을 받게 될 자가 동일한 사유에 대하여 「민법」이나 그 밖의 법령에 따라 이 법의 재해보상에 상당한 금품을 받으면 그 가액(價額)의 한도에서 사용자는 보상의 책임을 면한다.

유족보상과 장의비

근로기준법에서는 근로자가 업무상 사망한 경우에는 그 유족에게 평균임금 1,000일분의 보상을 하도록 규정하고 있다. 그렇지만 산재보험법에 인한 유족보상은 일시금일 경우 평균임금의 1,300일분을 보상받게 된다. 근로기준법상의 휴업보상과 유족 및 장의비 보상은 산재보험에 비해 모두 낮게 책정되어 있다.

일본 노동기준법에서 정한 유족보상금 및 휴업보상 기준도 우리나라 근로기준법과 같다. 근로기준법 제정 당시 일본 노동기준법을 그대로 도입한 데 기인한 것으로 보인다. 그동안 산재보험은 꾸준하게 적용 범위가 확대되어 왔다. 현재 대부분의 업무상 재해는 산재보험 적용을 받고 있다. 1인 이상 사업장의 산재보험 적용이 확대되면서 근로기준법 위반으로 사건이 접수되는 경우는 극히 드물게 되었다.

근로자가 업무상 사유로 사망할 경우 유족 등이 장례를 치를 수 있도록 장의비로 평균임금의 90일분을 지급한다. 일본은 장제비라 하여 우리보다 30일분이 적다. 산재보험으로는 120일분이 지급된다. 우리나라는 산재보험 제도를 도입하면서 대부분의 보상 수준을 근로기준법에 정한 기준보다 높게 설정한 것임을 알 수 있다.

기타 업무상 보상과 관련한 사항들

일시보상은 근로자가 요양을 시작한 지 2년이 지나도 부상 또는 질병이 완치되지 않을 경우에 해당한다. 사용자는 평균임금의 1,340일분에 해당하는 일시보상을 함으로써 더 이상의 보상책임에서 면책되는 제도이다.

장해보상 및 일시보상을 함에 있어 사용자의 지급 능력이 담보되고, 또한 보상을 받는 근로자의 동의가 있으면 1년에 걸쳐 나누어 보상할 수 있다. 사용자가 일시에 1,340일분의 자금을 마련하기가 어려우면 또 다른 경영상의 어려움을 겪을 수 있다. 그러한 금전적 부담을 분산시켜 완화해 줌으로써 부작용을 방지하는 제도라 할 수 있다.

보상청구권은 퇴직해도 계속 유지된다. 그리고 양도나 압류가 금지되어 있다. 그렇게 함으로써 업무상 부상이나 질병에 걸린 근로자의 권리를 보장하고 생활의 안정을 기하고자 하는 제도이다.

다른 손해 배상과의 관계도 설정되어 있다. 이중보상을 피하고, 법에 정한 기준에 따라 정상적인 보상이 이루어지면 사용자의 보상책임은 면하게 된다. 간혹 업무상 재해로 인해 근로기준법 또는 산재보험법으로 정한 보상 내용에 불만이 있을 수 있다. 그러면 민사 소송 절차를 통해 손해 배상을 청구하는 소를 제기하기도 한다. 이때 민사 소송 결과 근로기준법 또는 산재보험법에 의해 보상을 받은 액수보다 많은 금액으로 결정될 수 있다. 이런 경우에는 이미 받은 보상액을 차감한 후 그 차액분을 받게 된다. 소송을 통해 더 유리한 판결을 받더라도 변호사 비용 등을 제하면 실익이 없을 수 있다. 그래서 손해 배상의 소 제기 전이나 소송 과정에서 합의하는 예도 많이 있다.

업무상 재해보상 기준

(기준임금: 평균임금)

구분	휴업보상	유족보상	장 의 비	일시보상
근로기준법(한국)	60%	1,000일분	90일분	1,340일분
산재보험법(한국)	70%	1,300일분	120일분	연금 지급
노동기준법(일본)	60%	1,000일분	60일분	1,200일분
노동기준법(대만)	통상임금	40개월분	5개월분	40개월분

※ 장의(제)비는 실제 장례를 행하는 자에게 지급

대부분의 사업 또는 사업장은 산재보험에 의무적으로 가입해야 한다. 그러나 다른 법률에 따라 보상 규정이 정해져 있으면 대상에서 제외된다. 아직까지 산재보험 적용 대상 범위에 속하지 않는 경우는 다음과 같다.

1. 「공무원재해보상법」 또는 「군인연금법」에 따라 재해보상이 되는 사업. 다만, 「공무원재해보상법」 제60조에 따라 순직유족급여 또는 위험직무순직유족급여에 관한 규정을 적용받는 경우는 제외한다.
2. 「선원법」, 「어선원 및 어선재해보상보험법」 또는 「사립학교교직원연금법」에 따라 재해보상이 되는 사업
3. 가구내 고용활동
4. 농업, 임업(벌목업은 제외), 어업 및 수렵업 중 법인이 아닌 자의 사업으로서 상시 근로자 수가 5명 미만인 사업

제88조(고용노동부장관의 심사와 중재)
① 업무상의 부상, 질병 또는 사망의 인정, 요양의 방법, 보상금액의 결정, 그 밖에 보상의 실시에 관하여 이의가 있는 자는 고용노동부장관에게 심사나 사건의 중재를 청구할 수 있다. <개정 2010.6.4.>
② 제1항의 청구가 있으면 고용노동부장관은 1개월 이내에 심사나 중재를 하여야 한다. <개정 2010.6.4.>

③ 고용노동부장관은 필요에 따라 직권으로 심사나 사건의 중재를 할 수 있다. <개정 2010. 6. 4.>

④ 고용노동부장관은 심사나 중재를 위하여 필요하다고 인정하면 의사에게 진단이나 검안을 시킬 수 있다. <개정 2010.6.4.>

⑤ 제1항에 따른 심사나 중재의 청구와 제2항에 따른 심사나 중재의 시작은 시효의 중단에 관하여는 재판상의 청구로 본다. [제목개정 2010.6.4.]

제89조(노동위원회의 심사와 중재)

① 고용노동부장관이 제88조제2항의 기간에 심사 또는 중재를 하지 아니하거나 심사와 중재의 결과에 불복하는 자는 노동위원회에 심사나 중재를 청구할 수 있다. <개정 2010.6.4.>

② 제1항의 청구가 있으면 노동위원회는 1개월 이내에 심사나 중재를 하여야 한다.

제90조(도급 사업에 대한 예외)

① 사업이 여러 차례의 도급에 따라 행하여지는 경우의 재해보상에 대하여는 원수급인(元受給人)을 사용자로 본다.

② 제1항의 경우에 원수급인이 서면상 계약으로 하수급인에게 보상을 담당하게 하는 경우에는 그 수급인도 사용자로 본다. 다만, 2명 이상의 하수급인에게 똑같은 사업에 대하여 중복하여 보상을 담당하게 하지 못한다.

③ 제2항의 경우에 원수급인이 보상의 청구를 받으면 보상을 담당한 하수급인에게 우선 최고(催告)할 것을 청구할 수 있다. 다만, 그 하수급인이 파산의 선고를 받거나 행방이 알려지지 아니하는 경우에는 그러하지 아니하다.

제91조(서류의 보존)

사용자는 재해보상에 관한 중요한 서류를 재해보상이 끝나지 아니하거나 제92조에 따라 재해보상 청구권이 시효로 소멸되기 전에 폐기하여서는 아니 된다. <개정 2008.3.21.>

제92조(시효)

이 법의 규정에 따른 재해보상 청구권은 3년간 행사하지 아니하면 시효로 소멸한다.

고용노동부 장관 및 노동위원회의 심사와 중재

　　업무상 재해와 관련하여 이의가 있는 경우에 심사와 중재 절차를 규정한 것이다. 위의 심사와 중재에 관련하여 실제로 이의를 제기하거나 심사와 중재를 청구하는 경우는 극히 드물다. 저자가 경험한 사례 또한 단 한 건도 없었다. 대부분 산재로 적용되거나 민사 소송을 통해 해결하는 것으로 보이다.

도급 사업에 관한 예외 사항도 마찬가지다. 이는 건설업 등 도급 사업의 대부분은 산재보험으로 적용되기 때문으로 보인다.

사용자는 재해보상에 관한 중요한 서류를 임의로 폐기하지 못한다. 근로기준법상 임금 등의 소멸시효는 대부분 3년이다. 마찬가지로 재해보상 청구권도 시효는 3년이다. 재해와 관련한 다툼이 생기면 확인 근거를 확보하고자 하는 취지이다.

제9장

취업규칙

제93조(취업규칙의 작성·신고) 상시 10명 이상의 근로자를 사용하는 사용자는 다음 각 호의 사항에 관한 취업규칙을 작성하여 고용노동부장관에게 신고하여야 한다. 이를 변경하는 경우에도 또한 같다. <개정 2008.3.28., 2010.6.4., 2012.2.1.>

1. 업무의 시작과 종료 시각, 휴게시간, 휴일, 휴가 및 교대 근로에 관한 사항

2. 임금의 결정·계산·지급 방법, 임금의 산정기간·지급시기 및 승급(昇給)에 관한 사항

3. 가족수당의 계산·지급 방법에 관한 사항

4. 퇴직에 관한 사항

5. 「근로자퇴직급여 보장법」 제4조에 따라 설정된 퇴직급여, 상여 및 최저임금에 관한 사항

6. 근로자의 식비, 작업 용품 등의 부담에 관한 사항

7. 근로자를 위한 교육시설에 관한 사항

8. 출산전후휴가·육아휴직 등 근로자의 모성 보호 및 일·가정 양립 지원에 관한 사항

9. 안전과 보건에 관한 사항

   9의2. 근로자의 성별·연령 또는 신체적 조건 등의 특성에 따른 사업장 환경의 개선에 관한 사항

10. 업무상과 업무 외의 재해부조(災害扶助)에 관한 사항

11. 표창과 제재에 관한 사항

12. 그 밖에 해당 사업 또는 사업장의 근로자 전체에 적용될 사항

제94조(규칙의 작성, 변경 절차)

① 사용자는 취업규칙의 작성 또는 변경에 관하여 해당 사업 또는 사업장에 근로자의 과반수로 조직된 노동조합이 있는 경우에는 그 노동조합, 근로자의 과반수로 조직된 노동조합이 없는 경우에는 근로자의 과반수의 의견을 들어야 한다. 다만, 취업규칙을 근로자에게 불리하게 변경하는 경우에는 그 동의를 받아야 한다.

② 사용자는 제93조에 따라 취업규칙을 신고할 때에는 제1항의 의견을 적은 서면을 첨부하여야 한다

취업규칙의 작성과 신고·변경

취업규칙은 한 사업장의 사용자와 근로자가 지켜야 하는 규칙이다. 취업규칙은 **상시 10인 이상의 근로자를 고용**하는 사업장에서 작성·신고하도록 되어 있다. 상시 근로자 10인 이상인 사업장에 적용되는 규정으로는 유일하다.

근로 조건을 정함에 있어 개별 근로 계약서에 계약 내용을 모두 담기는 어렵다. 사업장 전체 근로자에게 적용되는 규범은 취업규칙으로 일괄하여 정하면 된다. 사용자가 취업규칙을 처음 작성하여 신고할 때는 근로자들의 의견을 듣고 그 의견서를 첨부하여 노동청으로 신고하면 된다. 본사와 지사 등이 같은 노동청 관할 내에 있으면 본사의 취업규칙만 신고하면 된다. 사업장이 둘 이상의 노동청 관내에 분산되어 있고, 각 사업장 근로자 수가 10인 이상이면서 독립성이 있으면 각각 신고해야 한다. 취업규칙을 작성하여 적용하고 있으나 노동청에 신고하지 않으면 500만 원 이하의 과태료 처분을 받을 수 있다. 그렇더라도 취업규칙의 효력은 인정된다.

취업규칙은 근로자들이 볼 수 있도록 비치를 하여야 한다. 간혹 오래전에 신고한 취업규칙을 살펴보고자 노동청으로 정보공개 청구를 하기도 한다. 그것도 상당 기간 지나간 취업규칙일 경우 찾는 데 어려움을 겪기도 한다. 비좁은 문서고를 차지하고 있어 관리에 문제가 많았다. 오래되고 먼지가 내려앉은 취업규칙을 찾는 수고를 수시로 하곤 했는데 요즘은 스캔하여 전자문서 형태로 보존하고 있다.

사업장의 취업규칙을 국가에서 일일이 감독하고 관리하여야 하는지에 대한 의문이 들 때가 있다. 국가가 민간 기업에 대해 지나치게 간섭하고 통제하는 것도 문제지만 어차피 취업규칙 내용이 근로기준법이나 단체협약 등 다른 규정에 위반되면 효력이 없기 때문이다. 신고 사건이나 지도·감독에 여념이 없는 감독관이 시간을 쪼개어 개별 사업장의 취업규칙 내용을 일일이 살펴봐야 하는 것도 큰 부담이다.

사용자가 취업규칙을 최초로 작성하여 신고 시에는 근로자의 의견을 듣고서 신고하면 되지만, 그 이후부터 취업규칙을 변경하려면 두 가지로 절차로 나누어진다. 즉, 취업규칙 변경 내용이 근로자에게 불리하지 않으면 그 사업장 근로자의 **과반수 의견**만 들으면 된다. 근로자에게 불리한 내용으로 변경한다면 **동의** 절차가 필요하다. 즉, 근로자 과반수로 조직된 노동조합이 있는 경우 노동조합대표의 **동의**를 받으면 되고, 그렇지 않으면 근로자 과반수의 **동의**를 받게 되어 있다.

정기상여금을 최저임금에 포함하고자 하면 취업규칙을 변경하여 지급 주기를 매월 단위로 하면 된다. 최저임금 문제와 맞물려 있어 그런 경우에는 노동조합이나 근로자대표의 의견 청취만으로도 변경할 수 있도록 하였다. 원칙적으로는 근로자 집단의 동의를 받아야 한다. 하지만 사회 통념상 합리성이란 관점에서 예외 사유로 보는 것이다.

> **제95조(제재 규정의 제한)**
> 취업규칙에서 근로자에 대하여 감급(減給)의 제재를 정할 경우에 그 감액은 1회의 금액이 평균임금의 1일분의 2분의 1을, 총액이 1임금지급기의 임금 총액의 10분의 1을 초과하지 못한다.

임금의 감액 제한

감봉이라고도 한다. 근로자가 취업규칙 등을 위반하여 징계의 일종인 감급을 당할 수 있다. 그때 금액의 범위를 제한하는 규정이다. 일반 근로자에 대한 감급은 그 액수로 놓고 보면 아주 적은 금액에 해당한다.

감액 기준은 1회의 금액이 평균임금 1일분의 2분의 1일, 총액이 1 임금지급기의 임금 총액의 10분의 1을 초과하지 못하도록 하고 있다.

예를 들면 1일 평균임금이 100,000원이고, 월급이 3,000,000원 근로자일 때 한 위반 행위에 대해 6개월의 감봉 처분을 받은 경우를 가정해 본다.

1회 감급액은 1일 평균임금의 2분의 1이므로 50,000원을 초과할 수 없다. 6개월 감봉이므로 1 임금지급기의 임금 3,000,000원의 10분의 1을 초과할 수 없기에 총 300,000원을 초과할 수 없다. 따라서 감봉 6개월에 해당하는 총감급액은 300,000원 이하의 범위 내에서 결정되어야 한다.

제96조(단체협약의 준수)

① 취업규칙은 법령이나 해당 사업 또는 사업장에 대하여 적용되는 단체협약과 어긋나서는 아니 된다.

② 고용노동부장관은 법령이나 단체협약에 어긋나는 취업규칙의 변경을 명할 수 있다. <개정 2010.6.4.>

제97조(위반의 효력)

취업규칙에서 정한 기준에 미달하는 근로조건을 정한 근로계약은 그 부분에 관하여는 무효로 한다. 이 경우 무효로 된 부분은 취업규칙에 정한 기준에 따른다.

법령 및 단체협약의 준수

취업규칙은 법령이나 단체협약보다도 적용 우선순위가 낮다. 노동조합 및 노동관계조정법 제33조는 "단체협약에 정한 근로 조건 기타 근로자의 대우에 관한 기준을 위반하는 취업규칙 또는 근로 계약의 부분은 무효로 한다."라고 규정하고 있다.

그러나 드문 경우겠지만 단체협약을 체결 또는 갱신하면서 취업규칙에서 정한 기준보다 낮게 합의를 하는 때도 있을 것이다. 이때는 유리 조건 우선 적용 원칙에도 불구하고 불리한 조건으로 합의한 단체협약이 우선 적용된다. (근로기준팀-5542, 2006.10.10.) 법원 판례도 같은 입장이다. (대판 2002두9063, 2002.12.27.) 왜냐하면 취업규칙보다 상위의 규범에 해당하는 단체협약이 배제될 경우 어렵게 체결한 단체협약은 무의미할 뿐 아니라 그 목적을 달성할 수 없게 되기 때문이다.

개별 근로 계약이 **취업규칙에 미달**할 때에는 그 근로 계약 조건은 무효가 된다. 사업장 내에서 정해지는 각 규정의 적용 우선순위는 단체협약 > 취업규칙 > 근로 계약 순이다. 그렇다 하더라도 근로 계약 내용이 취업규칙에 정한 기준보다 좋은 조건일 경우 **유리한 조건 우선의 원칙**이 적용된다.

제10장

기숙사

제98조(기숙사 생활의 보장)

① 사용자는 사업 또는 사업장의 부속 기숙사에 기숙하는 근로자의 사생활의 자유를 침해하지 못한다.

② 사용자는 기숙사 생활의 자치에 필요한 임원 선거에 간섭하지 못한다.

제99조(규칙의 작성과 변경)

① 부속 기숙사에 근로자를 기숙시키는 사용자는 다음 각 호의 사항에 관하여 기숙사규칙을 작성하여야 한다.

  1. 기상(起床), 취침, 외출과 외박에 관한 사항

  2. 행사에 관한 사항

  3. 식사에 관한 사항

  4. 안전과 보건에 관한 사항

  5. 건설물과 설비의 관리에 관한 사항

  6. 그 밖에 기숙사에 기숙하는 근로자 전체에 적용될 사항

② 사용자는 제1항에 따른 규칙의 작성 또는 변경에 관하여 기숙사에 기숙하는 근로자의 과반수를 대표하는 자의 동의를 받아야 한다.

③ 사용자와 기숙사에 기숙하는 근로자는 기숙사규칙을 지켜야 한다.

기숙사 생활과 규칙

근로자가 근로 현장을 벗어나 기숙사라는 공간에 머무는 동안에는 자유로운 생활을 할 수 있어야 한다. 편지 검열, 종교 활동 강요, 외출·외박 통제 등 사생활 침해도 지양해야 한다. 또한, 기숙사 내에 있는 개인 사물함을 회사가 일방적으로 점검하는 것도 제한된다.

기숙사에 거주하는 근로자의 사생활은 존중되어야 한다. 하지만 단체 생활이므로 자치 규칙을 정해 두어야 한다. 외부인의 출입과 흡연, 음주 등으로 인해 동료 근로자의 생활이나 건강에 불편과 피해줄 수 있기 때문이다.

기숙사 규칙은 근로자의 과반수를 대표하는 자의 동의를 받게 되어 있다. 기숙하는 근로자의 과반수가 18세 미만일 때에는 기숙사 규칙(안)을 7일 이상 기숙사의 보기 쉬운 장소에 게시하

거나 알린 후에 동의를 받도록 규정하고 있다.

제100조(부속 기숙사의 설치·운영 기준)
사용자는 부속 기숙사를 설치·운영할 때 다음 각 호의 사항에 관하여 대통령령으로 정하는 기준을 충족하도록 하여야 한다. (2019.1.15. 개정: 2019.7.16. 시행)

    1. 기숙사의 구조와 설비

    2. 기숙사의 설치 장소

    3. 기숙사의 주거 환경 조성

    4. 기숙사의 면적

    5. 그 밖에 근로자의 안전하고 쾌적한 주거를 위하여 필요한 사항

제100조의2(부속 기숙사의 유지관리 의무)
사용자는 100조에 따라 설치한 부속 기숙사에 대하여 근로자의 건강 유지, 사생활 보호 등을 위한 조치를 하여야 한다. (2019.1.15. 개정 : 2019.7.16. 시행)

기숙사 설비 등

근로자의 건강, 풍기와 생명 유지를 위해 남성과 여성의 기숙사는 따로 마련하여야 한다. 소음이나 진동이 심한 장소 등을 피하고, 취업 시간을 달리하는 2개 조 이상의 근로자들을 같은 침실에 기숙하지 않도록 한다. 기숙사 침실의 넓이는 1인당 2.5㎡ 이상으로 하며, 1실의 거주 인원은 15명 이하로 하도록 규정하고 있다.

과거 섬유나 봉제 업종이 번성하던 시절에는 시골에서 올라온 청소년들을 위한 기숙사 시설들이 많았다. 그러한 업종들이 사양산업이 됨에 따라 이제는 독신자 숙소 형태로 기숙사 시설이 유지되고 있는 것을 볼 수 있다.

또한, 요즘에는 외국인 근로자를 수용하기 위한 숙소가 제공되고 있다. 특히 농·축산업 분야에 종사하는 외국인 근로자들에게 비닐하우스 또는 컨테이너를 숙소로 제공하다가 문제가 되기도 하였다. 열악한 주거 환경 문제는 개선이 필요하다. 한편으로는 외국인 근로자에게 숙소 등을 제공함으로써 내국인이 오히려 차별을 받는다는 여론이 있었다.

따라서 사용자가 근로 계약서에 숙식 정보를 명시하고서 공제 동의를 받는 등 정해진 절차를 밟으면 외국인 근로자들에게 제공한 숙소나 식사비용에서 월 통상임금의 최대 20%까지 급여에서 공제되는 제도가 시행되고 있다. 사용자의 숙식 제공 시 근로자의 비용 부담이 과도하지 않도록 아래와 같이 상한을 두고 있다.

▶ 숙소와 식사를 모두 제공하는 경우

아파트, 단독주택, 연립·다세대 주택	그 밖의 임시 주거시설
상한액: 월 통상임금의 20%	상한액: 월 통상임금의 13%

※ 월 통상임금에는 상여금 및 부정기적으로 지급되는 수당 등은 제외됨

▶ 숙소만 제공하는 경우

아파트, 단독주택, 연립·다세대 주택	그 밖의 임시 주거시설
상한액: 월 통상임금의 15%	상한액: 월 통상임금의 8%

제11장

근로감독관 등

본 장은 감독 기관으로서 근로감독관의
권한과 의무 등에 관해 규정하고 있다

> **제101조(감독 기관)**
>
> ① 근로조건의 기준을 확보하기 위하여 고용노동부와 그 소속 기관에 근로감독관을 둔다.
> <개정 2010.6.4.>
>
> ② 근로감독관의 자격, 임면(任免), 직무 배치에 관한 사항은 대통령령으로 정한다.

근로감독관 제도

노동법은 몰라서도 못 지키고, 알고도 못 지키는 경우가 있다. 법의 실효성을 확보하기 위한 감독 기관으로써 **근로감독관 제도**를 두고 있다. **근로감독관**은 **특별사법경찰관**의 지위도 동시에 갖는다. 근로감독관은 행정적 의미가 있고, 특별사법 경찰관은 사법적 의미를 지닌다고 볼 수 있다.

일전에 「**특별근로감독관 조장풍**」이라는 TV 드라마가 방영된 적이 있다. 그러나 노동청에서 '특별근로감독관'이라는 명칭은 생소하다. 실제 노동청에서는 거의 사용되지 않는다. 통상적으로 근로감독관이라 부른다. 근로감독관은 특별사법경찰관이라는 사법적 지위도 부여되어 있다. 두 가지의 직을 연결지어 부르기엔 길고 불편하다. 추측하건대 방송 작가는 **특별사법경찰관**과 **근로감독관**을 동시에 표현하기가 어려워 그렇게 줄여 부른 것으로 보인다.

근로감독관의 자격 및 구비 요건은 근로감독관규정[대통령령 제22465호, 2010.10.27. 전부 개정]에 명시하고 있다. 근로감독관은 당연직과 임명직으로 나누어진다.

당연직 근로감독관은 노동부 본부의 3급부터 7급까지 공무원 중 노동 및 산업보건·안전에 관한 업무를 담당하는 직위에 임용된 날부터 근로감독관 지위가 부여된다. 다만, 본부에 근무하는 6·7급 중 근무 경력이 1년 미만이면 1년이 되는 날부터 근로감독관 자격이 부여된다. 지방 관서에서는 4급부터 7급까지의 공무원 중 근로 개선 지도 및 산업 안전 보건에 관한 업무를 담당하는 과의 소속 공무원이면 당연직 근로감독관이 된다. 근로감독관 직무 수행 중 업무와 관련하여 견책 이상의 처분을 받게 되면 일정 기간 직무를 수행하지 못하도록 한다.

임명직 근로감독관은 당연직 근로감독관만으로는 충원이 어려운 경우 일정한 요건을 갖춘 6급 또는 7급 공무원을 근로감독관으로 임명하게 된다. 그 임명 요건은 다음과 같다.

1. 고용노동부 장관이 정하는 교육을 이수한 사람
2. 사법경찰리의 직무를 수행할 사람으로 지명받아 근로감독관의 업무를 보조한 경력이 6개월 이상인 사람

근로감독관은 주로 7급 이상 공무원으로 구성된다. 8급 이하의 공무원은 '특별사법경찰리'라고 하는데. 8급 및 9급인 경우에도 감독 관련 부서에 발령을 받게 되면 사법경찰 업무를 수행할 수 있다. 7급 이상의 인원만으로는 근로감독관 자원이 부족할 때가 많다. 그럴 때 근로개선지도과 또는 산재예방지도과 등에 근무 중인 8급 또는 9급 공무원도 배치된다. 부서 배치 후 근로감독관 업무를 수행하려면 사법경찰리로서 지명 및 절차를 밟아야 한다. 먼저 소속 기관에서는 관할 지방검찰청에 해당 공무원을 추천한다. 그러면 지방검찰청 검사장은 사법경찰리로 지명을 함으로써 근로감독관 업무를 수행하게 된다.

근로감독관은 임금 받아주는 해결사?

근로자가 사업주에게 임금을 받지 못하면 노동청으로 신고한다. 대부분 신고만 하면 모든 게 일사천리로 해결될 거라는 생각을 한다. 지난 2019년도의 경우 임금 체불 근로자 수는 34만 명을 웃돌며 체불 금액은 1조 7,217억 원에 달했다. 그 가운데 청산된 금액은 1조 2,095억 원으로 약 70%가 청산된 것으로 파악된다. 노동청으로 임금 등 금품 체불 사건이 접수되면 근로감독관은 신고인의 근로자성 여부를 확인한다. 그리고 당사자가 근로자와 사용자로서 자격을 갖추고 있는지도 검토해야 한다. 그런 후 사업주의 법 위반 여부를 조사한다. 법 위반 사실이 있으면 일정 기간 내에 시정할 기회를 준다. 그러나 그 이후에도 시정되지 않으면 근로자의 의사를 확인하고 사법 처리 절차를 밟게 된다.

사업주에게 임금을 받지 못하여 신고한 건데 시원스레 해결되지 않으면 그 원망은 근로감독관을 향하게 된다. 엄격하게 말하면 근로감독관은 떼인 임금을 받아주는 사람이 아니다. 사업주가 회사를 운영하며 지켜야 할 법을 잘 지키는지 감독하는 위치에 있다. 물론 법 위반 여부를 조사하는 과정에서 사업주가 임금을 지급할 의사와 변제 능력이 있으면 권리구제가 가능하다. 그

러나 사업주가 체불된 임금을 변제할 돈이 없다거나 처벌을 감수하겠다고 하면 권리구제는 어려워진다. 국가가 대신 지급하는 체당금 지급 조건에 해당하면 해결할 수도 있겠지만 조건에 해당하지 않는 경우가 또 문제다. 그렇기에 근로감독관들은 모든 조사에 임하며 항상 부담을 떠안게 된다.

교통사고의 예를 들어 보자. 운전 중 교통사고가 발생하면 경찰이 사고 조사에 들어간다. 이때 경찰은 누구에게 과실 책임이 있는지를 조사하지만, 가해자로부터 직접 합의금을 받아주지는 않는다. 가해자는 피해자와 합의를 함으로써 면책될 수 있다. 그렇게 당사자 간에 합의가 이루어지는 것이다. 물론 합의에 이르지 못하면 처벌 대상이 될 수 있다. 근로감독관의 역할도 그와 다르지 않다.

그렇더라도 근로감독관은 근로자가 체불된 임금을 되돌려 받을 수 있도록 최선을 다한다. 사건이 원만하게 해결되면 마무리 절차도 간단하고 몸과 마음도 편하다. 그런데 사건이 해결되지 않으면 사건 마무리를 위해 더 복잡하고 번거로운 절차를 거쳐야 한다. 사업주를 입건하고 추가 수사를 하여 조서를 작성해야 한다. 또한, 수사자료조회와 최종수사 결과보고서를 작성해야 한다. 거기에다 송치서류를 작성하여 편철 후 검찰로 보낸다. 그런 과정을 거치려면 근로감독관은 더욱더 힘들고 많은 작업을 감수해야 한다.

근로감독관이 신고 사건 처리 과정에서 가장 좋아하는 서류가 하나 있다. 그것은 다름 아닌 진정이나 고소를 끝내겠다는 **진정취하서** 또는 **고소취소장**이다. **진정 취하**나 **고소 취소**는 민원인의 권리가 구제되거나 당사자 간 원만한 합의가 이루어지면 받는 서류이다. 또한, 민원인이 민사 절차 진행 또는 체당금을 받는 사유로 더는 사건 진행을 원하지 않을 때도 제출한다. 그렇게 되면 근로감독관은 그 어떤 서류보다 민원인이 제출하는 **취하서** 한 장에 마음의 부담도 덜고 기분도 좋아진다.

제102조(근로감독관의 권한)
① 근로감독관은 사업장, 기숙사, 그 밖의 부속 건물을 현장조사하고 장부와 서류의 제출을 요구할 수 있으며 사용자와 근로자에 대하여 심문(尋問)할 수 있다. <개정 2017.11.28.>
② 의사인 근로감독관이나 근로감독관의 위촉을 받은 의사는 취업을 금지하여야 할 질병에 걸릴 의심이 있는 근로자에 대하여 검진할 수 있다.
③ 제1항 및 제2항의 경우에 근로감독관이나 그 위촉을 받은 의사는 그 신분증명서와 고용노동부장관의 현장조사 또는 검진지령서(檢診指令書)를 제시하여야 한다. <개정

2010.6.4., 2017.11.28.>

④ 제3항의 현장조사 또는 검진지령서에는 그 일시, 장소 및 범위를 분명하게 적어야 한다. <개정 2017.11.28.>

⑤ 근로감독관은 이 법이나 그 밖의 노동관계 법령 위반의 죄에 관하여 「사법경찰관리의 직무를 행할 자와 그 직무범위에 관한 법률」에서 정하는 바에 따라 사법경찰관의 직무를 수행한다.

제103조(근로감독관의 의무)

근로감독관은 직무상 알게 된 비밀을 엄수하여야 한다. 근로감독관을 그만 둔 경우에도 또한 같다.

근로감독관의 권한과 의무 및 처한 상황

근로감독관은 행정적인 업무만 수행하는 사람이 아니다. 근로기준법이나 그 밖의 노동 관계 법령 위반 사항에 대해 특별사법경찰관으로서 사법적인 업무도 병행한다. 근로감독관이 다루는 대상 법령은 수십여 가지에 달하여 일일이 열거하기도 어렵다.

근로감독관의 권한은 제102조에 명시되어 있듯이 감독 업무에 필요한 제반 사항을 다룰 수 있도록 다음과 같은 권한이 부여되어 있다.

"근로감독관은 사업장, 기숙사, 그 밖의 부속 건물을 현장 조사하고 장부와 서류의 제출을 요구 할 수 있으며 사용자와 근로자에 대하여 심문할 수 있다. 현장 조사와는 별도로 사용자 또는 근로자는 이 법의 시행에 관하여… 근로감독관의 요구가 있으면 지체 없이 필요한 사항에 대하여 보고하거나 출석하여야 한다."라고 근로기준법 제13조에서 규정하고 있다. 이 같은 보고나 출석 요구의 실효성 확보를 위해 불응 시 과태료 처분을 하게 된다.

근로감독관은 상당한 권한을 가지고 있고 소위 폼나는 직업이라고 오해를 받고는 한다. 과거 1980년대까지는 그나마 그런 얘기를 들을 수 있었다고 한다. 당시에는 다른 부처에서 원하여 전입해 오는 경우도 많았지만, 지금은 3D 직종으로 여겨지고 있다. 부여된 업무는 많고, 거친 민원인을 만나면 그 스트레스는 상상 이상이다. 노동부 본부는 더 힘들겠지만, 일선에 근무하는 지방노동관서의 업무 부담은 매우 크다. 고용센터도 힘들기는 마찬가지다. 대부분 고용센터에 근무하다 승진하면 근로감독부서로 발령이 나는데, 근로감독관 자리에 배치되면 휴직을 하거나 다른 부처의 기관으로 전직을 하기도 한다. 오랜 기간 스트레스를 받다가 명예퇴직을 선택하기도 한다. 최근 몇 년 사이 매년 극단적인 선택을 하거나 스트레스로 쓰러져 사망하는 경우가 발생하고 있다.

근로감독관은 노사의 감정이 많이 악화된 상황에서 신고 사건을 처리해야 할 때가 많다. 민원 특성상 억한 감정에 노출된다. 그래서 감정노동자이기도 하다. 쉽게 설명하자면 첨예하게 대립하고 있는 시어머니와 며느리 사이에 끼인 아들이자 남편과 같은 처지에 놓인 것으로 이해하면 된다. 특히, 복잡하고 까다로운 사건이라면 계속 머릿속에 맴돌고 집에 가서도 마음이 편하지 않다.

근로감독관의 업무는 경기가 어려워질수록 더 힘들어지며, 건수 자체도 증가한다. 경기 악화로 임금 체불이 증가하고 회사의 폐업으로 실직자가 발생할 뿐 아니라 경영상 이유로 인한 해고 또한 증가하기 때문이다. 제법 큰 사업장이 도산하게 되면 체당금까지 1건의 사건을 처리하는 데 수개월이 걸려도 마무리하기가 어려운 실정이다.

근로감독 업무가 힘들어진 계기는 아무래도 근로기준법 적용 대상이 5인 미만으로 확대된 시점부터라 할 수 있다. 상시 근로자 5인 이상인 사업체는 그나마 임금 대장 등의 자료가 갖추어져 있는 경우가 많지만, 5인 미만의 영세 소규모 사업장은 제대로 된 노무 자료를 갖추지 못하고 있어서 사건 해결이 어렵다.

또한, 근로감독관 업무는 2000년대에 들어오면서 매우 복잡하고 다양해졌다. 지난 1990년대까지는 근로기준법 제36조(금품 청산)만 알고 있어도 근로감독관 업무의 대부분을 소화해 낼 수 있었다고 해도 과언이 아니었다. 그리고 평균임금과 통상임금에 대한 이해와 퇴직금 계산만 할 수 있다면 근로감독관으로서 업무를 처리하는 데 크게 무리가 없었다. 왜냐하면, 그 당시는 5인 이상 사업장에만 법을 적용하고 있었기 때문이다. 노동청으로 접수되는 사건 대부분은 임금 및 퇴직금 관련 사건이었다. 따라서 근로자의 금품과 관련된 체불 사건은 근로기준법 제36조의 금품 청산 조항 단 하나만으로 처리할 수 있었다. 전체 접수 사건의 90%가 금품 체불 사건이었기에 가능했던 것 같다. 당시 저자도 근로감독관 업무를 약 한 달 만에 적응했던 것으로 기억한다.

아직도 임금 체불과 관련된 사건이 많기는 하나 그 비중은 상대적으로 많이 낮아졌다. 현재는 임금 및 퇴직금 관련 법 위반 사건 외 근로 계약서, 해고예고 수당, 최저임금, 주휴 수당, 연차휴가 수당, 체당금, 직장 내 성희롱, 부당 노동 행위 관련 법 위반 등 진정 접수 유형이 매우 다양하다. 또한, 사건의 항목도 여러 건을 포함하여 접수된다. 예를 들면 임금 체불과 근로 계약서 미작성, 최저임금 위반, 주휴 수당 미지급 등 4~5가지가 한꺼번에 명시되어 접수되는 것이다. 사건 조사도 과거에는 근로자나 사용자가 자필로 작성하는 간이 진술서 한 장이면 조사가 끝났지만, 현재는 각 신고 항목별로 묻고 답하는 진술조서가 일일이 작성되어야 한다. 그만큼 근로감독관의 업무와 조사대상의 범위가 넓어진 것이다.

업무가 전산화되면 더 편리하고 부담도 적어질 것으로 생각했지만 현실은 오히려 그와 반대였다. 하나의 사건을 처리하는 데 수백 번씩 마우스로 클릭하거나 키보드로 입력을 해야 한다. 그로 인해 신규로 감독관이 되었거나 고용센터 등 지원부서에서 차출되어 근로감독관 자리에 배치되면 전산 업무 시스템에 적응하는 데도 많은 시간과 노력이 필요하다.

법 제103조는 근로감독관의 비밀 엄수 의무를 규정하고 있다. 직무상 알게 된 비밀은 지켜야겠지만 그러한 비밀이 어떤 것인지 사실 명확하지가 않다. 근로감독관을 그만둔 후에도 비밀을 지켜야 한다. 하지만 퇴직 후에도 비밀을 지키지 않았다고 하여 문제가 된 사례는 지금까지 보지 못했던 것 같다.

제104조(감독 기관에 대한 신고)

① 사업 또는 사업장에서 이 법 또는 이 법에 따른 대통령령을 위반한 사실이 있으면 근로자는 그 사실을 고용노동부장관이나 근로감독관에게 통보할 수 있다. <개정 2010.6.4.>

② 사용자는 제1항의 통보를 이유로 근로자에게 해고나 그 밖에 불리한 처우를 하지 못한다.

감독 기관에 대한 신고

일종의 내부 고발이라고 할 수도 있다. 회사에 재직 중인 근로자가 노동법 위반 사실에 대해 감독 기관에 통보한다는 것은 그리 쉬운 일이 아니다. 대체로 법 위반 신고는 근로자가 퇴직하면서 많이 이루어진다. 더는 사용자와 만날 일이 없다고 판단되면 부담이 덜하기 때문이다. 특히 대기업은 단체교섭 진행 중 교착 상태에 빠지면 사용자를 압박하는 수단으로 수십 건의 신고를 했다가 타결이 되면 모두 취하(소)하곤 한다. 그러나 과거와는 달리 요즘은 재직 중에도 신고하거나 감독을 청원하는 경우가 점점 늘고 있다. 본 조 제2항은 근로감독관에게 통보함으로 인해 근로자가 해고나 그 밖에 불리한 처우를 받지 않도록 한 장치이다.

노동부엔 각종 민원을 처리하는 근로감독관이 배치되어 있다. 근로감독관은 임금 체불과 같은 신고 사건 처리에 급급하다. 2018년도에 근로감독관이 처리한 사건만도 43만여 건에 달한다. 그러므로 매시간 신고 사건 관련자를 불러 온종일 조사만 해도 시간이 부족하다. 근로자는 사용자와 갈등을 겪게 되면 근로감독관이 즉시 달려 나와 해결해 주기를 바란다. 그렇지만 근로감독관은 불이 났을 때 출동하는 소방관과는 전혀 다른 환경에 처해 있다. 불이 나거나 사고가 발생했을 때 119에 신고하면 즉시 달려가는 그런 체제가 아니다. 그럴만한 여건이 되지 못한다. 간혹 민원인으로부터 즉시 현장에 나와 해결해 주지 않는다며 항의를 하면 매우 난감해진다.

일부에서는 노동부가 어느 한쪽 편을 든다고 생각한다. 근로자는 노동부가 근로자를 위한 기관이므로 근로감독관은 무조건 자신의 편에 설 것으로 기대한다. 하지만 때로는 증거가 불충분하거나 요건을 갖추지 못하여 자신이 바라는 대로 일이 진행되지 않을 때가 있다. 그러면 사용자에 대한 불만이 근로감독관에게 전가된다.

반면, 사용자는 또 다른 불만을 제기한다. 근로자가 분명 잘못한 부분이 있는데도 아무런 제재를 하지 않는다고 항변하는 것이다. 괜히 바쁜 사용자를 오라 가라 하면서 괴롭힌다고 생각한다. 근로기준법을 비롯한 노동법은 대부분 사용자의 의무를 규정하고 있다. 그러한 부분에 대해 사용자를 이해시키는 데 어려움을 겪기도 한다. 어찌 되었건 근로감독관은 근로자와 사용자 간에 중립적인 입장에서 업무를 수행함에도 양측으로부터 오해와 불신을 받을 때가 많다.

> **제105조(사법경찰권 행사자의 제한)**
> 이 법이나 그 밖의 노동관계 법령에 따른 현장조사, 서류의 제출, 심문 등의 수사는 검사와 근로감독관이 전담하여 수행한다. 다만, 근로감독관의 직무에 관한 범죄의 수사는 그러하지 아니하다. <개정 2017.11.28.>

사법경찰권 행사자의 제한

일상생활에서 모든 법 위반 사항에 대한 수사는 경찰이나 검찰만의 소관은 아니다. 소방이나 산림 관계법 위반 등 특정한 업무는 일반 형사 사건과는 달리 특별사법경찰관이 담당하게 된다. 노동 관계 법령 위반의 사건 수사는 검사와 근로감독관이 전적으로 수행을 하게 된다. 즉, 노동 관계 법령과 관련한 사건은 경찰서가 아닌 노동청에서 전담한다. 가끔 사업장 내 폭행이나 임금 체불 등의 진정서가 경찰서로 접수된 후 이송되어 오는 경우도 있다. 노동 관계 법령에 관한 수사는 근로감독관이 전담하여 행하지만, 근로감독관이 수행한 직무에 관한 수사는 예외로 하고 있다. 자신이 행한 업무에 대해서는 다른 수사 기관에서 하도록 정하고 있다. 모든 수사 기관이 다 그런 것은 아니다. 일반 경찰관의 직무에 관한 범죄행위 대부분은 경찰이 자체적으로 감찰하고 수사한다.

> **제106조(권한의 위임)**
> 이 법에 따른 고용노동부장관의 권한은 대통령령으로 정하는 바에 따라 그 일부를 지방고용노동관서의 장에게 위임할 수 있다. <개정 2010.6.4.>

업무 권한의 위임

노동 관계 법령과 관련한 권한은 고용노동부 장관에게 부여되어 있다. 하지만 고용노동부 장관이 한 해에 신고 사건만도 수십만 건이 넘는 민원을 처리할 수가 없다. 일반 민원 처리에 관한 대부분의 권한은 지방노동관서에 위임이 되어 있다. 2018년도에 접수된 노동 관계 법령 위반 진정이나 고소·고발 등 신고 사건만도 43만 건을 훨씬 초과한다. 이런 엄청난 양의 사건을 장관이 본부에서 일일이 결재하고 처리하는 것은 불가능한 일이다.

제12장

벌칙

제107조(벌칙)

제7조, 제8조, 제9조, 제23조제2항 또는 제40조를 위반한 자는 5년 이하의 징역 또는 5천만원 이하의 벌금에 처한다. <개정 2017.11.28.>

제108조(벌칙)

근로감독관이 이 법을 위반한 사실을 고의로 묵과하면 3년 이하의 징역 또는 5년 이하의 자격정지에 처한다.

제109조(벌칙)

① 제36조, 제43조, 제44조, 제44조의2, 제46조, 제56조, 제65조 또는 제72조를 위반한 자는 3년 이하의 징역 또는 3천만원 이하의 벌금에 처한다. <개정 2007.7.27., 2017.11.28.>

② 제36조, 제43조, 제44조, 제44조의2, 제46조 또는 제56조를 위반한 자에 대하여는 피해자의 명시적인 의사와 다르게 공소를 제기할 수 없다. <개정 2007.7.27.>

제116조(과태료)

① 다음 각 호의 어느 하나에 해당하는 자에게는 500만원 이하의 과태료를 부과한다. <개정 2009.5.21., 2010.6.4., 2014.3.24., 2017.11.28.>

1. 제13조에 따른 고용노동부장관, 노동위원회 또는 근로감독관의 요구가 있는 경우에 보고 또는 출석을 하지 아니하거나 거짓된 보고를 한 자

2. 제14조, 제39조, 제41조, 제42조, 제48조, 제66조, 제74조제7항, 제91조, 제93조, 제98조제2항 및 제99조를 위반한 자

3. 제102조에 따른 근로감독관 또는 그 위촉을 받은 의사의 현장조사나 검진을 거절, 방해 또는 기피하고 그 심문에 대하여 진술을 하지 아니하거나 거짓된 진술을 하며 장부·서류를 제출하지 아니하거나 거짓 장부·서류를 제출한 자

② 제1항에 따른 과태료는 대통령령으로 정하는 바에 따라 고용노동부장관이 부과·징수한다. <개정 2010.6.4.>

근로기준법에서 정한 벌칙과 과태료(행정벌) 기준

　　　법 조항이 있다고 하여 모두 벌칙이 정해져 있는 것은 아니다. 어떤 법 조항은 구체적인 행위에 관한 것보다는 포괄적인 사항에 대해 밝히고 있다. 이는 선언적이거나 훈시적인 경우가 대부분이다. 벌칙은 입법 당시 그 행위에 대한 경중을 따져서 높거나 낮게 정하게 된다. 근로기준법에서 **강제 근로의 금지**(제7조), **폭행의 금지**(제8조), **중간착취의 배제**(제9조), **절대적 해고 금지 기간 위반**(제23조 제2항), **취업 방해의 금지**(제40조) 사항을 위반할 경우 가장 벌칙이 높다. 대부분 금지하는 조항이거나 취업 약자의 생계 보호에 관한 것들이다.

근로기준법 제107조 내지 제109조는 근로기준법 각 조항에서 정한 기준을 위반하였을 경우 적용되는 벌칙들이다.

그러나 일부 법 조항을 위반하였을 경우 행정질서벌인 과태료 처분을 받게 된다. 형사적인 책임을 묻기에는 좀 과한 측면이 있으면 주로 과태료 처분을 하게 된다. 아무런 제재가 없으면 법의 실효성 확보가 어렵기 때문이다. 행정질서벌이라고 해서 벌금보다 가볍다고 할 수는 없다. 왜냐하면, 노동청에서 부과하는 과태료 기준이 실제 형사벌로써 부과되는 벌금보다 더 높은 경우가 많기 때문이다. 초범이거나 정상 참작이 되는 경우는 벌칙이 있더라도 '기소유예' 처분을 받기도 한다. 벌금 처분도 전혀 없을 수 있다. 과태료(행정벌) 처분이 형사벌인 벌금보다 나은 점이 있다. 바로 전과 기록을 남기지 않는다는 점이다. 단순히 부과 금액의 많고 적음을 기준으로 비교하면 그렇다는 뜻이다.

> **제115조(양벌규정)**
> 사업주의 대리인, 사용인, 그 밖의 종업원이 해당 사업의 근로자에 관한 사항에 대하여 제107조, 제109조부터 제111조까지, 제113조 또는 제114조의 위반행위를 하면 그 행위자를 벌하는 외에 그 사업주에게도 해당 조문의 벌금형을 과(科)한다. 다만, 사업주가 그 위반행위를 방지하기 위하여 해당 업무에 관하여 상당한 주의와 감독을 게을리하지 아니한 경우에는 그러하지 아니하다. [전문개정 2009.5.21.]

법 위반 행위자와 그 사업주도 벌금을 물게 된다

근로기준법 제115조(양벌규정)는 사업주의 대리인, 사용인, 그 밖의 종업원이 해당 사업의 근로자에 관한 사항에 대하여 위반행위를 하면 그 행위자를 벌하도록 규정하고 있다. 또한, 그 행위자를 벌하는 데 그치는 것이 아니다. 그 사업주에게도 해당 조문의 벌금형을 과(科)하도록 한다. 다만, "사업주가 그 위반행위를 방지하기 위하여 해당 업무에 관하여 상당한 주의와 감독을 게을리하지 아니한 경우에는 그러하지 아니한다."라고 되어 있다. 사업주에게 상당한 주의를 기울여야 한다고 명시해 놓았지만, 어느 정도에 상당하는 주의와 감독을 해야 할지 기준이 모호하다. 헌법재판소에서 최근 양벌규정과 관련하여 위헌결정을 한 적이 있다. (사건번호: 헌재 2017하가 30, 선고 일자: 2019.4.11.)

노동조합 및 노동관계조정법 제94조(양벌규정)는 "법인 또는 단체의 대표자, 법인·단체 또는 개인의 대리인·사용인 기타의 종업원이 그 법인·단체 또는 개인의 업무에 관하여 제88조 내지 제93조의 위반행위를 한때에는 행위자를 벌하는 외에 그 법인·단체 또는 개인에 대하여도 각 해당 조의 벌금형을 과한다."고 규정하고 있다.

헌법재판소는 노동조합법 제94조 중 "법인의 대리인·사용인 기타의 종업원이 그 법인의 업무에 관하여 제92조의 위반행위를 한때에는 그 법인에 대하여도 해당 조의 벌금형을 과한다."라고 규정함에 있어 제81조(부당노동행위) 제4호 본문 전단에 관한 부분은 헌법에 위반된다고 판결한 것이다.

결정 요지는 "책임이 없는 자에게 형벌을 부과할 수 없다."라는 책임주의는 형사법의 기본원리로서, 헌법상 법치국가원리로부터 도출되는 원리이고 법인도 자연인과 마찬가지로 책임주의 원칙이 적용된다. 종업원 등의 범죄행위에 대한 법인의 가담 여부나 이를 감독할 주의의무 위반 여부를 법인에 대한 처벌요건으로 규정하지 아니하고, 달리 법인이 면책될 가능성에 대해서도 정하지 아니한 채, 곧바로 법인을 종업원 등과 같이 처벌하는 것이다. 그 결과, 법인은 선임·감독상의 주의의무를 다하여 아무런 잘못이 없는 경우에도 심판 대상 조항에 따라 종업원 등의 범죄행위에 대한 형벌을 부과받게 된다. 이는 다른 사람의 범죄에 대하여 그 책임 유무를 묻지 않고 형사 처분하는 것이므로 헌법상 법치국가원리로부터 도출되는 책임주의 원칙에 위배된다고 판단한 것이다.

노컷 조선왕조실록

김남 저자

어젠다 출판사

내용 소개

　　"당신은 김 씨나 이 씨가 아니다."라는 글로 이 책은 시작한다. 시작부터 충격적이다. 우리가 쓰고 있는 성씨의 약 90%는 가짜 성씨라는 것이다. 기록에 의하면 조선왕조 초기 전체 인구의 10% 미만 정도만 성이 있었던 것으로 파악된다. 또한, 다른 민족이나 국가는 대개 다른 부족이나 국가를 침략하여 포로를 데려다가 노비로 삼았다. 그러나 우리는 같은 민족을 역적으로 몰거나 빚을 갚지 못하면 노비로 삼았다. 먹을 것이 없어 매년 수만 명씩 굶어 죽기도 한다. 경신 대기근 때는 수십만이 굶어 죽었다고 한다. 심지어 피난 가는 데 방해가 된다는 이유로 아이를 나무에 묶어 두고 갔다는 내용도 있다.

　　그동안 우리는 어려운 과거는 숨겨 왔다는 점에서 많은 것들을 깨닫게 된다. 그런 험난한 과정을 거치면서도 지금과 같은 모습으로 살아남아 있다는 데 감사할 따름이다. 이 책을 읽다 보면 너무나 많은 충격적인 사실들을 만나게 될 것이다. 저자는 방송 작가로서 조선왕조실록의 이면에 나타난 내용을 분석했다. 역사 드라마를 쓰기 위해 조선왕조실록을 들여야 본 것 같다.

　　저자는 책 표지의 안쪽 면에 이렇게 적고 있다. **"해방 후 기술된 조선 역사는 일본에 대한 콤플렉스 때문에 비판은 제거해버리고 오직 자화자찬 일색으로 채워져 있다는 것을 발견, 그 부끄러운 이면을 제대로 알기 전에는 국가의 기반이 허약할 수밖에 없다는 생각에서 이 책을 집필했다. 우리 역사와 문화가 세계 제일이라는 허상을 벗어 버리고 수많은 실패를 좀 더 우선적으로 배우고 통찰하는 기회를 만들어야 한다는 의도로 집필된 이 책은 한국 역사의 제단에 올리는 한 편의 고발서이다."** 지금 우리 사회에선 '헬조선'이라는 말을 많이 한다. 정말로 헬조선이 어떠한지 알고 싶으면 이 책을 통해 보면 된다. 특히 우리의 현실이 힘들고 어렵다고 생각하는 독자들이 있다면 꼭 한 번 읽어 보길 권한다. 어렵고 힘들게 살아온 조상들의 삶을 통해 우리는 삶의 용기를 얻을 것이다. 더 이상 먹고 살기 힘들다고 극단적인 선택을 하는 일은 없을 것이다.

1008번의 실패 1009번째 성공

최은영 저자

㈜도서출판 넥서스 출판사

내용 소개

켄터키 프라이드치킨 최초 개발자

우리는 KFC라는 간판이 걸린 패스트푸드 매장 앞을 지날 때 백발에 흰 양복 차림으로 서 있는 마네킹을 본 적이 있을 것이다. 산타클로스 같은 인자한 웃음을 머금고 서 있는 그는 어떤 사람일까?

그가 바로 패스트푸드의 효시라 할 수 있는 KFC(켄터키 프라이드치킨)를 처음으로 개발하고 사업화하여 대성공을 거둔 1890년생 '커넬 할랜드 샌더스'이다. 미국 16대 대통령 출신 주인 켄터키주에서 링컨보다 더 비중 있게 다루어지는 인물이라고도 한다.

그는 일생 동안 네 곳의 철도회사 근무 이력이 있으며 주유소, 모텔 및 식당 경영, 페리보트 및 램프 제조업, 보험영업직과 타이어 판매업 등 다양한 직장과 직업에서 성공과 실패를 거듭하였다. 그는 수없이 많은 실패와 역경에도 불구하고 은퇴 시기도 한참 지난 66세에 켄터키 프라이드치킨을 개발하고 프랜차이즈 사업을 시작했다. 초창기 무려 1008번의 실패에도 좌절하지 아니하고 1009번째에 성공을 거둔 그의 치열했던 삶을 주의 깊게 살펴볼 필요가 있다.

10살 때 첫 직장에서 해고를 당하다.

그의 나이 6살 때 아버지가 세상을 뜨자 졸지에 홀어머니 밑에서 두 동생을 돌봐야 하는 불우한 유년시절을 보낸다. 10살이 되었을 때 힘겹게 살아가는 샌더스 가족을 불쌍하게 여긴 이웃 농장수는 월급 2달러를 주는 조건으로 어린 샌더스를 자신의 농장에서 일하도록 배려했다.

그러나 겨우 10살인 샌더스는 밭에서 일하다 토끼 같은 작은 동물들이 나타나면 일보다는 그쪽에 관심을 두게 되고 그로 인해 생애 첫 번째 해고를 당한다. 그러자 농장에서 해고되어 돌아온 샌더스를 본 어머니가 크게 실망하며 함께 난감해하자 어린 나이임에도 큰 충격을 받게 된다. 그 일로 샌더스는 '무슨 일이든 대충 해서는 안 된다'는 큰 깨우침을 느낀다.

두 번째 해고는 철도회사 기관사로 재직할 때

열 살 때 처음 해고당한 이후 그는 무슨 일이든 열과 성을 다할 것을 다짐한 바 있다. 청년이 된 샌더스는 당시 인기 직업이었던 철도기관사가 되었다. 그렇지만 매사에 대충하지 않기로 한 그가 노동조합 간부가 되어 적극적으로 나서자 이를 못마땅하게 여긴 회사로부터 해고를 당하게 된다. 그러자 이번에는 그의 부인이 회사에서 해고나 당하는 무능한 남자와는 함께 살 수 없다며 두 아이를 데리고 친정으로 가버리는 상황을 겪는다.

굶어 죽지만 않으면 성공한다.

KFC 창업자 샌더스는 평소 "굶어 죽지만 않으면 성공한다."라는 신념을 가졌다고 한다. 그의 믿음대로 일생 동안 숱한 실패를 겪으면서도 보란 듯이 재기하였다. 평소 우리 사회에서 살기 힘들다고, 회사에서 해고되었다고 극단적인 선택을 하는 사례들을 종종 보면서 불굴의 샌더스를 떠올리게 된다. 곧 다가올 명절을 앞두고 체불 임금이 1조 원을 훨씬 초과한다는 답답한 소식도 들려온다. 하지만 현 상황에서 아무리 살기 힘들고 남들처럼 잘살지 못한다 할지라도 우리 사회는 굶어 죽을 정도는 아니다.

샌더스가 그랬듯이 "굶어 죽지만 않는다면 성공한다."라는 신념으로 우리는 어려운 상황과 현실을 꿋꿋이 이겨 내고 성공적인 삶을 이루도록 다 같이 힘써야 할 것이다.

당신은 왜 나를 괴롭히는가

애린 K. 레너드(박지선 옮김)   저자

빌리버튼   출판사

내용 소개

2019년 7월 16일부터 **직장 내 괴롭힘의 금지**라는 법이 시행되었다. 근로기준법 제76조의 2 조문이 바로 그것이다. 우리 사회는 물론이고 동서양, 남녀노소, 동물, 그리고 심지어는 식물 생태계에서도 괴롭힘을 발견할 수 있다. 타감작용(他感作用)이라 하여 다른 식물이 주변에서 자리지 못하도록 괴롭혀서 번식을 방해한다. 편백나무 밑에서는 다른 나무가 잘 자라지 못하는 것도 그 때문이라고 한다.

우리의 일상생활 속에서 발생하는 괴롭힘에 대해 분석하고 이를 극복하는 데 도움이 될 책이 최근 출간되어 반갑게 읽어 보았다. **내 몸과 정신을 파괴하는 사람들을 끊어내는 법**이란 부제가 달린 책이다. 저자는 미시간대학교에서 석사학위를 받았고 사회사업 일상전문 대학원에서 박사학위를 받았다. 20년간 심리상담사로 일했으며, 현재는 인디애나에서 소네고 상담센터에 몸담고 있다.

전체 감상문을 소개하기엔 지면이 부족하여 다음과 같이 출판사에서 요약 소개한 글을 인용해 본다. 20여 년간 잘못된 관계에 놓인 수많은 이들을 상담하고, '관계 갈등·괴롭힘·감정적 고통'을 연구한 임상심리학자이자 『우리의 관계를 생각하는 시간』의 저자 에린 K. 레너드가 '내 몸과 마음을 파괴하는 정서 학대'라는 주제로 신간 『당신은 왜 나를 괴롭히는가』를 출간했다.

이 책은 잘못된 관계에 놓여 있는 이들의 삶을 들여다보고, 괴롭힘을 당하는 이들이 어떤 힘든 일을 견뎠는지, 그 관계에서 빠져나오기 위해 어떻게 스스로 용기를 찾았는지를 알아본다. 더불어 당신을 괴롭히는 상대를 제대로 이해하고 분석하여, 복잡하게 얽힌 관계를 끊어내는 방법을 알려준다. 학교, 직장, 가정, SNS 등에서 누군가에게 괴롭힘을 당한다고 느끼는 사람이라면, 반드시 이 책을 읽어 보길 권한다.

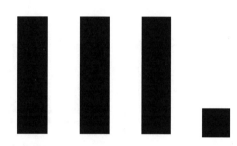

노동부에서의 32년

제1장

노동 행정의 기억들

노동부 마산사무소 발령을 명함

저자는 지난 30여 년간 고용노동부 소속 공무원으로 지내 왔다. 1987년 총무처에서 뽑는 시험을 거쳐 노동부(현, 고용노동부)로 발령을 받기 전까지 노동부가 있는 줄도 몰랐다. 당시에는 공무원이 되면 정시에 곧바로 퇴근할 수 있을 거란 기대가 있었던 것 같다. 퇴근 후 개인적인 시간이 많은 직업이라는 인식은 그때도 존재했기 때문이다. 당시 공무원은 지금처럼 선호하는 직업이 아니었다. 급여도 하숙비를 제하면 별로 남는 것이 없었고 평생 다닐 직업이라고도 생각하지 않았다. 그저 생활비를 벌면서 다른 직업으로 이직을 위한 디딤돌로 생각했다. 그렇게 공무원을 아르바이트 정도로만 생각하고 발을 들였다. 그러나 그러한 생각은 착각이었다. 노동부로 부처 발령을 받으면서 예상은 크게 어긋나 버렸다.

6·29선언과 노동 현장

첫 근무지인 노동부 마산사무소(현, 창원지청)로 발령이 난 시기는 노태우 전 대통령의 6·29선언 후 얼마 되지 않은 때였다. 정치·사회적으로 혼란한 상황이었다. 민주화의 열기와 함께 노동운동도 활발하게 전개되던 시기였다. 당시 마산·창원 지역의 노동운동은 울산 지역과 함께 전국적으로도 으뜸이었다. 거기다가 마산수출자유지역에 입주해 있던 외국계 기업들의 철수가 잇따르는 등 노사 간 갈등도 증폭되었다. 그때까지 한 번도 경험해보지 못한 노사 간의 대립과 갈등은 마산사무소에 많은 영향을 미쳤다. 청사 앞에 근로자들의 집회가 수시로 열리고 소장실이 점거당하기도 하였다. 어떤 때는 낮에도 청사 문을 잠그고, 현관 덧문인 셔터를 내려놓아야만 했다.

화염병이 날아들던 사무실

신마산 댓거리에 어둠이 내리면 사무실로 화염병이 심심찮게 날아들어 왔다. 누군지 모르지만 불시에 던진 화염병으로 인해 사무실의 집기가 불에 타기도 했다. 의자 등에 불이 붙으면 소화기를 사용했고 소화기 분말로 인해 사무실은 먼지로 엉망이 되곤 했다. 화염병은 사람에게 큰 피해를 줄 수 있다. 사무실로 날아오는 화염병을 막기 위해 부득이하게 닭장처럼 사방으로 철망을 둘렀다. 총각 직원들은 일과 시간 이후에도 밤 11시까지 비상대기를 하고 있다가 아무 일이 없으면 퇴근을 하곤 했다. 그렇다고 초과 근로 수당을 받는 것도 아니었다. 한동안 화염병을 던진 이들은 마산·창원지역의 과격 단체들일 것으로 추측했다.

그런 위험한 화염병을 누가 왜 던졌는지는 세월이 지난 뒤에 알게 되었다. 꽤 세월이 흐른 후 사무소 인근에 있는 모 대학교 출신 지인을 만났다. 그 지인과 대화하는 과정에서 행위자들이 누군지 비로소 듣게 된 것이다. 그 당시 마산사무소에 화염병을 만들어 던진 행위자는 다름 아닌 인근 대학교의 학생회 간부들이었다.

화염병을 던지게 된 이유가 황당하다. 낮에 학교 정문 부근에서 총학생회 주도로 데모를 벌였고 그때 정문 앞에서 대치하던 경찰에게 화염병을 만들어 던졌는데, 날이 저물고 데모가 끝난 후 남아 있는 화염병을 처리해야 했던 모양이다. 학생회 사무실에 보관하기에는 부담스러웠기 때문이다. 그리하여 학생들은 어둠을 틈타 작전하듯 학교에서 제일 가까운 관공서인 노동부 마산사무소에 화염병을 던지고 갔노라 실토하는 일도 있었다.

상전벽해의 사무 환경

지난 30여 년 전 사무실에는 PC가 없었다. 당연히 프린터와 복사기도 없던 시절이었다. 대표적인 사무기기는 두벌식 또는 네벌식 수동타자기였다. 각종 문서와 기안은 타자기로 치거나 직접 손으로 적어야 했다. 사무실은 타자기 소음이 상당했다. 수동타자기에서 전동타자기로 바뀌는 과도기도 있었다. 그러다가 PC가 보급되면서 타자기는 서서히 고물로 변하여 창고에 들어가는 신세가 되었다. 타자기에 익숙하지 않은 사람들은 손으로 직접 기안문을 작성했다. 작성한 문서에 오자나 탈자가 있으면 빨간색 볼펜으로 두 줄을 긋고 수정해서 사용했다. 그러므로 종이 낭비가 적었다. 악필인 직원은 과장에게 불려가 무슨 말인지 설명해야 했고 핀잔을 듣기도 했다. 그렇기에 당시에는 글씨체가 좋은 직원이 더 나은 인사 평가를 받았다.

편리한 전자복사기도 없었다. 외부에 대량으로 내보내는 공문은 주로 등사기를 활용했다. 등사는 '가르방'이라는 쇠로 만든 판과 기름종이가 필요했다. 가르방 판 위에 기름종이를 올려 철필로 긁거나 타자기로 적어 등사기 윗면에 붙여 사용했다. 검은색 등사 잉크를 롤러에 묻혀 밀다 보면 옷과 손에 잘 씻기지도 않는 검은색 잉크가 묻어났다. 불과 30년 전인데도 오늘과 비교하면 너무나 많은 사무 환경에 변화가 있었다.

또한, 직원 각자의 책상 위에는 담배 재떨이가 놓여 있었다. 업무를 보다 잠시 민원인과 함께 책상을 사이에 두고서 담배를 피우는 것은 일상적인 사무실 풍경이었다. 일부 지방관서에는 전화교환원도 있었다. 외부에서 전화가 걸려오면 각 담당자에게 잭을 꽂아서 연결해주는 시스템이었다. 전자계산기도 보급되어 많은 도움을 받았다. 그전에는 주판을 활용한 주산이 주된 계산 수단이었기 때문에 상고를 졸업한 직원은 인기가 있었다. 그런 것들은 PC가 도입되고 워드 프로그램이 나오면서 점차 사라져 갔다. 당시는 여성 공무원이 극소수였지만 지금은 직원 성비 구성상 여성 공무원이 비중이 훨씬 높아졌다. 지난 90년대 후반까지만 해도 울산사무소 근로감독과에는 여성 근로감독관이 단 한 명도 없었다. 그래서 모 노동조합 간부가 와서는 여성 감독관이 없는 것에 대해 문제를 제기하기도 했다.

90년대 초반부터 286 PC가 보급되기 시작했다. 직업안정과에 작은 흑백 모니터를 장착한 PC가 먼저 들어왔다. 이어 수년 뒤에는 다른 부서에도 386 PC가 보급되기 시작했다. MS사의 윈도프로그램이 보급되기 전이었기에 디렉터리를 통해 프로그램이 실행되었고 곧 PC가 타자기를 대신하게 되었다. PC는 대부분 문서작성에 활용되었는데, 당시 사용되었던 문서작성용 프로그램은 금성사(현 LG)에서 행정용으로 개발된 '하나'라는 프로그램이었다. 글씨체가 제한적이고 표를 그리는 데도 많이 불편한 점이 많았다. 해당 프로그램을 몇 년간 쓰다가 개인별로 훈글 프로그램으로 바꾸어 사용했다. 당시 PC는 수시로 고장이 났다. 그리고 PC는 겉과 속이 달랐다. 조립품이다 보니 부품마다 회사가 달라 A/S를 불러보면 자기 회사 제품이 아니라며 돌아가기 일쑤였다. PC의 문서 자동저장 기능도 없던 시절이었다. 전력공급이 원활하지 못하여 정전도 가끔 있었다. 특히 여름철 에어컨을 가동하면 더욱 문제가 되었다. 전력 부하를 견디지 못하여 차단기가 수시로 내려갔다. 민원인을 상대로 한참 조서를 적는 도중에 정전이 되기도 했다. 그러면 자동저장 기능이 없어 처음부터 다시 문서를 작성해야 했다.

PC 도입과 함께 업무가 전산화되면 편리해지고 업무 부담이 크게 줄어들 것으로 생각했지만 예상과는 다르게 오히려 복잡해졌다. 오타가 나면 수정에 수정을 거듭하면서 값비싼 종이의 낭비도 심해졌다.

당시에는 각종 장부를 많이 만들어 활용했지만, 행정 전산화 후에 대부분 사라졌다. 그러나 아직도 당시에 쓰던 방식을 고수하는 장부가 있다. 대표적인 것이 「보안점검부」와 「범죄사건부」이다. 이들은 'e-사람'을 통해 보안 체크를 하고 있다. 그런데도 당직자나 최종 퇴청자는 보안점검부에 수기로 체크를 병행하고 있다. 디지털 시대에 걸맞지 않다. 저자 또한 여러 차례 폐지 건의를 했음에도 불구하고 바뀌지 않았다.

범죄사건부 또한 마찬가지다. 매년 두꺼운 범죄사건부를 만들어 일일이 손으로 기록을 해야 한다. 각 장에 사잇도장(간인)을 찍고 있다 보면 한심한 생각이 든다. 검찰에서 주기적으로 감찰이 오면 담당자별로 기록을 해서 제출하는 것인데, 똑같은 서류를 전산으로 입력하고 있음에도 계속 손으로도 쓰고 있는 것은 이해가 되지 않는다. 경찰에서는 이미 수기 방식을 폐지했다는 말을 듣고 감찰 때마다 폐지할 것을 수차례 건의하기도 했다. 그러나 지방검찰청에서 감찰 오는 검사는 폐지 결정을 내리기가 어렵다.

그러잖아도 근로감독관은 할 일이 너무나 많다. 이런 불필요한 일이라도 줄이거나 없애야 한다. 이러한 이중적이고 시대에 뒤떨어지는 일이 아직도 행해지고 있음을 인식해서 개선 방안을 찾았으면 한다.

고마운 분들

당시로는 늦은 나이인 28살에 공무원이 되었다. 1980년대 말까지 공무원은 남·여 비율 면에서 현저하게 차이를 두었다. 국가직은 부산·울산·경남 지역을 한 단위로 묶어서 선발했는데 남자는 40명, 여자는 겨우 5명을 뽑았던 것으로 기억한다. 나이도 국가직 공무원은 만 28세까지만 응시할 수 있었다. 아마 저자가 최고령이었던 것으로 추측한다.

신규 발령자는 보통 문서 접수 등 서무 업무를 담당했다. 그러나 저자가 처음 맡은 업무는 산재보험 적용 및 징수 업무였다. 당시 과장께서 나이 등을 고려하여 배려해준 것 같다.

무슨 일이든 처음 배울 때 만나는 사수가 중요한 것 같다. 의사도 전문의 과정을 거칠 때 지도하는 교수의 영향을 많이 받는 것처럼 말이다. 가끔 업무 처리가 좀 이상하다 싶은 직원이 있으면 일을 가르쳐준 팀장이 누구냐고 물어본다. 그러면 역시 그 팀장이구나 하는 생각을 하게 된다. 저자는 처음 업무를 담당할 때와 근로감독관 초임 시절 모두 좋은 선배를 만났던 것 같다. 마산 사무소 첫 발령 후 업무를 가르쳐 준 이는 '박○○' 선배님이었다. 각종 문서 기안이나 징수 업무를 꼼꼼하게 잘 가르쳐 주었다. 초임 근로감독관 시절의 반장은 '안○○' 선배님이다. 이 지면을 빌어 감사의 마음을 전하고 싶다.

첫 번째 근무 부서 과장님 또한 당시로선 보기 드문 관리자였다. 사업장에 출장을 가게 되면 당부를 하곤 하였다. "사업장에 출장 간다고 사전에 연락하지 마라. 그러면 회사에서 뭔가 부담을 느낄 수 있다." 그러니 사전에 연락하지 말고 그냥 지나치다가 들른 것처럼 다녀오라는 것이다. 한마디로 출장 나간 회사에서 건네는 촌지 같은 것을 받지 말라는 뜻이다. 김영란법도 없던 시절에 청렴했던 분으로 기억된다.

당시만 해도 노동부는 그런대로 인기가 있었던 것 같다. 노동부에 신규로 발령받은 선배는 드물었다. 농림부, 체신부, 철도청, 지자체 등에서 근무하다 전입을 해오곤 했다. 다른 부처 경력자가 중간으로 오는 것이다. 때로는 한 직급 낮추어 오기도 했다. 그렇다 보니 노동부에 신규로 들어온 직원은 승진에서 계속 밀렸다. 그래서 한 직급 승진하는데 8~9년씩 걸리기도 하였다. 지금도 지방관서의 5~6급 승진은 10년 이상씩 걸린다.

도움을 주고 힘이 되어 준 선·후배 동료 직원들이 너무 많다. 지면을 빌어 다시 한번 고마운 마음을 전하고 싶다.

가장 힘들었던 시기

지난 시절 노동부에서 가장 힘들었던 때는 1990년대 중반으로 기억된다. 맡은 일은 산재 요양 및 보상 업무였다. 부산 해운대 지역에 신도시가 막 들어서기 시작한 시기였다. 신도시에는 고층 아파트가 한꺼번에 들어섰다. 고층 건물이라 추락재해 등 산재사고도 자주 발생했다. 사무실 주변엔 허리가 아픈 환자들 사이에서 잘 알려진 병원도 하나 있었다. 한때 모 대통령 치료도 담당했던 유명한 병원이다. 산재 유형에 허리질병 관련 환자 상당수가 위 병원에서 치료를 받았다. 그리고 난 후 장해보상 청구를 하였다.

산재 요양, 휴업급여, 장해보상 업무 등은 그리 익숙한 업무가 아니었다. 그런데 설상가상으로 유족보상 업무까지 보태졌다. 당시 과장은 성격이 독특했다. 자기 생각과 맞지 않거나 기분이 나쁘면 성질을 부리곤 했다. 그리고 그 직원을 완전히 무시하였다. 본래 산재 유족보상 업무는 계장이 담당하는 업무였다. 그런데 과장과 계장의 사이가 나빠진 것이다. 과장은 계장이 담당하던 유족보상 업무까지 저자에게 맡겼다. 기존 업무와 함께 연간 40건이 넘는 유족 업무까지 담당하기에는 너무 힘들었다. 거의 두 사람분에 해당하는 몫이었다. 산재 환자들은 요양비, 휴업급여, 장해보상금 등이 언제 지급되는지 궁금해한다. 그래서 수시로 전화를 걸거나 찾아와 확인하기 때문에 여러 업무를 하다 보니 전화 확인을 해주기도 벅찼다.

민원인으로부터 계속 문의 전화가 걸려오면 일 처리는 더 늦어진다. 전화 응대 시간만큼 민원 처리가 지연되므로 악순환이 이루어지는 것이다. 그래서 식사 시간과 잠자는 시간 외에는 밤과 낮, 휴일도 없이 민원 처리에 몰두해야 했다. 가족과 함께할 시간도 없었다. 계절의 변화를 느낄 틈도 없었다. 시간이 어떻게 지나가는지도 몰랐다.

가장 보람된 일

부산동래(현, 부산동부지청)사무소에서 첫 근로감독관으로 근무를 하게 되었다. 약 4년을 근무하고 타 사무소로 전보될 시기가 되었다. 그때 팀장이었던 선배 감독관께서 제안하였다. "같이 큰물에 가서 일해 보지 않겠느냐?"라며 울산사무소로 같이 가자고 했다. 그 제안에 응했고 울산사무소 산업안전과에 같이 가는 것으로 예정되어 있었다. 그런데 막상 부서 발령을 받고 보니 지원부서인 관리과였다. 그때 울산사무소에는 시급한 현안이 하나 있었는데 청사 건물이 오래되고 낡아서 새로운 청사를 마련하는 것이 시급했다. 청사 건물이 좁아 화장실을 밖으로 잇대어 설치했지만 본 건물과는 철근으로 연결되어 있지도 않았다. 시간이 지남에 따라 서서히 틈이 벌어졌고 피사의 사탑처럼 약간 기울어져 있었다. 비가 오면 3층 옥상에서 1층까지

빗물이 곧바로 떨어졌다. 붕괴 위험도 있었다.

새로운 청사를 확보해야 했다. 건물 안전진단과 함께 청사 수급계획을 마련하여 본부에 보고했다. 본부에서는 총무처(현, 행정자치부)와 협의를 거친 후 예산은 기재부 등과 협의를 했다. 뒷순위에 있던 청사 수급계획은 최우선 순위로 반영되었다. 예산도 확보되어 계획은 순조롭게 진행되었다.

다음은 청사 터를 확보해야 했다. 기존의 청사는 면적이 작아서 건물을 새로 짓기엔 부적절했다. 틈틈이 시내 전 지역을 답사했지만, 당시 울산 시내에서는 청사를 세울 마땅한 곳이 없었다. 그나마도 너무 비싸 확보한 예산으로는 턱없이 부족했다. 그리고 울산 주변 지역은 중화학 공업 지역이다. 당시는 대부분 그린벨트로 묶여서 개발이 제한되어 있었다. 마땅한 부지가 없어 난감했다.

그러던 중 현재의 옥동청사 부지 일대를 돌아보게 되었다. 동네 주민 수십 명이 채소밭으로 이용하는 나대지가 있었다. 근처 가게에 가서 소유자가 누구인지 물어보았는데 땅 주인이 20명은 넘는다고 하여 곤란한 상황의 연속이었다. 혹시나 하고 관할 구청에서 토지 대장을 발급받아 보았는데 뜻밖에도 산림청 소유의 국유지였다. 희망이 보였다. 안동에 있는 남부지방산림청과 양산에 있는 양산국유림관리소에서 관리하고 있었다. 다행히 직전 지방산림청장과도 인연이 있어 협의하기가 수월했다. 그렇지만 산림청에서는 업무추진 계획상 임대수익 예정 부지라며 선뜻 내주지 않았다. 수차례 협의 끝에 관리 전환을 받기로 하였다. 국유지이지만 특별회계 재산이라 무상으로 증여받을 수는 없었다. 확보한 예산만 주고서 싼값에 부지를 넘겨받았다. 그리고 부지 중 약 200평은 일반회계 재산이라 무상으로 넘겨받았다. 울산에서도 으뜸가는 노른자위 땅이라 지금 감정가로 수백억 원이 넘는다. 무엇보다 주변에 울산대공원이 있어 직원들의 산책 코스로 이용되고 있다. 비록 원하는 부서로는 가지 못했지만 새 청사로 옮길 수 있었던 것이 보람된 일로 기억된다.

저자는 옥동청사 부지확보까지만 진행하였다. 신청사 건물의 공사 감독은 퇴직한 김 모 선배가 맡았다. 항상 근로자들보다 먼저 현장에 나가서 챙기던 참 부지런한 선배였다. 그 선배는 퇴직 직전 아침 운동을 나가다 지나가던 자전거에 부딪혀 뇌를 다치는 중상을 입었다. 오랫동안 병원 신세를 지고 있다. 지금도 의사 표시나 거동이 어려운 상태다. 오랫동안 고생하고 쉴 때가 되었건만 소중한 건강을 잃게 되어 안타깝다.

제2장

익숙한 곳을 떠나며

특별사법경찰관 + 근로감독관 = 특별근로감독관?

지난 2019년 봄 MBC에서 「특별근로감독관 조장풍」이라는 드라마를 방영한 적이 있다. 그 드라마를 본 민원인들이 사무실을 방문하여 뭐라고 한다. 즉, "드라마에서 특별근로감독관의 활약이 대단한데 왜 여기서는 그렇지 못하냐?"라고 한다. 그건 영화나 드라마에서 가능할 뿐 현실에서 그런 근로감독관은 존재할 수 없다. 법규나 인권 문제에서 자유로울 수 없기 때문이다.

1990년대 초반까지만 해도 근로감독 직렬은 일반 행정직과는 구분되어 있었다. 근로감독관이 되려면 별도의 선발 절차를 거쳐야 했다. 근로감독관은 7급 이상이면 자격이 부여된다. 예전에는 그런대로 관심과 인기가 있었던 것 같다. 근로감독관 업무가 어려워진 것은 법 적용 대상이 5인 미만으로 확대된 것이 가장 큰 이유일 것이다. 5인 미만 사업장은 조사가 어렵고 해결도 어렵다. 사업주들의 협조 또한 원활하지 않다. 또한, 1995년 5월 1일 산재보험 업무가 근로복지공단으로 이관된 것도 무시할 수 없다. 노동부에서 허리 역할을 하던 직원들이 근로복지공단으로 대거 전직해 갔다. 산재보험 업무에서 근로감독 업무로 전환하면 쉽게 적응이 되었다. 왜냐하면, 산재보상 업무를 하게 되면 평균임금이나 통상임금을 상세히 알 수 있기 때문이다. 그뿐 아니라 재해조사를 하면서 자연스럽게 문답서도 작성해 볼 수 있었다. 당시 저자도 산재보상 업무를 하다가 근로감독 업무로 전환했다. 지금보다는 훨씬 업무가 단순했던 시절이었다. 거의 한 달 정도 지나자 적응이 되었던 것 같다. 근로기준법 제36조(금품 청산) 하나만으로 사건 대부분을 처리하던 때였다.

근로감독관이라 하면 상당한 권능이 있고 모양새가 나는 자리라 생각할지 모른다. 그러나 실상을 그렇지 못하다. 억하심정으로 찾아오는 민원인의 불만과 마주해야 한다. 과거에는 조사과정에서 사업주나 근로자의 문제가 있어 보이면 뭔가 역할을 했다. 조사가 끝나면 근로감독관은 근로자와 사용자에 대해 지도와 훈계도 하곤 했다. 그러나 지금은 이러쿵저러쿵할 처지가 되지 못한다. 지금은 많이 나아졌다지만 얼마 전까지도 근로감독관직을 기피하는 직원들이 많았다. 신규로 채용되는 7급 공무원이 곧바로 감독부서로 오기도 하지만 대부분 고용센터에서 근무하다 승진을 하게 되면 감독부서로 발령 난다.

고용센터의 일도 쉽지는 않지만, 특히 여성 공무원의 경우 근로감독관으로 발령받는 것을 싫어한다. 심지어 근로감독부서로 보내면 사표를 내겠다거나 휴직하겠다고 아예 선언하기도 한다.

근로감독 업무는 업무의 질과 양도 큰 부담이지만 때로는 막무가내 민원인을 상대하는 심한 감정노동도 동반된다. 그렇기에 극심한 스트레스로 인해 퇴직하는 직원들도 많다. 저자가 마지막으로 근무한 기관은 지역 내에서도 힘들기로 소문이 나 있다. 2018년도 정기 인사 때에 전입 희망자를 파악해 보았는데 그 결과 전입을 희망하는 직원이 거의 없는 것을 보고서 안타까웠다. 모 직원은 근로감독부서로 발령 나자 종일 울었다고 한다. 사표를 내거나 휴직 그리고 타 부처로 전출을 희망하는 직원들도 많다.

인사혁신처에 인사교류 홈페이지가 있다. 부처 간 상호 교류를 지원하기 위해 만들어진 웹사이트이다. 그곳엔 고용노동부에서 다른 부처로 전출을 희망하는 직원이 수백 명에 달한다고 한다. 다른 부처의 선발 면접에 통과하고도 승인이 나지 않아 못 가는 직원들도 많이 보아왔다. 그 직원들이 한꺼번에 다 떠나면 노동부 업무가 마비될 정도라고도 한다. 이미 고용노동부는 힘들다는 소문이 나서인지 쌍방 교류도 어렵다고 한다. 다른 부처의 공무원들이 고용노동부는 사양한다며 아예 연락처도 남기지 말라고 한다. 민원 처리도 힘들고 장점을 찾기도 어렵기 때문이다.

앞에서도 언급했듯이 근로감독관 업무가 힘들어진 가장 큰 이유는 근로기준법 적용 대상이 5인 미만으로 확대되고 민원 종류가 다양화된 데에 있다. 5인 미만 소규모 사업장은 노무 관리에 어려움이 많다. 금품 지불 능력도 떨어지거니와 임금 대장 등 자료를 제대로 갖추지도 못한다.

지난 2000년대 초반까지만 해도 임금이나 퇴직금 체불 사건이 80~90%를 차지했다. 지금은 어떤가? 임금·퇴직금 체불 사건은 기본이고, 근로 계약서 미작성, 해고예고 미이행, 주휴 수당 미지급, 최저임금 미지급 등 보통 3~5가지가 패키지로 따라서 온다. 여러 가지 항목을 일일이 조사하여야 한다. 근로감독관의 하루에는 잠시도 여유가 없다. 각종 신고 사건에 매몰되다시피 한다.

그리고 노동청을 찾는 민원인은 대부분 임금 체불이나 실직 등으로 어렵고 힘든 상황에 놓인 경우가 많다. 그래서 노동청을 가벼운 마음으로 찾아오지는 않는다. 확실한 증거나 근거도 없고, 복잡하게 얽혀 있는 사건일수록 근로감독관은 심한 스트레스를 받게 된다. 사용자와 근로자 간에 깊게 감정의 골이 파인 사건은 더욱 힘이 든다. 애매한 사건을 집요하게 따지고 들면 일상이 피곤해진다. 그러면 해당 근로감독관에게 사건을 캐비닛에 넣고 퇴근하는 순간부터 다음 날 출근할 때까지라도 잠시 잊어버리라고 한다. 그러나 그게 쉽지 않다. 복잡하거나 해결이 어려운 사건은 집에 가서도 계속 생각이 나고 머릿속에 맴돌게 된다.

민원인은 사건 조사과정이 마음에 안 들면 불만을 터트린다. 감당하기 어려울 정도로 많은 사건을 담당하면 처리 기간 또한 지키기가 어렵다. 기간 내 처리하지 못하는 것은 근로감독관의 잘못만은 아니다. 적정하게 처리할 여건을 못 만들어 주는 기관의 문제도 있다. 다시 말해 업무량 자체가 과다한 것이다. 그렇지만 근로감독관은 그 부담을 다 안아야 한다. 민원인에게는 처리 기간을 어겼다고 비난과 항의를 받고, 기관으로부터는 감사와 징계처분까지 감수해야 한다. 주야로 열심히 했는데 억울하기도 하다.

민원인으로서 자신의 사건을 빨리 처리해주길 바라고 요구하는 것은 당연하지만 문제는 빨리 처리하고자 해도 불가능한 업무의 양과 질이다. 불만을 가진 민원인은 "감독관을 바꿔라." "윗사람을 만나겠다." "국민신문고에 올리겠다."라는 등의 요구와 압박을 한다. 정말 열심히 일하고도 비난을 받아야 하는 현실은 참으로 답답하다.

담당 감독관을 바꾸어 달라고 요구하더라도 수용하기도 어렵다. 근로감독관도 인격과 자존감이 있는 사람이다. 공장에서 생산된 물건처럼 쉽게 바꿀 수는 없다. 사건 당사자와 친소관계나 이해관계가 있을 수 있다. 그렇다면 민원인이 요구하기 전에 당연히 교체해야 한다. 노동 사건은 양 당사자가 있기에 어느 일방으로 기울어지긴 어렵다. 해당 근로감독관도 그런 민원인의 사건에서 벗어나고자 한다. 그렇지만 그런 불만이 깔린 사건을 다른 감독관인들 맡고 싶겠는가? 그리고 과장이나 기관장을 찾는다고 그 민원을 특별히 우선하여 처리하기도 어렵다. 그 사건을 우선함으로 인해 다른 민원인이 피해를 볼 수 있기 때문이다. 국민신문고에 가끔 근로감독관이 불친절하다는 글이 올라온다. 상당 부분은 자신의 민원이 뜻대로 되지 않기에 불만족이 불친절로 둔갑을 한다. 사용자의 해결 의지나 능력이 없으면 그 불만은 근로감독관에게 향하기도 한다. 그러면 어떤 답변에도 불만은 쉽게 사라지지 않는다. 자신이 원하는 근본적인 문제가 해결되지 않았는데 그 불만을 접는 것이 어디 쉬운 일인가!

www.labortoday.co.kr

노동이슈

극한직업 근로감독관

법원, 과로 · 민원인 폭언 시달리다 숨진 감독관 공무상재해 인정

서울행정법원 "공무상 과로 · 스트레스로 뇌동맥류 파열"

2016년 7월4일 월요일 오전 7시51분 출근, 밤 11시48분 퇴근. 7월5일 화요일 오전 8시6분 출근, 밤 10시46분 퇴근. 7월6일 수요일 오전 7시55분 출근, 밤 11시49분 퇴근. 7월7일 목요일 오전 8시16분 출근, 8일 새벽 0시3분 퇴근.

매일 야근해도 일은 끝없이 쌓였다. 한 달 22일 근무일 중 정시 퇴근한 날은 6일밖에 안 된다. 부산지방고용노동청 진주지청 장아무개 근로감독관 얘기다. 장씨는 2016년 7월20일 오전 관사에서 쓰러진 채 발견돼 병원으로 옮겨졌지만 사망했다. 사인은 뇌동맥류 파열에 의한 비외상성 지주막하 출혈이었다.

고인이 숨진 지 2년 만에 법원이 공무상재해를 인정했다. 새로운 지청으로 전보된 뒤 과중한 업무와 악성 민원에 시달린 사실이 드러났다. 고인은 잦은 야근을 했고, 사망 2개월 전부터 민원인에게 지속적인 괴롭힘을 당했다.

3일 고용노동부공무원직장협의회에 따르면 서울행정법원 13부(부장판사 유진현)는 지난달 28일 고 장아무개(사망당시 만 45세)씨 유족이 공무원연금공단을 상대로 낸 유족보상금부지급처분취소 소송에서 원고 승소 판결했다.

전보 후 업무 과중, 사망 전 12주간 주당 평균 52시간8분 일해

공단은 "지주막하 출혈의 의학적 특성상 직무수행에서 비롯된 결과로 볼 수 없고, 업무내역 또한 과도한 업무가 지속적 · 집중적으로 있었다고 보기 어렵다"며 유족보상금 부지급 결정을 내렸다. 공무원연금급여재심위원회도 "뇌동맥류 파열은 과로나 스트레스보다는 급작스런 혈압상승으로 발생하는 것"이라며 공무상재해로 인정하지 않았다.

하지만 재판부는 "질병 발생원인이 공무와 직접 연관이 없어도 직무상 과로 등이 질병의 주된 발생원인과 겹쳐서 질병을 유발시켰다면 인과관계가 있다고 봐야 한다"고 판단했다.

장씨는 2016년 2월 울산지청에서 진주지청 근로개선지도과로 전보됐다. 이후 업무량이 증가했다. 진주지청이 다른 지청보다 관할 범위가 넓은 데다, 장씨가 속한 근로개선지도과 주요 업무가 임금체불 · 해고 사건이라서 심리적 부담감이 컸다.

장씨는 사망하기 한 달 전쯤 진주지청 1인당 평균 사건(190건)보다 많은 288건을 담당했다. 장씨는 사망 전날에도 출장 후 청사로 복귀해 추가근무를 한 뒤 밤 11시55분 퇴근했다.

밤낮없는 민원인의 폭언 · 협박
재판부 "공무상 과로 · 스트레스 노출로 뇌동맥류 파열"

장씨는 특히 사망 2개월 전부터 민원인으로부터 지속적이고 반복적으로 폭언과 협박, 통화시도에 시달렸다. 장씨가 진정사건을 맡았던 2016년 5월12일부터 사망 하루 전인 7월19일까지 해당 민원인이 장씨의 휴대전화와 사무실, 고객지원실에 건 전화만 168회였다.

민원인은 7월8일부터 10일까지 14차례에 걸쳐 장씨에게 보낸 카카오톡 메시지에서 "X신, X라이, 개XX, 쓰레기XX" 등의 욕설을 반복하면서 "가만두지 않겠다" "잘라 버리겠다"고 협박했다. 배우자와 자녀를 모욕하는 언사도 있었다. 장씨는 근무일과 휴일, 낮과 밤을 가리지 않는 민원인의 욕설전화와 문자메시지에 극심한 스트레스를 받았다.

재판부는 "이미 신체적으로 상당한 피로가 누적된 상태에서 사망 1~2개월 전부터 급격한 정신적 스트레스를 유발하는 상황에 노출돼 뇌동맥류가 자연적인 진행속도 이상으로 급격히 악화돼 파열됐다"고 밝혔다.

재판부는 이어 "과로로 인한 피로가 누적된 상태에서 특정 민원인의 반복적인 악성민원을 감내하면서 겪어야 했던 스트레스를 근로감독관 업무에 따른 통상적이고 일상적인 스트레스라고 볼 수 없다"며 "공무상 과로 및 스트레스가 기존 뇌동맥류와 겹쳐 사망원인인 지주막하 출혈을 유발했음이 규범적으로 증명됐다"고 판시했다.

배혜정 기자 bhj@labortoday.co.kr

매력 있는 노동부로….

지난 2017년 울산지청 근무 당시의 일이다. 신규 공무원 9명이 울산지청으로 발령받아 온다고 하였다. 첫 출근 날 보니 5명만 와 있었다. 나머지 4명은 발령이 났음에도 오지 않았다. 근무지를 한 번 밟아 보지 않고 그만두었다. 어렵게 합격하고도 발길을 돌리는 현실을 어떻게 받아들여야 할까?

가끔 직원들이 굳은 표정으로 상담을 신청하면 긴장을 하게 된다. 이야기를 들어보면 힘들어 그만두겠다고 한다. 대부분 일이 힘들고, 특히 악성 민원에 시달리고 있는 경우가 많다. 우리의 현실에서 쉽거나 편하고, 좋은 일자리는 그리 많지 않다. 앞으로 인력도 충원되고 나아질 수 있을 것 같으니 조금 더 참아 보자고 하면 대부분 마음을 돌리고는 한다.

신규 근로감독관으로 발령을 받아온 직원들은 교육을 가게 되는데 들어가기 전에 자기들끼리 이런 말을 한다. "이번 교육 다녀오면 이제 좋은 시절은 다 갔다."라고 말이다. 답답한 노릇이다. 일이 힘들면 승진이라도 빨랐으면 좋으련만 장점 찾기가 어렵다.

꽤 오래전의 일이다. 부산의 노동조합 대표자들과 간담회를 가진 적이 있다. 그때 참석한 노조 위원장이 사석에서 했던 말이 생각난다. 자기 조카가 국가직 공무원과 지방직 공무원 시험 둘 다 합격했다고 한다. 국가직은 노동부로 발령 날 예정이고, 지방직은 지방자치단체였다. 조카는 삼촌에게 국가직인 노동청과 지방직 중 어디로 가면 좋을지 묻더라는 것이다. 그 노조 위원장은 조카에게 노동부는 포기하고 지방직으로 가라고 했다 한다.

지난 30여 년을 돌아보면 업무는 갈수록 복잡해지고 힘들어지는 것 같다. 노동법은 갈수록 확대된다. 더욱 복잡해지고 있다. 민원인의 눈높이는 계속 높아져 간다.

정책│경제ㅣ │ 2017년 11월 16일 목요일

"노동부 떠나고 싶어요, 노동부만은 가기 싫어요"

격무 · 승진적체에 전출 원하는 노동부 공무원들
이용득 의원 "비전 제시해야"

"다른 부처(노동부 제외)나 지방직으로 이동하고 싶습니다."

올해 9월 인사혁신처가 운영하는 나라일터 (gojobs.go.kr) 게시판에 실린 글이다. 전라남도 선거관리위원회 공무원은 "광주 · 전남 · 전북의 다른 부처나 지방직으로 가고 싶다"면서도 "노동부는 제외"라고 단서를 달았다. 그만큼 고용노동부가 인기가 없다는 얘기다.

나라일터는 공직사회 인사교류를 위한 사이트다. 부처 간 이동이나 국가 · 지방직 간 이동을 원하는 공무원들이 전출 희망지를 게시한다.

15일 이용득 더불어민주당 의원이 확인한 결과 지난해 9월부터 올해 9월까지 나라일터에 전출을 희망한 노동부 공무원은 210명이다. 실제 전출을 원하는 노동부 공무원은 이보다 훨씬 많다는 것이 다른 부처나 지방자치단체 공무원들의 전언이다.

나라일터 인사교류는 매칭 시스템이다. 자신이 가고자 하는 부처 · 지역에 자신이 근무하던 곳으로 오려는 공무원이 있어야 한다. 그런데 노동부가 워낙 인기 없다 보니 나라일터 게시판에 소속기관을 명시하지 않은 노동부 공무원들이 많다고 한다. 인력부족에 따른 노동부 공무원들의 격무 때문으로 풀이된다. 노동부는 내년에 근로감독관 800명을 충원하는 예산안을 제출했다.

승진하기 어려운 구조도 한몫한다. 이용득 의원에 따르면 9급 공무원이 5급 사무관으로 승진하는 기간이 가장 긴 부처는 법무부로 30.7년이 걸린다. 노동부는 28.4년으로 5위를 차지했다. 기획재정부 공무원은 19.3년으로 가장 짧았다.

비고시 출신 공무원들이 보직을 받기도 쉽지 않다. 올해 10월 기준으로 노동부 총원 6천466명 중 고시 출신은 257명, 비고시 출신이 6천209명이다. 그럼에도 노동부 본부에서 4급 · 과장급 이상 공무원 69명 중 비고시 출신은 장관을 포함해 8명밖에 없다. 지방관서 4급 · 지청장급 이상 공무원도 고시 출신(43명)이 비고시 출신(37명)보다 많다. 최근 들어 역전된 것으로 전해졌다.

이 의원은 "근로감독관 확충이 반드시 필요하지만 근로감독관 비전도 설계해 줘야 한다"며 "노동부가 조직진단 · 인사제도 개선 컨설팅을 받고 전문성 강화를 위해 사건담당과 근로감독 분야를 분리할 필요가 있다"고 주문했다.

김학태 기자 tae@labortoday.co.kr

떠나면 그만?

고용노동부에서 퇴직하는 직원 대부분은 조용히 떠난다. 그것을 미덕으로 받아들이는 것 같다. 물론 몇 자 적어 두고 떠나기도 한다. 그러나 마땅히 올릴 곳도 없다. 내부전산망 경조사 코너에 몇 줄을 올려놓고 떠나가기도 한다. 그저 선후배 덕분에 무사히 떠나게 되었다는 정도의 절제된 인사말이다. 그렇지만 정말 그런 느낌만 있는 건지 의아스럽다. 먼저 퇴직한 선배들의 그런 모습을 보면서 뭔가 허전하기도 하다. 정말 할 말이 없을 수도 있다. 그러나 하고 싶은 말이 전혀 없지는 않을 것이다. 다만, 말해 봤자 별 의미가 없다고 판단했을 수도 있다. 또한, 바람처럼 조용하게 떠나는 것이 힘들게 고생하는 후배들을 위한 일로 생각될 수 있다. 저자도 평소 그런 생각들을 해왔다. 그렇지만 현직을 떠나면서 뭔가 소회를 전하고 갔으면 하는 생각이 든다.

선후배 관계의 끈은 너무나 약하다. 때로는 연이 없는 것 같기도 하다. 떠나자마자 감감무소식인 경우도 허다하다. 평소 너무 일에만 매몰되어 있는 것 같다. 그래서 함께한 추억들도 별로 없다. 퇴직 후 과거 근무했던 사무실을 다시 찾는 것도 부담스러워진다. 과거에는 모든 관심이 위로 올라갔고 상사 중심이었으며, 일방적이었기 때문이다.

과거 노동부에서의 시간은 힘들었던 기억이 큰 비중을 차지하고 있다. 많은 시간이 흘렀음에도 힘들게 했던 민원인들이 아직도 기억에 남아 있다. 그렇지만 퇴직 후 보람된 것이 하나 있었다. 노동 분야의 전문성을 살릴 수 있는 직업적인 기회가 많이 주어진다는 것이다.

최근 들리는 바로는 근로감독부서의 근무 환경이 나아졌다는 소식도 들린다. 인력이 충원되면서 근무 환경에도 영향을 미치는 것 같다. 매우 다행스러운 일이다.

출근하고 싶은 직장으로

공무원이 되면 안정된 직장이라 만족하고 오래 근무할 수 있다고 생각할지도 모른다. 그러나 현실은 그렇지 못하다.

솔직하게 말하자면 저자도 이 조직에서 떠나고 싶었던 적이 여러 번 있었다. 민원인들이 좋은 일로 사무실을 방문하는 경우는 드물다. 임금 체불, 해고, 실직 등으로 방문하는 경우가 대부분이다. 그처럼 어려운 상황에서 방문하게 된다. 사무실은 어렵고 힘든 분위기로 변하고 근로감독관들은 그런 곳에서 하루를 보내게 된다. 열심히 해도 민원인의 만족은 어렵다. 그렇다고 보상이 따르거나 승진이 빠른 것도 아니다. 국가직 공무원이라 하여 2~3년 근무하면 다른 관서로 이동해야 한다. 한참 늦은 승진이라지만 어쨌든 승진을 위해서 가족과 떨어져 다른 지역에 가서 근무해야 한다. 그리고 멀리 떨어진 객지를 오가는 데 드는 비용도 만만찮다. 그동안 저자는 마산, 부산, 안동, 울산, 창원, 통영 등 타 관서로 17차례나 옮겨 다녔다. 타지 발령은 감봉과 다름없다. 인력 수급상 다른 지역, 다른 관서로의 이동은 불가피하다. 가족과 떨어져 생활해야 함은 물론 객지 생활에 따른 비용으로 감봉을 감수해야 한다.

몇 년 사이 우리의 일터엔 안타까운 일들이 계속 발생하고 있다. 국회의원 보좌진으로부터 압박 전화에 시달리다 쓰러져 숨진 K 과장, 민원인으로부터 극도의 모멸감과 스트레스를 받아오다 사망한 근로감독관 그리고 근로감독관의 극단적인 선택도 이어지고 있다.

근로감독관은 사업장을 향해 주 52시간을 지키라고 하지만 정작 자신은 지킬 수가 없다. 일이 추가되면 당연히 일할 사람도 충원되어야 한다. 사람을 늘리는 것은 쉬운 일이 아니다. 국민의 부담도 늘어난다. 그렇다면 정책 효과가 낮거나 관행적인 일은 과감하게 줄여야 할 것이다.

특히, 올해는 '코로나19'로 인해 사업도 어렵고, 각종 지원금 등의 업무가 급증하여 매우 힘든 한 해를 보내고 있다고 한다. 밖으로는 '워라밸'을 지키자며 캠페인과 홍보를 하지만 정작 우리 내부에서는 일과 삶의 균형을 추구하기가 어려운 현실이다. 성장기 자녀들과 함께 시간을 보내야 하지만 신고 사건에 치여 퇴근을 못 하는 모습을 보면 안타까움을 금할 수 없었다. 그나마 근래에는 인력이 충원되고 있다 하니 조금씩 나아질 것으로 기대된다. 큰 부담감 없이 출근하고 싶은 직장이 되었으면 한다.

위로부터의 지시는 신중해야….

"현장에 답이 있다."라는 말이 있다. 가끔 대기업 회장이 각 사업 현장을 방문하곤 한다. 그러면 언론에도 보도된다. 그런 현장 방문은 필요하고, 의미 있는 것으로 평가된다. 회장 자리에 앉아 올라오는 보고만 받는다면 어떨까? 문제 있고 곪아가는 현장 상황을 놓칠 수 있을 것이다. 회장에게 보고하는 임직원은 회장이 듣기 좋은 보고만 골라 하기 쉽다. 괜히 잘못 보고를 하였다가 문책당할 수도 있다.

노동부는 장관 지시로 과거 두 차례에 걸쳐 현장 관련 행사를 실시하였다. 대기업 회장처럼 장관이 직접 기업체 현장을 방문하는 것은 아니다.

한 번은 **일자리 현장 지원**이라는 명목으로 각 지방관서 직원들로 하여금 기업체를 방문하게 했다. 방문대상 기업으로부터 애로사항을 청취하는 것이다. 또한, 기관별 경쟁을 유도하면서 마치 성과가 많은 것처럼 보였다. 하지만 그 일은 일선 직원들을 매우 힘들게 한 일이었다. 방문대상인 기업도 그리 반기지 않았다.

저자도 현장 지원 활동에 많이 참여했었는데 처음엔 길어야 두어 달 정도일 것으로 예상했지만, 지방에선 뭔가 성과가 있는 것처럼 보고가 올라가면서 계속 기간이 연장되곤 했다. 그리고 다음 장관도 뭔가 잘되는 것처럼 인식하여 수년간 계속 이어졌다. 애로 사항은 주로 일자리 부조화와 도시 외곽에 있는 공단지역의 교통 문제가 다수였다. 이를 해소하기 위해 시청과 협의를 해보면 시청도 이미 알고 있는 내용이었다.

지원사업에는 직원 대부분이 참여하였고 2인 1조로 방문 할당량을 부여했다. 그리고 방문대상 사업장에는 미리 방문 사실을 알렸다. 그런데 회사에서는 방문을 환영하지 않았다. 건의할 것도 없고 굳이 올 필요가 없다는 것이다. 그런데도 계획에 잡혀 있으니 무조건 나가야만 했다. 현장 방문을 독려하기 위해 기관 평가에도 반영했다. 고유 업무는 제쳐 두고 할당량을 채우기 위해 억지로 나가게 된 것이다.

사실 지방관서의 직원들은 매일 현장과 접하고 있다. 사업 현장에 직접 나가서 근로감독을 하고 각종 간담회나 설명회도 수시로 개최하고 있다. 또 현장에서 다툼이 발생하면 바로 접수된다. 그렇게 그들의 상황을 생생하게 듣고 있다. 본부에서도 밤늦도록 힘들게 일을 하고 있다는 것은 다 아는 사실이다. 그렇지만 본부 직원들이 계절적으로 조금 여유가 생길 때 지방 현장으로 나와 보는 것이 더 효율적이라 생각된다.

또 다른 **현장노동청**이란 행사도 있었다. 어느 날 갑자기 현장노동청을 설치하라는 지시가 지방으로 떨어졌다. 해당 기관은 부랴부랴 현수막을 제작하고 천막을 설치하였다. 장관이 지시한 행사이다 보니 신경을 쓸 수밖에 없었다. 그런데 정작 시민들의 반응이 무덤덤하거나 별 제안이 없다면 어떻겠는가? 그럴 경우를 대비하여 뭔가 대안도 필요했다.

오늘날 각종 제안은 기관 홈페이지 또는 제안 제도를 통해서도 접수할 수 있다. 여러 경로를 통해 얼마든지 현장의 목소리를 들을 수 있다. 굳이 아날로그 방식을 택해야 했는지 의문이다. 사실 현장노동청을 설치하였지만, 시민들의 관심도가 낮았고 제안이나 건의가 잘 들어오지 않았다. 그렇지만 각 기관은 실적에서 비교가 된다. 부담감을 가지게 되면 여러 가지 방안을 모색하게 된다. 억지로 제안을 유도하거나 주변에 협조를 구하기도 한다. 당시 제안의 상당 부분은 억지 제안일 것으로 추정된다. 행사가 끝난 후 우수 제안을 포상하고자 했다. 그런데 최우수 또는 우수 제안으로 거론되던 일부 제안들에 문제가 생겼다. 제안자들과 연락이 닿지 않는 것이다. 왜 우수한 제안을 하고도 신분을 드러내지 못했을까? 눈치 빠른 사람은 짐작이 갈 것이다.

조직 내에서 윗선의 지시에 반대하거나 문제 제기는 어렵다. 괜히 나섰다가는 미운털이 박힐수 있기 때문이다. 그래서 직언은 참으로 어렵다. 윗사람의 봄바람 같은 지시라도 지방에 도달하면 센바람이 된다. 어떻게든 뭔가를 만들어 내려고 할 것이다. 아주 그럴듯하게!

오해 없길 바란다. 그런 행사 자체가 무의미하다거나 깎아내리고자 하는 것은 절대 아니다. 그런 일은 일단 추진하게 되면 직원들은 많은 부담을 갖게 된다. 기관장도 신경을 쓸 수밖에 없다. 다 지나간 일이지만 숙고 끝에 들추게 되었다. 현장 지원 활동이란 명분을 내세워 고유 업무도 바쁜 직원들을 동원하는 것은 지양했으면 한다. 각종 민원으로 힘들어하는 직원들을 더 힘들게 하지 말았으면 한다.

직원 가족 여러분께

앞에서 떠나온 직장에 대해 부정적인 것들만 많이 부각한 것 같다. 어느 직장인들 애로나 어려움이 없겠는가? 고용노동부가 더욱 발전하고, 그 속에서 직원들이 좀 더 나은 환경에서 일할 수 있기를 바라는 뜻에서 용기를 내어 적어 보았다. 지극히 주관적인 생각을 표현하게 된 점 이해를 구하고 싶다.

끝으로 고용노동부에서 근무하는 직원을 둔 가족분들께도 부탁드리고 싶다. 이 책을 쓰게 된 동기 중의 하나이기도 하다. 우리 가족이 힘든 상황에서 일하고 있는지 사실 잘 모를 것이다. 공무원인데 힘들면 얼마나 힘들겠나 하고 생각할지 모른다.

이제 근로감독관도 거의 절반 이상은 여성으로 구성되어 있다. 특히, 아내가 고용노동부에 근무하고 어린 자녀가 있다면 좀 더 관심과 배려가 필요하다.

오늘도 'L 근로감독관'은 마음이 무겁다. 일은 버겁고 집에는 보살핌이 필요한 어린 자녀가 있다. 자녀는 친정어머니께서 봐주신다. 그런데 친정어머니의 건강도 썩 좋지 않다. 남편도 바빠서 그런지 귀가가 늦는 편이라고 한다. 잠시 여유도 없이 열심히 해보지만 일은 줄어들지 않는다. 집에서 대신 자녀를 돌보고 있는 친정어머니에 대한 걱정도 된다. 그렇지만 퇴근 시간이 되어도 바로 퇴근할 수 없다. 사건이 계속 들어오기 때문이다. 그렇게 퇴근을 미루고 일하다 보면 집에서 전화가 걸려온다. 힘들다며 빨리 와 달라는 친정어머니의 전화이다. 후다닥 서류를 덮고서 집으로 향한다. 자리에서 주차장까지 거의 뛰어간다. 옆에서 보기에도 안타깝다. 밖으로는 주 52시간 근로를 이행하도록 지도하고 감독하지만 자신은 그와는 무관한 현실에 처해 있다.

2017년 어느 더운 여름날 모 지청에서 안타까운 일이 발생했다. 사십 대 가장인 고(故), 장기헌 근로감독관이 관사에서 쓰러져 숨진 것이다. 그전에 한 민원인으로부터 무지막지한 모욕과 시달림을 당해왔다고 한다. 그 민원인이 가한 악행은 차마 말이나 글로 옮겨 오기도 어려울 정도였다. 시도 때도 없이 전화나 문자 등으로 괴롭혔다는 것이다.

누구든 그런 상황이라면 스트레스가 극에 달하였을 것이다. 그 감독관만 그런 것이 아니다. 정도의 차이가 있을지언정 많은 근로감독관도 크고 작은 시달림을 당하고 있다. 그런 환경에서 근무한다는 것을 가족조차도 잘 모르고 지낸다.

그런 남편을 떠나보낸 아내와 자녀들의 심정은 어떠했을까? 남편의 일이 힘들 거라고 생각은 했지만, 그토록 힘든 환경에서 일하며 살아온 것을 가족임에도 모르고 지냈다고 한다.

장기헌 감독관이 그렇게 떠난 후 그의 부인은 고용노동부 직장협의회와 소속했던 진주지청 직원들에게 다음과 같은 편지를 보내 왔다.

안녕하세요?

고 장기헌 아내 김00이라고 합니다. 우선 직장협의회 여러분들의 많은 관심과 격려 덕분에 저희 남편 소송이 잘 마무리 되었습니다.

마음 깊이 감사함을 전합니다.

갑작스러운 남편 소식에 저희 가족들은 깊은 슬픔에 빠졌습니다.
너무 정신없이 일어난 일인지라 어떻게 해야 할지 모르는 상황 속에서 많은 분의 관심과 도움으로 지금 이 시간까지 온 것 같습니다.

특히 직장협의회 분들의 도움은 저희 가정에게 큰 힘이 되었습니다.

소송을 준비하면서 많은 생각이 들었습니다. 처음으로 남편의 일을 좀 더 자세히 알게 되었습니다. 막연히 늘 일이 많다는 것을 알고 있었지만 제가 생각했던 것보다 더 많은 일이 있고 그 속에서 엄청난 스트레스와 일을 감당했다는 것을 소송 준비를 통해 알게 되었습니다. 남편의 소송 자료를 읽고 또 읽으면서 얼마나 많은 눈물을 흘렸는지 모릅니다.

힘들다고 막연히 생각했던 것과 실제 어떤 일을 하고, 무엇이 힘들었는지, 어떤 일을 했는지 자료를 통해 알게 되었을 때는 말로 표현할 수 없는 슬픔과 분노가 함께 올라왔습니다. 열악한 노동 환경을 접했을 때는 다시 한번 화가 났고, 어떤 일들을 하는지 자료를 찾아보게 되고 비슷한 사례가 있는지… 그리고 더 나아가 공무원 노동 조건과 처우는 어떠한지 관심을 갖게 되었습니다. 그리고 그 시간 동안 먼저 간 남편을 이해할 수 있는 시간이 되기도 했습니다. 만약 제게 이런 일들이 일어나지 않았다면 전 그저 평범하게 아무것도 모르고 살았을 겁니다. 남편 일을 통해서 참 많은 것을 알게 되고 배우는 시간이기도 했습니다. 특히 연대의 힘과 공동체의 힘은 아무것도 모르는 제게 지지와 격려 그리고 든든한 울타리가 되어주었습니다.

특히, 노동부 직장협의회 회원님들과 진주지청 직원분들께서 제가 포기 하고 싶을 때마다 옆에서 끝까지 도움과 위로의 말씀을 전해 주셨습니다. 다시 한번 감사함과 고마움을 전합니다.

2019. 2. 15.

이상과 같은 현실을 보고 겪어오면서 부서 직원 가족분들을 초청하여 간담회라도 갖고 싶었다. 특히, 맞벌이하는 여성 직원들의 고충을 들어보면 더욱 가족의 협조가 절실한 부분들이 많았다. 그래서 기회가 되면 우리가 처한 상황에 대한 설명과 이해 및 협조를 구하고자 했다. 하지만 그런 생각만 하다 떠나게 되었다.

고용노동부는 본부나 지방 할 것 없이 힘들다고 한다. 그리고 근로복지공단을 비롯한 산하 기관들도 힘들어한다. 왜 노동과 관련된 기관은 다 힘들어야 하는지 답답하다.

아무쪼록 고용노동부에 직원을 가족으로 두신 분들께 부탁드려야겠다. 우리의 소중한 가족인 남편과 아내가 정말 힘들고 어렵게 직장 생활을 하고 있다는 점을 조금이나마 이해해주길 부탁드리면서 이 책을 마무리하고자 한다.

지인으로부터 우리부 선배님이 책을 발간하신다는 이야기를 듣고 미리 책 내용을 살펴본 느낌은 한마디로 잘 만들어진 교양 예능 한편을 본 것 같다고 말해주고 싶다.

제목만 보았을 때에는 수많은 노동법 관련 서적들처럼 내용이 딱딱하지 않을까 하는 생각이 있었으나, 막상 책장을 넘기는 과정에서 내 생각이 아주 성급한 판단이었음을 깨닫는 것은 오래 걸리지 않았다.

저자가 오랜 세월 고용노동부에서 일하면서 체득한 경험담을 토대로 근로기준법 내용을 조목조목 풀어내는 과정이 단순히 법을 설명하는 차원을 넘어 저자가 직접 옆에서 말하고 있다고 느껴질 정도이다.

그리고 중간중간 노동법과는 관계없을 법한 역사적 고사 및 사례를 넣어 둔 점은 그간 노동법을 설명하거나 안내하는 서적에서는 전혀 찾아볼 수 없는 편제여서 신박하게 느껴진다.

그렇다고 이 책의 내용이 부실하다고 생각하면 오산이다.
노동법 전반의 내용을 다 담아낸 것은 아니지만 최소한 노동법의 기본인 근로기준법의 조문 편제에 따라 설명한 내용은 현직 근로감독관인 본인이 업무에 참고할 만한 사항이 많이 있다.

그리고 저자의 노동관서 경험을 풀어내는 부분에서 근로감독관의 어려움을 가감없이 적어주시고, 후배들을 걱정해주시는 따뜻한 마음이 느껴졌고, 그간 고용노동부에서 많은 선배님들이 계셨지만 현재 우리의 실상을 여과없이 책에 적어주신 분은 처음인 듯 하여 후배로서 저자인 고용노동부 선배님께 감사의 말씀을 드린다.

현직 근로감독관이 보아도 처음 근로기준법을 접하는 분들에게 근로기준법을 설명하는 교재로 써도 좋을 만큼 잘 구성되어 있고, 내용을 읽는 데 불편함을 느낄 수 없어, 고용노동부를 입사하여 근로기준법을 다루어야 할 초임 직원들과 근로기준법을 알아보려는 사업주에게 책을 추천하고 싶다.

-임주영(고용노동부 직장협의회장 / 고용노동부 천안지청 근로감독관)

I. 노무 관련 자료 및 서식

1. 상시 4명 이하 근로자 사용 사업장 적용 법 규정

2. 근로 계약 서식

표준 근로 계약서(기간의 정함이 없는 경우)

표준 근로 계약서(기간의 정함이 있는 경우)

연소근로자(18세 미만인 자) **표준 근로 계약서**

친권자(후견인) **동의서**

건설일용근로자 표준근로계약서

단시간근로자 표준근로계약서

외국인근로자의 고용 등에 관한 법률 시행규칙

       표준근로계약서

       표준근로계약서(농업 · 축산업 · 어업 분야)

근로기준법 시행규칙 [별지 제16호 서식] <개정 2012.12.27>

II. 고용노동부 및 유관 기관 홈페이지

1. 고용노동부 및 소속 기관

고용노동부

노동위원회

최저임금위원회

워크넷

2. 고용노동부 유관(산하) 기관

근로복지공단

한국산업안전공단

한국산업인력공단

1. 상시 4명 이하의 근로자 사용 사업장 적용 법 규정 [별표 1]

근로기준법 시행령 제7조 관련

구분	적용법규정
제1장 총칙	제1조부터 제13조까지의 규정
제2장 근로 계약	제15조, 제17조, 제18조, 제19조 제1항, 제20조부터 제22조까지의 규정, 제23조 제2항, 제26조, 제35조부터 제42조까지의 규정
제3장 임금	제43조부터 제45조까지의 규정, 제47조부터 제49조까지의 규정
제4장 근로 시간과 휴식	제54조, 제55조 제1항, 제63조
제5장 여성과 소년	제64조, 제65조 제1항·제3항(임산부와 18세 미만인 자로 한정한다), 제66조부터 제69조까지의 규정, 제70조 제2항·제3항, 제71조, 제72조, 제74조
제6장 안전과 보건	제76조
제8장 재해보상	제78조부터 제92조까지의 규정
제11장 근로감독관 등	제101조부터 제106조까지의 규정
제12장 벌칙	제107조부터 제116조까지의 규정(제1장부터 제6장까지, 제8장, 제11장의 규정 중 상시 4명 이하 근로자를 사용하는 사업 또는 사업장에 적용되는 규정을 위반한 경우로 한정한다)

2. 근로 계약 서식

표준 근로 계약서(기간의 정함이 없는 경우)

_____(이하 "사업주"라 함)과(와) _____(이하 "근로자"라 함)은 다음과 같이 근로계약을 체결한다.

1. 근로개시일 :   년   월   일부터

2. 근 무 장 소 :

3. 업무의 내용 :

4. 소정근로시간 : ____시 ____분부터 ____시 ____분까지 (휴게시간 :   시   분~   시   분)

5. 근무일/휴일 : 매주 ____일(또는 매일단위)근무, 주휴일 매주 ____요일

6. 임 금

   - 월(일, 시간)급 : _____원

   - 상여금 : 있음 (   ) _____원, 없음 (   )

   - 기타급여(제수당 등) : 있음 (   ), 없음 (   )

   · _____원, _____원

   · _____원, _____원

   - 임금지급일 : 매월(매주 또는 매일) ____일(휴일의 경우는 전일 지급)

   - 지급방법 : 근로자에게 직접지급(   ), 근로자 명의 예금통장에 입금(   )

7. 연차유급휴가

- 연차유급휴가는 근로기준법에서 정하는 바에 따라 부여함

8. 사회보험 적용여부(해당란에 체크)

   ☐ 고용보험 ☐ 산재보험 ☐ 국민연금 ☐ 건강보험

9. 근로계약서 교부

   - 사업주는 근로계약을 체결함과 동시에 본 계약서를 사본하여 근로자의 교부요구와 관계없이 근로자에게 교부함

   (근로기준법 제17조 이행)

10. 근로계약, 취업규칙 등의 성실한 이행의무

   - 사업주와 근로자는 각자가 근로계약, 취업규칙, 단체협약을 지키고 성실하게 이행하여야 함

11. 기 타

   - 이 계약에 정함이 없는 사항은 근로기준법령에 의함

년   월   일

(사업주) 사업체명 :   (전화 :   )

          주 소 :

          대 표 자 :   (서명)

(근로자) 주 소 :

          연 락 처 :

          성 명 :   (서명)

표준 근로 계약서(기간의 정함이 있는 경우)

_____(이하 "사업주"라 함)과(와) _____(이하 "근로자"라 함)은 다음과 같이 근로계약을 체결한다.

1. 근로계약기간 :   년   월   일부터   년   월   일까지

2. 근 무 장 소 :

3. 업무의 내용 :

4. 소정근로시간 : ____시 ____분부터 ____시 ____분까지 (휴게시간 :   시   분~   시   분)

5. 근무일/휴일 : 매주 ____일(또는 매일단위)근무, 주휴일 매주 ____요일

6. 임 금

   - 월(일, 시간)급 : _____원

   - 상여금 : 있음 (   ) _____원, 없음 (   )

   - 기타급여(제수당 등) : 있음 (   ), 없음 (   )

    ·_____원, _____원

    ·_____원, _____원

   - 임금지급일 : 매월(매주 또는 매일) ____일(휴일의 경우는 전일 지급)

   - 지급방법 : 근로자에게 직접지급(   ), 근로자 명의 예금통장에 입금(   )

7. 연차유급휴가

   - 연차유급휴가는 근로기준법에서 정하는 바에 따라 부여함

8. 사회보험 적용여부(해당란에 체크)

    ☐ 고용보험 ☐ 산재보험 ☐ 국민연금 ☐ 건강보험

9. 근로계약서 교부

  - 사업주는 근로계약을 체결함과 동시에 본 계약서를 사본하여 근로자의 교부요구와 관계없이 근로자에게 교부함

   (근로기준법 제17조 이행)

10. 근로계약, 취업규칙 등의 성실한 이행의무

    - 사업주와 근로자는 각자가 근로계약, 취업규칙, 단체협약을 지키고 성실하게 이행하여야 함

11. 기 타

    - 이 계약에 정함이 없는 사항은 근로기준법령에 의함

                              년   월   일

(사업주) 사업체명 :   (전화 :   )

         주 소 :

         대 표 자 :   (서명)

(근로자) 주 소 :

         연 락 처 :

         성 명 :   (서명)

연소근로자(18세 미만인 자) 표준 근로 계약서

_____(이하 "사업주"라 함)과(와) _____(이하 "근로자"라 함)은 다음과 같이 근로계약을 체결한다.

1. 근로개시일 : 년 월 일부터

   ※ 근로계약기간을 정하는 경우에는 " 년 월 일부터 년 월 일까지" 등으로 기재

2. 근 무 장 소 :

3. 업무의 내용 :

4. 소정근로시간 : ____시 ____분부터 ____시 ____분까지 (휴게시간 :   시   분~   시   분)

5. 근무일/휴일 : 매주 ____일(또는 매일단위)근무, 주휴일 매주 ____요일

6. 임 금

   - 월(일, 시간)급 : _____원

   - 상여금 : 있음 (   ) _____원, 없음 (   )

   - 기타급여(제수당 등) : 있음 (   ), 없음 (   )

      · _____원, _____원

      · _____원, _____원

   - 임금지급일 : 매월(매주 또는 매일) ____일(휴일의 경우는 전일 지급)

   - 지급방법 : 근로자에게 직접지급(   ), 근로자 명의 예금통장에 입금(   )

7. 연차유급휴가

   - 연차유급휴가는 근로기준법에서 정하는 바에 따라 부여함

8. 가족관계증명서 및 동의서

   - 가족관계기록사항에 관한 증명서 제출 여부: _____

   - 친권자 또는 후견인의 동의서 구비 여부 : _____

9. 사회보험 적용여부(해당란에 체크)

   ☐ 고용보험 ☐ 산재보험 ☐ 국민연금 ☐ 건강보험

10. 근로계약서 교부

  - 사업주는 근로계약을 체결함과 동시에 본 계약서를 사본하여 근로자의 교부요구와 관계없이 근로자에게 교부함
    (근로기준법 제17조, 제67조 이행)

11. 근로계약, 취업규칙 등의 성실한 이행의무

   - 사업주와 근로자는 각자가 근로계약, 취업규칙, 단체협약을 지키고 성실하게 이행하여야 함

12. 기타

  - 13세 이상 15세 미만인 자에 대해서는 고용노동부장관으로부터 취직인허증을 교부받아야 하며, 이 계약에 정함이
    없는 사항은 근로기준법령에 의함

년   월   일

(사업주) 사업체명 :   (전화 :   )
          주 소 :
          대 표 자 :   (서명)

(근로자) 주 소 :
          연 락 처 :
          성 명 :   (서명)

친권자(후견인) 동의서

○ 친권자(후견인) 인적사항

　　성 명 :

　　생년월일 :

　　주 소 :

　　연 락 처 :

　　연소근로자와의 관계 :

○ 연소근로자 인적사항

　　성 명 : (만 세)

　　생년월일 :

　　주 소 :

　　연 락 처 :

○ 사업장 개요

　　회 사 명 :

　　회사주소 :

　　대 표 자 :

　　회사전화 :

본인은 위 연소근로자 _____가 위 사업장에서 근로를 하는 것에 대하여 동의합니다.

　　　　　　　　　　　　　년　　　　월　　　　일

　　　　　　　　　　　　　　　　　　　　　　친권자(후견인)　　　　　(인)

첨 부 : 가족관계증명서 1부

건설일용근로자 표준근로계약서

_____(이하 "사업주"라 함)과(와) _____(이하 "근로자"라 함)은 다음과 같이 근로계약을 체결한다.

1. 근로계약기간 :   년   월   일부터   년   월   일까지

    ※ 근로계약기간을 정하지 않는 경우에는 "근로개시일"만 기재

2. 근 무 장 소 :

3. 업무의 내용(직종) :

4. 소정근로시간 : ____시____분부터 ____시 ____분까지 (휴게시간 : 시 분~ 시 분)

5. 근무일/휴일 : 매주 일(또는 매일단위)근무, 주휴일 매주____요일(해당자에 한함)

    ※ 주휴일은 1주간 소정근로일을 모두 근로한 경우에 주당 1일을 유급으로 부여

6. 임 금

    - 월(일, 시간)급 : _____원(해당사항에 ○표)

    - 상여금 : 있음 (   ) _____원, 없음 (   )

    - 기타 제수당(시간외. 야간. 휴일근로수당 등): 원(내역별 기재)

    . 시간외 근로수당: _____원(월_____시간분)

    . 야 간 근로수당: _____원(월   시간분)

    . 휴 일 근로수당: _____원(월   시간분)

    - 임금지급일 : 매월(매주 또는 매일) ____일(휴일의 경우는 전일 지급)

    - 지급방법 : 근로자에게 직접지급(   ), 근로자 명의 예금통장에 입금(   )

7. 연차유급휴가

    - 연차유급휴가는 근로기준법에서 정하는 바에 따라 부여함

8. 사회보험 적용여부(해당란에 체크)

    □ 고용보험 □ 산재보험 □ 국민연금 □ 건강보험

9. 근로계약서 교부

    - "사업주"는 근로계약을 체결함과 동시에 본 계약서를 사본하여 "근로자"의 교부요구와 관계없이 "근로자"에게
    교부함(근로기준법 제17조 이행)

10. 근로계약, 취업규칙 등의 성실한 이행의무

    - 사업주와 근로사는 각사가 근로계약, 쉬업규칙, 난체협약을 지키고 성실하게 이행하여야 함

11. 기 타

    - 이 계약에 정함이 없는 사항은 근로기준법령에 의함

년   월   일

(사업주) 사업체명 :   (전화 :   )

         주 소 :

         대 표 자 :   (서명)

(근로자) 주 소 :

         연 락 처 :

         성 명 :   (서명)

단시간근로자 표준근로계약서

_____(이하 "사업주"라 함)과(와) _____(이하 "근로자"라 함)은 다음과 같이 근로계약을 체결한다.

1. 근로개시일 :   년   월   일부터

     ※ 근로계약기간을 정하는 경우에는 " 년 월 일부터 년 월 일까지" 등으로 기재

2. 근 무 장 소 :

3. 업무의 내용 :

4. 근로일 및 근로일별 근로시간

	( )요일	( )요일	( )요일	( )요일	( )요일	( )요일
근로시간	시간	시간	시간	시간	시간	시간
시업	시 분	시 분	시 분	시 분	시 분	시 분
종업	시 분	시 분	시 분	시 분	시 분	시 분
휴게 시간	시 분 ~ 시 분	시 분 ~ 시 분	시 분 ~ 시 분	시 분 ~ 시 분	시 분 ~ 시 분	시 분 ~ 시 분

     ○ 주휴일 : 매주 ____요일

5. 임 금

     - 시간(일, 월)급 : _____원(해당사항에 ○표)

     - 상여금 : 있음 (   ) _____원, 없음 (   )

     - 기타급여(제수당 등) : 있음 : 원(내역별 기재), 없음 (   ),

     - 초과근로에 대한 가산임금률: _____%

     ※ 단시간근로자와 사용자 사이에 근로하기로 정한 시간을 초과하여 근로하면 법정 근로시간 내라도 통상임금의 100분의 50%

          이상의 가산임금 지급('14.9.19. 시행)

     - 임금지급일 : 매월(매주 또는 매일) ____일(휴일의 경우는 전일 지급)

     - 지급방법 : 근로자에게 직접지급(   ), 근로자 명의 예금통장에 입금(   )

6. 연차유급휴가: 통상근로자의 근로시간에 비례하여 연차유급휴가 부여

7. 사회보험 적용여부(해당란에 체크)

     □ 고용보험 □ 산재보험 □ 국민연금 □ 건강보험

8. 근로계약서 교부

   - "사업주"는 근로계약을 체결함과 동시에 본 계약서를 사본하여 "근로자"의 교부요구와 관계없이 "근로자"에게

     교부함(근로기준법 제17조 이행)

9. 근로계약, 취업규칙 등의 성실한 이행의무

   - 사업주와 근로자는 각자가 근로계약, 취업규칙, 단체협약을 지키고 성실하게 이행하여야 함

10. 기 타

     - 이 계약에 정함이 없는 사항은 근로기준법령에 의함

                                        년   월   일

(사업주) 사업체명 :   (전화 :   )
          주 소 :
          대 표 자 :   (서명)

(근로자) 주 소 :
          연 락 처 :
          성 명 :   (서명)

단시간근로자의 경우 "근로일 및 근로일별 근로시간"을 반드시 기재하여야 합니다.
다양한 사례가 있을 수 있어, 몇 가지 유형을 예시하오니 참고하시기 바랍니다.

○ (예시①) 주5일, 일 6시간(근로일별 근로시간 같음)
  - 근로일 : 주 5일, 근로시간 : 매일 6시간
  - 시업 시각 : 09시 00분, 종업 시각: 16시 00분
  - 휴게 시간 : 12시 00분부터 13시 00분까지
  - 주휴일 : 일요일

○ (예시②) 주 2일, 일 4시간(근로일별 근로시간 같음)
  - 근로일 : 주 2일(토, 일요일), 근로시간 : 매일 4시간
  - 시업 시각 : 20시 00분, 종업 시각: 24시 30분
  - 휴게 시간 : 22시 00분부터 22시 30분까지
  - 주휴일 : 해당 없음

○ (예시③) 주 5일, 근로일별 근로시간이 다름

	월요일	화요일	수요일	목요일	금요일
근로시간	6시간	3시간	6시간	3시간	6시간
시업	09시 00분	09시 00분	09시 00분	09시 00분	09시 00분
종업	16시 00분	12시 00분	16시 00분	12시 00분	16시 00분
휴게 시간	12시 00분 ~ 13시 00분	-	12시 00분 ~ 13시 00분	-	12시 00분 ~ 13시 00분

- 주휴일 : 일요일

○ (예시④) 주 3일, 근로일별 근로시간이 다름

	월요일	화요일	수요일	목요일	금요일
근로시간	4시간	-	6시간	-	5시간
시업	14시 00분	-	10시 00분	-	14시 00분
종업	18시 30분	-	17시 00분	-	20시 00분
휴게 시간	16:00~16:30	-	13시 00분 ~ 14시 00분	-	18시 00분 ~ 19시 00분

- 주휴일 : 일요일

※ 기간제. 단시간근로자 주요 근로조건 서면 명시 의무 위반 적발 시 과태료 (인당 500만원 이하)
  즉시 부과에 유의('14.8.1.부터)

표준근로계약서
Standard Labor Contract

(앞쪽)

아래 당사자는 다음과 같이 근로계약을 체결하고 이를 성실히 이행할 것을 약정한다.

The following parties to the contract agree to fully comply with the terms of the contract stated hereinafter.

사용자 Employer	업체명 Name of the enterprise		전화번호 Phone number
	소재지 Location of the enterprise		
	성명 Name of the employer		사업자등록번호(주민등록번호) Identification number
근로자 Employee	성명 Name of the employee		생년월일 Birthdate
	본국주소 Address(Home Country)		

1. 근로계약기간	- 신규 또는 재입국자: (　　　) 개월 - 사업장변경자:　　　년　　월　　일 ~　　　년　　월　　일 * 수습기간: [ ]활용(입국일부터 [　]1개월 [　]2개월 [　]3개월 [　]개월) [　]미활용 ※ 신규 또는 재입국자의 근로계약기간은 입국일부터 기산함(다만, 「외국인근로자의 고용 등에 관한 법률」 제18조의4제1항에 따라 재입국(성실재입국)한 경우는 입국하여 근로를 시작한 날부터 기산함).
1. Term of Labor contract	- Newcomers or Re-entering employee: (　　　) month(s) - Employee who changed workplace: from (YY/MM/DD) to (YY/MM/DD) * Probation period: [　] Included (for [　] 1 month [　] 2 months [　] 3 months from entry date – 　　or specify other: _____.), [　] Not included ※ The employment term for newcomers and re-entering employees will begin on their date of arrival in Korea, while the employment of those who re-entered through the committed workers' system will commence on their first day of work as stipulated in Article 18-4 (1) of Act on Foreign Workers` Employment, etc.
2. 근로장소	※ 근로자를 이 계약서에서 정한 장소 외에서 근로하게 해서는 안 됨.
2. Place of employment	※ The undersigned employee is not allowed to work apart from the contract enterprise.
3. 업무내용	- 업종: - 사업내용: - 직무내용: (외국인근로자가 사업장에서 수행할 구체적인 업무를 반드시 기재)
3. Description of work	- Industry: - Business description: - Job description: (Detailed duties and responsibilities of the employee must be stated)

4. 근로시간	시　　분 ~ 　　시　　분 - 1일 평균 시간외 근로시간:　　　시간 (사업장 사정에 따라 변동 가능:　　시간 이내) - 교대제 ([ ]2조2교대, [ ]3조3교대, [ ]4조3교대, [ ]기타)	※ 가사사용인, 개인간병인의 경우에는 기재를 생략할 수 있음.
4. Working hours	from (　　　　) to (　　　　) - average daily over time: hours (changeable depending on the condition of a company): up to hours) - shift system ([　]2groups 2shifts, [　]3groups 3shifts, [　]4groups 3shifts, [　]etc.)	※ An employer of workers in domestic help, nursing can omit the working hours.
5. 휴게시간	1일　　분	
5. Recess hours	(　　　　) minutes per day	
6. 휴일	[　]일요일 [　]공휴일([　]유급 [　]무급) [　]매주 토요일 [　]격주 토요일, [　]기타(　)	
6. Holidays	[　]Sunday [　]Legal holiday([　]Paid [　]Unpaid) [　]Every saturday [　]Every other Saturday [　]etc.(　　)	

210mm×297mm[백상지(80g/㎡) 또는 중질지(80g/㎡)]

7. 임금	1) 월 통상임금 (　　　　　)원 - 기본급[(월, 시간, 일, 주)급] (　　　　　)원 - 고정적 수당: (수당 :　　　　원), (수당:　　　　원) - 상여금 (　　　　원) * 수습기간 중 임금 (　　　　)원, 수습시작일부터 3개월 이내 근무기간 (　　　　)원 2) 연장, 야간, 휴일근로에 대해서는 통상임금의 50%를 가산하여 수당 지급(상시근로자 4인 이하 사업장에는 해당되지 않음)
7. Payment	1) Monthly Normal wages (　　　　)won - Basic pay[(Monthly, hourly, daily, weekly) wage] (　　　　)won - Fixed benefits: (fixed benefits :　　　　)won, (fixed benefits :　　　　)won - Bonus: (　　　　)won * Wage during probation period: (　　　　)won, but for up to the first 3 months of probation period: (　　　　) won 2) Overtime, night shift or holiday will be paid 50% more than the employee's regular rate of pay(not applied to business with 4 or less employees).
8. 임금지급일	매월 (　　)일 또는 매주 (　　)요일. 다만, 임금 지급일이 공휴일인 경우에는 전날에 지급함.
8. Payment date	Every (　　)th day of the month or every (　　day) of the week. If the payment date falls on a holiday, the paymenvery week.t will be made on the day before the holiday.
9. 지급방법	[　]직접 지급, [　]통장 입금 ※ 사용자는 근로자 명의로 된 예금통장 및 도장을 관리해서는 안 됨.
9. Payment methods	[　]In person, [　]By direct deposit transfer into the employee's account ※ The employer will not retain the bank book and the seal of the employee.
10. 숙식제공	1) 숙박시설 제공 - 숙박시설 제공 여부: [　]제공 [　]미제공 　제공 시, 숙박시설의 유형([　]주택, [　]고시원, [　]오피스텔, [　]숙박시설(여관, 호스텔, 펜션 등), [　]컨테이너, [　]조립식 패널, [　]사업장 건물, 기타 주택형태 시설(　)) - 숙박시설 제공 시 근로자 부담금액: 매월 원 2) 식사 제공 - 식사 제공 여부: 제공([　]조식, [　]중식, [　]석식) [　]미제공 - 식사 제공 시 근로자 부담금액: 매월 원 ※ 근로자의 비용 부담 수준은 사용자와 근로자 간 협의(신규 또는 재입국자의 경우 입국 이후)에 따라 별도로 결정.
10. Accommo-dations and Meals	1) Provision of accommodation - Provision of accommodation: [　]Provided, [　]Not provided 　(If provided, type of accommodations: [　]Detached houses, [　]Goshiwans, [　]Studio flats, [　]Lodging facility (such as a motel, hostel, pension hotel, etc.), [　]Container boxes [　]SIP panel constructions, [　]Rooms within the business building – or specify other housing or boarding facilities _____.) - Cost of accommodation paid by employee: won/month 2) Provision of meals - Provision of meals: [　]Provided([　]breakfast, [　]lunch, [　]dinner), [　] Not provided - Cost of meals paid by employee: won/month ※ The amount of costs paid by employee, will be determined by mutual consultation between the employer and employee (Newcomers and re-entering employees will consult with their employers after arrival in Korea).

11. 사용자와 근로자는 각자가 근로계약, 취업규칙, 단체협약을 지키고 성실하게 이행하여야 한다.

11. Both employees and employers shall comply with collective agreements, rules of employment, and terms of labor contracts and be obliged to fulfill them in good faith.

12. 이 계약에서 정하지 않은 사항은 「근로기준법」에서 정하는 바에 따른다.
※ 기시서비스업 및 개인간병인에 종사하는 외국인근로자의 경우 근로시간, 휴일·휴가, 그 밖에 모든 근로조건에 대해 사용자와 자유롭게 계약을 체결하는 것이 가능합니다.

12. Other matters not regulated in this contract will follow provisions of the Labor Standards Act.
※ The terms and conditions of the labor contract for employees in domestic help and nursing can be freely decided through the agreement between an employer and an employee.

년　　　월　　　일
_____ (YY/MM/DD)

사용자:　　　　　(서명 또는 인)
Employer:　　　　(signature)

근로자:　　　　　(서명 또는 인)
Employee:　　　　(signature)

표준근로계약서(농업 · 축산업 · 어업 분야)
Standard Labor Contract(For Agriculture, Livestock and Fishery Sectors)

(앞쪽)

아래 당사자는 다음과 같이 근로계약을 체결하고 이를 성실히 이행할 것을 약정한다.
The following parties to the contract agree to fully comply with the terms of the contract stated hereinafter.

사용자 Employer	업체명 Name of the enterprise		전화번호 Phone number
	소재지 Location of the enterprise		
	성명 Name of the employer		사업자등록번호(주민등록번호) Identification number
근로자 Employee	성명 Name of the employee		생년월일 Birthdate
	본국 주소 Address(Home Country)		

1. 근로계약기간	- 신규 또는 재입국자: (　　) 개월 - 사업장변경자: 년 월 일 ~ 년 월 일 * 수습기간: [　]활용(입국일부터 [　]1개월 [　]2개월 [　]3개월 [　]개월), [　]미활용 ※ 신규 또는 재입국자의 근로계약기간은 입국일부터 기산함(다만, 「외국인근로자의 고용 등에 관한 법률」 제18조의4제1항에 따라 재입국(성실재입국)한 경우는 입국하여 근로를 시작한 날부터 기산함).
1. Term of Labor contract	- Newcomers or Re-entering employee: (　　) month(s) - Employee who changed workplace: from (YY/MM/DD) to (YY/MM/DD) * Probation period: [　]Included (for [　]1 month [　]2 months [　]3 months from entry date – or specify other: _____.), [　]Not included. ※ The employment term for newcomers and re-entering employees will begin on their date of arrival in Korea, while the employment of those who re-entered through the committed workers' system will commence on their first day of work as stipulated in Article 18-4 (1) of Act on Foreign Workers` Employment, etc.
2. 근로장소	※ 근로자를 이 계약서에서 정한 장소 외에서 근로하게 해서는 안 됨.
2. Place of employment	※ The undersigned employee is not allowed to work apart from the contract enterprise.
3. 업무내용	- 업종: - 사업내용: - 직무내용:※ 외국인근로자가 사업장에서 실제 수행하게 될 구체적인 업무를 반드시 상세하게 기재합니다 (예시, 딸기 재배, 돼지사육 및 축사관리, 어로작업 및 굴양식 등)
3. Description of work	- Industry: - Business description: - Job description: ※ Detailed duties and responsibilities of the employee must be stated. (e.g. strawberry growing, pig care and barn management, fishing and oyster farming, etc.)

4. 근로시간	-　　시　　분~　　시　　분-　　월 (　　)시간 ※ 농번기, 농한기(어업의 경우 성어기, 휴어기), 계절. 기상 요인에 따라 ( )시간 내에서 변경 가능	* 「근로기준법」 제63조에 따른 농림, 축산, 양잠, 수산 사업의 경우 같은 법에 따른 근로시간, 휴게, 휴일에 관한 규정은 적용받지 않음.
4. Working hours	- Regular working hours: from to - (　　) hours/month ※ Daily working hours are changeable up to (　　) hours depending on seasonal work availability and climate changes for the agriculture and fisheries industry (e.g. peak and off-seasons)	*In pursuant to the Article 63 of the Labor Standards Act, working hours, recess hours, off-days are not applied to agriculture, forestry, livestock breeding, silk-raising farming and marine product businesses.
5. 휴게시간	1일 (　　)회, (　　)시간 (　　)분	
5. Recess hours	( ) times for a total of ( ) hour(s) ( ) minute(s) per day	
6. 휴일	[ ] 주1회, [ ] 월1회, [ ] 월2회, [ ] 월3회, [ ] 기타 ( ) ※ 휴일은 정기적으로 부여하는 것을 원칙으로 하되, 당사자가 협의하여 날짜를 조정할 수 있음. 농번기(성어기) : [ ]주1회, [ ]월1회, [ ]월2회, [ ]월3회, [ ]기타 ( )	
6. Holidays	[ ] 1 time/week, [ ] 1 time/month, [ ] 2 times/month, [ ] 3 times/month [ ] etc. ( ) ※ Holidays should be given on a regular basis, the employer and employee can change the date through consultation. Peak seasons : [ ] 1 time/week, [ ] 1 time/month, [ ] 2 times/month, [ ] 3 times/month, [ ] etc. ( )	

210mm×297mm[백상지(80g/㎡) 또는 중질지(80g/㎡)]

7. 임금	1) [ ]시간급, [ ]일급, [ ]월급: 원 2) 상여금 및 수당: [ ]지급(상여금: 원, 수당: 원), [ ]미지급 * 수습기간 중 임금 ( )원, 수습시작일부터 3개월 이내 근무기간 ( )원 * 근로시간에서 정한 시간을 넘는 연장근로에 대해 시간당 ( )원을 지급함. ※ 야간근로(당일 22:00~다음날 06:00)에 대해서는 통상임금의 50%를 가산임금으로 지급해야 함(상시근로자 4인 이하 사업장에는 해당되지 않음).
7. Payment	1) Wage: won / ([ ]Hour /[ ]Day /[ ]Month) 2) Bonus or extra pay: [ ]Paid, [ ]Unpaid If paid, (bonus: won, extra pay: won) * Wage during probation period: ( )won, but for up to the first 3 months of probation period: ( ) won * The employee will be paid at the overtime rate of ( ) won/hour. ※ A Night shift (from 10PM to 6AM on the next day) will be paid 50% more than the employee's regular rate of pay (This is not applicable to businesses with 4 or less employees).
8. 임금 지급일	매월 ( )일 또는 매주 ( )요일. 다만, 임금 지급일이 공휴일인 경우에는 전날에 지급함.
8. Payment date	Every ( )th day of the month or every (day) of the week. If the payment day falls on a holiday, the payment will be made one day before the holiday.
9. 지급방법	[ ]직접 지급, [ ]통장 입금 ※ 사용자는 근로자 명의로 된 예금통장 및 도장을 관리해서는 안 됨.
9. Payment methods	[ ] In person, [ ] By direct deposit transfer into the employee's account ※ The employer will not retain the bank book and the seal of the employee.
10. 숙식제공	1) 숙박시설 제공 - 숙박시설 제공 여부: [ ]제공 [ ]미제공 제공 시, 숙박시설의 유형([ ]주택, [ ]고시원, [ ]오피스텔, [ ]숙박시설(여관, 호스텔, 펜션 등), [ ]컨테이너, [ ]조립식 패널, [ ]사업장 건물, 기타 주택형태 시설( ) - 숙박시설 제공 시 근로자 부담금액: 매월 원 2) 식사 제공 - 식사 제공 여부: 제공([ ]조식, [ ]중식, [ ]석식), [ ]미제공 - 식사 제공 시 근로자 부담금액: 매월 원 ※ 근로자의 비용 부담 수준은 사용자와 근로자 간 협의(신규 또는 재입국자의 경우 입국 이후)에 따라 별도로 결정.
10. Accommo-dations and Meals	1) Provision of accommodation - Provision of accommodation: [ ]Provided, [ ]Not provided (If provided, accommodation types: [ ]Detached houses, [ ]Goshiwans, [ ]Studio flats, [ ]Lodging facility (such as a motel, hostel, pension hotel, etc.), [ ]Container boxes [ ]SIP panel constructions, [ ]Rooms within the business building – or specify other housing or boarding facilities _____.) - Cost of accommodation paid by employee: won/month 2) Provision of meals - Provision of meals: [ ]Provided([ ]breakfast, [ ]lunch, [ ]dinner), [ ] Not provided - Cost of meals paid by employee: won/month ※ The amount of costs paid by employee, will be determined by mutual consultation between the employer and employee (Newcomers and re-entering employees will consult with their employers after arrival in Korea).

11. 사용자와 근로자는 각자가 근로계약, 취업규칙, 단체협약을 지키고 성실하게 이행하여야 한다.

11. Both employees and employers shall comply with collective agreements, rules of employment, and terms of labor contracts and be obliged to fulfill them in good faith.

12. 이 계약에서 정하지 않은 사항은 「근로기준법」에서 정하는 바에 따른다.

12. Other matters not regulated in this contract will follow provisions of the Labor Standards Act.

년 월 일
_____ (YY/MM/DD)

사용자: Employer:	(서명 또는 인) (signature)
근로자: Employee:	(서명 또는 인) (signature)

■ 근로기준법 시행규칙 [별지 제16호 서식] <개정 2012.12.27>

근로자 명부

① 성명			② 생년월일			
③ 주소	(전화 :　　　)					
④ 부양가족		명	⑤ 종사업무			
이력	⑥ 기능 및 자격		퇴직	⑩ 해고일	년　　월　　일	
	⑦ 최종 학력			⑪ 퇴직일	년　　월　　일	
	⑧ 경력			⑫ 사유		
	⑨ 병역			⑬ 금품 청산 등		
⑭ 고용일(계약 기간)	(　　년　월　일　　)		⑮ 근로 계약 갱신일		년　　월　　일	

<16>
근로 계약조건

<17> 특기 사항(교육, 건강, 휴직 등)

1. 고용노동부 및 소속 기관

고용노동부 홈페이지 www.moel.go,kr

고용노동부 홈페이지는 고용노동 행정 자료의 백
화점이다. 민원 신청부터 각종 노무 관리 자료, 고
용노동 뉴스, 업무에 필요한 양식 등의 자료가 올
려져 있다. 노동 관계 법령 및 근로자 교육 관련
자료와 표준취업규칙, 최저임금, 직장 내 성희롱
예방교육 및 장애인 인식개선 교육 자료 등의 자
료도 구할 수 있다. 궁금한 고용노동 통계 자료도
제공된다.

노동위원회 홈페이지 http://www.nlrc.go.kr

노동위원회는 노동조합이 설립된 사업장이나 기관
등에서 단체교섭이 결렬되었을 때 노동쟁의를 조정
하고 중재를 담당하는 기관이다. 또한, 부당해고 및
부당노동행위 등을 심판하는 역할을 수행한나. 홈
페이지에는 부당해고 등의 민원 신청이 가능하고,
관련 서식도 제공된다. 각종 사건의 판정과 결정 등
의 자료가 올려져 있다. 각 광역단체에 설치된 지방
노동위원회는 초심 위원회이고, 중앙노동위원회는
초심을 거친 재심 사건을 다루는 기관이다.

최저임금위원회 http://www.minimumwage.go.kr

최저임금위원회는 최근 몇 년간 사회적으로 관심을 끌어온 최저임금에 관한 심의를 하는 기관이다. 최저임금과 관련한 각종 자료가 올려져 있다. 홈페이지에 있는 최저임금 모의 계산기를 통해 최저임금 위반 여부를 검토할 수 있다.

워크넷 홈페이지 https://www.work.go.kr

워크넷은 1998년부터 서비스를 개시하였고, 고용노동부와 한국고용정보원이 운영하고 있다. 취업 정보 사이트로써 구인·구직 정보와 직업·진로 정보를 제공하며 무료로 이용할 수 있다. 각종 채용정보와 고용복지정책, 직업진로 탐색, 고용복지정책, 훈련정보 등이 제공되고 있다.

2. 고용노동부 유관(산하) 기관

근로복지공단 홈페이지 https://www.kcomwel.or.kr

근로복지공단은 산재·고용보험 서비스와 산재 의료 서비스, 근로자 지원 서비스를 담당하는 고용노동부 산하 공공 기관이다. 산업재해보상, 임금채권 보장사업, 고용보험 적용 및 징수 업무, 근로자 신용보증 지원사업, 일자리 안정자금 등 다양한 사업을 수행한다. 산재 및 고용보험 관련 업무에 필요한 자료가 제공된다.

한국산업안전보건공단 http://www.kosha.or.kr

한국산업안전보건공단은 산업재해 예방에 관한 사업을 수행하기 위하여 설립된 고용노동부 산하 기관이다. 홈페이지에는 재해 사례 및 안전교육 등에 관한 각종 자료가 올려져 있다. 사업장 안전 관리에 매우 유용한 사이트이다.

한국산업인력공단 http://www.hrdkorea.or.kr

한국산업인력공단은 근로자의 평생학습 지원, 직업 능력 개발훈련실시, 자격검정, 숙련 기술장려사업 및 고용촉진 등에 관한 사업을 수행하는 고용노동부 산하 공공 기관이다. 각종 국가기술 자격증을 취득과 직업 능력개발, 외국인고용지원, 해외 취업, 기능경기대회 등도 주관하고 있다.